까르마에토스 성격유형학

'트랜스퍼스널 심리학' 또는 '혼(魂)의 심리학'이 말하는
성격유형과 자기이해, 그리고 성장과 발달의 길

| 이창일 지음 |

圖書出版 하나醫學社

차례

프롤로그

까르마에토스(Karma Ethos)는 쉽게 말하자면, 사람들을 타입 별로 나누어서 성격을 살펴보는 방법이다. 흔히 혈액형에 따라 성격을 나누거나, 한의원에서 소양인이네 태음인이네 하며, 사람들을 타입 별로 나누어보는 방법들과 같은 종류에 속한다. 이런 방법들은 사람들에게는 저마다 개성이 있기 때문에, 개성에 맞추어서 사람을 이해하면, 더 잘 이해할 수 있다는 생각이 깔려있다.

"내 타입이야." "내 스타일이야." "딱 내 체질이야." "내 컨셉이 아니야." 우리는 알게 모르게 타입 별로 사람들을 나누어 살핀다. 타입을 살피는 것은 그 사람이 가진 특성 곧 개성에 관심을 기울이는 것과 같다. 실제로 구체적인 사람에게서 개성을 지우면 몰개성의 추상만 남기 때문에, 타입으로 구분하는 것은 사람들이 가진 있는 그대로의 모습을 생생하게 파악할 수 있는 좋은 방법이다.

타인을 지금보다 더 잘 이해하면, 불필요한 오해 때문에 생겨나는 이런 저런 갈등을 줄이거나 없앨 수 있을 것이다. 그리고 더 중요하게는 나를 지금보다 더 잘 이해하면, 오해에서 비롯된 왜곡된 나를 있는 그대로의 본래 모습대로 수용하게 된다. 진심으로 이해하고 수용하는 것을 사랑이라고 바꿔 부를 수 있다면, 나에 대한 참된 이해는 나를 사랑하게 된다는 말과 같다. 있는 그대로의 나를 사랑하게 되면, 내가 사는 삶을 사랑하게 되므로, 삶의 동반자들인 타인들도 사랑할 수 있게 된다. 그리고 나를 넘어서 있고 냉혹하게 보였던 운명조차 사랑하게 된다. 아모르 파티(amor fati, 운명을 사랑하라). 지인즉지천(知人則知天, 사람을 알면 하늘을 안다).

타입을 나누어 보는 여러 유형론들은 모두 이런 이유에서 생겨난 것이다. 까르마에토스도 그런 이유에서 탄생했지만, 지금까지의 유형론과 비교해 볼 때 가장 독특한 유형론이 아닐까 한다. 먼저 생소한 이름부터 알리는 것이 좋겠다.

까르마에토스는 까르마(karma)와 에토스(ethos)를 합해 만든 말이다. 까르마는 인도 산스크리트어로 '(몸과 마음으로 짓는) 행위'라는 뜻이다. 우리는 이것을 업(業)이라고 옮긴다. 지금은 다소 무거운 말이 된 듯하지만, 그 의미는 알기 어렵지 않다. 가령, '착한 일 혹은 사람은 언젠가 반드시 대가를 받는다'라고 철석같이 믿는다면, 업이 무슨 뜻인지 잘 알고 있는 것이다. '착한 일'에서 '일'이 곧 까르마이다. 반대로 '나쁜 일'의 '일'도 그렇다.

에토스는 우리가 자주 쓰는 말인데, '사회의 특유한 관습이나 기풍'을 말한다. 어느 누가 "유교는 현재에도 한국인의 윤리적 에토스를 형성하고 있다"라고 하면 그 뜻이 무언지 알아챌 수 있다. 한국사회는 유교적 관습이 지배적이라는 뜻이다. 그런데 에토스에는 사회나 집단뿐 아니라 '인간의 습관적인 성격'이라는 뜻이 있다. 나는 여기에 주목했다.

에토스는 고대 그리스어에 기원을 둔다. 기원전 그리스의 헤라클레이토스는 "에토스 안쓰로포 다이몬(Ethos anthropo daimon)"이라는 수수께끼 같은 말을 남겼다. 이를 영어로 옮기면 여러 뜻이 있지만, 널리 알려진 것은 "캐릭터 이스 데스티니(Character is destiny)"이다. 곧 "성격은 운명이다."

그리스의 철학자 말을 더 파고들어가 보면, "인간(의 내면)은 신성(神性)이 (깃들어) 살고 있다"가 된다. 여기서 "에토스"는 살다, 거주하다(dwelling), 머물다, 깃들다, 내재하다 등의 뜻이다. "다이몬"이라는 신성이 "안쓰로포(인간)"에 "에토스(살다)"한 것이 성격이고 운명이라는 의미이다. 이런 맥락을 따라서, "에토스 안쓰로포 까르마" 즉 "인간의 내면에는 까르마의 힘이 살고 있다"가 된다. 그의 축약형이 "까르마에토스"이다.

나는 '까르마'가 인간의 힘으로는 어쩔 수 없다는 의미에서, '다이몬'처럼 신성한 힘이라고 보았다. 더 정확하게는 일종의 특별한 에너지 혹은 기(氣)라고 생각했다. 그런데 '까르마'나 '다이몬'이라는 개념들은 지금의 과학적 세계관의 에토스로는 해명하기가 힘든 말들이다. 그래서 이러한 옛 지혜의 전통과 지금의 과학을 한데 이어서 볼 수 있는 관점이 필요했다. 그것이 트랜스퍼스널 심리학(transpersonal psychology)이다.

이 심리학은 인간을 납작한 평면으로 이해하지 않고, 수직으로 놓인 계층구조의 틀 속에서 이해한다. 즉 인간은 전(前)개인(프리퍼슨), 개인(퍼슨), 초(超)개인(트랜스퍼슨)의 순서대로 발달하는 존재이고, 그에 대응하는 의식 수준이 있다. 전개인(pre-person)은 이성, 합리, 논리, 언어 등을 온전히 갖추기 이전의 수준을 가리킨다. 말을 배우고 수를 세고 따지고 의문을 품기 전의 유아나, 그 수준에 처한 개명하지 못한 원시인에서부터, 인간이 동물의 문지방을 넘기 전의 '금수와 많은 것을 공유하는' 상태까지 포함하는 수준이다.

개인(person)은 이성, 합리, 논리, 언어 등을 향유하는 이른바 합리주의 수준이고, 초개인(trans-person)은 합리주의로 포착하기 어려운 세계의 고차원적 실상과 연관된 수준이다. 이성적인 개인 수준에 있는 현대인들이 의심의 눈초리를 보내는 이른바 영적인 세계와 큰 관련이 있다. 하지만 예술의 영성이나 종교적 영성이 우리의 삶에서 추방된 것이 아니기 때문에, 실제 이러한 초개인적 수준에 대해서 전혀 모르는 것은 아니다. 다만 합리적인 수준으로는 이해하기 어렵기 때문에, 단지 괄호 속에 넣고 무시하는 것뿐이다.

트랜스퍼스널 심리학은 과학적 심리학의 조류 속에서 방치된 영성(靈性)의 수준 즉 초개인 수준을 다룬다. 그리고 전개인, 개인, 초개인의 넓은 인간 발달의 대역을 하나로 통합하는 통합심리학(integral psychology)을 추구한다. 이러한 통합적 관점은 매우 중요하다. 과학적 세계관에 기댄 대부분의 현대 심리학은 전개인과 개인에 집중하는 편이다.

개인 수준은 이성과 합리의 수준이므로, 과학적 세계관이란 개인 수준의 대표적인 관점이다. 개인 수준만이 인간 발달의 최상 수준이라고 생각하면, 옛 지혜의 전통은 망각되고, 인간의 경험적 지평은 다만 수평적이고 평균적인 것에 머물고 만다. 경험의 깊이라는 수직의 차원이 사라진다. 그런데 이러한 관점은 사실 협소한 것이다. 심리학으로 치면 일종의 신경증에 해당한다. 신경증이란 협소하고 유치한 안목에서 생겨나는 마음의 고통이기 때문이다.

가령 정신분석학은 개인 수준에서, 전개인과 개인이 접촉하는 경계 지점의 갈등과 조화에 대한 투철한 연구를 해 온 대표적인 심리학이다. 그런데 정신분석학은 초개인에 대해서는 무지를 넘어서 매번 오해를 하기 십상이다. 정신분석학이 놓인 개인 수준은 이성과 합리의 지점인데, 합리의 지점에서 전개인이나 초개인은 모두 단순히 '합리가 아니다.' 즉 비(非)합리이다.

정신분석학은 지성적이나, 전개인의 전합리와 초개인의 초합리를 구분하지 못하고 혼동하는 난처한 상황에 자주 빠진다. 가장 나쁜 것은 초합리를 전합리로 오인해서, 초개인 수준을 전개인의 진짜 비합리로 해석하고 매도한다. 그래서 초합리의 영역에 대한 승인이 없다면, 정신분석학은 인간 전체를 다루기에는 부족하다.

정신분석학을 가여운 희생양으로 삼아 예를 들었지만, 개인 수준을 전체로 규정하는 심리학은 모두 같은 처지에 있다. 초개인 영역에 속한 혼(魂)의 불꽃, 깨달음과 자각, 순수한 의식과 공(空), 존재의 신비 등을 인간의 전체적 실상에 긴밀하게 연관시키지 않는 것이다.

그런데 초개인의 영역은 개인 영역을 포함하면서 넘어서는 더 큰 실재이기 때문에, 개인 수준의 한계를 짚어주고, 개인이 나가야 할 목적을 제시하여, 결국은 개인 수준을 건강하게 만드는 역할을 한다. 초개인에 무지한 개인은 장님이다. 물론 여기에 개인을 모르는 초개인은 절름발이 신세라는 것을 덧붙여야 하지만 말이다. 요컨대, 인간의 전체를 다루어야 한다. 그래서 옛 지혜의 전통을 망각해서는 안 된다. 옛 지혜는 초개인 수준에 있기 때문이다.

'까르마'나 '에토스'라는 말은 초개인 수준을 전제해야 이해할 수 있는 언어이다. 그래서 트랜스퍼스널 심리학의 관점은 유효한 것이었다.

까르마는 불교라는 옛 지혜에 속하는 말이다. 세존의 성도(成道)는 까르마를 소진한 상태, 즉 새로운 까르마를 짓지 않고 이전의 묵은 까르마를 모두 소멸시킨 상태를 말한다. 이렇게 까르마가 사라지면 더 이상 윤회하는 삶을 살지 않는다. 윤회의 동력이 되는 까르마가 사라지기 때문이다. 여기서 윤회하는 생명의 실상 역시도 초개인 수준에서 논의되어야 하는 주제이다. 삶과 죽음을 단선적이고 일회적이며, 우연하고 맹목적으로 생각하는 개인 수준에서는 윤회를 파악하기 어렵다. 이는 개인 수준이 저열해서 그런 것이 아니라, 그 수준의 언어로 설명할 수 없기 때문이다. 까르마, 윤회 등은 초개인 수준에서 적용되는 트랜스퍼스널 심리학의 용어이다. 그래서 까르마에토스가 독특한 유형론이 되는 까닭이다.

불교는 까르마에 따라 존재의 수준이 결정되고 존재가 거주하는 세계도 결정된다고 보았다. 삼계육도(三界六道)가 그것이다. 여섯 가지 세계에는 각기 다른 여섯 존재가 산다. 어진존재, 신선, 인간, 금수, 아수라, 귀신 등이 제 수준의 까르마를 가지고 산다. 까르마가 모여들면 까르마의 수준에 따라 여섯 존재 가운데 하나가 결정되기 때문이다.

아름답고 선한 까르마는 추하고 악한 까르마보다 더 좋은 세계에 거주하는 존재를 만들어낸다. 선미(善美)한 존재와 추악(醜惡)한 존재는 사는 세계가 다르다. 그런데 몸과 마음이 짓는 행위가 까르마이기 때문에, 선미한 존재가 추악한 존재로 타락할 수도 있고, 그 반대로 추악한 존재가 선미한 존재로 상승할 수도 있다. 인간은 선미한 까르마와 추악한 까르마의 중간에 위치해서 생겨난 존재이다.

나는 이러한 까르마 이론을 기본으로 해서 유형론을 만드는데 한 축으로 삼았다. 인간은 까르마의 수준에 따라서 유형이 정해진다. 윤회의 삶은 한 두 번이 아니기 때문에, 윤회를 통해서 습득하거나 미해결된 까르마들이 모여들면서, 인간의 성격을 만들어낸다. 어진존재로 살면서 생긴 까르마가 많다면 어진 성격이 형성되고, 그 일생도 아름다울 것이다. 그러나 아수라의 까르마나 귀신의 까르마가 많다면, 나쁜 조건과 성격에서 시작할 수 밖에 없다. 그 일생의 노고는 이루 말할 수 없을 것이다. 그러나 까르마에토스는 여기에서 멈추는 숙명론적 교설이 아니다. 정해진 삶과 성격이라는 난제를 해결하면서, 자기이해를 통한 성장과 발달로 나갈 수 있는 길을 제시하고 있다.

까르마에토스는 생각이 먼저가 아니라, 특별한 만남과 체험을 통해서 구상된 것이다. 2010년에 나는 『달마일장금(達磨一掌金)』이라는 밀교(密教) 계열의 술수서를 볼 기회가 있었다. 이런 류의 문헌이 그렇듯이 한 인간의 명운(命運)에 대한 이런저런 내용들이 적혀 있었다. "태어난 해가 자년(子年)이면 총명하고 귀한 자이며, 축년(丑年)이면 병고에 시달리고… 운운." 그런데 그 속에서 한 장의 그림을 보았다. 나는 이 그림을 보고 순간이지만 강렬한 인상을 받게 되었다.

아마도 이는 아프가니스탄의 한 수도원에서 발견했다는 도상을 접했던 러시아의 구지예프나 볼리비아의 이카조도 겪었을 법한 느낌이었을 것이다. 손바닥만한 상징적 그림 속에서 우주의 질서를 일별한 느낌. 내가 본 그림은 한자로 천간지지(天干地支)의 기호와 육도의 이름이 원 속에 층층이 쓰인 견고한 라경(羅經, 전통나침반)의 모습을 하고 있는 만다라 같은 것이었다. 거기에는 동아시아의 기(氣)와 불교의 육도, 여기 인간 세상만이 아닌 저 세상의 신선과 불도, 요괴와 귀신이 원 속에 망라되어 있었다. 짧은 순간이지만 전개인, 개인, 초개인의 수준이 스쳐지나갔다.

당시 『달마일장금』은 술수서라는 멍에 때문에, 일부 술사들에 의해 독단적인 숙명론의 틀로 겨우 그 형해만이 소개되어 있는 형편이었다. 그도 그럴 것이 원전의 내용이 빈약했다. 그러나 빈약하고 투박하지만, 그곳에는 어떤 진실이 있었다. 비록 문 틈 사이로 흘러나오는 빛이었지만, 그 정도라도 감동은 충분했다. 망원경의 작은 구멍에 겨우 눈을 갖다 대었을 뿐인데도 드넓은 우주를 볼 수 있지 않은가? 문제는 그 빛의 정체가 무엇인가일 것이다.

내가 문틈으로 본 빛, 말하자면 이제는 누구도 돌아보지 않을 것 같은, 거의 폐용이 되다시피 한 문헌에 숨겨진 옛 지혜의 메시지가 어떤 것인가를 전달하기 위해서 이 책을 썼다.

심리학 박사학위논문(2013년)을 뼈대로 삼았지만, 그 때와 많은 것이 달라졌다. 까르마에토스 기본 4유형에 퍼슨 수트(person suit) 개념을 더해서, 유형을 입체적이고 다면적으로 해석했다.

운명과 자유의지가 묘합(妙合, mysterium coniunctionis)되어 있는 까르마에토스의 독특한 체계를 설명하는데 이전보다 좀 더 시간을 할애했다. 그리고 자기이해를 통한 성장과 발전이라는 큰 목적을 위해서 심리치료 부분을 새롭게 정리했다.

이 책은 감성의 심리학, 이성의 심리학이 있는 것처럼, 혼을 다루는 트랜스퍼스널 심리학, 즉 혼의 심리학을 통해서 도달하는 인간이해를 주제로 한다. 궁극적으로 인간이해는 자기이해이며, 지금보다 더 나은 존재를 추구하는 자기성장과 발달의 문제이다.

본문의 내용은 전달이 쉽게 서술했지만, 다루는 주제가 쉽지 않아서 목청을 돋우다보니, 혹 어렵게 느껴질 수도 있겠다. 그러나 진실은 쉽고 편한 것이라 믿는다. 오로지 독자 여러분들의 양해만을 바랄뿐이다.

청계산 국사봉 아래에서

이창일 씀

들어가며

'나는 누구인가'라는 질문은 인간에게 와서 시작되었다. 이는 우주의 탄생부터 지금까지 우주를 밀어붙인 진화라는 힘에 속해 있던 인간이 진화의 과정 자체를 돌아보면서 비로소 등장한 질문이다. 물질에서 생명으로 전개된 우주의 진화가 다다른 최고의 단계에 인간이 위치하고 있기 때문이다. 처음 질문이 제기된 이후 많은 현자들이 이에 대한 답을 내놓았으며, 그것은 지식의 결실로 지금까지 그대로 전승되어 왔다. 주로 지혜(sophia)를 다루는 철학과 혼(psyche)을 다루는 심리학이 그것인데, 실제로는 양자가 구별되지 않은 학문 또는 가르침의 이름으로 전해져 왔다.

그런데 과학의 시기가 되면서부터 이전 학문들은 단절되고 변형되었으며, 새로운 방법을 통해 새로운 지식이 '나는 누구인가'라는 정체성의 물음에 대해 답을 내놓기 시작했다. 이는 진화를 추동하는 힘에 대한 인식과 연관되어, 유물론적인 경향을 강하게 띠고 있었다. 이전시기 물질보다는 정신에 우위를 둔 인식과 반대되는 방향으로 진행된 것이다. 더욱이 정신은 물질과 대등한 위치도 아니며, 물질에 부속되거나 부수된 것이며, 그 자체로 성립되는 것이 아니라 물질에 수반된 것이다. 이러한 생각이 주류적인 흐름으로 된 시대에 인간의 정체성에 대한 답은 다분히 유물론적으로 구성될 수밖에 없다.

진화를 추동하는 유물론적 힘을 인식하면서, 그 힘이 인간을 만들었던 과정을 인간 스스로가 그대로 모방하는 시대에 접어들었다. 그래서 물질로부터 기계를 고안했고, 차례로 생명과 의식을 소유하게 된 기계를 만들 수 있는 수준에 올라서고 있다. 그런데 인간은 이 기계가 의식을 가지게 되었을 때, 인간에게 닥친 똑 같은 문제가 기계에게도 적용된다는 사실에 당황하게 된다. 즉 나(기계)란 무엇인가? 나(기계)는 누구인가? 기계의 물음 앞에 인간은 무엇을 답해 줄 수 있는가? 저 자신도 모르면서 말이다.

옛 지혜는 물질 이상으로 정신의 존재가 결여되었을 때, 저 유구한 질문에 답할 수 없다는 것을 일찍부터 알고 있었다. 더욱이 물질의 법칙과 정신의 법칙은 양자를 포괄하고 이들을 넘어서는 더 깊고 더 넓으며 더 심오한 원리에서 비롯되었으며, 통상 여러 문화에서 도(道), 신(God), 태극(太極), 리(理), 로고스(Logos), 브라흐마(Brahma) 등으로 불리는 이것을 배제할 수 없다는 것을 알려준다. 우주라는 진화의 전체를 한갓 덧없는 꿈으로 부를 정도로 짐짓 황당해 보이는 옛 지혜의 말을 살피지 않고는, 자신이 생명을 부여해 준 기계는 물론 인간 저 자신의 당혹스러운 상황, 옛 지혜에서 고뇌로 불렀던, 그러한 상황을 벗어날 수 없다.

본래부터 의식(감정, 이성, 혼)을 탐구하는 목적에서 시작되었던 심리학이 과학의 시대에는 이상하게 혼을 배제하면서 진행되었다. 의식의 주관적인 것을 밀쳐두고 오직 객관적인 측면 즉 행동만을 대상으로 삼고서 의식을 연구하는 행동주의(behaviorism) 심리학이 대두했다. 마치 물리나 화학 실험을 하듯이, 실험실의 심리학이 생겨난 것이다. 이를 심리학의 제1세력이라 부른다. 또 다른 제2세력은 정신분석학인데, 이것은 본래 정신(심리)의 병리 현상을 치료하는 목적에서 출발하여, 무의식이라고 하는 광대한 영역을 재발견하고, 이를 인간 심리의 보편적인 구조로 정당화했다. 이 과정에서 심험실의 심리학으로는 해결할 수 없는 인간 심리의 여러 측면을 밝힐 수 있었다. 그러나 그 반대의 경우도 마찬가지이다.

이어 제1과 제2의 세력에 대한 비판적 성찰이 생겨났다. 그 이유는 비교적 단순하다. 잃어버린 의식의 주관적 측면을 다시 복원하는 것이고, 인간의 병리가 아닌 건강한 생리, 환자가 아닌 건전한 인간의 의식을 부각하자는 것이었다. 이를 제3의 세력이라고 부르며, 물질이나 에너지와 같은 불활성 모델로 인간을 해명하지 않고, 살아있는 그대로의 인간 즉 실존적 인간에 대해 관심을 집중했다. 그래서 제1과 제2의 세력이 가진 엄격한 과학적 입장은 계승하고, 여기에 좀 더 부드럽고 융통성 있는 과학적 방법을 개발하기 시작했다. 그런데 여전히 인간의 고뇌는 사라지지 않았다. 제3세력 가운데 하나인 실존심리학은 인간의 내면에 자리한 고뇌(불안)를 다시 재정의했다. 정신분석학은 억압에서 불안(고뇌)이 생겨난다고 했지만, 실존심리학은 불안이 있기 때문에 억압이 생겨난다고 갈파했다. 이 사이 무슨 일이 일어난 것일까?

정신분석학은 성숙한 인간이 되기 위한 첫 관문은 외디푸스 콤플렉스(Oedipus complex) 단계를 지나야 가능하다는 사실을 발견했다. 이 단계를 불만족스럽게 통과하기 때문에 여러 병리가 발생한다는 것이다. 그런데 이는 동물에서 인간으로, 자연에서 문화로 건너가는 문지방과 같은 것이다. 우리를 괴롭히는 마음의 고통은 동물의 욕구를 가지고는 더 이상 인간으로 살 수 없기 때문에 발생한 것이다. 외디푸스 콤플렉스와 같은 억압이 없다면, 인간이 될 수 없을 것이다. 정신분석학을 구성하는 외설스럽고 낯 뜨거운 근친상간적 개념들이 존재하는 이유가 여기에 있다. 억압의 압력이 느슨해지거나 해체될 때 인간은 병이 들고 사회에서 더 이상 건전하게 적응할 수 없게 된다. 그래서 억압이 유지되고 억압의 압력을 다른 것으로 대치하거나 승화할 수 있는 인간 이성의 승리를 말할 수 있다.

하지만 실존심리학은 인간은 그러한 신경증적인 불안보다 더 깊은 곳에 본질적인 인간의 불안이 있다는 것을 발견했다. 그것은 죽음, 허무, 무의미로 나타나는 근본적인 인간의 실존적 상황이다. 인간은 실존적 조건들을 수용하고 인정하며, 삶에서 의미를 발견해야, 건강해질 수 있다고 보았다. 이는 인간들에게 좀 더 나은 상태로 성장하고 발전해야 하는 일종의 필연적인 과정이 있다는 것을 함의한다. 그런데 어디로 나가야 하는가? 이로부터 자연스럽게 사다리의 암시 즉 존재의 사슬이라는 오래된 교설이 수면위로 떠오르게 된다. 사다리의 중간에서 더 어디로 가야하는가? 이제 저 위에 혼이 있는 곳으로 더 나가야 한다는 것이 자명해졌다. 이로부터 본래 혼을 다루었던 심리학의 본령에 다시 다다르게 되었다.

1960년대부터 고뇌를 벗어나기 위한 새로운 모험이 대두되었다.

이를 사다리 위쪽을 다룬다는 의미에서, 사다리의 중간 지대인 개인의 영역과 사다리 아래의 개인 이전이라는 전개인 등과 구분하여, 개인을 넘어서는 영역을 다룬다는 뜻에서 트랜스퍼스널 심리학(transpersonal psychology)이라고 부르고, 이를 심리학의 제4세력으로 칭하면서 새로운 심리학의 시대를 알리게 되었다.

매슬로(A. H. Maslow, 1908~1970) 이래 심리학의 제4세력으로 등장한 트랜스퍼스널 심리학의 주요한 목적은 인간의 궁극적 자기이해에 있었다.

> "제4의 심리학은 트랜스퍼스널 하며, 인간을 초월한 트랜스 휴먼(transhuman)으로서 인간의 욕구와 관심보다도 대우주에다 중심을 두고, 인간성, 정체성, 자기실현과 같은 것을 넘어설 것임이 틀림없을 것이라고 생각한다." [1]

트랜스퍼스널 심리학의 매니페스토와 같은 매슬로의 이념에 향후 단기간에 많은 심리학자와 정신의학자들이 동참하면서, 트랜스퍼스널 심리학의 실증적 이론적 기반은 '놀라울' 정도로 세련된 수준까지 올라가게 된다.[2]

그러나 이러한 트랜스퍼스널 심리학의 연원은 가깝게는 매슬로의 선배들이 되는 윌리엄 제임스(William James, 1842~1910), 칼 융(Carl Jung, 1875~1961), 로베르토 아사지올리(Roberto Assagioli, 1888~1974) 등의 서구의 정신의학과 심리학에 기초를 형성한 심리학자들로 소급될 수 있으며, 멀게는 동아시아의 선(禪)불교, 유교(儒敎, 儒家), 도교(道敎, 道家) 및 인도에 기원을 둔 베단타 힌두교

1) A. H. Maslow, Toward a psychology of Being, NY: D. Van Nostrand Co., 1968, pp.3~4.
2) 정인석, 「트랜스퍼스널 심리학」, 서울: 대왕사, 2003, 212쪽.

(Vedanta Hinduism)와 불교의 여러 종파(남방계 불교, 대승불교, 티베트 불교), 이슬람의 신비주의(Sufism), 유대 신비주의인 카발라(Kabbalah) 등을 대표적으로 꼽을 수 있다.[3] 이 같은 이른바 '고대의 옛 지혜들'은 현재 제도 종교의 형태로 각국의 문화적 전통의 핵심적인 부분을 형성하고 있다.

트랜스퍼스널 심리학의 외연은 동서고금을 망라한 인류의 영적 전통을 계승하고, 근대세계이후 수립된 과학적 심리학의 비판적 경험론의 형식으로 성립된 넓은 지형을 가지고 있다고 할 수 있을 것이다. 이런 이유 때문에 트랜스퍼스널 심리학의 중심적 교의에 대한 합의된 결론이 어렵고, 단일하고 정합적인 이론과 실천 체계의 구성에 회의적인 시선이 지배적일 수 밖에 없는 것처럼 보인다.

그러나 트랜스퍼스널 심리학의 중심적 이념은 많은 논란과 이견에도 불구하고, 역설적으로 매우 단순하고 명확하다. 그것은 인간의 궁극적 자기 이해(self-knowledge)이다. 인간이 스스로를 이해하고자 하는 오래되고 고유하며 본래적인 관심 혹은 욕망은 고대의 철학에서부터, 과학적 심리학을 거쳐, 지금의 트랜스퍼스널 심리학까지 일관되게 자리하고 있다.

인간이 스스로를 이해하려는 이 오래되고 집요하기까지 한 욕망은 철학적으로 말해, 존재론적 욕망이다. 존재론적 욕망은 동아시아 전래의 불교적 맥락에 따르면, 삼독(三毒)이라 알려진 스스로의 한계에 갇혀 지어내는 여러 병리적 징후를 내포하는 소유론적 욕망과는 달리, 이 욕망은 범인을 붓다나 브라흐만으로 만들고, 영원한 생

3) 김복영, 「트랜스퍼스널 교육: 자아의 초월을 위한 교육과정」, 한국정신과학학회 제25회 2006년도 추계학술대회 논문집, 한국정신과학학회, 2006, 29쪽.

명을 얻게 해주며, 지상의 오욕으로부터 천상의 환희로 다시 태어나게 해 주고, 삶의 통찰을 통해 비범한 인격을 성취하게 만들어 준다. 또한 이 욕망은 우리 문화에서 보자면 깨달음을 향한 도정(道程)이며, 영성(spirituality)을 가진 존재가 추구하는 자연스러운 초월에의 욕망이라고 부를 수 있을 것이다. 이런 욕망으로부터 구성된 학적 체계는 통합사상가 켄 윌버의 말처럼, 인류가 지속적으로 가져온 '영원의 심리학(perennial psychology)' 혹은 '영원의 철학(perennial philosophy)'이라고 할 수 있을 것이다.[4)]

나는 영원의 심리학 혹은 영원의 철학이 지속적으로 표명하는 궁극적 관심인 인간의 자기이해를 현대 심리학적 방법론을 통해서 해석해 보려는 목표를 가지고 있다. 이를 위해 영원의 심리학의 여러 갈래 가운데, 불교와 동아시아 자연학의 전통을 중심에 놓고, 이를 현대 심리학의 지성적 관점을 통해 새로운 옷으로 갈아입히려는 시도를 하고자 한다. 다시 말해, 트랜스퍼스널 심리학의 특성 가운데 하나인 비서구권에서 전승되어 온 지혜의 전통에서 제기하는 자기이해의 지적 · 실천적 체계에 대한 반성적 재해석이라는 측면에서, 구체적으로는 우리 문화의 기저를 이루는 두 가지 주된 흐름인 불교사상과 동아시아 자연학의 핵심적 설명원리인 음양오행론의 인간이해를 연구의 대상으로 삼고자 한다.

불교의 인간이해는 인간을 형이상학적인 사유의 대상으로 추상화시키지 않는, "심리학적 성향을 지닌 변증법적 실용주의(buddhism, as a philosophy could then be described as a dialectical pragmatism

4) 켄 윌버(Wilber, Ken.), 조옥경 역, 「통합심리학」, 서울: 학지사, 2009, 31쪽.

with a psychological turn)"의 관점에서 이루어진다.[5] 불교의 심리학적 성향은 미세한 마음의 활동을 깨달은 세존의 업(業)과 윤회(輪廻)에 대한 초기설법 및 소승(小乘)과 대승(大乘)의 시기를 지나 우리 문화의 선(禪)불교에 이르기까지 일관된 것이다. 변증법적이라는 의미는 부분적 사실에 집착하는 자아의 협소한 이해에 의해서 왜곡되기 이전의 자아와 세계의 본래적 실상을 전달하기 위해, 형식논리에 입각한 단면적이고 부분적인 지식을 전복하는 역설과 모순의 특성을 가리킨다. 실용주의는 고뇌라는 실존적 삶을 초월하여 존재의 성숙을 추구하는 인간의 본래적 태도에서 기인한 필수불가결한 일용(日用)의 가르침을 뜻한다. 이에 따르면 옛 지혜의 전통을 자산으로 삼는 트랜스퍼스널 심리학에서 불교가 차지하는 위상은 자못 크다고 하지 않을 수 없다.

동아시아 자연학의 핵심 설명원리인 음양오행(陰陽五行)은 동아시아의 고유한 사상으로 불리는 유가와 도가, 불가를 포함하여 서로 다른 학파들이 공유하는 동아시아의 영원의 철학이다. 음양오행론은 기(氣)라고 하는 살아있는 물질에너지(matter-energy)가 상관적 관계를 통해 변화하는 세계의 실상을 설명하는 개념이다. 동아시아의 철학을 거시적으로 조망하여, 유기체적 세계관(organic worldview)이라고 할 수 있는 것도 기와 음양오행의 사유가 그 안에 자리하고 있기 때문이다. 그런 의미에서 기와 음양오행론은 동아시아의 원형과학(proto-science) 또는 유사과학적(pseudo-scientific) 체

5) Edward Conze, Buddhism: Its Essence and Development (New York: Harper and Row Publishers, 1970), p.15. 콘체의 불교이해는 서양식이라고 할 수 있지만, 하나의 준거적 이해로 사용할 수 있을 만큼 넓은 지지를 받고 있다.

계를 설명하는 거의 유일한 논리이다. 관념적이고 규범적인 인간이해가 아닌, 심리학의 경우처럼 실제적인 인간이해를 위해서라면, 음양오행의 논리를 통하지 않고는 이를 수 없는 이유가 여기에 있다. 비록 엄격한 주류 과학의 관점에서라면, 기의 과학은 성립할 수 없는 것이지만, 기의 과학은 때때로 영성의 과학이나 깨달음의 과학으로 부를 수 있다. 왜냐하면 기는 다음과 같은 성질을 가지고 있기 때문이다.

> "물리적 • 물질적인 자연의 기(氣)와 반물질적 • 초물질적인 기(氣), 그리고 초자연의 여러 수준의 의식의 스팩트럼에 상응하는 온생명의 기(氣)를 모두 망라하는 것이기 때문에, 당연히 물질적 • 반물질적 • 초물질적 기(氣)는 현재의 물리학, 의학, 생명과학의 수준으로는 물질적 수준의 기(氣)를 제외하고는 그 실체를 자연과학적인 방법으로 밝힐 수 없는 초자연적 세계와 생명현상의 비밀을 함유한 신비한 에너지…"[6)]

그런데 불교사상과 음양오행이라는 동아시아의 두 흐름이 각자의 전통을 형성하고 있으므로, 하나로 통합하여 이해하기는 어려운 일이다. 하지만, 이 책에서는 두 흐름을 하나로 통합하여 인간의 이해

---

6) 조효남, 「월버의 AQAL 매트릭스 메타이론에 의거한 氣스펙트럼적 통합기론의 기초: 의식의 스펙트럼과 氣스펙트럼의 관계에 기초한 氣에 대한 통합적 접근」, 「한국정신과학」, 제10권 제2호, 2006, 4쪽. 본문에서 인용한 글 가운데, "초자연의 여러 수준의 의식의 스팩트럼에 상응하는 온생명의 기(氣)"라는 설명을 이해하기 위해서는 통합심리학의 맥락이 전제되어야 한다. 단적으로 통합심리학은 의식의 발달과 진화의 다양한 수준에 따라 다양한 존재 수준이 전개되고 있으며, 이는 간략하게 전개인, 개인, 초개인의 단계로 설정된다. 초자연의 여러 수준이란 초개인의 초의식에 상응하는 존재 수준(심령, 정묘, 원인causal)을 가리킨다. 「통합심리학」(260쪽)의 「도표 1A. 월버의 상관관계」 참고. 온생명의 기는 전개인, 개인, 초개인 단계를 기가 관통하고 있기 때문이며, 전개인, 개인, 초개인 단계는 전체 생명을 가리킨다.

라는 주제를 구현하고 있는 매우 독특한 옛 문헌이 존재하기 때문에 이를 탐구의 대상으로 삼으려고 한다. 이 문헌은 『달마일장금(達磨一掌金)』이다.[7] 이 문헌은 불교가 동아시아의 사상들과 활발하게 통합되기 시작한 수세기의 사상사적 흐름 속에서 탄생한 역사적 배경을 가지고 있다.[8] 그리고 이 문헌은 인간이해를 위한 형이상학적인 철학적 교설의 체계가 아니라, 심리학적이고 실용적인 성격을 가지고 있다는 특징이 있다. 소위 역술(易術)이라고 부를 수 있는 고태적인 유사심리학적 형식과 내용을 포함하고 있기 때문이다.

이 같은 문헌을 탐구하기 위해서 트랜스퍼스널 심리학의 관점은 매우 유효하다. 그 이유는 근원적 경험론, 트랜스퍼스널 심리학 또는 통합심리학에서 잘 설명해주는 것처럼, 한 개인의 경험이 그 개인의 발달 수준에 따라서 상대적 위상을 가지고 있고, 따라서 비교적 하위의 발달 수준은 표면적이며 피상적이고 외적으로 경험되며, 상위의 발달 영역은 이에 비해 더욱 심층적으로 경험되기 때문이다.[9] 그러므로 경험은 균일하거나 평면적이지 않고, 차이가 있으며 수직적이라고 할 수 있다. 그러므로 평면적 경험 속에 갇혀 있을 수 없는

7) '달마일장금(達磨一掌金)'이라는 의미는 "달마대사가 가르친 인간의 운명과 성격을 손바닥에서 파악할 수 있는 금쪽 같이 소중한 비법"이라는 의미이다.

8) 「달마일장금」은 지금으로부터 약 1500년전 중국의 위진남북조(魏晉南北朝) 시대에 도래하여 선종(禪宗)을 창시한 달마대사(Bodhidharma, ?~ 528?)를 원류로 하여, 당대(唐代) 일행선사(一行禪師, 683~727)가 재구성하여 저술한 인간의 운명을 추산(推算)하는 밀교계열의 술수서라고 할 수 있다. 이것은 밀교 점성술의 영향을 받은 동아시아의 도교적 천문학(점성술)의 관념과 역술(易術)의 두 분야가 결합해 성립된 문헌이다. 이 문헌은 오랜 시간 동안 중국이나 일본에서 활용되었고, 현재는 일본과 타이완 지역을 중심으로 재해석되고 있으며, 중국의 민간 문화로 영어권에 한정적으로 소개되어 있는 실정이다. 그러나 현재 일본에서는 그 맥이·밀교(密教)에 한정되어 전수되고 있으며, 한국에서는 역사적 흔적이 발견되지 않고 있다. 다만, 조선 후기 「당사주(唐四柱)」라는 문헌의 조형적 원리로 전승된 것을 확인할 수 있고, 또한 「전생록(前生錄)」과 같이 지금도 애용되는 민속 문화유산의 내용에 부분적으로 포함되어 있다. 김만태, 「한국 사주명리 연구」, 서울: 민속원, 2011, 359~360쪽.

9) 「통합심리학」, 147쪽.

트랜스퍼스널 심리학적 관점에서 인간의 이해는 발달의 하위 수준뿐 아니라 상위 수준을 모두 검토하지 않을 수 없다. 이 때문에 천저(天底)에서 천정(天頂)에까지 이어져 있는 경험론이라는 의미에서, 근원적인 경험론(radical experience)이라고 부를 수 있겠다.

근원적인 경험론은 합리론(rationalism)이 표방하는 진리에 대한 관념적 사변적 접근이 아니라, 구체적인 관찰과 실험을 통해 진리에 접근해가는 경험론의 일반적 특성을 포함하고 있다. 그러나 경험론이 가정하고 있는 인간 경험의 수평적 동일성에 대해 비판적인 태도를 가지면서, 인간 경험의 깊이 차원에 대한 경험의 수직적 차이를 인정한다는 점에서 경험론 일반과 구별된다고 할 수 있다. 이는 트랜스퍼스널 심리학에서 빈번히 등장하는 매슬로의 절정경험(peak experience)이나 고원경험(plateau experience), 그로프(Stanislav Grof, 1931~) 등이 관찰한 변성의식(altered consciousness), 옛 지혜 전통에서 자주 논의되고 있는 깨달음(覺)에 수반되는 경험 등에서 확인할 수 있다.

특히 이 책과 관련해서『달마일장금』은 불교의 업과 윤회의 교의와 음양오행론 즉 기(氣)의 사상이 결합해 있기 때문에, 업과 윤회라는 인간의 경험을 평면적 경험론으로는 논의할 수 없으며, 기의 사상 역시도 마찬가지라고 할 수 있을 것이다. 이러한 체계는 다수의 옛 지혜의 전통들에서 확인할 수 있듯이, 대부분 근원적인 경험론의 관점에 따라 형성된 것이기 때문이다.

우리가 불교사상과 음양오행 즉 기의 사상이라는 옛 지혜의 전통을 중시하여 이를 재해석한다는 의미는 보다 구체적으로『달마일장금』에서 제시되어 있는 인간의 유형론적 분류를 심리학적으로 재구성한다는 것이다. 이 문헌은 삼독(三毒)과 같은 인간의 고유한 욕망을 원인으로 성립된 업인(業因)이 한 개인의 탄생시점에 과보(果報)로 배열(constellation)되어 일정한 인간의 유형이 성립된다는 이론 체계를 가지고 있다.[10]

심리학 전체가 인간의 이해를 목적으로 하고 있지만, 특히 성격심리학은 인간의 유형론적 분류에 관심이 많으며, 인간의 특성과 행동에 대한 탐구를 진행하는 특별한 분야이다. 이 글에서 옛 지혜의 전통을 심리학적으로 해석한다는 의미는 구체적으로 성격심리학적 접근을 방법론으로 전개한다는 의미이며, 동시에 비단 현대 심리학의 과학적 방법론뿐 아니라, 동서의 기질론(temperament), 체질론(constitution) 등과 같은 인간 속성의 분류학(taxonomy)을 통해 수립된 여러 지적 체계를 검토한다는 의미이다. 과거의 분류학은 과학적 세계관의 영향에 의해 폐용(廢用)된 것이 많다. 그렇지만, 옛 지혜의 전통을 계승하고 있다는 의미에서 그 경험론적 기저를 트랜스퍼스널의 관점에서 접근하여 검토하면 유의미한 결과가 도출될 것으로 기대한다.

이 책에서는 업과 윤회의 불교사상과 음양오행론이 통합된 체계로부터 현대 성격심리학을 구성하는 여러 요소들을 참고하여 성격유형의 이론을 재구성한다. 이러한 이론 구성의 최종적 목표는 우울, 불안 및 병약함 같은 인간의 심리적 문제와 밀접하게 관련되어 있는 성격을 다루는 기법들, 그리고 더 나은 대처 양식을 갖게 해주고, 가장 핵심적인 사안으로서, 인간의 성장과 발전을 위한 유용한

10) 서양의 점성술(astrology)에서도 유사한 체계를 발견할 수 있다. 다만 업의 이론은 명시적이지 않은 것이 차이이다.

기법 곧 트랜스퍼스널 심리치료의 가능한 한 모델을 제시하기 위한 것이라는데 있다.

트랜스퍼스널 심리학의 심리치료 모델은 현재 일상의 통합수련(ILP, integral life practice)에서부터 표현예술치료의 다양한 치유 프로그램들에 이르는 너른 스펙트럼을 가지고 있지만,[11] 이는 추상적 · 보편적 인간을 대상으로 전개된다면 소기의 목적을 효과적으로 달성하기 어려울 것이라고 여겨진다. 트랜스퍼스널 심리학 가운데 가장 체계적이고 명실상부하게 통합적인, 통합심리학의 선구적 노력은 인간의 이해가 최소한 넷으로 분화되어 있는 존재 양식(AQ, All Quadrants)과 발달의 서로 다른 수준들(AL, All levels)이 혼재되어 있다는 발견[12]을 통해 접근되어야 한다는 것을 시사하고 있다.

이런 맥락에서 인간 존재의 추상적 보편성보다는 다양하고 구체적인 개별성에 토대를 둔 성장과 발전의 치료 및 치유 전략이 요청된다고 할 것이다. 현대 심리학의 성격유형론 뿐만 아니라, 성격심리학의 전통 속에서는 고대 서양의 4원소설(4-elements)을 원형으로 하여 히포크라테스(Hippocrates, 기원전 460~기원전 377)와 갈렌(Claudius Galenus Galen, 130?~210?)이 수립한 4기질론에서부터 크레치머(Kretschmer, E., 1888~1964) 등이 제시한 근세 유럽의 기질론, 동아시아에서는 고대로부터 고안되었던 무수히 많은 술수(術數) 계통의 자연학적 체계와 구한말에 수립된 사상의학(四象醫學)을 포함하여, 이 체계들의 공통된 가정은 인간에게는 보편성의 토대 이상

11) 영성(spirituality)에 기반한 다양한 치료적 접근에 대한 소개는 스페리(L. Sperry)의 「영성지향 심리치료(Spiritually Oriented Psychotherapy)」(최영민 외 옮김, 하나의학사, 2008) 참고.
12) 「통합심리학」, 101쪽.

의 다양한 기질적 · 심리적 차이가 있다는 것이며, 이를 기저로 다양한 삶의 양식을 가지고 성숙과 발전을 추구한다는 것이다.

이 같은 인간의 구체적 다양성의 추구는 보다 효과적인 인간이해와 여러 병리적 상태의 개선, 보다 나은 삶을 영위하기 위한 양생적 관심, 더 나가 지금 이상의 존재가 되기 위한 영성적 관심에서 기인한 것이다. 이 글의 맥락에서라면, 단지 생물학적 · 개인적(personal) 차원의 만족만이 아닌, 자기 이해라는 영적 성숙과 깨달음을 향한 존재론적 욕망에서 비롯된 것이라 할 수 있다. 자신의 기질을 알거나, 체질 혹은 다른 사람과 차별적인 자신만의 성격 · 개성(특성)을 자각한다면, 자기 이해에 한층 더 다가갈 수 있을 것이다. 예를 들어, 오스카 이카조(Oscar Ichazo, 1931~)에 의해서 시작되고, 현대 심리학의 재해석을 통해 소개된 에니어그램(Enneagram)의 성격유형론은 하나의 시사점을 던져준다. "우리가 어떻게 자신의 근본적인 성격 안에 묶여 있는지 볼 수 있도록 도와줌으로써, 우리 자신의 진정한 아이덴티티의 깊은 신비로움으로 우리를 초대한다." 에니어그램을 통해서 "자신의 성격 유형에서 나오는 자동적인 반응을 더 잘 보면 볼수록 그것들에 덜 매이고 더 자유로워질 수 있다"는 것이다.[13)]

한편으로 『달마일장금』 같은 술수류의 문헌을 부정하려는 비판에 대해, 실용적인 측면과 이 문헌이 가진 고유한 역사적 가치로 답변할 수 있을 것이다. 『달마일장금』 뿐 아니라 오술(五術)[14)]의 내용

13) 리소&허드슨(D. R. Riso & R. Hudson), 주혜명 역, 「에니어그램의 지혜」, 서울: 한문화, 2000, 31쪽.

14) 오술(五術)은 산의명상복(山醫命相卜) 등을 가리킨다. 산(山)은 단(丹)이나 양생술(養生術) 등을 가리키고, 의(醫)는 여러 종류의 한의학 체계, 명(命)은 사주팔자(四柱八字) 및 점성술(占星術) 등, 상(相)은 관상(觀相)과 수상(手相), 풍수지리(風水地理) 등이며, 복(卜)은 육효(六爻), 육임(六壬) 등과 같은 점술(占術)을 가리킨다. 芝蘭, 「達磨一掌經」, 台北: 知青頻圖出版, 2006, 20쪽 참고.

을 담은 술수류의 문헌들은 광범위하게 역술이라는 우리나라의 민속문화적 자산과 큰 관련이 있다. 곧 이러한 술수류의 문헌은 그 자체로 상담 혹은 심리 치료적 요인이 포함된 유사상담심리학(quasi-counseling psychology)으로 존재하고 있으며, 여전히 지속적인 영향력을 행사하고 있다. 심리학 진영에서는 이들 문헌 및 문화적 양태에 대해, 온전한 파악의 대상으로 인정하거나 검토하고 있지 않지만, 상담을 포함한 심리치료의 잠재적 내담자들이 의존하고 있는 유사 심리학적 기능을 수행하고 있다.[15)]

전승된 문화 속에 내재하는 '영원의 심리학적' 자원들에 대한 트랜스퍼스널 심리학의 관심은 이런 문화에 대해 보다 심층적이고 구체적인 접근을 요청하고 있다. 이카조(Ichazo) 역시 자신의 문화 속에 전승되어 온 여러 신비주의적 고대 문헌과 유물 속에서 에니어그램의 원형을 발견한 것처럼, 이는 청산되거나 폐용되어야 할 비합리적 · 미신적 문화가 아니라, 그 속에 담겨 있지만 채 발견되지 않은 옛 지혜의 정수를 현재적으로 조명하는 것은 매우 의미 있는 일이라고 할 수 있다. 이는 트랜스퍼스널 심리학의 한 가지 이념인 전근대와 근대의 진실한 통찰을 하나로 통합하는 구체적인 활동이라고 생각되기 때문이다.

이 책에서는 인간의 명(命, destiny)을 살피는 『달마일장금』의 체계를 업과 윤회의 불교사상과 음양오행론에 기반한 동아시아의 전통적 자연학이 결합한 특별한 한 분야로 인식하고, 이에 대해 성격

15) 이창일, 「철학상담과 운명상담의 특성과 영역에 대한 철학적 검토」, 「동양문화연구」, 제8집, 동양문화연구원, 2011. 이 논문은 2010년 한국동서정신과학회 제22차 추계학술대회에서 발표한 「철학상담과 운명상담-비전통적 상담의 자리매김」과 같은 내용이다.

심리학과 트랜스퍼스널 심리학 같은 현대 심리학적 조명을 거쳐 그 체계를 다시 새롭게 음미하려고 한다. 본래 인간의 명을 추산하는 데 이용되었던 이 옛 문헌에서 인간의 자유와 결단의 의지를 제약하는 결정론적 운명에 대한 과도한 관심을 지우고, 유형론적으로 파악된 한 개인의 특성에 대한 심리학적 해석을 통해 자신에 대한 이해의 깊이와 폭을 넓혀서, 발달과 성숙을 위한 전략적 도구로 사용할 수 있는 방법을 모색하고자 한다. 더욱이 『달마일장금』의 체계는 서구인들이 주목하고 있는 불교적·성격심리학 이론과 심리치유체계로 해석될 수 있는 단서가 풍족하며, 음양오행론에 기반한 전체론적(holistic) 과학이라는 매력적인 측면도 풍부하게 암시되어 있다.

이러한 목적이 달성된다면, 아프가니스탄에 기원을 둔 고대의 한 신비주의적 편린이 심리학의 도움을 얻어, 그 영성적 의미가 발견되었듯이,[16] 불교와 음양오행론적 자연학의 오랜 전통 속에서 전래되어 온 일장금(一掌金)의 옛 지혜 또한 트랜스퍼스널 심리학의 조명을 받게 되면, 새로운 빛을 발하게 될 것이라 생각한다. 또한 이로부터 트랜스퍼스널 심리학의 한 가지 의미 있는 치료 및 치유 체계가 발전되어 나올 것이라 기대하고 있다.

책의 본문은 6개의 장으로 구성되어 있다.

1장은 성격유형론의 개념에 대한 현대 심리학적 함의들에 대해 논의한다. 여기에는 성격을 연구해 온 성격심리학의 성격에 대한 다양한 연구 관점이 제시되고 있다. 이로부터 향후 재구성해야 하는 『달마일장금』의 성격유형론에 대한 단서를 찾는다. 성격(personality,

16) 에니어그램의 개발 과정을 가리킨다.

퍼스낼리티)의 일반적 정의와 유형 및 특성의 개념 등에 대해서 살펴보았다.

2장은 동서 유형론에 대한 개괄적인 탐색이다. 이러한 탐색을 통해서 과거의 유형론이 기반하고 있는 철학적 심리학적 특성을 살펴보았으며, 단순한 역사적 사례에 대한 검토뿐 아니라 이를 현대에 계승하고 있는 유형론에 대한 검토도 진행했다. 서양의 전통적인 유형론은 4기질론이며, 이는 4원소설의 우주론적 체계를 적용한 것이다. 비유럽적인 분야에서는 또 다른 우주론적 도식을 가지고 유형론을 구성했으며, 이 또한 현대적인 계승을 하고 있다. 동아시아의 전통적 유형론은 음양오행론과 『주역(周易)』의 사유방식에 기초하고 있으며, 현재에도 유사심리학적 체계로 계승되고 있다. 우리 문화에서 잘 활용되고 있는 역술의 여러 체계 및 한의학적 유형론 등을 검토한다. 이러한 사유방식은 『달마일장금』의 한 측면과 밀접히 연관되어 있기 때문이다.

3장은 『달마일장금』에 대한 문헌적 분석에 해당한다. 현대적으로 재구성되는 『달마일장금』의 문헌적 특성과 구조에 대한 분석으로서, 불교와 동아시아 자연학이 융합된 구조의 특성을 해명한다. 이 과정에서 불교적 특성과 동아시아 자연학의 특성이 공유되는 부분과 철학적으로 상이한 부분에 대한 논의를 진행한다. 『달마일장금』의 심리학적 해석을 위해 중요한 대상이 되는 「명도(命圖)」의 체계를 분석한다. 이 과정에서 이질적인 두 체계가 융합을 이루기 위해서, 서로 공유되는 지점에 대해서 체계적인 분석을 실시한다.

4장은 업과 윤회에 기반한 유형론 재구성의 이론적 전제들에 대해서 검토한다. 이를 위해 업과 윤회의 개념을 살펴보고, 윤회에 대한 공간적 조망인 삼계육도설과 윤회에 대한 시간적 조망인 연기법의 정당성을 탐색한다. 이어 업과 윤회의 심리학적 해석을 진행하며, 이로부터 『달마일장금』의 유형론 체계를 현대적인 언어로 "까르마에토스(Karma Ethos)"로 명명하고, 이 유형론의 특성에 전제되어 있는 이론을 검토한다.[17] 까르마에토스는 업과 윤회라는 불교의 공식적 교의에 기반을 둔 특정한 성격유형론이며, 이를 현대적으로 구성하기 위한 선행조건들을 분석하고, 업과 윤회에 대한 현대의 정신분석적 해석과 영적 지도자의 심리학적 해석도 검토한다.

5장은 까르마에토스의 성격유형론 구조에 대한 논의를 진행한다. 크게 두 가지 논의로 구성되어 있다. 첫번째는 『달마일장금』의 고태적 언어들이 현대적 언어로 전환되기 위한 여러 방식들이 제시될 것이다. 또한 까르마에토스의 성격유형론이 가진 특성언어를 구성하며, 이를 위해 구조언어학적 접근과 심리어휘 접근이 시도될 것이다. 이어서 까르마에토스의 특성언어를 토대로 「여섯 가지 좋은 덕과 여섯 가지 나쁜 덕(Six & Six)」을 도출하고, 이를 육도 각각에 적용한다. 두 번째 논의는 까르마에토스의 실제인 4유형론의 형식적 구조를 성립시키는 원리들에 대해서 탐색한다. 이어 현실의 인간을 구체적으로 해석하기 위해 까르마에토스를 더욱 입체적이고 다면적으로 구성하기 위한 퍼슨 수트(person suit) 개념을 제시한다. 퍼슨 수트는 기존의 자아(ego), 자기(self), 페르소나(persona) 등을 포괄하는 개념으로서, 형식적으로 불변적인 4유형과 축을 이루는 가변적인 5가지 발달 수준이 만나는 지점을 가리킨다. 이 지점은 낮은 수

17) 까르마에토스 용어해설 참고.

준에 처한 개인이 자기이해를 통해서 점차 성장하고 발달하거나, 그 반대의 역전 상황 등을 나타내는 지표이다. 퍼슨 수트는 까르마의 숙명론과 깨달음의 본성에 기반을 둔 마음의 자유의지가 묘합(妙合, mysterium coniunctionis)하는 생명의 실상을 잘 보여주는 까르마에토스의 독특한 개념이다.

6장은 까르마에토스 유형론으로부터 보다 나은 인간 존재로 변형될 수 있는 가능성과 현재보다 더 못한 인간 존재로 전락되는 가능성에 관한 논의가 진행된다. 세존의 자등명과 법등명을 심리치료적인 맥락에서 재해석하고 있다. 퍼슨 수트에 따른 성장과 발달의 맞춤 전략을 까르마에토스 예술치료 즉 키트(KEAT, Karma Ethos Art Therapy)로 제시하고, 키트의 목표와 체계를 살펴보았다. 까르마에토스 4유형론에 해당하는 4명의 내담자 사례를 통해서, 심리상담과 키트의 실제적 적용을 살펴보았다.

마지막에는 독자들의 이해를 돕기 위해 까르마에토스를 구성하는 핵심 용어들을 요약하고 설명했다.

"대개의 경우 여러분은 매일 무엇인가를 쓰고 입고 다닌다. 어떤 사람은 아름다운 웃음을 쓰고, 어떤 사람은 자비로운 웃음을 쓰고, 어떤 사람은 자애로운 인격을 입고 다닌다. 그러나 이것은 옷과 다름이 없다. 옷 속에 든 여러분은 변한 것이 하나도 없다."

B. S. 라즈니쉬, 「반야심경(The Heart Sutra)」.

제1장

성격유형론의 개념

1) 성격과 트랜스퍼스널 관점

퍼스낼리티(personality)는 우리말로 성격(性格), 인격(人格), 인품(人品), 품성(品性), 개성(個性) 등으로 번역되고 있다. 이들이 지시하는 의미내용은 각기 차이가 존재하지만, 일상 언어에서 그 차이를 확연히 구별하기 어려운 것이 사실이다.[1] 그런데 퍼스낼리티 즉 성격이라는 개념의 배면에는 "인간은 무엇인가 혹은 나는 누구인가"라는 인간 존재의 이해에 대한 유구하고 보편적인 물음이 자리하고 있다.[2] 이러한 인간이해의 오래된 물음을 해명하려는 시도는 다양하게 진행되어 왔다. 동서양의 철학과 종교의 역사는 인간 자체에 대한 근원적 설명의 기록들로 점철되어 있고, 현대의 과학적 세계관에

1) 서술의 맥락에서 퍼스낼리티와 성격은 차이가 있지만, 용어의 일관성을 위해 성격으로 통일하여 사용하고, 특별한 관점이 제시되는 맥락에 한정하여 퍼스낼리티를 사용한다.
2) 여기서 나는 개별적 나가 아닌, 유적(類的) 존재로서의 인간 보편을 가리킨다.

따른 자연과학 및 여러 인문사회과학 등은 자신들의 과학적 관점에 따라 생물학적, 사회문화적, 정치경제적 의미를 파악하기 위한 각고의 노력을 진행하고 있다. 심리학의 경우는 말할 것도 없이, 인간의 정신이나 의식의 현상과 기능, 그 작용으로 출현하는 행동을 구명(究明)함으로서, 인간의 이해라는 심오하고 야심찬 도전의 결과들을 여실히 보여주고 있다.

여기서 논의하고 있는 성격의 유형론은 기존 성격심리학의 진영에서 축적된 이론과 실제를 계승하지만, 트랜스퍼스널 심리학의 관점에 입각하여 기존 '성격' 즉 퍼스낼리티의 개념을 반성적으로 고찰하려는 목적을 가지고 있다. 왜냐하면 트랜스퍼스널 심리학은 인간의 의식과 의식의 행동 표현을 연구하는 심리학의 본래 목적에 따라, 인간의 의식과 그 행동이 전(前)개인(pre-person), 개인(person), 초(超)개인(trans-person) 등의 단계에 따라 발달하는 것으로 구분하고 있기 때문이다.[3] 그래서 초개인 단계를 고려하지 않고, 전개인과 개인의 단계에 초점이 맞춰진 기존 성격의 개념에 따른다면, 트랜스퍼스널 심리학의 관점과 일치되기 어려운 점이 생겨난다. 이는 심리학에서 추구하는 성격이론이 이미 일정한 세계관 즉 과학적 세계관에 의지하여 전개되고 있다는데서 기인한 것이기도 하다. 따라서 트랜스퍼스널 심리학이 지향하는 성격이론은 현재 지배적인 과

3) 실재는 사물로부터 차례로 신체, 마음, 혼(영)에 이르기 까지 서로 엮어 짠 여러 수준들로 이루어진 구조라고 보는 관점을 존재의 대사슬(Great Chain of Being)이라 한다. 이는 고대로부터 거의 모든 인류의 문명이 견지한 관점이었다. 이 존재의 대사슬은 인간에게도 그대로 반영되어 있는데, 물질 수준은 신체와 대응하고, 보다 복잡한 구조의 수준은 마음, 그 보다 더 복잡한 수준은 혼(영)으로 구분할 수 있다. 이를 인간의 발달 단계에 대응하면, 전개인, 개인, 초개인 등으로 구분할 수 있다. 이는 또한 의식 수준하고도 연관 된다. 거칠게 말하면, 금수는 전개인, 생각하는 인간은 개인, 각성하고 명상하는 인간은 초개인 수준에 있다고 할 것이다. 켄 윌버(Ken Wilber), 조효남 옮김, 「감각과 영혼의 만남」, 서울: 범양사, 2007, 32~36쪽 참고.

학적 세계관에 대해 비판적인 자세를 가질 수 밖에 없으며, 이를 더욱 포괄적인 세계관의 입장에서 구성해야 하는 미션을 가지게 된다. 더구나 여기에서 다루고자 하는 성격이론은 과학적 세계관과 상이한 불교적 세계관과 동아시아 세계관에 입각한 인간관이 결합되어 있는 고대의 문헌을 기저로 하고 있기 때문에, 성격의 개념에 대해 신중할 수밖에 없다.

'퍼스낼리티'는 사람 혹은 개인을 가리키는 퍼슨(person)의 형용사(personal, 개인적인)에 내재적인 속성(inner property)을 나타내는 명사화 접사 ity를 첨가해 만든 것이다.[4] 이런 맥락에서 성격은 한 개인에게 고유하게 속해 있는 특별한 성질을 의미하고 있다. 그런데 트랜스퍼스널 심리학의 관점에서, 주류 심리학이 가정하는 성격은 인간됨(personal-ity; person-hood)의 전체가 아닌 부분이라고 할 수 있다. 성격은 부분이 아닌 전체, 조각이 아닌 통일적 존재인 인간을 상정해서 해명해야 한다. 전체가 아닌 부분은 편파적일 수밖에 없기 때문이다.

따라서 성격이 부분적(partial)이고 편파적인 하나의 관점으로 해명되는 것이 아니라, 발달의 전 과정을 모두 고려해서 구성되어야 한다. 다시 말해, 트랜스퍼스널의 차원이 결여된 성격은 많은 점에서 인간의 온전한 이해에 도달할 수 없다는 것을 의미한다.

이 글에서는 성격이 초개인의 차원이 포함되지 않고 단순히 성격이나 인격 등으로 번역된 것에 의문을 표시하고, 아울러 이와 상당한 유사개념들과의 혼동을 피하기 위해, "퍼스낼리티"라는 용어를

4) 이용성, 「-ity와 -ness의 생산성 소고」, 「언어과학」, 제19권 3호, 2012.

그대로 사용하는 것이 좋을 것 같지만, 논지의 일관성을 위해 성격으로 통일해서 사용하는 것이 더 유용하다고 보았다. 그러므로 이 글에서 말하는 성격은 3가지 발달 단계를 아우르며, 특히 초개인의 차원을 배제하지 않고 포함하는 개념이다. 이 밖에 다음과 같은 이유를 고려할 수 있다.

일상언어적으로 성격과 같은 의미로 사용되는 어휘들로는 캐릭터(character, 성격), 인디비듀얼리티(individuality, 개성), 템퍼러먼트(temperament, 기질 혹은 체질) 등을 꼽을 수 있다. 그런데 이들 유사한 용법의 용어는 서로 간에 차이점을 가지고 있다. "캐릭터"에는 사회의 도덕적 요구에 따른 가치에 따라 평가된 개인의 특성이라는 의미맥락이 있기 때문에 인격(人格)으로 사용되기도 한다. "인디비듀얼리티"에는 개인의 고유한 심리적 생리적 특성으로서 타자로부터 구별되는 차이성에 중점을 둔다는 의미맥락이 있으며, "템퍼러먼트"는 체질적, 유전적으로 결정된 정서적 반응의 측면이 강조된 의미맥락이 존재한다.[5] 그래서 성격은 이들 용어와 구분되지는 않지만, 기질이나 체질을 가리키는 템퍼러먼트는 성격의 핵심구조 즉 생리적 측면에 연관된 하부구조에 해당하고, 이 위에 타인과 구별되는 특성을 가진 개인을 강조하는 인디비듀얼리티의 개성, 그리고 가치가 개입되는 인격 부분이 연결된 전체적인 구조를 염두해야 할 것이다.[6]

이런 의미에서 성격은 위 세 용어가 가리키는 개념들의 특징을 모두 포함하는 광범위한 구조를 가진 것으로 보인다. 기질(템퍼러먼

5) 小見山榮一, 「教育心理學要說」, 東京: 金子書房, 1969, 158쪽.
6) 박아청, 「성격은 변하지 않는 것인가」, 서울: 교육과학사, 2002, 14~15쪽.

트)은 주로 인간의 신체적인 측면에 초점을 맞추고 있고, 다른 것들은 정신적인 측면, 더 나가 이와 상호작용하는 사회적 측면 등에 무게를 싣고 있기 때문이다. 더구나 성격은 지능, 정서, 의지의 심리학적 특성과 신체 제기관의 기질적인 생물학적 특징, 태도, 습성, 행위 등 사회학적 특징 등 인간의 통일적 전체성을 말하고 있다. 따라서 성격은 인간의 전체를 의미한다. 그리고 철학에서 논의하는 인간성의 문제인 휴머니티(humanity)처럼 추상적 인간의 특성이 아닌, 구체적 인간의 보편적 특성에 주의를 기울인 개념이다.[7]

성격심리학이란 말이 이미 성어(成語)되었듯이, 성격은 주로 윤리도덕의 맥락을 가진 인격보다, 그러한 가치(value)가 배제된 성격으로 사용된다. 알포트(G. Allport, 1897~1967)는 이런 의미에서 "Character is personality evaluated and personality is character devaluated"라고 했다.[8] '캐릭터'와 '퍼스낼리티'의 구분이 완연하지 않은 우리말로서는 매우 이해하기 힘든 언급이다. 그러나 이 말은 "가치가 배인 퍼스낼리티가 캐릭터이고, 가치가 배제된 캐릭터가 퍼스낼리티이다"로 이해될 수 있다. 그러나 성격은 주로 인간의 심리적 측면이 가진 특성을 나타내고, 인격은 대체적으로 인간의 윤리적, 도덕적 특성을 나타내는 의미로 이해되고 있다. 하지만 성격은 심리적, 윤리적 의미를 모두 포함하고 있는 개념 즉 가치를 배제할 수 없는 개념이다. 그러므로 성격이나 인격은 '퍼스낼리티'의 일부분에 불과하다. 더구나 도덕발달과 '성숙(成熟)인격'을 정당한 심리

---

7) 몬딘(Mondin, B.), 허재윤 역, 「제4장 인격」, 「인간: 철학적 인간학 입문」, 서울: 서광사, 1996.
8) Allport, Gordon W., Personality: A Psychological Interpretation, NY: H. Holt and Company, 1961. (first edition, 1937) p.24.

학의 한 연구주제로 삼고 있는 경향 속에서 양자의 의미 분화는 통상적인 것일 뿐 실제적으로 큰 의미가 없는 것으로 보인다.

여기에서 구성하게 될 성격유형론은 초개인 차원을 승인하고 있는 불교적 영원의 심리학을 계승한 트랜스퍼스널 심리학의 관점에서 다음처럼 말할 수 있을 것이다.

> 과학은 중생심(衆生心)의 차원만을 다룬다. 부처(붓다)의 마음(心)을 다루지 않은 '성격' 심리학은 인간의 전체를 말할 수 없다. 중생과 부처는 둘이 아니기 때문이다.

트랜스퍼스널 심리학의 한 진영으로 분류할 수 있는 인간의 성장과 발달을 탐구하는 심리학의 조류들은 이러한 견해에 온전한 동의를 표할 것이다. 이른바 성장심리학(growth psychology)은 신경증이나 정신병 환자를 치료하는데 있지 않고, 인간의 능력을 충족시키고 실현할 수 있는 무궁한 잠재 능력을 키우고 발휘하도록 하는 데 있으며, 인생의 심오한 의미를 탐색하는 것을 목표로 하고 있기 때문이다.[9)]

납작한 평면적 인간이해는 하위의 발달 수준에서 상향의 발달 수준으로 향하는(up from) 가능성이 차단된 채로 압사의 처지에 놓인 인간의 빈약한 초상에 불과하다. 인간을 다층적으로 위계적으로 고려하는 입체적인 이해의 요청, 이로부터 성격을 구성하려는 것이 우리의 탐구가 시작되는 착수처이다.

---

9) 슐츠(Schultz), 이혜성 옮김, 「성장심리학-건강한 성격의 모형(Growth Psychology: Models of the Healthy Personality)」, 서울: 이화여자대학교 출판부, 2012, 7쪽.

2) 성격의 정의와 분석수준에 따른 접근

퍼스낼리티(personality)의 어원은 두 가지 다른 라틴어에서 유래한다. 그러나 어떤 것이 더 결정적인지는 알기 어렵다. 첫 번째 기원은 라틴어의 페르(per, 통하여)라는 전치사와 소노(sono, 말하다)란 동사가 결합된 것으로, 개인이 그것을 통해서 타인에게 자기의 자기됨을 알게 해 주는 것 즉 자신의 사람됨을 표현하는 것으로부터 생겨난 의미이다. 두 번째는 고대 그리스와 로마시대 연극배우들이 사용한 일종의 가면을 가리키는 페르소나(persona)를 어원으로 한다.[10] 페르소나는 배우들이 자신들의 존재와 역할을 관중에게 분명하게 인식시키기 위해 사용한 것이다. 이 역시 개인이 그것에 의해서 자기의 존재와 역할을 타인에게 인식시켜 준다는 의미를 담고 있다. 두 어원은 모두 개인이 자신의 사람됨을 타인에게 밝히고 알려 주는 것이라는 점에서 공통적인 의미를 가지고 있다. 이러한 성격의 개념은 개인의 내적인 특성 못지않게, 성격 형성의 사회적 맥락에 대한 강한 시사점을 던져 준다.

성격에 대한 보편적으로 수용될 수 있는 단일한 의미는 존재하지 않는다. 이러한 역설적 상황은 과학적 관점의 다양성 즉 과학적 분석의 수준들에 따라 다양한 성격의 개념이 구성되기 때문이라고 볼 수 있다. 그러나 성격의 구성개념을 위해 필요한 선결조건들에 관해서는 어느 정도 합의가 가능하다.

성격에 대한 최초의 고전적 정의는 알포트(Gordon Allport, 1897~

10) 김용섭, 「Personality의 본질-그 기본개념과 형성을 중심으로」, 「論文集」, 5권, 高神大學校, 1977, 43쪽.

1967)에 의해 초석이 마련되었다. 알포트의 성격에 대한 정의도 특정한 관점에서 언급된 것이기는 하지만, 후대에 미친 영향력을 고려했을 때 보다 세밀한 음미가 필요하다.[11]

> 성격은 심리생리적 체계들로 이루어진 개인 내에 존재하며 개인의 특징적인 행동과 사고를 결정하는 역동적 체계이다(Personality is the dynamic organization within the individual of those psychophysical systems that determines characteristic behavior and thought).[12]

"심리생리적 체계(psychophysical systems)"는 성격이 전적으로 인간의 내적 요인으로서의 심리적인 것이나, 생리현상으로서의 내장기관이나 신경계에 관계되는 것만이 아니라는 의미이다. 또한 외적으로 발현되는 현상으로서의 신체적인 것에 관계되는 것만도 아니라는 의미이다. 즉 성격은 개체 내에서 실체로써 작용하는 심리적 국면과 개체 밖에 실존하는 신체 및 행동으로 표현되는 생리적 측면의 양자를 모두 포함하고 있다.

이 같은 알포트의 정의는 개인의 심리신체적 조직과 그 특질, 환경에 적응하려는 개인의 행동경향성과 사고경향성 등, 전체로서 통일체를 이루고 있는 성격의 특징을 잘 나타낸 것이면서, 성격이 만족될 수 있는 정의가 어떤 것인지 보여주고 있다. 이러한 성격에 대

11) 알포트는 성격에 대한 정의는 시간에 따라 보다 포괄적으로 수정되었다. 1937년의 정의는 다음과 같다. "성격은 심리생리적 체계들로 이루어진 개인 내에 존재하며 환경에 대한 개인의 적응을 결정하는 역동적 체계이다(Personality is the dynamic organization within the individual of those psychophysical systems that determines his unique adjustment to his environment)." (Allport, 1937). 1961년 수정판에서는 마지막 구절이 수정되었다.

12) Personality: A Psychological Interpretation, p.48.

한 정의는 다음과 같이 두 가지로 대별되는 가정을 이끌어내었다.

첫 번째는 안정적인 개인차(individual difference)의 존재를 상정한다. 이는 개인에게서 나타나는 지속성(continuity) 또는 일관성(consistency)의 의미를 내포한다. 두 번째는 이러한 개인차가 그 기저에서 모종의 체제(organization) 혹은 구조를 반영하고 있다는 것이다. 이와 같은 고전적 정의에 더 확장된 견해를 담게 되면, 광범위하게 받아들여질 수 있는 좋은 정의를 도출할 수 있다.

예를 들자면, 성격심리학은 "개인의 특징적인 사고, 감정 및 행동양식을 그 패턴 뒤에 존재하는, 숨겨져 있거나 드러나 있는 심리적 기제를 통해 설명하는 것"[13]이어야 한다. 이를 위해서는 개인 간의 차이뿐 아니라, "개인이 심리적 환경에 대처하고 환경을 변형시키는 독특한 양식을 포함"해서 연구해야 한다.[14]

그러나 이러한 대체적인 가정을 공유한다고 해서 성격심리학이 단일한 연구 분야를 갖는 것은 아니다. 그것은 역시나 성격의 상이한 측면들을 접근해 나가는 수준이 다르기 때문이다. 이를 분석 수준(levels of analysis)이라 하는데, 현대 성격심리학 분야에는 대략 여섯 가지의 수준이 존재한다.[15]

첫째, 특성-성향(trait-disposition) 수준은 여러 개인들과 성격 유형들을 일관되게 특징짓는 안정적인 심리적 특성과 행동 성향의 유형들을 밝히려 한다. 이 수준의 연구들은 주요 특성의 측면에서 개인들을 분류하는 광범위한 분류체계를 만들어 냈고, 이 체계를 통해

13) Funder, D. C, Personality, Annual Review of Psychology, 52, p.198.
14) 『성격심리학』, 6쪽.
15) 『성격심리학』, 9쪽~20쪽의 내용을 재구성.

개인, 집단, 문화까지도 비교할 수 있는 지침을 얻게 되었다.

둘째, 정신역동-동기(psychodynamic-motivation)적 수준은 평소 지각하지 못하지만 성격에서 드러나는 복잡한 일관성과 비일관성을 설명해 줄 수 있는 동기, 갈등, 방어체계에 대해 연구한다. 유명한 프로이트의 성격이론이 그렇듯이, 이해할 수 없는 성격의 측면을 이해하기 위한 것이다. 여기에는 무의식의 개념과 수용될 수 없는 성욕구와 공격욕구의 개념을 중심에 놓고 있다.

셋째, 현상학적(phenomenological) 수준은 주관적 경험의 본질에 대해 자세히 조사하는 방향을 취한다. 개인이 지각하고 있는 그대로 개인의 경험에 대해 자세히 경청하고 이해하려고 한다. 이상적인 상황에서는, 바로 그 개인의 입장에서 그의 시각을 통해 세상을 지각하고, 그에게 공감작용을 하여 그의 입장이 되어서 인지적, 정서적으로 알려고 한다.

넷째, 행동주의적-조건형성(behavioral-conditioning) 수준은 중요한 행동에 주목하고, 행동을 제어하는 조건을 분석한다. 어떤 조건에서 행동에 따른 문제가 개선되는지 발견하고, 행동을 치료할 수 있는 기제를 설계한다. 이 분석 수준은 동물 연구에 근거한 학습 및 조건형성에서 시작되었다. 그러나 이들은 파블로프(Pavlov)의 개와 같은 초기 모델에서 현대에는 더욱 진화하여, 정신 과정에 관한 뇌 영상과 인지과학의 발전으로 인해, 모호했던 정신 기능들을 객관적인 과학적 방법으로 분석하고 있다.

다섯째, 사회-인지적(social-cognitive) 수준은 개인이 세상을 상대하거나, 스스로를 해석하고 자기 조절을 할 때, 사회적 지식이 사용되는 방식에 있어서의 개인차에 대해 검토한다. 다른 수준에서처럼 "머리 속을 들여다 보는 것"이 아니라, 관찰된 다양한 개인차를 발생시키는 안정적인 정신적-정서적 과정 및 구조들을 이해하는 것이다.

여섯째, 생물학적(biological) 수준은 유전적 결정 요인의 역할과 사회적 환경의 역할을 명료화하는 것이다. 인간이라는 종의 생물학적 특징에 대해 주목을 하여, 인류를 형성시킨 진화론적 압력과 역사에 반응하여 성격의 측면들이 어떻게 진화되어 왔는지에 대해 연구하는 것이다.

이러한 분석 수준들은 갈등하고 경쟁하는 관계이지만, 서로 다른 개념들을 사용하여 뚜렷한 공통 주제를 표현하고 있다. 성격심리학의 중요한 관심과 주제는 인간의 기본적인 문제들을 다루는 기법, 인간을 성장시키고 더 나은 삶을 살 수 있게 해주는 기법들에 직접 간접적으로 의미있는 정보를 제공하는 데 있기 때문이다.

고대의 옛 지혜를 기반으로 한 이곳에서의 성격유형론 탐구는 위의 분석 수준에서 주로, 특성-성향 수준과 정신역동-동기적 수준 등에서 성격의 구조를 형성하는 특별한 결정요인을 강조하는 가정들과 친화성을 가지고 있다고 볼 수 있다. 그러나 이는 부분적인 친화성이며, 트랜스퍼스널의 관점에서는 '인간 이상(以上)의 인간' 즉 초개인 영역을 다루고, 이러한 관점에서 도출되는 여러 세계관을 수용하기 때문에, 실제 위의 분석 수준으로 해명할 수 없는 영역이 있다는 것을 염두해야 한다. 예를 들어, 기(氣)의 철학이나 고대의 천문(天文)이론, 여기에 업이나 윤회가 저들 수준과 어떻게 조화될 수 있겠는가? 그러나 우리의 탐구는 이들 수준들에 다가가기도 하고 멀어지기도 하면서, 조화를 이룰 수 있도록 할 것이다.

3) 유형과 특성의 개념

유형이란 가장 보편적인 것에서 개별적인 것의 선상에 있는 중간점이며, 보편개념의 구체화라고 할 수 있다.[16] 이는 개성을 가진 한 사람의 독특한 존재를 이해하려면, 보편과 관련시켜서 개별적인 그 사람을 이해할 수가 있다는 생각으로, 인간의 개별적 다양성을 질서 있게 범주화 혹은 유형화 · 패턴화하는 것에서 출발한다. 이러한 유형을 추구하는 인간의 행위는 오랜 역사적 기원을 가지고 있으며, 과학적 심리학의 출현 이전부터 문학(文學)이나 일상적인 인간의 행위에서 발견되는 인간 속성의 기본적인 분류학(taxonomy)이라고 할 수 있다. 가령 우유부단(優柔不斷)한 인물에 대한 묘사를 통해 햄릿(Hamlet) 형 인간을 말한다든지, 과대망상적인 인간의 전형인 동키호테(Don Quixote), 심술궂고 몰인정한 특성을 보이는 놀부 등, 이루다 거명할 수 없을 정도로 많다.

유형론은 인간의 행동이 근본적으로 안정적인 일반화된 특성들(traits)로 결정된다는 기본적인 가정을 가지고 있다. 유형론은 많은 점에서 인간을 잘 이해할 수 있게 해주는 이론이다. 이러한 유형론은 그 단순성과 편리함이 장점이다. 그렇지만 인간의 행동과 심리적 특징은 복잡하고 다양하기 때문에 한 개인을 유형론적으로 단일하게 파악하는 데는 적합하지 않을 수 있다. 그러나 복잡하고 다양한 색채의 세계도 그 근원은 세 가지 색의 조화에 있을 뿐이다. 유형론의 매력은 복잡한 행동과 심리적 특징을 이해할 수 있는 범주와 유형으로 구분하여, 한 개인의 성격을 용이하게 파악하고 예측하며,

---

16) 박아청, 『성격심리학의 이해』, 서울: 교육과학사, 2004, 61쪽.

여러 문제 상황들을 더 잘 대처하고 개선할 수 있도록 해 준다는 데 있다. 문제는 개인을 파악하는 유형론의 근거가 얼마나 신뢰를 얻을 수 있는가에 달려 있다.

유형론은 불연속적인 범주를 가정하지만, 특성은 연속적인 차원이다. "특성(traits)이라는 용어는 둘 이상의 사람들의 행동 혹은 특징들 간의 일관성 있는 차이를 말한다. 따라서 특성이란 한 개인이 다른 사람과 차이가 있는, 구별할 수 있는, 비교적 지속적인 방식이다."[17]

한 개인의 행동은 개인차에 따라 특수성을 띠는데, 이는 특별한 용어를 통해서 그 개인의 특성을 형성하게 된다. 이때 사용되는 용어를 특성용어(trait words)라고 하며, 이 용어들의 유용성은 과거에 관찰된 것을 토대로 그의 행동을 예언할 수 있다는 것이다.

알포트는 행동의 대부분에 영향을 미치는 성향을 매우 일반화된 성향으로 생각해서 주 특성(cardinal traits)이라고 했다. 또한 주 특성보다는 덜 확산적이지만 여전히 상당히 일반화된 성향들을 중심 특성(central traits)이라 불렀다. 더 특수하고 제한된 특징들은 이차적 성향(secondary dispositions) 혹은 태도라고 명명했다. 이러한 알포트의 개념화는 사람의 행동이 특정한 특성 구조(traits structure)로 결정됨을 보여주고 있다.[18]

캐텔(Cattell, R. B.)의 경우도 특성은 행동으로부터 추론된 정신구조라는 관점을 가지고 있다. 알포트도 모든 사람이 소유하고 있는 공통 특성(common traits)들과 특정한 한 사람만이 가지며, 다른 사

17) Guilford, J. P., Personality, NY: McGraw-Hill, 1959, p.6
18) 『성격심리학』, 76쪽.

람과 일치하지 않는 독특한 특성(unique traits)을 구별하고 있다.

캐텔은 표면 특성들(surface traits)과 근원 특성들(source traits)을 구분한다. 이름처럼 표면 특성들은 명시적 특성 요소들이 모인 것이며, 근원 특성들은 표면의 특성들을 결정하는 인과적 실체인, 기저하고 있는 변인들이다. 그러나 이것은 오직 수학적(통계적) 기법으로만 발견될 수 있다. 특성이 수량화되고 척도화될 수 있기 때문이다. "개인차는 상이한 정도의 특성을 지닌다는 것을 의미한다 … 만약 개인들이 이것의 더 높거나 더 낮은 정도를 가진 것에 의해 특성이 다르다면, 우리는 단일 직선으로 특성을 나타낼 수 있다."[19]

그러므로 캐텔은 일반적인 근원 특성들을 발견하기 위해 세 가지 종류의 데이터를 사용한다. 생활기록, 자기 평정(self-ratings), 객관식 검사 등이다. 이로부터 6개의 근원 특성들을 반복적으로 발견하게 되었다.[20]

성격에 기저하는 주요한 특성을 규명하기 위해 심리어휘적 접근법(psycholexical approach)은 매우 유효한 방법이다. 이 연구 전략에서 볼 때, 가장 중요한 개인차들은 한 단어로 된 특성 용어들로서, 그 문화의 자연 언어 안에 포함된다고 가정한다. 그래서 인간 특질을 묘사하는 수천 개의 자연 언어들을 기본 자료로 하여, 이 언어들이 사람들을 잘 묘사하였는지를 평정(ratings)한다. 여러 평정들을 한데 모아 요인분석이라는 통계적 절차를 사용하는데, 요인분석은 높은 상관이 있는 동질적인 항목들의 군집으로 검사 반응들을 분류하게 해주는 수학적 절차이다.

---

19) Guilford, J. P., Personality, NY: McGraw-Hill, 1959, pp.64~65.
20) Vernon, P. E., Personality Assessment: A Critical Survey, NY: Wile, 1964.

심리어휘적 접근법을 통해 "5대(Big Five) 구조"라고 불리는 영어 특성 용어들이 군집으로 묶일 수 있는 5개 유형의 차원을 발견하였다.[21] 이 구조는 여러 유사한 실험들을 통해 광범위하게 증거들을 축적했다. 그 결과 5대 구조는 비단 영어뿐 아니라, 다른 어족(語族)들에서도 발견되었기 때문에, 그 보편성을 주장할 수 있게 되었다. 그러나 이에 대한 반론도 충분히 의미가 있는 경험적 연구를 축적하고 있다. 예컨대, 우리나라의 성격특성 관련 자연언어를 기초로 구성된 258개 문항에 대한 요인분석을 통해 성격특성 요인을 산출하고, 이를 5대 구조와 상호 검토했다. 그 결과 5대 구조는 우리 문화에서 성격 특성 구조를 나타내기에 충분히 포괄적이지 않으며, 우리 문화는 오히려 중국의 특성구조 요인과 유사한 것이 발견되었다. 이는 5대 구조에 따른 성격 연구가 문화적 상대성을 가진 것이라는 암시이다.[22]

이러한 연구결과는 성격이란 개인이 상황과 시간에 걸쳐 비교적 변하지 않는 독특한 특성들이 결합해 있는 구조라는 것을 다시 확인시켜주며, 더 나가 특성에 기저하고 있는 체계와 조직으로 불리는 '특정한 기체(基體)의 본질'에 대한 질문에 관심을 집중시키는 결과를 야기하게 되었다. 이는 프로이트나 융의 성격이론을 떠올리게 만들어 준다. 이 일반적 특성들의 기체(基體)를 프로이트와 융은 무의식(unconsciousness)으로 가정하였고, 캐텔의 경우는 수학적 절차를

21) 성격을 파악할 때 성격을 묘사하는 우리의 자연언어를 모아서 이를 통계적 분석으로 분류하면, 대략 5개의 범주로 구성된다. 이렇게 해서 성실성, 친화성, 신경성, 개방성, 외향성(CANOE: Conscientiousness, Agreeableness, Neuroticism, Openness, Extraversion)등 이 발견되었다. 『성격심리학』, 88쪽. 자세하고 쉬운 이해를 위해서는 브라이언 리틀(Breian Little), 이창신 옮김, 『성격이란 무엇인가』 파주: 김영사, 2015, 50~73쪽 참고.

22) 최태진, 『한국인의 성격특성 요인』, 파주: 한국학술정보, 2005 결론 부분 참고.

통해 추출하면서 해결하고자 했던 것이다.

까르마에토스의 체계에서 특성들의 기체는 욕망(desire)으로 번역될 수 있는 까르마(karma)의 업력(業力)이며, 특성이란 이것이 구체화되면서 나타난 것이라는 가정을 일관되게 견지하고 있다.

제2장

동서 유형론의 실제

1) 유형과 성격학

이 절에서는 다양한 유형론의 원형(prototype)들을 소개하지만, 그 목적은 단순한 역사적 개괄이 아니라, 동서의 고중세 시대에 유행하여 이미 하나의 문화적 양상으로 전승된 것에 대한 관심과 그것을 현대적으로 활용하고 있는 사례에 대한 확인이다. 이러한 확인은 여기에서 성격유형론의 재구성을 위한 대상으로 삼고 있는 『달마일장금』이라는 고대 동양의 술수문헌 혹은 신비주의적 문헌을 어떻게 현대적으로 변형할지에 관한 예비적인 고찰이 필요하다는 당면 문제 때문이다.

이러한 문헌들의 효용성에 대해 지금까지의 심리학은 지나친 경험주의적 태도로 일관하는 경향이 있다. 이 태도는 소위 근대 이전의 문헌에 대해서 그 가치를 경시하거나, 단순한 역사적 유물로 취급하는 입장으로 이어지고 있다. 그런데 그러한 태도 자체가 이미 특정한 형이상학적 가정을 전제하고 있는 것이다.

그러나 동서양의 많은 이들이 과거로부터 이어져온 전승문화 속에 담긴 영원의 심리학에 대한 지칠 줄 모르는 호기심을 보였고, 이 심리학은 오래토록 근대 과학적 심리학에 토대를 둔 상담학의 카운터파터로 정당한 위치를 차지해 온 것을 외면할 수는 없다. 이 점을 방조하는 것은 인간에 대한 깊은 관심을 가지고 있는 상담학 진영에서 취할 태도가 아니라고 본다. 더욱이 이러한 현상을 일으킨 대중들의 우매한 비과학적 심리만을 강조하고, 현상 배면에 놓인 진실을 돌아보지 않는 것은 매우 안타까운 태도이다. 특히 그것이 트랜스퍼스널의 영역에 놓인 것을 자주 비합리적인 미신과 같은 것으로 취급하는 오류라면 더욱 그렇다.

과학철학자들은 현대 심리학이 과학의 틀에서 탈락되지 않으려는 지나친 신경증적 태도를 이데올로기로 규정한 바 있다.[1] 과학의 표준 개념이 고정불변하지 않고 유동적인 현실적 상황에서, 더 중요한 것은 적부(適否)를 가르는 엄격한 척도를 고수하기보다 인간 그 자체를 이해하기 위해 방법론적으로 그 어떤 것도 허용하는 접근이 중요한 것으로 보인다. 그러나 이러한 입장이 비과학적인 것에 대한 무제한의 허용이 되어서는 안 된다. 다만 과학은 자주 스스로가 의존하고 있는 세계의 인식에 특권을 부여하여, 모든 것을 과학적 세계관의 차원으로 환원하는 오류를 범하는 것을 경계하기 위함이다. 과학이론은 더 나은 가설에게 자리를 흔쾌히 양보하는 태도를 미덕으로 한다. 더 많은 것을 설명하는 과학이론이 좋은 이론이며, 그렇

1) Yuasa Yasuo, The Body, Self-Cultuvation, and Ki-Energy, NY: State Univ. of New York, 1993, p.160.

지 않으면 쉽게 과학주의(scientism)의 도그마로 전락한다.

이미 물질이 비(非)물질화(de-materialization)되는 시대가 도래하여, 낡은 유물주의로는 우주의 구석만을 조명할 뿐이라는 자각이 20세기부터 태동하였다. 편집증적인 과학이 가정하는 낡은 물질주의적 세계관은 화이트헤드(A. N. Whitehead, 1861~1947)를 인용한 트랜트퍼스날 심리학의 입장에 따라 거친 환원주의로 비판받고 있다.[2] 다시 말해 우주는 의미와 가치를 상실한 무감각한 물질들의 의미 없는 이합집산이 아니다.

더 나은 과학은 인간이 향유하는 전체 세계에서 가치를 배제하는 것이 아니라, 본래부터 사실과 가치가 통합된 것이 전체 세계라는 관점을 적극적으로 수용해야 할 것이다. 이러한 우주의 형태는 이미 고중세 시대에 생겨난 많은 이론들이 그 우산 아래에서 성립된 것에서 살펴볼 수 있다. 과거에 대한 관심은 그 논리적 형식과 내용을 비판적으로 검토해, 그것을 현재적 관심으로 이해하는 것이 더 중요하다. 이 관심이란 '트랜스퍼스널에 관한 관심' 즉 인간의 전체적 실상에 대한 열린 태도이다.

문학에서 이른바 인간 분류학은 성격학(characterology)으로 자주 통칭되어 온다. 성격학은 캐릭터(character), 즉 알포트가 구분한 것처럼 "가치가 배어 있는 퍼스낼리티"를 가리킨다. 이러한 캐릭터의 어원은 라틴어 카락테르(character)에 기원을 두고 있으며, 이는 '무엇을 표시하는 연장'이라는 의미로서, kharaktēr에서 왔으며, 그 의

2) 근대 세계의 특정한 세계관에 대한 화이트헤트의 잘 알려진 묘사는 이렇다. "소리도 없고, 냄새도 없으며, 색깔도 없는 멍청한 사건, 그저 물질의 분주함만이 영원히 의미 없이 남아 있는 실재만 존재하였다." 『통합심리학』, 99쪽 참고.

미는 '조각하다' '새기다' 등을 뜻하는 각인(刻印)의 의미이다. 옛 사람들은 한 사람의 성격을 신(神)이 새겨준 그 사람만의 징표(徵表, mark)라고 생각했던 것이다. 이런 의미에서 성격은 변하지 않는 것이므로, 성격은 운명(fate)이나 유전(遺傳)이라는 결정론적 관념에 쉽게 이르렀다.

문학 분야는 오래전부터 성격학을 발전시켜서, 문학 속에 등장하는 인물에 대한 비평적 연구, 그 인물을 창조한 작가의 전기연구 등에 활용해 왔다.[3] 여기에는 과학적 심리학이 이미 방기(放棄)시킨 검증이 용이하지 않은 술수적인 기술에 속하는 필적학(筆跡學, graphology), 골상학(骨相學, phrenology), 수상학(手相學, chirology) 등과 같은 이론들이, 근세 정신의학자들의 이론과 함께 포함되어 있다.

이러한 성격학은 동서양의 고대시대부터 개인들을 범주화시키고 유형들로 분류하는 데 적용되어 왔다. 대표적인 것으로 서양에서는 히포크라테스나 갈렌이 제시한 전통적 기질론 등이 있으며, 이는 현대까지 계승되고 있다. 또한 동아시아에서는 의가(醫家)의 성경(聖經)인 『황제내경(黃帝內經)』을 비롯하여, 유사과학(quasi-science) 체계로 이해될 수 있는 여러 술수류의 문헌과 기술 등에서 인간을 유형으로 분류하고 파악하는 방식이 확인된다. 근세 한국의 사상(四象)의학도 빼놓을 수 없을 것이다.

현대에 비교적 온전한 형태로 계승되고 있는 동서의 인간 및 성격 유형론에 대해 간략하게, 특히 유럽의 전통과 동아시아의 전통에 한

3) 조섭제, 『성격학연구』, 『東亞論叢』, 1권, 東亞大學校, 1963, 58~59쪽.

정한 유형의 개념을 구체적으로 이해하기로 한다.

아울러 현대 성격학에서는 유형론에 대한 관심이 퇴조한 것이라는 단언은 주로 그것이 과학적 합리주의가 제시한 비판을 벗어나지 못하는 것에 기초를 두고 있다. 이러한 비판은 예를 들어, 현대의 성공한 유형론이라고 할 수 있는 MBTI에 대해서, 그것이 "평가를 반복할 때마다 항상 같은 유형으로 나올 확률이 낮다"는 언급에서 볼 수 있다.[4] 이것은 신뢰성이 낮은 검사라는 비판이다. 그러나 거꾸로 말하자면, 신뢰성이 높을 경우에는 문제가 되지 않는다는 것이다. 위의 사례에서 MBTI의 신뢰성이 높다는 평가도 비판의 수만큼 많다. 그래서 신뢰성에 대한 평가는 단일하지 않다.

또한 신뢰성의 기준을 넘어가는 경우는 어떤가? 예를 들어, 사상의학의 유형론은? 아마도 이에 대한 검토조차 고려하지 않을 것이다. 더욱이 에니어그램 유형론이나, 까르마와 윤회를 말하는 유형론이라면? 더욱 고려하지 못할 것이다. 아마도 유형론에 대한 생산적인 비판은 이런 것에서 찾을 수 있을 것이다. 즉,

> "핀에 꽂혀 벽에 꿈틀거리는 완벽한 생물 표본처럼 그 특성에 얽매이지 말자. … 그런 식의 묘사는 지나치게 제한적이라는 점을 기억하자. 우리에게는 그보다 자유의 여지가 크다."[5]

유형론의 흔한 오류는 살아 움직이는 생명의 실상을 전달하는 것이 아니라, 죽은 사물(死物)처럼 정태적 고정성으로 박제화하는 경

4) 『성격이란 무엇인가』, 46~47쪽 참고.
5) 『성격이란 무엇인가』, 105쪽.

향에 있다. 이는 정당한 비판이다. 실제로 유형론은 암암리 정해진 운명의 행로를 말하고 있는 듯이 보인다. 까르마에토스 성격유형론은 아마도 정해진 운명을 말하는 인간의 박제화를 기획하는 경향이 가장 강한 이론으로 보일지도 모르겠다. 까르마와 윤회가 그런 것이 아닌가?

이에 대해 까르마에토스는 정해진 운명의 틀을 부수는 자유와 개인의 성장과 발달 즉 인간 내면의 프리퍼슨을 딛고 퍼슨으로 올라가고, 퍼슨에서 트랜스퍼슨으로 향하는 가장 힘 있는 이론이라는 것을 미리 말하고 싶다. 동물적 혼을 가진 존재로부터 인간이 진화되었고, 인간의 혼으로부터 인간 이상의 존재로 진화하라는 짜라투스트라(Zarathustra)의 외침은 옛 지혜를 계승하는 까르마에토스의 지상명령 가운데 하나이기 때문이다.

2) 서양 전통의 유형론

(1) 4기질 유형론의 프로토타입

현대 심리학과 관련을 가진 대표적인 성격유형론은 크레치머(Kretschmer)의 기질론, 분트(Wundt)의 유형론, 셀돈(Sheldon)의 유형론 등이다. 이들 19세기 유럽에서 계승되어 온 성격유형론은 기본적으로 4기질론(4-temperament)이라 할 수 있다. 그런데 기질(氣質)은 현대적 의미의 성격과 달리 개인의 생체 내에서의 생리적 기초와 밀접하게 관계되어 있는 성격의 하위구조로서, 성격의 기초에 있는 생리적 요소를 포함한 속성이다. 그런 의미에서 성격에는 후천적인 것도 포함되지만, 기질은 선천적으로 규정되어 있는 것이다.[6]

그러나 이 역시도 성격유형론으로 포섭해서 논의한다.

과학적 심리학이 대두하기 전에 서양의 성격유형론, 또는 기질론의 조형(祖形)을 형성한 것은 히포크라테스와 갈렌의 4기질론이다. 그런데 이들 기질론은 서양의 우주론의 범형 가운데 하나인 엠페토클레스(Empedocles, −493~−433)의 자연관인 사원소설(Four elements)에 기초를 둔 것이다.

이 이론은 우주의 아르케(arche, 원질)를 흙(earth), 물(water), 불(fire), 바람(wind)의 4원소로 보고, 사랑(philia)과 미움(neikos)이라는 결합과 분리의 상호작용으로 만물을 설명한다. 4원소들의 상호작용으로 만물이 생겨나는 것이다. 4원소설을 채용하여 기질론을 설명한 체계로는 현재까지도 면면히 이어져 오는 점성술(astrology)의 전통이 가장 강력하다.

① 4대원소와 3대 특질

점성술은 지구의 둘레를 도는 태양의 길을 황도(黃道)라고 한다. 주지하다시피 이는 지구상에서 바라본 관찰자 중심에서 성립한 개념이다. 커다란 원 모양의 이 길을 30도씩 구분하여, 황도 12궁(signs of zodiac)이 성립된다.[7] 이 12궁은 그 자체 지구상에 태어난 사람이 속하는 12가지 기질의 원형이 된다. 흡사 동아시아의 십이생초(十二生肖, 띠)와 유사하다. 그런데 12궁 각각의 기질을 그룹별로

6) 『성격심리학의 이해』, 422쪽.

7) 황도12궁은 마갈궁(磨羯宮, Capricornus), 보병궁(寶甁宮, Aquarius), 쌍어궁(雙魚宮, Pisces), 백양궁(白羊宮, Aries), 금우궁(金牛宮, Taurus), 쌍자궁(雙子宮, Gemini), 거해궁(巨蟹宮, Cancer), 사자궁(獅子宮, Leo), 쌍녀궁(雙女宮, Virgo), 천칭궁(天秤宮, Libra), 천갈궁(天蝎宮, Scorpius), 인마궁(人馬宮, Sagittarius) 등으로 구성되어 있다.

구분하는 두 가지 원리가 있다. 이는 원소와 특질에 의한 구분이다.

원소는 4원소를 의미하고 특질은 각 원소들이 자기를 표현하는 방식을 가리키는 것으로 활동(cardinal), 고정(fixed), 변통(mutable)의 세 가지로 정해진다.[8] 이 두 가지 원리는 각 별자리들의 기질을 이해하고, 그러한 기질들의 혼합체인 개인의 성격을 설명하는데 중요한 역할을 한다.[9] 지수화풍 4원소에 따라 황도12궁을 분류하면 다음과 같다.

화상궁(火象宮, fire sign)에는 백양궁(양좌), 사자궁(사자좌), 인마궁(사수좌) 등이 속한다. 행동, 정열, 충동, 열광, 격노, 온화함 등의 기질이 있다. 지상궁(地象宮, earth sign)에는 금우궁(황소좌), 쌍녀궁(처녀좌), 마갈궁(염소좌) 등이 속한다. 냉정, 확실, 믿음, 실제적, 이성 등의 기질이 있다. 풍상궁(風象宮, air sign)에는 쌍자궁(쌍둥이좌), 천칭궁(천칭좌), 보병궁(물병좌) 등이 속한다. 사고, 관념, 관계, 이론 등의 기질을 갖는다. 수상궁(水象宮, water sign)에는 거해궁(게좌), 천갈궁(전갈좌), 쌍어궁(물고기좌) 등이 속한다. 수태, 비옥, 사고, 치유, 갱생, 연민 등의 기질을 갖는다.

3가지 특질에 따라 황도12궁을 분류하면, 각각 4개의 궁이 배당된다. 활동궁(cardinal sign)에는 백양궁, 거해궁, 천칭궁, 마갈궁 등이 속하며, 이는 각 계절의 도입부이다. 기질적으로 새로운 것을 추진하거나 개척하며 활동적인 특징이 있다. 고정궁(fixed sign)에는

---

8) 활동, 고정, 변통은 사계절과 관련이 깊다. 사계절에 12궁을 배당하면, 한 계절에는 3개의 궁이 속한다. 이 3개의 궁은 계절의 시작, 계절의 정점, 계절의 쇠퇴 등을 담당하는데, 이를 활동, 고정, 변통 등으로 나타낸 것이다. 동아시아 포태법(胞胎法)의 생지(生地), 왕지(旺地), 묘지(墓地) 등과 관련 깊다. 이후 설명.

9) 존 로저스, 유기천 편역, 『점성학 첫걸음』, 서울: 정신세계사, 1995, 26쪽. 이하 점성술적 기질에 대한 논의는 위의 책을 참고하여 재구성했다(26~41쪽).

금우궁, 사자궁, 천갈궁, 보병궁 등이 속하며, 이는 각 계절의 절정에 해당한다. 전통적인 방식을 고수하는 보수성, 지속성, 변화에 저항하는 기질적 특징이 있다. 변통궁(mutable sign)에는 쌍자궁, 쌍녀궁, 인마궁, 쌍어궁 등이 속하며, 이는 계절의 끝이자 다음 계절을 연결시키는 장소이다. 분산, 파급, 풍자, 비판, 융통 등의 기질적 특징을 갖는다.

4원소와 3가지 특질이 결합하면, 황도 12궁의 기질적 특성이 마련된다. 예컨대, 백양궁(양좌)은 양력 3월 21일~4월 20일 경을 지배하므로, 이 시기에 태어난 개인은 4원소 가운데는 '화(火)'에 속하고, 3가지 특질 가운데는 '활동'에 해당하는 특질이 부여된다. 그래서 백양궁은 왕성하게 샘솟는 에너지를 가지고, 직선적으로 돌진하며, 충실하고 용감한 성격적 특성을 가지고 있다. 다른 12궁에도 이러한 논리는 동일하게 적용된다.

점성술의 성격이론은 과학적 세계관이 지배적인 현대에도 여전히 지속적이며, 대다수 심리학자들을 제외한 많은 이들이 이 이론에 호의를 보내고 있다. 이는 긍정적인 면만을 취해서 본다면, 점성술의 배면에 놓인 영원의 철학(perennial philosophy)이 가진 신조 즉 '자연과 인간의 일체적 상응(As above, so below. 위에서 그러하듯 아래에서도 그러하다)'이라는 오래된 옛 지혜를 가지고 있기 때문일 것이다.

② 4체액설

히포크라테스는 4원소에 근거한 4체액설(Four Humors)에 따른 특성과 기질을 구분하였다. 이 주장은 아리스토텔레스(Aristoteles, −384~−322)에게서 연유하며, 그의 문하인 테오프라스토스(Theophrastus, −371~−287)와 갈렌 등이 다시 기후와 계절 연령 등을 상관적으로 파악하여 종합하였다. 이를 표로 나타내면 다음과 같다.[10)]

엠페토클레스		히포크라테스			갈렌				
사원소 Four Elements	성질	체액 body humor	기질 temperament	특성	체액	기질	기후	계절	나이
風	온습 溫濕	혈액 blood	다혈질 sanguine	낙관	혈액	다혈질	온습	春	아동
火	온건 溫乾	황담즙 yellow bile	담즙질 choleric	과민	담즙	담즙질	온건	夏	청년
地	냉건 冷乾	흑담즙 black bile	우울질 melancholic	비애	흑담즙	우울질	냉건	秋	장년
水	냉습 冷濕	점액 phlegma	점액질 phlegmatic	냉담	점액	점액질	냉습	冬	노년

〈표1〉 4원소에 근거한 상관표

위의 표는 만물을 산출하는 4원소가 자연계의 사시(四時)와 대응하고, 사시의 기후적 특징이 인간의 생리적 체액과 상응하며, 이윽고 정신적인 기질과 상관적 관계를 맺고 있는 점을 보여준다. 이러한 특징은 전근대시기의 우주론 즉 존재의 대사슬(Great Chain of Being)로 일컬어지는 지구중심설(geocentrism), 소우주(microcosm)와 대우주(macrososm)의 상응론(theory of correspondence) 등을 기초로 한 것이다. 이러한 상응의 우주를 토대로 생겨난 전형적인 유럽적 전통 기질론은 고대시대를 지나 서양 근세는 물론, 근대와 현

10) 나병술, 「성격의 이론과 형성에 관한 고찰」, 『덕성여대논문집』, 1권, 덕성여대, 1972, 65~104쪽.

대에도 큰 영향을 미치고 있다.

그런데 이러한 '존재의 대사슬'이라는 상응의 우주는 동아시아의 우주론에서 극명하게 발현되고 있다. 이에 대해 구체적으로 살펴보겠지만, 하나의 예로 동아시아의 우주론은 사시의 특징을 목화금수(木火金水)의 사상(四象)으로 나타낸다. 이는 『달마일장금』을 해석하는 틀이 되어, 고유한 성격유형론의 기초로 재구성된다.[11]

(2) 르네상스 시기 유형론: 파라셀수스

고대로부터 계승되어온 유럽적 기질론은 르네상스시기에 비기독교적 유럽의 신화적 세계와 상응하면서 의학과 심리학의 기질론을 형성한다. 이는 파라셀수스의 기질론인데,[12] 이 이론을 특별히 살펴보면서, 이 글에서 재구성할 『달마일장금』의 논리가 가진 타당한 측면에 대한 비교적 시각을 가져 보도록 한다. 이 같은 방법론적 절차는 『달마일장금』에 동아시아의 고유한 사시의 우주론과 불교적 기원을 가진 삼계육도(三界六道)의 우주론이 있다는 점, 즉 유럽적 상황에서 이루어진 문화적 변형 양상을 참조하기 위해서이다.

파라켈수스는 4원소를 카오스(Chaos)라고 부르면서, 각 고유한 존재들이 살고 있는 집으로 생각했다. 이는 지구에 인간만이 사는 것이 아니라, 여러 동물과 식물들이 혹은 미생물들까지 함께 동거하고

---

11) 까르마에토스의 4유형론은 M형(Metal, M-type, 金), F형(Fire, F-type, 火), T형(Tree, T-type, 木), A형(Aqua, A-type, 水) 등이다. 5장 참고.

12) 다음 문헌들을 참고로 하여 재구성했다. 강동수, 김재철, 「초기 르네상스 철학의 상상력 이론」, 「철학연구」, 제87집, 대한철학회, 2003. 카이저(E. Keiser), 강영계 옮김, 『파라켈수스』, 서울: 한길사, 1997, 170쪽. Paracelsus, Four Treatises, ed., with a Preface, by Henry E. Sigerist, trans., with Introducton Essays, by C. Lilian Temkin, George Rosen, George Zilboorg, and Henry E. Sigerist, Baltimore: The Johns Hopkins Press, 1941.

있는 생각에 비유될 수 있다. 그러나 이 존재들은 경험적 범위를 넘는 원소인간(elemental spirits) 혹은 정령(精靈)들까지 포함한다. 정령들의 존재에 대해 현대인들은 회의하겠지만, 『달마일장금』의 삼계육도는 인간뿐 아닌 천상의 신, 귀신(아귀), 아수라, 금수들이 동거하는 것으로 보아 파라셀수스의 그것과 큰 차이가 없다고 하겠다.

이들 존재는 사원소인 공기(바람), 불, 땅, 물 등에 대응하여, 실프(sylph), 살라멘더(salamander), 피그미(pygmie), 님프(nymph) 등이다. 그리고 이 정령들은 유럽의 신화 속에서 각각 운디나(undina), 실베스트레스(sylvestres), 그노미(gnomi), 불칸(vulcan) 등과 상응하고 있다. 이 존재들은 각자의 독특한 특성을 갖는다. 그런데 이 특성은 곧 4원소의 특성에서 연유한 것이기도 하다. 그러므로 정령들의 특징은 4원소를 특징적으로 가진 존재들의 개성이라고 할 수 있다. 이들은 각 4원소에 따라 고유한 거처와 생활양식을 가지고, 질병 역시 유형적이다. 용모와 담당하는 역할도 정해져 있다. 예를 들어 불의 존재 혹은 사람들인 살라멘더와 실베스트레스들은 길고 가늘고 야위였으며, 조물주는 이들을 자연의 파수꾼으로 배치하였다. 피그미들은 땅의 광물을 지키고, 은익된 것을 보호하는 특성을 가진다. 또한 이들 정령으로부터 괴물들이 출현한다. 물의 사람들로부터는 사이렌이 나오고, 거인들과 난장이들은 숲과 땅에서 출현하며, 불도깨비는 불에서 나온다. 이는 성격의 그림자 형태 즉 반대 측면이라고 할 수 있다.[13)]

---

13) 성격의 어떤 특성이 완전히 반대되는 특성으로 전환되는 예는 많이 있다. 융의 성격유형이론도 하나의 특성이 우세하면, 다른 쪽이 열세로 되는 필연적 상관성이 있다. 또한 가령 B-가치(Being value)가 좌절될 때 등장하는 초병리(metapathology) 현상에 비유할 수 있다. 존재가치(B-value)에 해당하는 진선미, 통일, 이분법 초월, 생기, 독특함, 완벽 등이 실현되지 못할 때, 불신, 냉소주의, 미움, 혐오, 불일치, 흑백사고, 공허감, 절망 등의 초병리적 현상이 등장한다. 『성장심리학』, 117쪽 참고.

이러한 상징은 심리학적 의미가 풍부하다. 정령의 출현과 이들로부터 출현하는 괴물들의 존재는 미래의 사건들, 현재 사건들, 과거 사건들을 전달한다. 이런 예지적 행위는 인간을 보호하고, 경고하며, 위험에서 인도하는 역할을 한다. 몰락의 시기나 파괴, 빈곤의 상황을 암시하는 것이다. 이러한 설명은 성격의 특정한 유형들은 개인의 생애에 걸친 행과 불행에 대한 예측을 해주는 하나의 기호라고 할 수 있다. 성격의 유형에 따라 적어도 개인은 삶의 긍정적인 측면을 향유하거나, 부정적인 측면으로 인한 고통을 경험하기 때문이다. 이는 『달마일장금』에서도 충분히 암시되는 사안들이다. 우리는 이러한 미래예언적 설명 언어들에 일정한 제한을 가해서, 심리적 특징을 추상해내는 방법을 통해 성격의 유형을 구성하려고 한다.

<table>
<tr><th>엠페토클레스</th><th colspan="5">파라셀수스</th></tr>
<tr><td>사원소
Four Elements</td><td>원소적 정기
element spirit</td><td>4 정령</td><td>원소인간</td><td>신화인간</td><td>변형(괴물)</td></tr>
<tr><td>風</td><td>바람</td><td>바람사람
wind people</td><td>실프
sylph</td><td>실베스트레스
sylvestres</td><td>난장이
dwarf</td></tr>
<tr><td>火</td><td>불</td><td>불사람
fire people</td><td>살라맨더
salamander</td><td>불칸
vulcan</td><td>불도깨비
will-o'-the-wisps</td></tr>
<tr><td>地</td><td>땅</td><td>산사람
mountain people</td><td>피그미
pygmie</td><td>그노미
gnomi</td><td>거인
giant</td></tr>
<tr><td>水</td><td>물</td><td>물사람
water people</td><td>님프
nymph</td><td>운디나
undina</td><td>사이렌
siren</td></tr>
</table>

〈표2〉 4원소와 파라켈수스의 상관표

위의 원소인간이나 신화인간은 비유럽적 전통에 서 있는 사람들이나 현대인들이 이해하기 어렵다고 생각할지 모르나, 동서 문명의 교류가 증가되면서, 여러 판타지 문학들과 컴퓨터 게임들에서는 이미 익숙한 존재들이다.

(3) 기질론의 현대적 계승

엠페토클레스-히포크라테스-갈렌의 전통은 고대와 중세를 거쳐, 근세 시기 유럽에 지속적인 영향을 전한다. 철학자 칸트(Kant, I., 1724~1804)는 피(blood)의 운동속도와 온도에 따라, 이러한 전통을 토대로 경혈질(輕血質), 중혈질(重血質), 온혈질(溫血質), 냉혈질(冷血質) 등의 분류로 재편성하였고, 현대 심리학의 조상인 분트(Wundt, W., 1832~1920)도 4기질설을 자극에 대한 정서반응의 강약과 변화의 지속에 따라 재분류하였다.[14)]

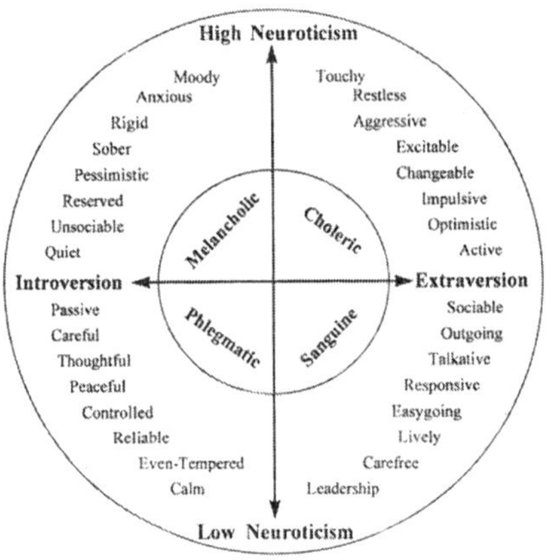

〈그림1〉 아이센크의 성격유형

아이셍크(Eysenck, H., 1916~1997)는 특성-성향의 분석 수준에서 성격을 연구하였고, 성격의 특성들을 측정하여 성격유형이론을 모형으로 제시하였다. 이 모형에서 내부의 원은 유구한 4기질론을 포함하고 있으며, 이는 다시 융의 성격유형론을 연상시키는 두 교차하는 축, 즉 두 기본적 성격 차원들(two basic personality dimensions)로서, 상하에 정서적 안정성 여부에 대한 신경증과 정서적 안정성(neuroticism and

14) 「성격의 이론과 형성에 관한 고찰」, 67쪽 참고.

emotional stability)이 위치하고, 좌우에 외향(extroversion)과 내향(introversion)이 위치하고 있다. 이 두 차원의 교차 정도에 따라 다양한 성격 특성이 배열된다.[15] 4기질의 여전한 영향력을 확인할 수 있다.

이밖에도 히포크라테스 전통을 가진 기질론이 그리스도교 영성교화의 수단으로 일정한 영향력을 행사하고 있음을 알 수 있다. 이들의 기질론은 "사람을 존중하고 섬기는 것"이 그리스도 교인들의 품성이기 때문에, "각 개인의 기질을 잘 이해하는 것"이 보다 친밀한 인간관계를 맺는 첩경이며, 궁극적으로는 "효과적인 사역에 도움"이 된다고 생각한다.[16]

그리스도교에서 기질을 어느 정도나 수용했는지는 정확히 알 수 없다. 그렇지만 현대적인 의미에서 그 방면의 선도적인 이론 및 실천은 팀 라헤이(Tim LaHaye, 1926~)의 저술들에서 찾을 수 있다.[17]

또한 1984년 NCCA(National Christian Counselor Association)에서 '기질격자'를 제정해 전도사업의 일환으로 크리스챤 카운슬링을 실시하고 있다.[18] 그런데 독특한 점은 전통적인 4기질론에서 우울질과 점액질 사이에 새롭게 수줍음질(supine)을 추가 배치하고, 이들을 합한 5기질을 수립하고 있다는 것이다. 기질론을 그리스도교의 전

---

15) 『성격심리학』, 80~82쪽 참고.

16) 신진, 김경찬, 『기질과 인간이해』, 대구: 계명대학교출판부, 2010, 13쪽.

17) 이 방면의 저술로는 다음을 참고. Ole Hallesby, Temperament and the Christian Faith, Minneapolis: Augsburg Publishing House, 1962. 팀 라헤이의 저술로는 다음을 참고. Tim LaHaye, Spirit-Controlled Temperament, Wheaton, IL: Tyndale House, 1966. Tim LaHaye, Transformed Temperaments, Wheaton, IL: Tyndale House Publishers, 1971. 우리말 번역서는 프로렌스 리타우어(Florece Littauer)의 Temperament plus(Baker Book House Company, 1992)를 번역한 『기질플러스』(정숙희 외 번역, 1998, 에스라서원)를 참고.

18) NCCA의 리차드 아르노와 필리스(Richard & Phyllis Arno)가 제정한 temperament theory psy-603의 기질 분류방식이 공식적이다. 『기질과 인간이해』, 13쪽 참고.

도에 이용하는 경향은 이교(異教)의 지식에 배타적인 그리스도교 일반적인 성향에서 특이한 일이라고 할 수 있을 것이다.

기질론에 대한 현대적 이해로 대중적인 인기를 누리고 있는 분야로 도형심리(graphic therapy)가 있다. 이는 사람마다 특정 모양과 형태에 끌리는 기호가 있다는 가정과 서양 전통의 기질론을 대응시키는 체계로 성립되어 있다. 여기에 융의 유형론, 팀 라헤이의 기질론 등을 중심으로, 여러 심리학 성격 및 유형 이론들을 절충적으로 결합시키고 있다.[19]

도형심리는 세 가지의 도형(○, △, □)과 한 가지 문자(S)를 사용한다. 이 도형과 문자는 특정한 기질과 성격을 상징하는 부호이다. 가령 박스형(□)이나 삼각형(△)의 선형 도형은 주로 좌뇌형으로, 논리적이고 체계적인 사고방식을 가진 사람들이 선호한다. 이에 비해 원형(○)이나 문자(S)는 우뇌형으로 개별보다는 전체에 흥미를 느끼고, 직관이 강한 편으로 해석하는 식이다. 이 역시도 고대의 옛 지혜 전통을 현대적으로 활용하고 있는 사례이다. 우리나라에서 이와 관련한 학위논문 수도 상당한 편이다.

(4) 융의 유형론과 MBTI

4원소설에 강한 영향을 받았음에도 4기질과 다른 맥락에 서 있는 대표적인 유형론으로는 융의 성격유형론(personality types)을 꼽을 수 있다. 융의 성격 유형론은 그의 분석심리학의 성격 구조에서 자

19) 도형심리에 대해서는 다음을 참고. 수잔 델리저(Susan Dellinger), 김세정 역, 「도형심리학의 이론적 토대」, 『도형심리학을 알면 대화가 즐겁다(Communicating beyond our differences)』, 서울: W미디어, 2007.

연스럽게 도출된 것이다.

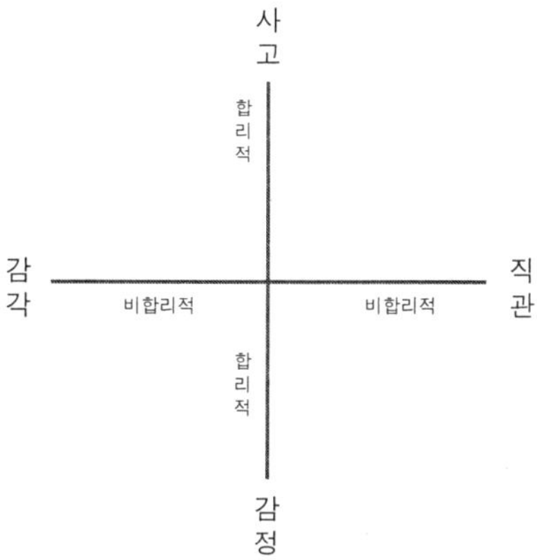

〈그림2〉 융의 성격유형

융의 견해에 따르면 성격은 자아(ego), 개인무의식(personal unconscious), 집단무의식(collective unconscious)이라는 세 가지 분리되지만 서로 교류하는 체계로 구성되어 있다. 이 가운데 자아는 의식 속의 정신 부분이며, 많은 부분이 외향성(extroversion)과 내향성(introversion)이라는 태도(attitudes)에 따라 결정된다. 이 태도에 따라 외향적 성격과 내향적 성격의 타입이 형성된다. 많은 심리학자들이 심리학의 전제로 수용하는 두 가지 태도들을 보면 전자는 객관적 현실이라는 외부 세계로 향해 있는 사람이고, 후자는 내부의 주관적 삶에 방향을 두고 있다.

이러한 두 태도와 심리적 기능이라고 부르는 4가지 기능이 따로 존재한다. 이것이 심리적 기능(psychological functions)인데, 크게는 합리적(rational) 기능과 비합리적(irrational) 기능으로 나눌 수 있다. 합리적 기능은 사고(thinking)와 감정(feeling)으로, 경험에 대해 판단하고 평가하며 체계화하고 분류한다. 비합리적 기능은 감각(sensing)과 직관(intuition)인데, 감각은 감각 기관을 통해 현실을 경험하며 직관은 육감(六感)이라 불리는 일종의 초감각적 경험이다.

태도와 4가지 심리적 기능은 서로 결합하여 8가지의 심리 유형을 형성한다. 예를 들어, 사고는 내향성과 외향성의 두 가지로 구분할 수 있으므로, 내향적 사고형과 외향적 사고형이 성립되는 식이다. 이들 8가지(내향과 외향×4가지 기능)가 융의 성격유형이다. 그런데 융의 유형론은 그 기원이 다소 불분명하지만, 니콜라우스 쿠자누스(Nicolaus Cusanus, 1401~1464)의 대립자의 일치(coincidentia oppositorum)와 같은 연금술(alchemy)과 점성술(astrology)이 오래 동안 간직해온 형이상학적 원리에 의존하고 있다.[20]

융의 태도 개념은 전형적으로 반대방향으로 움직이는 두 대립물들이 역설적이게도 하나의 형태 속에 동거(同居)하는 데서 도출되었다. 또한 심리기능들 역시 합리적 기능의 사고와 감정은 대립자의 일치로 작동하며, 비합리적 기능 역시 마찬가지이다. 이들 대립자의 일치는 일상생활에서 시소(seesaw)가 작동하는 원리에서 잘 확인될 수 있다. 하나가 우세하면 다른 것은 필연적으로 열세하다. 하나가 상향하면 다른 하나는 반드시 하향한다. 그래서 하나의 심리 기능이 우세하면, 그와 연관되어 있는 다른 기능은 열세하게 되므로, 무의식적인 열등기능이 된다. 이러한 원리는 『달마일장금』을 지배하는 음양오행론과 일치한다. 긍정적 성격 유형은 그와 대립적으로 일치하는 유형과 시소 관계에 있다. 인의(仁義)가 지나치면, 송양의 인(宋襄之仁)과 같은 어리석음이 된다.

융의 심리적 4기능은 원만한 성격을 성취한 자기자신(selbst)의 상징적 도상인 원(circle)과 이를 안정으로 분화한 네모(squares)의 상징적 도상이 맺는 관계와 상응한다. 이는 또한 삼위일체적 세계관(Trinity)에 대한 사위일체적 세계관(Quaternity)을 추구하는 융의 철

20) 융(Jung), 이창일 옮김, 『자연의 해석과 정신』, 파주: 연암서가, 2015, 283~284쪽 참고.

학적 입장을 나타내는 것이기도 하다. 융은 자신의 성격유형 개념이 이러한 연금술과 점성술 같은 옛 지혜의 전통에서 연유한 것이라 암시하고 있다.[21)]

융의 유형론은 그 자체로 요긴한 성격 유형론의 위상을 가지고 있지만, 이를 창조적으로 계승한 경우도 있다. 즉 융의 유형론은 MBTI로 확대되어 현재 유형론 분야에서 큰 영향을 미치고 있다. MBTI는 마이어스-브릭스 유형지표(Myers-Briggs Type Indicator)의 약어로서, 캐서린 브릭스(Katherine C. Briggs)와 딸 이사벨 마이어스(Isabel B. Myers, 1897~1980) 모녀가 1941년 이후 계속해서 연구 개발한 성격유형론이다.

ISTJ	ISFJ	INFJ	INTJ
ISTP	ISFP	INFP	INTP
ESTP	ESFP	ENFP	ENTP
ESTJ	ESFJ	ENFJ	ENTJ

〈표3〉 MBTI 유형

융의 유형론을 구성하는 두 가지 태도들과 4가지 심리기능들을 계승하면서, 여기에 판단(judging)과 인식(perceiving)을 첨입하여, 융의 8가지 유형론을 16가지로 확대하였다. 이 유형론에는 이니셜을 즐겨 사용하는 독특한 특징이 있다. 외향성과 내향성은 각각 E와 I로 나타내고, 사고와 감정은 T와 F, 감각과 직관은 S와 N, 판단과 인식은 J와 P 등으로 표기한다. 그래서 16가지 유형 가운데, 가령 ENTJ 유형은 E-N-T-J로 구분되고, 이는 외향형(E), 직관형(N), 사고형(T), 판단

21) 융은 자신의 성격유형론이 경험적인 것이라 했지만, 그 경험은 실제로 상징적인 성질을 가진 선험적인 원형(archetype)과 관련된 것이라 보았다. 이를 통해 명시적이지는 않지만, 아마도 과학적 태도에 기인한 것일 듯 한데, 그의 성격유형론은 유럽의 옛 지혜 전통에 입각한 것이 확실하다. 융의 여러 저서들이 이와 관련된다. 대표적으로 『심리학과 종교』, 『분석심리학』, 『자연의 해석과 정신』 등을 검토할 수 있다.

형(J) 등이 결합된 것을 가리킨다. 이 유형의 사람들이 정상적으로 기능하는 경우, 자신의 총괄적인 분석력과 전략적인 사고력, 철저하게 원칙에 따르는 능력을 활용하며, 목표를 추구하는 데에서는 지칠 줄 모르는 강인함을 가지고 있다.[22)]

MBTI는 융의 유형론뿐 아니라, 그 원리적 측면도 계승한 것으로, 유럽의 옛 지혜의 전통과 닿아 있다고 할 수 있다. 우리나라에서는 MBTI에 대한 학위논문 수만도 상당한 양에 이른다.

(5) 비유럽적 전통의 계승: 에니어그램

유럽적 환경의 4원소설을 원형으로 가지고 있지 않은 유형론으로 현대에 수립된 것 가운데 에니어그램(enneagram)이 있다. 이 명칭은 9를 가리키는 그리스어 에니어(ennea)와 그림을 뜻하는 그라모스(grammos)에서 온 것인데, 에니어그램의 형태에 주목한 것이다.[23)]

에니어그램의 기원에 대한 논의는 다양하다. 이 특별한 도상은 기원전 바빌론이나 고대 그리스에서 온 것으로, 피타고라스와 플라톤의 수비학과 유대교, 그리스도교, 이슬람교, 연금술, 그노시즘이 혼합된 유럽적 고대 사상을 배경으로 하고 있다. 에니어그램을 현대 서구사회에 소개한 최초의 인물은 신비주의자로 알려진 구지에프(Gurdjieff, G. I., 1877~1949)이다. 구지에프는 아프가니스탄 지방에서 이 신비한 도상을 입수하고, 이에 함축된 사상을 전파하였다. 에니어그램의 기본도상으로는 원(circle), 삼각형(triangle), 헥사드

22) 허쉬(S. Hirsh & J. Kummerow), 심혜숙 외 옮김, 『성격유형과 삶의 양식』, 서울: 어세스타, 2009, 386쪽 참고.
23) 『에니어그램의 지혜』, 33~40쪽 참고.

(hexade)이다.

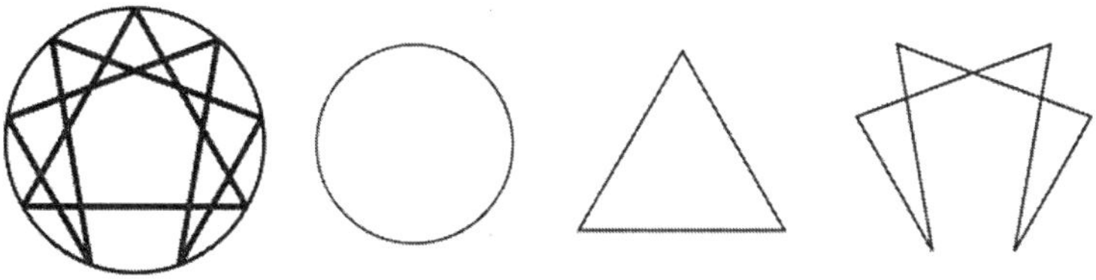

애니어그램 원 삼각형 헥사드(hexade)

〈그림3〉 에니어그램의 기본도상

이 기본 도상들은 상징성을 갖는데, 원은 통합과 전체의 상징이고, 삼각형은 성 삼위일체, 카발라의 세피로쓰(Sefiroth; 케더Kether, 비나Binah, 호크마Hokmah), 불법승(佛法僧)의 삼보(三寶), 천지인(天地人)의 삼재(三才) 등과 같은 우주의 삼원적 기본 형상에 대한 상징이며, 헥사드는 6개의 이어진 선을 가진 도형으로, 진화와 변화를 상징하는 숫자 7과 관련되어 있다.

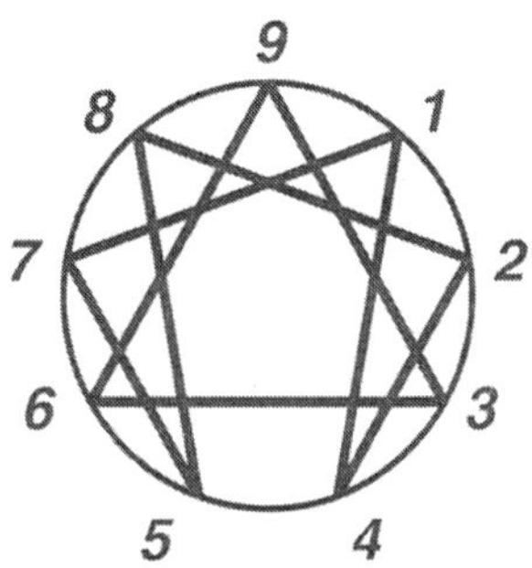

〈그림4〉 헥사드와 수

이것은 원에 내재한 삼각형과 헥사드는 9개의 꼭지점을 갖는데, 헥사드의 꼭지점은 1, 4, 2, 8, 5, 7, 1, … 등의 번호를 이은 것이다. 특이하게도, 이 숫자는 1을 7로 나눈 순환소수 0.142857…과 대응하고 있어, 무한소수의 계속적인 변화와 반복적 순환마디의 항상성이라는 역설적 관념이 결합된 수비학적 함의를 보여주고 있는 것이 흥미롭다.

이 같은 비(非)유럽적 전통의 신비주의적 도상이 성격유형론으로 재해석된 것은 볼리비아의 이카조(Ichazo)에서 시작된다. 그는 상징과 성격 유형의 상징 관계를 발견하고, 이 유형들이 "인간의 성품에 반영된 신성의 특징"이라고 생각했다. 이러한 생각은 유럽의 전통에서 발견되는 플로티노스(Plotinos, 205~270)의 엔네아데스(Enneades) 혹은 신성의 역전상으로서 그리스도교에서 발견되는 세븐(Seven, 7가지 죄악)에서 찾아볼 수 있다. 여기에 카발라의 상징들이 배합되어, 현대의 에니어그램이 가진 특징이 형성되었다.

우리들이 논의하는 맥락에서 보자면, 이카조는 현대세계에 자칫 무의미하게 보이는 형이상학적이고 신비주의적인 도상에 심리학적 해석을 통해 생명을 불어넣은 것이다. 이카조 이후 여러 독창적인 심리치료사와 정신의학자들의 손을 거치면서, 심리치료에 응용되었고, 이 과정에서 다양하고 풍부한 상징해석들이 생겨났다. 더불어 여러 학파들이 출현하게 된 것은 자연스럽게 보이지만, 상징의 체계적 통일성을 공식화시키고 싶어하는 사람들을 불만스럽게 만든 상황이 되었다.[24]

(6) 의학적 심리학의 유형론

① 셀든의 신체유형학

유럽적 옛 지혜의 전통에 기반한 유형론은 더 많이 있을 수 있지만, 이제 의학적 심리학(medical psychology)에 기반을 둔 대표적인 유형론 혹은 기질론을 살펴본다. 여기에는 셀든(Sheldon, W.H.,

24) 수진 로즈(Susan Rhodes) 저, 이은하 외 공역, 『통합에니어그램』, 서울: 학지사, 2016, 85~90쪽 참고.

1898~1977)과 크레치머가 있다. 이들의 공통점은 인간의 체형 또는 체격과 기질 및 성격의 상관성에 중점을 둔 이론을 전개시킨 것이다. 이는 기질이나 성격학이기도 하지만, 고대에 기원을 둔 신체유형학(somatotypology, 體型學)의 현대적 발전이기도 하다. 특히 셀든의 경우가 그렇다.[25] 셀든의 이론은 크레치머 이후에 출현한 것이지만, 크레치머의 이론이 보다 복잡하기 때문에, 먼저 셀든의 이론을 살펴보자.

셀든은 신체의 형태와 성격의 유형 사이에 일정한 일치점에 착안을 하였다. 이 같은 일치점은 누드 사진의 측정을 통한 경험적 배경을 가진 것인데, 실제 측정을 통해 이론을 수립한 것인지, 이론을 수립하고 경험적 증거를 수집한 것인지 선후를 구별할 수는 없다. 하지만 과학이론의 이론의존적(theory-laden) 특성을 고려한다면, 선후가 큰 차이를 만들지는 않을 것이다.

셀든은 생물학적 관점을 유지했는데, 이는 배엽(胚葉, germinal layer)의 기능에 주목한 것이다. 배엽은 사람을 포함한 동물의 수정란이 성장하는 과정에서 세포분열을 거듭할 때 나타나는 세 개의 세포층이다. 가장 안쪽부터 내배엽, 중배엽, 외배엽을 이루는데, 안쪽의 내배엽(endomorphy)은 세포가 성장하여, 소화기관, 배설기관 등이 형성되고, 중간의 중배엽(mesomorphy)은 뼈, 연골, 근육 등이, 바깥쪽의 외배엽(ectomorphy)이 발달하여 신경조직, 피부조직 등이 형성된다. 셀든의 관점은 매우 단순하다. 이러한 생물학적 발달에 상응하여 특정한 성격유형을 가정했다. 내배엽, 중배엽, 외배엽은

25) 「성격의 이론과 형성에 관한 고찰」, 68~70쪽 참고. 조섭제, 「성격학연구」, 60쪽 이하 참고.

각각 내장형(內臟型, viscerotonia), 신체형(身體型, somatotonia), 두뇌형(頭腦型, cerbrotonia) 등에 상응한다.

배엽의 기능	유형	기질적 특징
내배엽형(endomorphy)	내장형	비만형, 사교적, 육체적 쾌락, 외향적, 애정관계
중배엽형(mesomorphy)	신체형	근육형, 남성적, 활동적, 지배적, 투쟁적, 과단
외배엽형(ectomorphy)	두뇌형	마른형, 비사교적, 자제, 과민, 내향적, 비관적, 금욕적

〈표4〉 셸든의 유형

셸든의 관점을 인정한다면, "체형은 운명(physique equals destiny)"이라고 말할 수 있다. 여기서 운명은 선천적이라는 의미와 통한다. 세포의 분열에서 연유한 우연인 듯한 경향성이 그의 후천적 삶의 토대가 된다. 세포분열을 인위적으로 조절할 수는 없다. 그러나 셸든의 유형론은 유감스럽지만 현대심리학에 온전히 계승되지 않았다. 오히려 그의 이론은 인류학과 생태학뿐만 아니라, 체격에 큰 관심을 가지는 의상학을 위한 기초 이론으로 높이 평가되고 있다.

셸든의 후예들은 정교한 조사를 통해, 셸든의 체형판정법을 수정하여 남자와 여자 모두에게 보다 광범위하게 적용될 수 있는 체형분류법을 고안하였다. 이 때문에 1967년 국제체력표준화 위원회에서 인정받아 오늘날까지 체형의 판정기준으로 널리 이용되고 있다.[26)] 지금은 헬스 매니저들이 일반인들의 체력 관리를 위해 흔히 사용할 정도가 되었으니, 셸든의 이론이 망각된 것은 아니다.

26) 정혜진 외, 「근육형 남성의 체형특성에 관한 연구」, 『한국생활과학회지』, 제17권 2호, 2008, 315~316쪽.

② 크레치머의 기질론

셀든과 거의 동시대에 생존했던 크레치머는 정신병 환자를 대하는 과정 속에서, 환자들의 체격과 정신병의 상관관계를 발견하게 된다.[27] 이러한 발견으로부터 일반인들의 체격과 기질 및 성격으로 확대한 의학적 성격심리학을 수립하게 되었다.

그런데 크레치머의 이론이 가진 특별한 성질은 정상과 비정상이라는 오래된 정신의학의 가정을 유지하면서, 이러한 정신병리적 통찰을 일반 정상인들과 병적 징후를 암시하는 정상인들에게까지 확대한 것에 있다고 할 수 있다. 이 결과 정상과 비정상의 경계는 불연속적인 단면들로 분리된 것이 아니라, 스펙트럼처럼 경계가 모호하거나 이중적인 포섭관계로 여겨지게 되었다. 이런 상황은 정상인과 비정상적 정신병환자의 사이에 존재한다고 가정한 장벽을 무너뜨린 결과를 초래하였다. 이는 완전히 정상적이면서도 전반적으로 정신병자와 대단히 유사한 특성을 가진 사람들이 사실상 존재한다는 경험적 사실에서도 입증될 수 있는 것이다. 특정한 정신병에서 출발하여 병적 경향의 유형을 거쳐 정상적 성격에까지 도달한 것이 크레치머 유형론의 가장 큰 특징이다. 이는 어떤 의미에서 모든 인간이 병들어 있을 수 있다는 일반화를 유도할 수 있는 다소 비관적인 특성을 가지고 있다.

크레치머 이론의 두 축은 정신병과 체격이다. 정신병은 정신분열병, 조울병, 간질 등의 세 기본적인 양태로 구분되었다. 이 양태에 공통적인 체격은 3유형이 있다. ①세장형(細長型, leptosomic)은 작

27) 크레치머 이전의 크래펠린(Kraepelin), 메도우(Medow) 등의 이론이 선구적으로 존재하고 있었다.

고, 가늘며, 연약한 외형을 가진 체격 유형이며, ②근육형(筋肉型, athletic)은 힘줄이 발달하고, 뼈마디가 굵은 외형을 가졌고, ③비만형(肥滿型, pyknic)은 땅딸하고 살찐 체형을 가졌다.

이러한 3유형의 체격은 정신분열병, 조울병, 간질 등과 교차하면서, 다음과 같은 분류가 제시될 수 있다.[28)]

	체격	정상	중간	비정상
①	세장형/ 근육형	분열성 기질 schizothymia	분열병성 기질 schizoid	정신분열병 schizophrenia
②	근육형	점착성 기질[29)] viscose temperament	간질성 기질 epileptoid	간질(뇌전증) epilepsy
③	비만형	조울성 기질 cyclothymia	조울병성 기질 cycloid	조울병(양극성장애) manic-depressive psychosis

〈표5〉 크레치머의 유형

정상인의 기질에 초점을 맞추면, ①분열성기질은 분열성 기질적 성격 유형을 갖는데, 예민하고 냉담한 내향성과 같은 성향을 보인다. 비관적이며, 예민한 감수성을 가지고, 사색적이고 자기중심적이다. ②점착성기질은 정력적이고 활동적이며 공격적인 성격 유형이며, 잔인한 성향이 지나치게 높을 때 경미하게 간질병이 있는 사람으로 규정한다. ③조울성기질은 조울병질적 성격 유형을 갖는데 이는, 즐거움과 슬픔이 교차하는 경우이다. 낙천적인 생활태도, 부단한 활동성을 보인다.[30)]

28) 「성격의 이론과 형성에 관한 고찰」, 70쪽.

29) 근육형에 상당하는 '간질'은 크레치머에 의해서 의문이 제기되어, 실제로는 '정신분열과 조울'의 두 범주로 구분되는 추세이다. 이런 추세 속에서 근육형은 정신분열의 계열에 속한다.

30) 송지영, 『정신증상』, 서울: 집문당, 2010, 92쪽.

크레치머의 유형론도 셀든과 같이 점증하는 경험의 사례 속에서 간간히 상관성을 확증하지 못하여 현대심리학에서 폐용된 것으로 간주되었으며, 인문학 진영에 큰 영향을 미치고 있는 것과는 대조적으로 심리학사 한 켠에서만 다뤄지고 있다. 그러나 기질 혹은 체질(constitutional)을 구성하려는 오래된 인간 속성의 분류학이 생물학적 요인과 결합함으로써, 이들의 병리학적 단계를 지나 현재에는 분자생물학과 뇌생리학의 발전으로, 성격과 기질의 생리적 기관의 상관성에 대한 연구가 활발하게 진행되고 있다. 이들은 후천보다는 선천 즉 기질에 관한 중요하고도 놀라운 연구들을 계속 발견하고 있다.

예컨대, 유물론의 관점에서 볼 때 유전적 물질은 출생이후 변화하지 않지만, 최근 신경가소성(神經可塑性, neuroplasticity) 혹은 뇌가소성(腦可塑性, brain-plasticity)의 문제가 대두하고 있다. 가소성은 변화가능성이라는 말과 의미가 통한다. 즉 뇌의 기능이 유전에 의해 정해진 대로 변화가능성이 없는 것이 아니라, 경험 혹은 교육과 같은 후천적 환경의 변화에 따른 피드백을 통해서 스스로 변화할 수 있는 능력이 인정되고 있다. 이는 환경의 경험이 생화학적 특성에 영향을 미친다는 관점이다.[31]

③ DSM 근거의 성격유형론: 성격의 자화상

성격의 자화상(personality self-portrait)은 미국정신의학회의 바이블이라 불리기도 하는 성격장애에 대한 중요한 진단체계 즉 『정신

31) 제롬 케이건(J. Kagan), 김병화 옮김, 『성격의 발견』, 서울: 시공사, 2011, 8쪽.

장애의 진단 및 통계편람』(DSM-IV)을 근거로 해서 14가지 성격스타일의 범주들과 성격패턴을 제시한 유형론이다.[32]

'성격의 자화상'에 따르면, 성격스타일은 14가지가 있다. 이러한 스타일은 병리적일 경우에는 특정한 성격장애와 대칭적인 관계를 갖는 것이 특징이다. 예를 들면, 14가지 성격스타일 가운데 하나인 '양심형'은 병리적이 될 경우 '강박성 성격장애'를 보이기 쉽다. 양자는 아래와 같은 구조적인 상관성이 있다.

성격스타일	성격장애
양심형	강박성
자기확신형	자기애성
연극형	히스테리성
경계형	편집성
열정형	경계성
헌신형	의존성
고독형	분열성
유유자적형	수동공격성
민감형	회피성
개성형	분열성
모험형	반사회성
자기희생형	자기패배성
자기주장형	가학성
진지형	우울성

성격의 자화상은 14가지 성격 스타일이 삶의 주요한 6가지 영역에 어떤 식으로 관계되는지에 따라 개인의 성격적 특성이 파악될 수 있

32) '성격의 자화상' 성격유형론은 올드햄(John M. Oldham)과 모리스(Lois B. Morris)가 제시한 것이다. 여기서는 이론적 배경에 대한 간략한 소개에 한정한다. 올드햄(Oldham올드햄), 모리스(Morris) 공저, 김진영, 안창일 공역, 『성격의 자화상』, 학지사, 2016 참고.

다는 것을 보여준다. 삶의 주요한 6가지 영역은 자기(self), 대인관계(relationship), 일(work), 정서(emotion), 자기조절(self-control), 현실세계에 대한 관점(notions about the real world) 등이다.[33)]

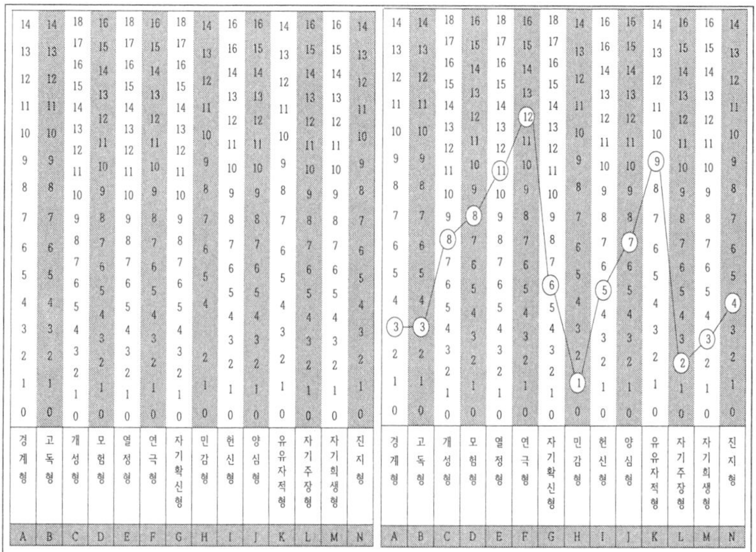

성격의 자화상 그래프　　　　내담자 사례

성격의 자화상은 총 107문항에 해당하는 '성격의 자화상 질문지'를 통해서 파악할 수 있다. 각 문항의 질문에 대해서 Y(맞다), M(부분적으로 맞다), N(아니다) 등과 같이 3가지 답변이 가능하다. 이 답변을 채점해서 특정한 패턴을 얻을 수 있다.

왼쪽 그림에서 아래는 14가지 스타일이고 위는 점수 분포(0~18)이

33) 자기조절이란 충동을 행동에 옮기는 능력과 자발성, 모험추구적인 행동, 보상과 만족을 앞서 생각하는 능력, 계획능력, 자제력, 좌절에 대한 인내력 등을 가리킨다. 현실세계에 대한 관점은 단순히 실제 세상에 대해서 어떤 생각을 가지고 있는가를 가리키는 영역이다. 즉 다른 사람들과 당신이 유사한 생각을 하는지 동떨어진 생각을 하는지, 그리고 그 생각이 어떤 행동을 야기하는지에 대한 것이다. 『성격의 자화상』 45~47쪽 참고.

다. 오른쪽 그림은 실제 사례이다. 성격의 자화상은 성격 패턴을 구하는데 특별한 점이 있다. 곧 성격 패턴에는 14가지 스타일이 모두 포함된다. 다만 어떤 특정 스타일이 상대적으로 다른 스타일에 비해, 얼마 정도의 강도로 그 사람을 지배하고 있는지가 관건이 된다.

사례의 도표를 보면, 내담자는 32세의 여성이다. 과체중의 뚱뚱한 체형인데, 옷맵시와 자태는 관능적인 스타일이다. 이는 그녀의 성격이 열정적이고 화려한 연극형이기 때문이다. 점수로는 가장 높은 12점을 차지하고 있다. 열정형도 두 번째로 높은 11점을 받고 있는데, 그녀의 두드러진 특성에 기여하고 있다.

가장 낮은 민감형은 1점이다. 이것은 마른 체형이 선호되는 문화에서 그러한 관습에 개의치 않는 체형을 유지하는 특성과 관련되어 있다. 연극형은 낭만적이기 때문에 직업도 영향 받는다. 그녀는 멜로드라마 작가이다. 패턴들은 상호 영향을 주기도 한다. 상대적으로 높은 점수를 받는 유유자적형(9점)은 연극형의 무질서한 특성을 중화시켜 준다. 그래서 일에만 몰두하며 보내는 인생보다는, 삶에서 근본적인 즐거움을 추구하고, 자유를 중시하는 특성을 가지게 된다.[34)]

성격의 자화상은 이처럼 14가지 스타일에 대한 특성뿐 아니라, 스타일 상호 간의 비교를 통해 성격의 다면적인 특성을 해석하고 있다.

(7) 기타 유형론

여기서는 실증적 심리학의 영역을 넘어서 인접 인문사회과학에

---

34) 『성격의 자화상』, 534~538쪽 참고.

광범위한 영향을 미치고 있거나, 대중적으로 널리 유행하여 친근한 유형론을 간략하게 살펴본다.

① 슈프랑어의 6가지 인간 유형론

독일의 슈프랑어(Eduard Spranger, 1882~1963)는 6가지 인간 유형을 일종의 이념형(ideal type)으로 설정했다. 이념형의 출발은 존재의 대사슬이라는 관념에 기반을 둔 유럽 전통의 정신과학인 것으로 보인다.

> "낮은 수준에서 영혼(soul)은 순수하게 생물학적으로 결정된다. (영혼은) 더 높은 수준에서는 역사적, 예컨대 영혼은 자기보존이라는 단순한 가치로부터 도출될 수 없는 객관적 가치에 참여한다." [35)]

이러한 관념에서부터 삶의 고유한 형식(form)을 도출하는데, 이는 6유형으로 성립된다. 즉 이론형(the theoretical), 경제형(the economical), 사회형(the social), 종교형(the religious), 미학형(the aesthetic), 정치형(the political) 등이 그것이다.

슈프랑어의 유형론은 미국의 버논(Vernon)과 알포트에 의해서 성격학에 적용되기도 했다. 이들은 질문지법을 통하여 슈프랑어의 6가지 이상적 가치에 대한 개인의 태도를 측정하는 척도를 만들어서 학생들의 태도조사에 사용했다.[36)] 그의 유형론은 현재에도 교육학

35) Eduard Spranger, Types of Men, Tran. P. J. W. PigersITubingen: Niemeyer, 1928, p.13.
36) 이상오, 「"대화"의 근거로서 슈프랑어의 유형학에 대한 일 고찰-삶과 교육의 본질 규명을 위하여」 『교육철학』 33권, 한국교육철학학회, 2005, 237쪽.,

을 비롯한 인문사회 과학 분야에 영향을 미치고 있다.

② 위트킨의 인지양식과 성격

위트킨(Herman A. Witkin, 1916~1979)은 사물의 인지양식에 따라 인간 유형을 분류하였다. 인지양식은 장(場) 독립성(field independence)과 장 의존성(field dependence)으로 대별된다.

장 독립성이란 사물을 지각하는데 그 사물의 배경 즉 장(場)의 영향을 받지 않는 사람의 인지양식이다. 이에 반해 장의존성은 장의 영향을 현저히 받는 사람의 인지양식이다. 장 독립적인 사람은 부분들을 그 전체의 장에서 분리된 것으로 지각하기 쉽고, 장 의존적인 사람들은 장의 전체적인 것에 지배되어 부분들을 장에서 분리하여 지각하지 않는 경향이 있다.

이러한 경향은 연령과 상관성을 보이기도 한다. 어린 시절에는 장 의존적이었다가, 청소년기를 거치면서 점차 장 독립적이게 되고, 노년기가 되면 다시 장 의존적이게 된다. 이 두 경향의 특성은 아래와 같다.

장 독립성	장 의존성
분석적	전체적
구조 창출	구조 수용
내적 지향	외적 지향
낮은 사회적 관심	높은 사회적 관계
철학적 인지적	갈등 화해적
개인적	사교적
냉담	친교

실험적	관습적
개념적	사실적

두 인지양식은 측정될 수 있다. 여기에는 3가지 방법이 동원된다. 그것은 신체적응검사(body adjustment test), 막대와 틀 검사(rod and frame test), 잠입도형검사(embedded figure test) 등이 있다. 신체적응검사는 경사진 방에서 앉아 있는 경사진 의자를 수직으로 맞추면서 측정된다. 막대와 틀 검사는 어두운 방에서 피험자에게 빛을 발하는 경사진 정사각형 틀을 제공하는데, 그 틀 속에 빛을 발하는 경사진 막대가 있고, 그 틀에 막대를 수직으로 맞추면서 측정된다. 잠입도형검사는 복잡한 형태에 감추어져 있는 단순한 도형을 찾는데 걸리는 시간을 재면서 측정된다.

위트킨의 유형론은 인지양식의 유형에 따른 개인별 학습 영역에 자주 사용되고 있다.[37)]

③ 모리스의 7유형

모리스(Charles Morris, 1901~1979)는 인간 존재를 관심(interests)이라는 역동적 상호작용의 체계라고 간주했다. 개인마다 관심은 다양하지만, 공동 관심(common interest)은 3개의 구성 요소(component)로 구분될 수 있다. 디오니소스 구성요소(Dionysian), 프로메테우스 구성요소(Promethean), 붓다 구성요소(Buddhist) 등이

37) 김미옥, 「인지양식을 고려한 한국어 교수 학습-장 독립성과 장 의존성을 중심으로」, 『한국어교육』 9-1, 국제한국어교육학회, 1998, 4~5쪽 및 결론 참고.

그것이다. 디오니스 구성 요소는 욕망을 방출하고 탐닉하는 경향이며, 프로메테우스 구성요소는 욕망의 만족을 위해 세상을 개조하고 생산하는 적극적인 경향, 붓다 구성요소는 욕망을 단속하고 억제하여 자기조절과 절제를 하는 경향으로 구분할 수 있다.[38)]

성격유형(7)	3가지 구성요소비율	특성
붓다 유형 (Buddhhist)	ⓓ ⓟⓟ ⓑⓑⓑ	내면적, 자기 충족적, 사색적, 명상적, 자기이해 관심, 초연함
디오니소스 유형 (Dionysian)	ⓟ ⓑⓑ ⓓⓓⓓ	감각적인 즐거움, 개입하지 않음, 수용적, 개방적. 즐거움을 줌 규율과 학습에 대한 거부, 사물을 그대로 둔다. 자기희생을 거부, 고독과 사회성이 함께 존재
프로메테우스 유형 (Promethean)	ⓑ ⓓⓓ ⓟⓟⓟ	활동성, 모험, 실제적, 기술적 향상과 세계 개조에 관심, 미래적, 과학적
아폴로 유형 (Apollonian)	ⓓ ⓑⓑ ⓟⓟⓟ	적극적 사회 참여, 변화보다는 이해하고 감상, 지성적, 보존, 절제, 온화, 일상적, 균형, 명확, 섬세, 속물주의/열광/비합리성/조급/탐닉 등을 기피, 조심스럽고 보수적
그리스도 유형 (Christian)	ⓟ ⓓⓓ ⓑⓑⓑ	타인에 대한 배려, 애정, 탐욕/욕정/권력/과도한 지식 등을 회피 헌신과 사랑. 순결과 정결, 기여하는 삶 추구
모하메드 유형 (Mohammedan)	ⓑ ⓟⓟ ⓓⓓⓓ	초연하고 자기중심적. 협동/연합 선호, 에너지 있는 모임과 협동적인 모임에 동화되는 것을 즐김, 명상, 절제, 추상적 지성, 고독, 뿌리의 중시.
마이트레야 유형 (Maitreyan)	ⓑⓑ ⓟⓟ ⓓⓓ	다양한 상호작용 속에서 취하는 초연(중용), 통합적/융합적, 명상적

38) 모리스의 유형론에 대한 정리는 다음을 참고했다. Charles Morris, The Open Self, NY: Prentice-Hall, 1948. Harold H. Wilson, CHARLES MORRIS' MAITRE YAN PATH AS VIA POSITIVA-Towards a Semiotic of Religious Symbolism, Montreal: McGill University, 1994, pp.14~15. Appendix 1, pp.125~127.

이들 구성요소는 개별적이지 않고 상호작용하여 독특한 유형을 만들어내는데, 이것이 곧 개인의 성격유형을 만들어낸다. 3가지 요인은 서로 배합되어 논리적으로는 6가지 유형이 나오며, 여기에 3가지 요인이 균형있게 배합되는 1가지가 결합되어, 총 7가지의 유형이 형성된다.

(*성격 구성요소는 ⓓ, ⓟ, ⓑ 등의 약자로 표기된다. ⓑ: buddha, ⓟ: prometheus, ⓓ dionysus)

유형의 특징은 유형을 상징하는 이름이 가진 속성에서 연유한다.

7유형은 뒷날 경험적 연구로 확대되어, 13가지의 인생관 척도로 수립되었다.[39]

④ 에리히 프롬의 성격론

에리히 프롬(Erich Fromm, 1900~1980)은 정신분석과 사회심리학의 맥락에서 개인의 성격은 사회화 과정과 밀접한 연관을 통해 형성된다는 정통적 관점을 채택했다. 인간의 성격구조란 각 개별적인 인간이 자신의 삶을 살아가는 근원적인 태도나 정위이며, 이는 자신의 의식과 무의식적인 삶과 연관해 형성된다.

성격의 보편적 유형은 인간의 근원적 두 힘인 에로스(Eros)와 타나토스(Thanatos)의 구별과 비유되어, 바이오필리아(Biophilia) 즉 '삶에 대한 사랑'과 네크로필리아(Necrophilia) 즉 '죽음에 대한 사랑'으로 나누어진다. 이 두 힘은 어떤 쪽을 강조하는가에 따라 그 사람의 성격을 형성하는 방향 잡이가 된다. 이와 연관되어 프롬의 전형

39) Morris, Jones, value scales and dimensions, Journal of abnormal social psychology 51, 1955.

적인 유형론은 생산적 정향(productive orientation)과 비생산적 정향(non-productive orientation)으로 구분된다. 이는 산업화된 자본주의적 사회에서 형성되는 개인의 특정한 성격 유형을 파악하는데 유용하다.[40)]

생산적인 정향은 바이오필리어와 관련해서, 무언가를 생산해내는 인간의 고유한 능력이다. 자신의 힘을 바쳐 자기에게 있는 가능성을 실현하려는 충동이라고 할 수 있다. 이를 발휘하기 위해 인간은 자유로워야 하고 이성의 인도를 받아야 한다. 창조성으로 드러나며, 외적 권위에 기인하지 않고, 자율적이며, 의존적이기 보다는 독립적이고, 비합리적 신념에 좌우되지 않고 건전하고 합리적이며, 퇴행이 아닌 진취적 특성 등을 지닌다. 주로 시인이나 예술가와 같이 창조적 일에 관여하는 사람의 유형이다.

비생산적 정향은 네크로필리어와 관련하고 파괴적(destructive) 정향과 유사하다. 여기에는 4가지가 있다. 그런데 특이하게 부정적인 정향이지만, 그 안에서도 적극적인 측면과 소극적인 측면이 가세하여 성격의 유형을 형성한다. 예를 들어 착취적 정향은 부정적이지만, 그 정향이 적극적인 힘을 얻으면 자기주장적이고 활동적이며, 이로 인해 매력적인 성격이 형성되는 것에 해당한다.

비생산적 정향의 첫 번째는 수용적(receptive) 정향이다. 외부의 권위에 의존하는 경향이 있다. 적극적인 면은 수용성, 헌신, 정중, 순응성, 사회적 적응력, 이상주의적 낙천성, 친절, 신뢰 등의 특성을

40) 프롬의 성격유형은 그의 저서 전반에 수록되어 있다. 대표적으로 『자립적 인간(Man for himself)』, 『건전한 사회(The Sane Society)』, 『환상의 사슬을 넘어서(Beyond the chains of illusion)』, 『인간의 마음(The Heart of Man)』 등에서 찾을 수 있다. 이하 프롬의 유형론 논의는 『건전한 사회』에서 요약했다. 에리히 프롬(Erich Fromm), 김병익 역, 『건전한 사회』, 서울: 범우사, 1984, 338~341쪽.

보여준다. 이에 반해 소극적인 면은 수동적 태도, 주체성 결여, 추종, 자부심결여, 무원칙, 비굴, 비현실적, 감상성 등이다.

두 번째는 착취적(exploitative) 정향이다. 생산을 소유로 파악한다. 즉 스스로 만드는 것이 아니라 빼앗는 것이다. 적극적인 면은 활동성, 주체성, 자기주장, 자부심, 격정적 성격, 매력 등이다. 소극적인 면은 착취적, 공격적, 자기중심적, 교만, 성급함, 자기자랑 등이다.

세 번째는 저장적(貯藏的, hoarding) 정향이다. 밖으로부터 얻는 것을 믿을 수 없기 때문에 저축과 절약에 몰입해서 안정감을 찾는다. 적극적인 면은 실질적, 경제적, 준비심, 인내심, 완강함, 냉정함, 질서정연함, 조직성, 충실성 등이다. 소극적인 면은 창조성 결여, 인색, 의심, 냉담, 무기력, 걱정, 게으름, 우울함, 아는 체함 등이다.

마지막 시장적(marketing) 정향은 특히 현대 자본주의사회에 전형적인 성격을 만들어낸다. 인간은 단지 상품이다. 그래서 사고팔고 거래하는 양식만이 유일한 존재이유이다. 적극적인 면은 목적의식적, 가변적, 젊음, 진취성, 융통성, 사회적, 실험적, 능률적, 활동적, 정보친화적 등이다. 소극적인 면은 일관성 결여, 성숙도 결여, 현재 집착, 가치관 결여, 허영, 고독을 인내하지 못함, 목표 결여, 상대주의, 주지주의적, 무관심, 유치함, 허영, 낭비 등이다.

프롬의 성격론은 다분히 이념형이지만, 그 배경에는 유럽의 인문학적 전통, 정신분석학의 발달심리와 사회심리학의 통찰이 전제되어 있기 때문에, 심리학을 넘어서 인문사회의 광범위한 영역에서 적용되고 있다.

⑤ 혈액형 성격유형론

성격과 혈액성의 상관성에 대한 주제는 매우 인기가 있는 주제이다. 적중 여부를 놓고도 찬반이 무성하다. 그러나 대부분 심리학자들은 혈액형 성격론을 무시한다. 학문적 타당성이 없는 사이비 과학의 외양을 한 것이라 보기 때문이다. 혈액형과 성격의 관계에 대해서 과학적(유전자 레벨, 의학적, 대뇌 생리학적 혹은 생화학적)으로 인과관계를 실증할 수는 없다. 그러나 이것은 성격과 유전자의 관계의 메커니즘을 현재 지식으로는 이해할 수 없다는 것을 말하는 것에 불과하지, 비과학적이라고 하는 것이 아니다.[41]

아이셍크와 캐텔 같은 성격 심리학 학자들은 혈액형과 성격의 상관관계에 큰 흥미를 표시하고 연구를 진행했다. 이들의 연구는 비록 간접적 추론이기는 하지만, 유의미한 연구가 많다. 그래서 혈액형 성격유형론을 무시하는 것은 일방적인 관점이며, 과학적인 태도라 보기 어렵다.

심리학은 과학이라는 자격 여부에 대해 강박적 신경증을 자주 갖는다. 과학에 신들리지 말고, 인간에 신들리는 것이 더 낫다. 인간의 냄새가 나는 것은 모두 심리학의 대상이다. 열린 마음으로 혈액형성격론에 관심을 갖는 현상에 호의를 가지고 접근해야 한다. 이를 차갑게 자기 피드백 외부의존성, 확증편향(Confirmation bias), 바넘효과(Barnum effect), 자기충족적 예언(Self-fulfilling prophecy) 등과 같은 현학적인 말로 쏘아대지 말아야 한다.

---

41) 류성일, 손영우, 「혈액형 유형학 연구에 대한 개관」, 『한국심리학회지: 사회 및 성격』 21(3), 한국심리학회, 2007. 이 논문은 혈액형성격학에 대해 합리적 입장에서 분석하고 설명한다. 과학주의가 팽배한 주제에서 보기 드문 사려를 가지고 쓴 논문이다. 이하 이 논문의 요지를 재구성한다.

혈액형은 상식적으로 A형, B형, O형, AB형의 4가지로 구분할 수 있다. 이 유형에 따라 성격이 다르다고 본다. 완전한 일치는 볼 수 없으나, 유의미한 연구를 토대로 공통되는 것을 정리할 수 있다. 공통 척도는 상반되는 짝을 갖는다. 즉 외향성/내향성, 펠로우십/리더십, 불안정/안정성, 감성적/논리적, 개인주의/사려성 등.

성격 유형	혈액형의 위치	비 고
외향성↔내향성	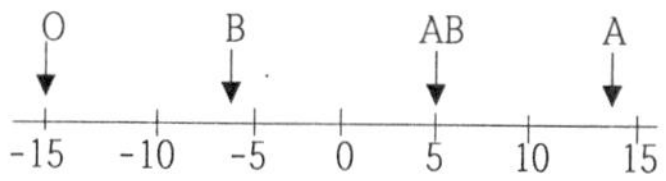	O<B<AB<A
펠로우십↔리더십	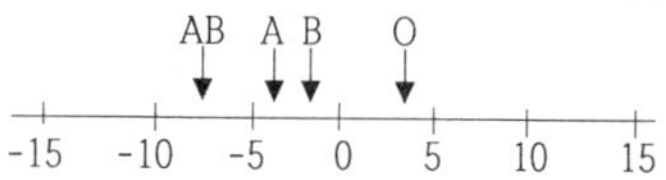	AB<A<B<O
불안정↔안정성	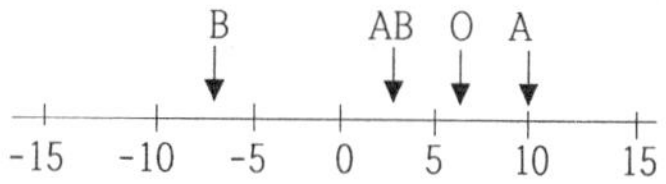	B<AB<O<A
감성적↔논리성	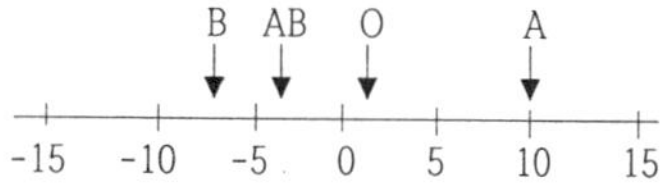	B<AB<O<A
개인주의↔사려성	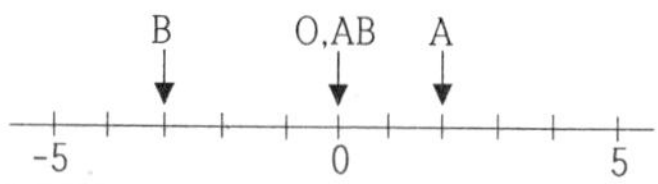	B<O,AB<A

예컨대 A형을 보자면, A형은 가장 내향적이며, 리더십은 중간이고, 안정적이고 논리적이며, 사려가 깊다고 할 수 있다. 이처럼, 혈액형 성격유형론은 많은 민초(民草)들이 자신을 알고 싶은 인간의 가장 깊고 은밀하며 강렬한 욕망을 기저로 하고 있는 독특한 유형론이다.

3) 동아시아 전통의 유형론

동양의 유형론은 다양한 분야에 걸쳐 그 수를 헤아릴 수 없을 정도로 매우 많다. 여기에서는, 현재에도 유의미하게 전승되고 있거나 상담심리학의 관점에서 소위 유사상담학으로 취급되고 있는 분야에 한정해서 다루기로 하겠다. 그 주된 분야는 한의학과 상학(相學) 및 명학(命學)이다.

(1) 이론적 기초: 음양오행론

동양의 성격유형론의 원형은 음양론(陰陽論)과 오행론(五行論)이라는 자연철학적 배경을 가지고 있다. 여기 더해서 동아시아의 자연철학을 잘 보여주는 『주역(周易)』의 전통이 존재한다. 그래서 통상 역학 혹은 역술이라는 말로 이들을 모두 묶어서 나타내고 있다. 향후의 논의를 위해 음양론과 오행론의 특징을 선행적으로 짚어볼 필요성이 있다.

① 음양

음양론은 동서양의 옛 지혜의 전통에서 매우 잘 사용하고 있는 상관적 개념이다.[42] 음(陰)과 양(陽)은 하나의 기호(symbol)로서, 서로의 존재가 하나로 묶여서 한 벌(pair)로 작동하고 있다. 음과 양이 기호이기 때문에 이는 유사성에 기초한 기호적 전환이 가능하다. 음양

42) 음양오행론, 역학의 개념적 특성에 대해서는 다음 연구를 참고. 그레이엄(A. C, Graham), 이창일 역, 『음양과 상관적 사유』, 성남: 청계, 2001. 이창일, 『주역, 인간의 법칙』, 서울: 위즈덤하우스, 2011.

론의 기호적 전환은 다음과 같은 관계로 조직되어 있다.

아래와 같은 상관표에 만물을 모두 배열할 수 있을 정도로 음과 양은 포괄적인 기호이다. 이 기호의 추상적 개념은 상승/하강, 수렴/발산 등으로 축약할 수 있다. 심리학에 관련지어, 서양의 여러 유형론에서 마르고 근육질인 유형들은 양인(陽人)이고 뚱뚱한 비만한 유형들은 음인(陰人)이다. 양의 속성은 딱딱하거나 마른 것이고 음의 속성은 부드럽거나 무른 것이기 때문이다. 그러나 비만형이지만 활동적인 사람과 마르지만 침체된 사람을 분류할 때는 이 음양관계가 역전된다. 이는 음양론이 탄력적이고 하나로 고정되어 있지 않으며, 음양의 양자가 서로를 의존하고 있는 상호관계 즉 상관적 존재이자 호환가능한 기호를 바탕으로 하고 있기 때문이다. 그런데 이 기호는 수학적 형식 기호이기 전에, 양달과 응달처럼 구체적인 사물의 특성까지 포괄하고 있는 물질적 기호의 특성도 가지고 있다.

음(陰, Yin)	양(陽, Yang)
땅	하늘
물	불
해	달
가을과 겨울	봄과 여름
냉기와 한기	온기와 열기
부드러움	강함
건조	습함
여성	남성
하강	상승
수렴	발산
네가티브(-)	포지티브(+)
…	…

〈표6〉 음양의 상관관계

음양론은 동아시아 자연학에서 이것이 결여되면 동아시아 자연학 전체가 망실될 정도로 중요한 개념이다. 음양론은 현대사상과 현대 과학철학에서 새로운 대안적 세계관의 한 범형으로 거론될 정도로 중요하다. 굳이 현대가 아니라도 이미 근대 서양에서 기호논리학의 성립에 자극을 주고, 컴퓨터로 상징되는 디지털 문명의 핵을 이루는 논리로 생각되고 있을 정도이다.[43)]

② 오행

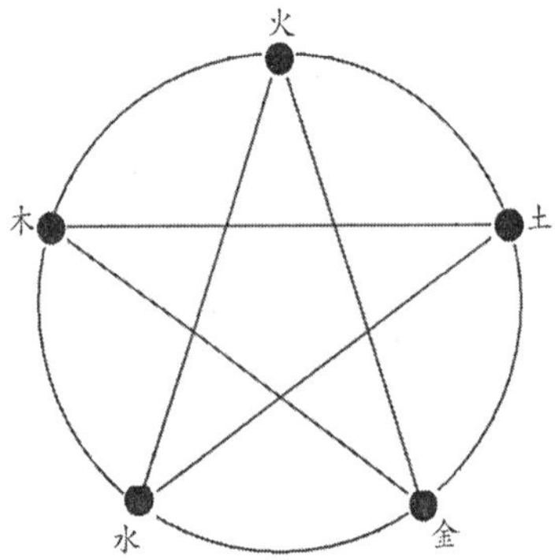

〈그림5〉 오행의 상생과 상극

목생화(木生火)
화생토(火生土)
토생금(土生金)
금생수(金生水)
수생목(水生木)
…

오행론은 다섯 가지 인간의 문명적 삶의 영위에 필요한 기본적 요소라는 개념에서 출발했다. 오행은 목(木), 화(火), 토(土), 금(金), 수(水) 등으로 구성되어 있다. 그런데 이러한 기본적 물질이 하나의 상징적 기호로 전환되면서, 음양론처럼 만물을 분류하는 거대한 체계가 되고, 만물의 상호 연관관계를 추리하고 설명하는 논리로 점차 어의가 진화되었다. 음양론과 더불어

43) 이성환, 『역경, 프랙탈과 심신의학』, 『한국정신과학회 학술대회 논문집』, 한국정신과학회, 15권, 2001, 87~88쪽.

동아시아의 사상 및 자연학 체계에서 없어서 안 되는 매우 특별한 논리장치라고 할 수 있다.

오행론은 음양론의 특징을 공유하고 있지만, 오행론이 가진 특별한 점은 그것이 사물의 연관관계를 보다 분석적으로 설명할 수 있다는 데 있다. 오행의 연관관계는 상생(相生)과 상극(相克)으로 구별할 수 있고, 상생은 하나의 요소가 다른 하나의 요소를 산출하거나, 도움을 받는 우호적인 관계를 가리킨다.

위의 그림에서 검은 색 꼭지점들은 오행의 영역이고, 큰 원의 둘레는 상생의 관계를 나타낸다. 예를 들어 목(木)은 화(火)를 산출하고, 화(火)는 목(木)의 도움을 받는다. 이를 목생화(木生火)의 관계로 나타낼 수 있다.

다른 예를 보자. 수(水)는 목(木)을 생산하고, 목(木)은 수(水)의 도움과 원조를 받는다. 이러한 관계는 경험적인 측면으로 정당화될 수도 있다. 목(木, 나무)은 수(水, 물)의 도움으로 생기를 얻는다. 수(水, 물)는 목(木)을 산출한다. 그런데 오행론은 수리적 형식에서 상생뿐 아니라, 서로를 제어하는 표면적인 적대적 관계를 연출하기도 한다. 그림에서는 원의 내부에 존재하는 오각형의 별을 이은 선들이 곧 상극의 관계이다.

예컨대, 금(金)은 목(木)을 제어한다. 화(火)는 금(金)을 제어한다. 이러한 상극관계 역시 경험적으로 정당화 할 수 있다. 금속은 나무(木)를 제어하고, 불(火)은 금속을 녹이는 양태를 취하면서 금속을 제어한다.

그런데 이러한 경험적 정당화는 오행론의 진면목이 아니다. 수극화(水克火)는 "물이 불을 끈다"는 사실로부터 경험적으로 확인할 수 있지만, 가령 불의 세력이 엄청나고 물이 그렇지 않으면, 수극화(水克火)는 정당화되지 않는다. 오히려 불이 더 치솟는다는 것이 우리의 진실한 경험이기 때문이다. 그래서 경험적 정당화는 자주 오행론의 원리를 부정하기 쉽다. 그러나 오행론의 상생과 상극 관계는 경험적인 것이 아니라, 실제로는 수리적인 원리가 개입하여 있다.

상생이나 상극은 순환하는 하나의 닫힌 회로(a closed circuit)로서 작동하며, 별 모양이 상생이 되고 원의 테두리가 상극이 되어도 그림이 변하지 않는 대칭성(symmetry)을 갖는다. 여기에 하나의 행(行)은 다른 4가지 행과 관계를 맺고 있다. 목(木)은 수생목(水生木), 목생화(木生火), 금극목(金克木) 등의 관계를 갖기 때문이다. 또한 5행이 아닌 4행이나 6행 혹은 그 이상의 다른 수가 개입할 경우, 반드시 오행만이 위의 수리적 조건을 만족시킬 수 있다. 4행이면 순환성이 깨지고, 6행 이상이면 상극과 상생의 대칭성이 무너진다. 그래서 오직 오행만이 상생과 상극의 구조를 연출할 수 있다.[44)]

오행론의 순환성과 대칭성은 음양론에 함의된 개념이 도출된 것이라 할 수 있다. 음양은 상관적 관계를 가지고 있고, 선후가 따로 없는 순환성을 특징으로 하며, 대칭이야 말로 음양론의 전형적이 특징이기 때문이다. 그래서 일찍부터 음양론과 오행론은 하나로 통합되어, 음양오행론으로 성립되었다.

동아시아의 역학은 물론 특히 자연학의 분야에서 음양오행론은 거의 필수적인 구성논리에 해당한다. 이를 무시하고는 동아시아의 문명을 온전히 볼 수 없다. 그런데 근대적 세계에 이러한 논리는 주

44) 소광섭, 「오행의 수리물리학적 모델」, 『과학과 철학』(4집, 서울: 통나무, 1993). 주석원, 『8체질의학의 원리』(서울: 통나무, 2007) 등을 참고.

도적 지위를 상실하게 되었지만, 현재는 여러 분야에서 새로운 의미를 재구성하려고 노력하고 있다.

음양오행론의 논리는 단지 개인 차원의 논리 즉 이성을 중심으로 한 의식의 수준에만 부합하는 것이 아니라, 초개인적 즉 트랜스퍼스널 수준의 특성을 가진 것이기 때문에, 현대 세계가 트랜스퍼스널 차원을 획득하려고 한다면, 이 같은 논리를 무시할 수 없을 것이다.[45] 가령 한의학의 경락(經絡, meridian) 시스템이나, 인문사회 과학과 자연과학의 영역으로 해석될 수 있는 다양한 역술 분야는 모두 음양오행의 논리로 구성되어 있다.

우리가 구성하려고 하는 까르마에토스 성격유형론은 음양오행론의 논리를 주요한 한 축으로 삼고 있으며, 이는 트랜스퍼스널의 차원을 포함하고 있다.

(2) 한의학의 유형론

한의학은 유구한 인류의 역사처럼, 인간의 건강을 유지하고 질병을 치유하는 체계이다. 유형론과 관련해서는 기원전부터 성립되어 있었던 의가(醫家)의 성경(聖經)인 『황제내경영추(黃帝內經靈樞)』의 「통천편(通天篇)」과 「음양이십오인편(陰陽二十五人篇)」에서 각기 제시되고 있다.

> 무릇 태음인, 소음인, 태양인, 소양인, 음양화평인 등이 있다. 무릇 이들 다섯

45) 음양의 과학을 영성과학의 한가지 모델로 본다. 이창일, 「해제」, 『황제내경』, 책세상, 2004, 161쪽 참고.

유형의 사람들은 그 형태가 같지 않아, 근골(筋骨)과 기혈(氣血)이 각기 다르다.[46]

태음인(太陰人), 소음인(少陰人), 태양인(太陽人), 소양인(少陽人), 음양화평인(陰陽和平人) 등의 유형에서 앞의 4유형은 주역의 사상(四象) 관념에 따른 것이다. 『주역』에서는 이진법적인 전개에 따라, 태극(太極)에서 음양(陰陽)이 분화되고, 이 음(陰)과 양(陽)이 각기 분화하여 사상(四象)이 성립한다. 곧 태양(太陽)은 양중지양(陽中之陽), 태음(太陰)은 음중지음(陰中之陰), 소음(少陰)은 양에서 분화한 음 즉 양중지음(陽中之陰), 소양(少陽)은 음에서 분화한 양 즉 음중지양(陰中之陽)이다. 여기에 마지막 음양화평지인(陰陽和平之人)은 위의 사상에 따른 인간형의 치우침을 의식하여, 음양이 온전하게 조화를 이룬 이상적인 인간의 유형을 나타낸다. 그런데 이러한 분류는 『주역』의 우주론적 관념에서 연역한 형이상학적인 내용이라고 할 수 있다.

「음양이십오인편」에서는 오행에 따른 유형이 제시되고, 유형별 특징이 설명되고 있다. 이 설명은 한의학의 기본이론이 되는 오행론과 경락론(經絡論)에 입각한 것이다. 한의학이 다루는 몸은 실제로 근육과 뼈 등의 물질적 신체(physical body)뿐 아니라 기(氣) 또는 쁘라나(prana)로 불리는 다양한 종류의 에너지를 가진 정묘체(subtle body)를 갖고 있다. 에너지 센터나 차크라(chakra), 침술(acupuncture)의 경락과 같은 예민한 시스템들은 근대서양의 생리학에서는 인정되지 않는다. 이외로 더 상위의 몸으로는 연기체(causal

46) 『黃帝內經』 「靈樞通天篇」. 蓋有太陰之人, 少陰之人, 太陽之人, 少陽之人, 陰陽和平之人. 凡五人者, 其態不同, 其筋骨氣血各不等.

body)를 갖고 있으며, 이는 관상(觀想)을 통해서 접근할 수 있다.[47] 아쉽지만 현대 생리학에서는 아직 답사할 수 없는 옛 지혜의 영역이다.

특별히 주목되는 경락이란 기가 소통하는 통로를 가리킨다. 이는 동아시아 의학에서 발견되는 매우 독특한 이론으로서, 대우주와 소우주의 상응이라는 우주론에 입각하여, 대우주를 흐르는 기가 인체라는 소우주에서 동일하게 확인된다는 가정에서 수립된 이론이다.

까르마에토스와 관련해서는 하늘의 별들이 배열되는 구조는 특정한 탄생 시점에 인간의 심신에 각인(刻印)된다는 생각과 유사하다. 각인이라는 말은 캐릭터의 원 뜻이라는 것을 다시 상기해 보자. 큰 범위에서 유사한 사유방식이라는 것을 알 수 있다.

경락은 12정경(正經), 기경(奇經), 낙맥(絡脈), 손맥(孫脈)처럼 피부 위를 덮어 싸고 있는 일종의 그물조직(network)처럼 존재하고 있다. 그런데 혈관이나 신경이 '볼 수 있는' 조직인데 반해서 경락은 '볼 수 없는' 조직이다. 혈관과 신경이 존재하고 있는 해부학적 실체인데 반해서 경락은 해부학적 실체가 없다. 이는 기라는 동아시아의 대표적인 실체이자 개념이 가진 특징에서 연유한 것이다.[48]

> 먼저 금목수화토(金木水火土)의 오형인(五形人)을 나눈 다음, 오색(五色)으로 구별하고 오성(五聲)으로 분류하게 되면 25인(人)이 된다.[49]

---

47) 안희영, 조효남 공역, 켄 윌버, 테리 패튼(Terry Patten), 『켄 윌버의 ILP(Integral Life Practice)』, 서울: 학지사, 2014. 181~185쪽 참고.

48) 『황제내경』, 156쪽 참고.

49) 『黃帝內經』「靈樞」, 「陰陽二十五人篇」. 岐伯曰. 先立五形金木水火土. 別其五色. 異其五形之人. 而二十五人具矣.

오행에 따른 목형인, 화형인, 토형인, 금형인, 수형인 등의 유형이 제시되고, 이 오형인마다 다시 오행관념이 적용되어 모두 25형의 유형이 수립된다. 그런데 오형인에 적용되는 오행관념은 다소 특이하게 궁상각치우(宮商角徵羽)라는 오음(五音)에 따른 것이다. 예를 들자면, 목형인은 목에 속하고 목에 속하는 오음은 각(角)이다. 이 각은 다시 상각(上角), 대각(大角), 좌각(左角), 체각(釱角), 판각(判角) 등으로 구별된다.

이처럼 오음으로 분류한 것은 경락의 구조적 위치 때문인 것으로 보인다. 본 경락과 이로부터 파생되는 상하좌우에 분포된 경락은 모두 5가지가 되며, 이것이 각 오형인에게 적용되므로 25인의 유형이 생겨나게 되는 것이다.

> 경락의 상하좌우(上下左右)로 나누어야 하기 때문에 금목수화토(金木水火土)의 오형인(五形人)이 25형인(形人)이 되게 되는 것으로, 처음 보는 환자를 오태인(五態人)으로 하여서는 안 된다고 하는 것이 바로 이러한 이유 때문입니다.[50]

이를 보기 좋게 표로 구분해 보면, 25유형의 체질이 수립될 것이다.

5형인	목형인	화형인	토형인	금형인	수형인
25형인	上角(상각)	上徵(상치)	上宮(상궁)	上商(상상)	上羽(상우)
	大角(대각)	質徵(질치)	釱宮(체궁)	釱商(체상)	大羽(대우)
	左角(좌각)	少徵(소치)	右宮(우궁)	右商(우상)	少羽(소우)
	釱角(체각)	右徵(우치)	左宮(좌궁)	左商(좌상)	衆羽(중우)
	判角(판각)	質判(질치)	少宮(소궁)	少商(소상)	桎羽(질우)

〈표7〉 황제내경의 25형인

50) 『黃帝內經』「靈樞」,「陰陽二十五人篇」. 是故五形之人二十五變者, 衆之所以相欺者是也.

「음양이십오인편」에서 제시된 각 유형별 특징을 우리의 목적에 비추어 보아서, 기질 혹은 성격을 확인할 수 있는 해당 부분만을 간략하게 정리하고, 덧붙여 25형이 구분되는 근거를 목형인(木形人)의 다섯 유형에만 한정하여 알아본다.

> 목형인은 상각(上角)에 비할 수 있으며 창제(蒼帝, 동방의 신)와 비슷합니다. 피부색은 푸르고, 머리가 작으며, 얼굴이 길다랗습니다. 어깨가 크고 등이 꼿꼿하며 살은 찌지 않고 팔다리가 가늘고 깁니다. 재간이 있으며 마음을 쓰지만 오래 가지는 않고 걱정을 많이 하며 사무적입니다. 봄철 여름철은 잘 견디지만 가을 겨울철은 견디기 힘들게 되어 병이 잘 걸리게 됩니다. 목형인은 족궐음간경(足厥陰肝經)이 잘 발달되어 있습니다. 대각(大角)인은 왼쪽 족소양담경(足少陽膽經)이 잘 발달되어 있으며, 왼쪽 족소양담경의 윗쪽으로 기혈이 왕성하게 흐릅니다. 좌각(左角)인은 오른쪽 족소양담경이 잘 발달되어 있으며, 오른쪽 족소양담경의 아랫쪽으로 기혈이 왕성하게 흐릅니다. 체각(釱角)인은 오른쪽 족소양담경이 잘 발달되어 있으며, 오른쪽 족소양 담경의 윗쪽으로 기혈이 왕성하게 흐릅니다. 판각(判角)인은 왼쪽 족소양 담경이 잘 발달되어 있으며, 왼쪽 족소양담경의 아랫쪽으로 기혈이 왕성하게 흐릅니다.[51]

이러한 유형별 구분은 한의학의 임상에서 사용되고 있으며, 특히 치료를 위한 침술에 적용된다. 예를 들면, 우리 문화에서 한의학의 신기한 효능을 두고 회자되는 경험으로 볼 때, 신체의 왼쪽에 병이

51) 『黃帝內經』「靈樞」, 「陰陽二十五人篇」. 木形之人. 比於上角. 似於蒼帝. 其爲人蒼色. 小頭. 長面. 大肩背. 直身. 小手足. 好有才. 勞心. 少力. 多憂勞於事. 能春夏不能秋冬. 感而病生. 足厥陰佗佗然. 大角之人. 比於左足少陽. 少陽之上遺遺然. 左角之人. 比於右足少陽. 少陽之下隨隨然. 釱角之人. 比於右足少陽. 少陽之上推推然. 判角之人. 比於左足少陽. 少陽之下括括然.

난 경우, 그와 대칭적인 오른쪽의 경혈에 침을 놓는 한의학의 독특한 치료법의 근거가 여기에서 비롯되고 있다.

중국의 명대(明代) 장개빈(張介賓, 1563~1640)은 인간을 양장지인(陽臟之人)과 음장지인(陰臟之人)으로 구분하고, '양장지인'을 양이 많고 음이 적어 열(熱)이 많은 체질이라 하고, '음장지인'을 음이 많고 양이 적어 냉(冷)한 체질이라 정의하고 이를 약물을 투여하는 데 응용하였다.[52] 한의학의 역사를 종합한 허준(許浚, 1539~1615)의 『동의보감(東醫寶鑑)』에서도 유형론에 대한 인식은 계승되고 있다. "사람의 형색이 다르고 장부도 같지 않으니, 겉으로 드러난 외증은 같을 지라도 치료 방법은 사람에 따라 판이하다(形色旣殊, 臟腑亦異, 外證雖同, 治法逈別)."[53]

이러한 유형론에 대한 인식은 한의학에서 현재에도 임상에 적용되고 있다. 그런데 한의학에서 주목할 수 있는 유형론은 우리나라의 이제마(李濟馬, 1837~1900)가 창안한 사상의학이 가장 종합적이고 전형적인 것이라고 꼽을 수 있을 것이다.

(3) 사상의학의 유형론

사상의학은 관찰된 경험적 결과와 원리적 추구에 따른 이론적 전제가 부합하는 진정한 의미에서 과학적인 체계라고 할 수 있다. 과학은 단순히 경험만으로 이론을 구축할 수 없고, 이론만으로 과학적 명제들의 진위를 검증할 수 없다. 그래서 이론과 경험이 온전히 부

52) 유주열, 『새로 쓴 사상의학』, 일산: 대성의학사, 2007, 23~24쪽.

53) 許浚, 東醫寶鑑國譯委員會 譯, 「身形」, 『東醫寶鑑』, 서울: 법인문화사, 1999, 115쪽.

합되어야 참다운 과학이론이라고 할 수 있다. 비록 사상의학이 지금과 같은 경험과학의 인식론적 토대를 가진 수학적 언어로 기술되지 않았지만, 그 속에는 수학적 구조에 대한 인식이 없다면 구성될 수 없는 수리 구조적 체계가 발견된다.

사상의학은 이론적 측면에서 심신이 하나로 통합되어 있는 직립한 인체를 네 부분으로 구별한다. 직립의 순서에 따라 위에서부터 태양부위, 소양부위, 태음부위, 소음부위 등으로 나누어진다.[54)]

여기에 인체의 앞면과 뒷면을 구분하여, 앞면은 천(天)이라는 이목비구(耳目鼻口, 귀, 눈, 코, 입)의 네 기관이 천기(天機)라는 객관세계의 구성 요소들과 소통하고, 뒷면은 인(人)이라는 폐비간신(肺脾肝腎, 폐, 비장, 간장, 신장)의 네 장부가 인사(人事)라는 주체의 사회적 행위를 통해 세계와 교류한다.

인체의 앞					인체의 뒤			
성(性)[56)]	지(知)	천기 (天機)[57)]	천(天)	부위	인(人)	인사 (人事)	행(行)	명(命)
주책 (籌策)	함(頷)	천시 (天時)	이(耳)	太陽부위	폐(肺)	사무[58)] (事務)	두(頭)	식견[59)] (識見)
경륜 (經綸)	억(臆)	세회 (世會)	목(目)	少陽부위	비(脾)	교우 (交遇)	견(肩)	위의 (威儀)
행검 (行檢)	제(臍)	인륜 (人倫)	비(鼻)	太陰부위	간(肝)	당여 (黨與)	요(要)	재간 (才幹)
도량 (度量)	복(腹)	지방 (地方)	구(口)	少陰부위	신(腎)	거처 (居處)	둔(臀)	방략 (方略)

〈표8〉 사상의학의 유형론적 특성표

54) 이하 사상의학의 전문적인 내용은 동양철학과 의학의 특별한 용어를 통해 해명되어야 하지만, 우리에게는 직접적인 논의 대상이 아니므로, 간략한 요점만을 전달하려고 한다. 사상의학의 철학이 가진 현대적인 의미에 대해서는 다음의 연구들을 참고. 『사상의학』(이창일, 책세상, 2003). 『사상체질과 리더십』(황태연, 들녘, 2003).

또한 인체의 앞면에는 네 부위마다 지(知)가 있고, 뒷면에는 행(行)이 있다. 지에는 함억제복(頷臆臍腹, 턱, 가슴, 배꼽, 배)이 있으며, 여기에는 성(性, 직관적 분별감각)이 있다. 행에는 두견요둔(頭肩腰臀, 머리, 어깨, 허리, 엉덩이)이 있고, 이곳에는 명(命, 천부적 재능)이 있다.[55]

심리학적 유형론에 해당하는 사상의학적 내용은 장부(臟腑)라는 생리 기관의 음양론적 편차에 의해 결정되고 있다. 장부는 음양의 관계를 가지고 있으며, 폐(肺)와 간(肝)이 한 쌍이고 비(脾)와 신(腎)이 한 쌍이다. 이 장부들이 쌍이 되는 이유는 사상의학에서, "폐와 간은 기액(氣液)을 호흡(呼吸)하는 기관이며, 비와 신은 수곡의 기가 출납(出納)하는 기관"[60]이기 때문이다. 이와 같은 언어는 현대 과학적 생리학과 차이가 나기 때문에 정확한 상응이 어렵다. 다만 사상의학에 따르면 장부의 음양론에 따라 다음과 같은 네 유형의 인간이

55) 이러한 언어들은 현대 과학적 패러다임과 일치하지 않으며, 이러한 지식체계가 전문적인 지식에 속하므로 이해하기 어렵다. 이어지는 각주들은 전문적인 사상의학의 개념들을 현대적으로 이해한 것이다(황태연, 2003). 제시되는 표는 『東醫壽世保元』의 「性命論」 논의 가운데 일부를 정리한 것이다.

56) 주책(籌策, 수치감각, 산수, 이해타산, 이재를 파악하는 능력), 경륜(經綸, 짜임새, 조직, 세밀한 논리적 능력, 수리감각, 수학적), 행검(行檢, 대의와 금도를 지키는 행실, 듣고 배우는 재주), 도량(度量, 짐작으로 적량, 적소, 적시를 파악하는 감각).

57) 천시(天時, 공동체의 시간 변화와 역사의 흥망성쇠), 세회(世會, 세태, 세력판도, 여론, 민심의 추이), 인륜(人倫, 상하간 서열과 도리의 위세), 지방(地方, 활동구역, 지역, 경제권, 생활권, 이익권, 영향권).

58) 사무(事務, 업무, 임무, 사업을 기획하고 실행하는 행위), 교우(交遇, 교제를 맺고 유지하는 행위), 당여(黨與, 혈연, 지연, 학연에 바탕을 두고 유지하는 행위), 거처(居處, 의식주를 해결하고 터 잡고 사는 행위).

59) 식견(識見, 영리하고 센스가 풍부하며 총기와 기억력이 좋은 능력), 위의(威儀, 무게 있고 점잖게 처신하는 품위, 예의를 지키는 능력), 재간(才幹, 일을 잘 해내는 타고난 솜씨. 말재간, 글재간, 손재간 등), 방략(方略, 전략과 기획 능력. 방도를 짜내는 재능).

60) 『東醫壽世保元』「四端論」. 肺以呼, 肝以吸. 肝肺者, 呼吸氣液之門戶也. 脾以納, 腎以出. 腎脾者, 出納水穀之府庫也.

성립된다.[61]

태양인(太陽人): 폐대간소(肺大肝少)

소양인(少陽人): 비대신소(脾大腎少)

태음인(太陰人): 간대폐소(肝大肺少)

소음인(少陰人): 신대비소(腎大脾少)

여기서 말하는 장부는 기존 한의학의 오장육부(五臟六腑)와 무관하며, 네 유형의 체질(體質)에 심(心)이 없다는 점에서 오행론이 적용되기 어려운 특징을 낳는다. 한의학에서 심(心)은 심장(heart)과 뇌(brain)에 상응하는 기관으로써, 사유(thinking)기관이라는 의미를 가지고 있다. 심(心)이 사상(四象)의 성격에 포함되어 유형론이 구성되지 않은 이유는 심리학적 관점에서 매우 특이한 것이다.

이는 심(心)이 장부와 같은 유형의 생리 기관을 지배하는 물리적 세계에 한정될 수 없는 자유의지의 세계 즉 도덕과 윤리를 결단하는 주체로 생각되기 때문이다. 그래서 사상의학이 의학의 범위를 넘어서, 심리학이나 철학의 세계로 확대될 수 있는 것이다. 이런 의미에서 심(心)은 장부와 단절된 지위, 장부라는 물리적 생리적 세계를 초월하여 존재하는 실존적 결단의 세계, 성장의 위계에서 더 높은 욕구 즉 유학적 의미에서 인의예지(仁義禮智)와 같은 인간됨의 최고

61) 『東醫壽世保元』「四端論」. "사람이 하늘로부터 부여받은 장부의 이치는 네 가지가 있는데 같지 않으니, 폐가 크고 간이 작은 자를 태양인이라 하고, 간이 크고 폐가 작은 자를 태음인이라 하고, 비가 크고 신이 작은 자를 소양인이라 하고, 신이 크고 비가 작은 자를 소음인이라 한다(人稟臟理, 有四不同, 肺大而肝小者, 名曰太陽人, 肝大而肺小者, 名曰太陰人, 脾大而腎小者, 名曰太陽人, 腎大而脾小者, 名曰太陰人)."

가치와 덕성들을 실현하는 트랜스퍼스널 즉 초개인적인 지위를 가지게 된다.

이는 우리가 탐구하는 트랜스퍼스널의 전체적 의미를 구성하는데 상당히 의미 있는 측면을 시사해 주고 있다. 사상의학은 인간됨의 최고 가치를 실현하기 위해, 유형론적 접근을 취한다. 다시 말해 전통적으로 최상의 인간을 의미하는 성인(聖人)이 되기 위해서는 4유형에 따른 전략적인 방법이 존재하게 된다.

사상의학에 네 체질은 고유한 재능과 특성에 따른 독특한 심리구조를 갖는데, 이는 그 재능과 특성이 잘 실현될 경우와 그렇지 않을 경우로 나누어진다. 간략하게 구분하면 다음과 같다.[62)]

[ ]속에 넣은 것은 부정적 특성을 가리킨다.

태양인은 명상적이며 신비한 사색을 잘 한다. 실용적이지 못하다. 역사적 소명이나 종교, 신비주의 등에 심취한다. [뻐기며 남을 제압하려는 마음이 있다. 절도(훔치려는)의 마음이 있다. 인륜을 무시하여 패륜에 빠질 수 있다.]

소양인은 여론과 민심에 대한 통찰력, 현실감각, 상상력 등이 뛰어나다. 사무와 같은 가정 밖의 정치사회적 바깥일을 수행하는데 탁월하다. 지연활동(동네살림, 조기축구 …) 에 무관심하지만, 공적인 활동과 생각을 즐긴다. [허풍과 과시의 마음이 있다. 쉽게 싫증을 내고, 반복되고 변화없는 일을 참지 못한다.]

태음인은 인간관계의 도리에 민감하다. 점잖다. 자기 물건을 잘 간수하고, 힘들어도 살 곳을 마련할 줄 안다. 지구력이 상당하다. 계산을 잘하고 이재(理財, 재테크)에 뛰어나다. 살림살이, 재무관리를 잘 한다. [교만한 마음이 있다. 적당히 벌면 만족하고 안주한다. 사치스러운 마음으로 망가질 수 있다.]

62) 황태연, 『사상체질과 리더십』, 서울: 들녘, 2003, 77~88쪽 참고.

소음인은 정치사회관계에 어두우며, 정의와 불의에 관심이 별로 없다. 논리, 수리, 조직에 뛰어나다. 상관과 부하, 위아래 친족 간의 일대일 도리에 맞는 행실을 잘 한다. 사사롭고 애틋한 감정을 주고받는 데 탐닉하고 붙임성이 있다. [패거리 의식이나 파벌성향이 강하다. 콧대를 내세우고 남을 얕보는 심리가 지나치다. 눈치가 빠르고 영리하다.]

사상의학은 한의학의 일반적인 전제로 생각되는 심신일여(心身一如)의 전통을 이어받아서, 신체와 심리의 양면이 잘 조화된 매우 조직적인 유형론의 형태를 보여주고 있다. 더욱이 인간의 수양(修養, self-cultivation)이라는 문제가 중요한 부분을 차지하고 있기 때문에, 사상의학은 단순한 의학이 아닌 철학이며 심리학이고, 마음의 의학이며 트랜스퍼스널 차원을 독특하게 개시(開示)하고 있는 중요한 분야라고 할 수 있다.

(4) 인상학의 유형론

상학(相學)은 사물의 외관에 드러난 특징들의 분명한 패턴(obvious patterns of one's features)을 다루는 분야이다.[63] 상학에는 성상학(星相學), 지상학(地相學), 인상학(人相學)의 분야가 있다. 이는 전통적으로 천지인 삼재의 특징적 외관을 통해 의미를 파악하려는 술수의 분야였다.

인상학은 사람의 얼굴 및 신체적 특징을 통해서, 그 사람의 의미 즉 하늘이 부여한 운명에 대한 예지, 한 개인의 특성들을 파악하는

63) Livia Kohn, Mirror of Auras–Chen Tuan on Physiognomy, Asian Folklore Studies, Vol.47, 1988, p.215.

트랜스퍼스널 분야의 대표적인 체계이다. 통상 관상(觀相)으로 알려져 있으며, 보다 고전적으로는 풍감(風鑑, Mirror of Auras)이라고 한다. 풍(風)은 기풍(氣風)이며, 풍취(風趣), 풍미(風味) 등의 말에서처럼, 기의 사고방식에 입각한 전체적인 인상과 그 안에 담긴 의미를 종합한 말이다.

상학은 동아시아에만 있는 특별한 기술이 아니고, 동서양의 고대 문화부터 전승되어 온 보편적인 문화현상이다. 메소포타미아 고대 유적에서 발견된 서판(書板)에 "만약 비뚤어진 얼굴에 오른쪽 눈이 튀어나와 있다면 그는 고향에서 멀리 떨어진 곳에서 개떼에게 뜯어 먹힐 운명이다"와 같은 내용이 새겨져 있을 정도이다. 이 같은 상학은 동서양 모두에게서 애초부터 한 개인에 대한 미래예언적인 측면과 성격을 파악하는 측면에 동시적으로 활용되었다. 이는 성격이 인위적이거나 후천적인 측면보다 하늘로부터 부여 받은 선천적인 것 즉 운명 또는 기질이나 체질의 관념으로 파악되고 있다는 것을 분명히 보여준다. 우리 문화에서도 관상에 대한 관심은 삼국시대부터 현재까지 낙양(洛陽)의 지가(紙價)를 올릴 정도로 지속적이다.

동아시아의 관상술은 『달마상법(達磨相法)』, 『마의상법(麻衣相法)』을 가장 중요한 문헌으로 삼는다. 이후의 관상술 발전은 이 문헌에 대한 주석학으로 성립되었다고 해도 과언이 아니다.[64)]

『달마상법』은 『달마일장금』의 달마와 연관이 깊다. 그러나 문헌학의 고증을 거쳤을 때, 달마대사의 작품이라고 생각되지는 않는

64) 전용원, 「해제」, 『마의상법 역주』, 서울: 진산, 2004. 관상에 관한 소개는 이 책의 「해제」와 각 편에 따른다. 이 책은 2004년 이후 『월간역학』(진산 간행)의 연재분을 모은 것으로, 발행연도에 대한 서지사항은 따로 표기되지 않았다.

다. 후대의 가탁일 것이다. 『마의상법』의 주인공인 마의는 마의도사(麻衣道士)로서, 정체가 알려지지 않은 은자(hermit)이다. 이에 대해서도 실증적인 견해는 우호적이지 않다. 그러나 어찌되었던 두 문헌은 관상술의 보감(寶鑑)이다.

관상술은 신체 전반의 외관을 다루지만, 특히 안면(顔面)에 큰 의미를 부여하고 있다. 여기에 머리의 골상(骨相)을 더하면, 관상술의 가장 중요한 골자가 형성된다. 우리의 목적에 비추어서, 관상술에 성격이 어떤 식으로 반영되어 있는지 『마의상법』을 통해 간략히 살펴본다.

관상술도 다른 동아시아의 자연학처럼 음양오행론을 기저로 하고, 대우주와 소우주의 상응론을 시각적으로 잘 보여주고 있다. 안면(顔面)에는 하늘의 12궁(宮)처럼 12궁이 있고, 대지의 산과 하천처럼, 안면에는 큰 산이 솟아 있고 긴 강이 흐른다. 또한 안면은 상응론을 이루는 사고방식인 은유적 유사성에 깊이 천착해 있다.

이목비구(耳目鼻口)는 동물의 형상에 비교된다. 그리고 인간의 문화도 유사성에 기초해 있다. 교육기관인 사학당(四學堂), 가족관계와 사회관계의 비유 등.[65] 예를 들면, 턱 부위는 노복궁(奴僕宮)으로 이는 하인과 주인의 사회적 신분 및 계급관계를 나타낸다. 이 부위가 아름답지 못하다면, 적어도 리더십을 발휘하는 삶은 기대하기 어렵다. 이는 또한 리더십의 덕목이 발휘되지 못하는 성격을 소유하고 있다는 암시이다. 더욱 상식적인 것으로는 코를 재백궁(財帛宮)이라

65) 마의상법은 눈을 관학(官學堂)이라 하고, 이마를 녹학당(祿學堂), 두 앞니를 내학당(內學堂), 귓구멍을 외학당(外學堂)으로 부른다. 전통시기 부귀영화는 주로 관직을 통한 출사(出仕)에 있었으므로, 이 같은 학당을 통해 세속의 복록(福祿)을 추리한다. 『마의상법 역주』「사학당(四學堂)」 부분 참고.

고 하여, 부귀를 주관하는 부위로 보고 있다.

코가 아름답지 못하다면, 부귀는 그 사람의 소유가 될 수 없다. 이승에서는 인연이 없는 것이다. 이러한 관념은 과학적 정당화와는 관계없이, 현재 우리나라의 경제(인사 분야)를 움직이고, 오락과 취미의 엔터테인 분야를 좌우한다. 한 개인의 명운을 지배하는 현실적인 지적 체계로 작동하고 있다. 그러나 아름답다는 심미적인 판단에 주의하면, 코 하나만의 아름다움은 아름다움이 아니다. 아름다움은 음양오행론의 세계에서 다른 것과의 관계에서 빚어지는 조화가 없이는 생겨날 수 없는 개념이다. 따라서 코 부위의 재백궁은 눈이나 귀, 이마나 광대뼈 부위, 턱 등과 조화를 이루어야 한다. 지나치게 드러난 코는 부귀가 아닌 고독과 독선에 물든 성격의 증표이며, 따라서 사회적 성취를 내세울 것이 없다.

이처럼 관상술은 외관의 특징에 의미를 독해하는 분야이다. 그 의미는 운명(기질이나 체질)과 성격이 틈 없이 합쳐져 있는 양태를 보인다. 여기에서 중요한 것은 앞선 예화에서처럼, 상응론적이고 은유적 유사에 기초한 사유와 조화를 추구하는 심미적 사유 방식이다. 그리고 보다 중요한 것으로서 한 개인의 상에 최고봉은 심상(心相)이다. 심상은 우리의 목적에 비추어서, 잘 성취되고 발달된 성격을 가리킨다. 전통 용어로는 형(形)과 신(神)으로 심상을 나타내고 있다.

가령, 형(形)은 얼굴을 포함한 인체의 모든 모습을 가리킨다. 신(神)은 의식적 무의식적 정신작용을 가리킨다. 문헌 속에서 '형유여(形有餘)'라는 표현은 얼굴이 균형을 이루고 각 기관들이 조화를 이룬 것을 가리킨다. 이에 비해 '신유여(神有餘)'는 얼굴과 신체의 생김새 및 기거동작(起居動作) 등의 행동이 미학적이고 도덕적인 경우를 말한다. 그러나 형과 신은 분리되지 않는다. 신은 보이지 않지만, 형을 통해 드러나기 때문이다. 이런 의미에서 형부족(形不足)은 생김새가 조화를 이루지 못하는 경우이며, 신부족(神不足)은 평소 행동의 미학적이고 도덕적인 것 못지 않게, 병리적 경향성을 보이는 경우를 광범위하게 지적한다.[66)]

분류	내용	해설
圖	相法圖, 八法圖	전체 그림
顏面分類法	十三部位總圖歌, 流年運部位歌, 運氣口訣, 識限歌, 十二宮, 十二宮秘訣, 五官總論, 五嶽, 四瀆, 三主三柱, 五星六曜, 五星六曜決斷, 六府三才三停, 四學堂, 八學堂, 人面總論.	얼굴 유형론
五行	五行形, 五行色, 五形象說	오행 유형론
形神聲氣	論形, 論神, 論形有餘, 論神有餘, 論形不足, 論神不足, 論聲, 論氣	정신 유형
各論	相骨, 相肉, 相頭, 相額, 相面, 相眉, 相目, 相鼻, 相人中, 相口, 相脣, 相舌, 論齒, 相耳	안면기관 유형
	論四肢, 論手, 論掌紋, 論手背紋, 手紋, 論足, 論足紋	신체 부위
總論	麻衣先生石室神異賦, 金鎖賦, 銀匙歌.	요약
	〈相形氣色賦〉 論上停吉氣, 論中停吉氣, 論下停吉氣, 論上停凶氣, 論中下二停凶氣	총체적 판단
	〈達磨祖師相訣秘傳〉 第一法相主神, 第二法神主眼, 第三法人身分十分, 第四法人面分十分, 第五法. 總結第一, 總結第二, 總結第三, 目光有三脫, 神色有三疑, 總結第四, 總結第五, 十二宮剋應訣	달마상법 (마의상법으로 분화되기 이전의 원초적 논의를 담고 있음)

〈표9〉『마의상법』의 내용

66) 『마의상법』(2005년 4월호) 관련 부분 참고.

『달마상법』의 문헌 구조를 보면 관상술이 한 개인의 특성이나 성격, 더 나가 행복과 같은 고차적인 문제에 깊이 연루되어 있는 것을 알 수 있다.

(5) 명학의 유형론

명학(命學)은 사주학(四柱學), 명리학(命理學), 추명학(推命學), 팔자술(八字術) 등으로 불려지고 있다. 이 가운데 팔자술은 영어식 표기인 밧찌 아트(Bazi art)로 전환되어, 세계적인 명칭으로 자리 잡았다. 명리학은 하늘의 천체(heavenly body)가 그려 놓은 연월일시(年月日時)의 천문학적 주기 속에서 등장한, 한 개인의 탄생시점(연월일시)을 60갑자(甲子)의 기호로 치환하여, 60갑자(甲子)의 토대에 놓인 음양오행(陰陽五行)의 법칙에 따라, 한 개인의 특성, 인간관계, 삶의 고유한 패턴인 명운(命運)을 예측하는 기술(art)이다.

까르마에토스의 문헌적 배경이 되는 『달마일장금』의 한 축에 명학이 있으며, 명학의 기초 이론에는 음양오행론과 더불어 간지론(干支論)이 첨가된다. 향후 논의를 위해 필요한 부분들을 살펴보겠다.

① 명리학의 기본 구조

명리학은 기원전부터 전승되어 왔다. 이 체계를 중국 송대(宋代)의 서자평(徐子平, 9~10세기 무렵)이라는 인물이 새롭게 개편하고, 이로부터 대부분의 큰 틀이 마련되었다는 의미에서, 자평학(子平學) 혹은 자평명리학(子平命理學)이라고 부른다. 그래서 자평명리학 이전을 고법(古法命理學)이라고 하며, 이후를 신법(新法命理學)이라 부른다. 흔히 일상적으로 말하는 명리학은 당연히 신법명리학에 속한다. 고법 명리학은 실제 사용하는 사람이 드물다. 그런데 까르마 에토스는 고법과 친화 관계에 있다.

태어난 연월일시를 60갑자의 기호로 바꾸어 놓은 형태에 주목하면, 당연히 연월일시 별로 4개의 묶음이 될 것이고, 60갑자는 천간(天干)과 지지(地支)가 결합한 것이니 여덟 글자가 된다(4×2=8). 연월일시 60갑자의 묶음을 기둥(柱)이라 했기 때문에 "사주"이고, 모두 여덟 글자가 되어 "팔자"가 된다. 예를 들어, 1969년 7월 17일 오전 1시 50분(음력기준)에 태어난 남자는 다음과 같은 팔자를 갖는다. 이를 명식(命式, expressions of destiny)이라고 부르며, 남자와 여자의 구분이 있다.[67]

전통적으로 명리학은 오른쪽에서 왼쪽으로 적어나간다. 대운(大運)은 우리의 논의 목적에 비춰서 생략했다.

시주(時柱)	일주(日柱)	월주(月柱)	연주(年柱)
己 丑	丙 子	壬 申	己 酉

〈표10〉 명식의 예

태어난 시점에 의미를 부여하는 이 같은 사고방식은 동서양에 공통된 것이다. 서양에는 점성술이 있다. 점성술에서는 해와 달을 포

67) 원리적으로 명식의 수는 연주(60갑자)×월주(12갑자)×일주(60갑자)×시주(12갑자)=518,400(개)이다. 한정된 수를 가지고 수십억의 인구를 추론하기는 어렵다는 비판이 있다. 그런데 명식은 상징적 관계이므로, 현실적인 상황을 보자면, 거의 무한대에 가깝다고 볼 수 있다. 이러한 상징에 대한 관념은 동일사주(同一四柱)에 대한 딜레마에 대한 해결책이다. 같은 때에 태어난 사람들이 전개하는 삶의 다양한 파노라마에 대한 답변 가운데 하나라고 할 수 있다.

함한 수성, 금성, 화성 등 태양계의 주행성 10개와 그들이 운행하는 길의 배경을 이루는 열두 별자리가 중요하다. 열두 별자리는 인간을 포함한 동물의 형상으로 묘사되었기 때문에 12수대(獸帶, Zodiac)라고 하며, 신의 이름으로 불린 10행성이 머무는 자리라고 하여 궁(宮)에 비유되었고, 다시 태양의 길이라는 의미의 황도(黃道)를 첨가하여 '황도 12궁'이라고 한다. 이들 황도 12궁과 10행성 등은 출생시의 암호도표이며, 운명의 시나리오라고 불릴 수 있다.

점성술에서 한 개인의 성격을 물을 수 있는 근거는 인간을 포함한 이 세상에 존재하고 있는 모든 기질은 황도 12궁을 원형으로 한 12가지가 있으며, 10행성은 지구상의 모든 존재가 갖는 열 가지 기능의 대변자가 되기 때문이다.[68]

동아시아의 명리학 역시 서양의 점성술에 영향을 입고 있다. 이들 두 문화에서 공유될 수 있는 것은 역시 대우주와 소우주의 상응이다. 그리고 천지인 삼재 사상이다. 천문에 따른 인간의 변화는 시간과 인간됨 즉 성격과의 큰 관련성이 있다. 여기에 태어난 시점에 대한 중요성은 융이 영어판 『주역(I Ching)』의 「서문」에서 언급한 이래로, 점성술의 현대적 정당성을 위한 글로 회자되는 다음과 같은 언급에서 볼 수 있다.[69]

> 어떤 주어진 순간에 일어나는 일은 그 순간에 특별한 성질을 반드시 가지고 있다.

---

68) 유기천, 『점성학이란 무엇인가』, 서울: 정신세계사, 1995, 111~112쪽.
69) 『주역, 인간의 법칙』, 329쪽.

명리학은 이러한 사유방식을 기반으로, 태어난 시점을 음양오행의 기호로 전환하여 기호들 간의 상관관계를 밝히는 데 주력한다. 이 상관관계에 밝게 되면, 한 개인의 특징들이 자연스럽게 도출될 수 있다는 가정을 하고 있다. 그런데 이 특징들은 운명이라는 이름으로 명명될 수가 있다. 따라서 출생시가 불변인 것처럼 이 시점에 부여받은 특징들은 불변이다. 이러한 불변적 속성 때문에 명리학은 자주 숙명론(宿命論)으로 취급된다. 하지만 이는 의미의 고정성이라기보다 상징의 고정성이라고 보는 것이 더 옳은 것 같다.

상징은 구체적인 현실적 의미로 발현될 때, 다양한 가능성을 갖는다. 이렇게 상징의 다양한 현실화의 가능성이란 운명 속에 자유의지의 여지를 남기는 것이다. 가령, 화(火)라는 상징은 불이기도 하지만, 이외로도 다양한 현실적 사물과 대응을 갖는다. 그것은 꽃의 발화(發花)나 만개(滿開)에 비유될 수 있고, 위험이나 사고의 의미로 해석될 수 있다. 따라서 화의 상징은 전자의 해석에서 성취에 가깝게 되며, 후자의 해석에서 위해(危害)가 된다. 만일 숙명론이라면 그것은 상징의 숙명론이지, 의미의 숙명론이 아니다. 이는 트랜스퍼스날 관점의 한 가지 측면을 시사하는 것이다.

한 개인은 신체를 벗어날 수 없으며, 그의 기질적 조건과 사고방식에서 자유로울 수 없다. 그러나 그의 초월은 가능하다. 이 초월의 특징은 신체의 초월이며, 기질의 초월이다. 다시 말해 여자라는 신체의 초월은 남자가 되는 것이 아니라, 그의 특정한 신체적 기질적 조건에서 시작하여 여성이라는 전개인적 · 개인적 속성들의 한계를 벗어난다는 것이다. 그래서 초월은 항상 이전 것을 포함하여 그것을 넘어서는 의미를 함축하고 있다.

그런데 명리학은 성격을 하나의 구성 성분으로 하며, 성격뿐 아니라 더 다양한 분야로 주로 개인의 미래나 더 확장해서 가족관계, 사회의 대인관계 등의 사안을 예측한다는 의미에서 인사(人事)의 예측학이라고 불릴 수 있다. 그러나 우리의 목적에 따라 명리학의 성격 부분에만 한정하도록 한다.

② 천간과 지지

명리학은 태어난 날의 60갑자를 매우 중시한다. 60갑자는 천간(天干)과 지지(地支)로 구성된다. 줄여서 간지(干支)라고 한다. 그런데 간지는 음양과 오행을 결합하면서 좀 더 분석적으로 이 세계의 실상을 설명하기 위한 개념이다. 실제 명리학에서는 간지론(干支論)이 빈번하게 활용된다.

천간(天干)은 갑을병정무기경신임계(甲乙丙丁戊己庚辛壬癸)의 10가지이다. 그래서 십간(十干)이라고도 한다. 10가지가 된 이유는 오행이 두 배로 불어나서이다. 불어난 것은 오행이 각각 음양으로 구분되었기 때문이다. 예를 들어 목(木)을 음양으로 구분하면, 양목(陽木)과 음목(陰木)이 된다. 다른 오행도 마찬가지이다.

木		火		土		金		水	
陽木	陰木	陽火	陰火	陽土	陰土	陽金	陰金	陽水	陰水
甲	乙	丙	丁	戊	己	庚	辛	壬	癸

〈표11〉 천간과 음양

천간은 갑골문(甲骨文) 시대부터 날짜를 표기하기 위해 쓰였다.

그런데 무슨 사물의 형상을 보고 만든 글자인지에 대한 의견이 분분하다. 하지만 시간이 흐를수록 천간은 초목(草木)이 자라는 과정을 나타낸 것으로 이해되었다. 이 글자의 상징과 글자들의 관계 즉 상징적 상관관계에는 한 개인의 성격에 대한 정보가 담겨 있다.

지지(地支)는 자축인묘진사오미신유술해(子丑寅卯辰巳午未申酉戌亥)의 12가지이다. 그래서 십이지(十二支)라고도 부른다. 12가지가 된 까닭은 계절의 흐름과 일치하기 때문이다. 한 해가 12달이듯이 지지 역시 12개가 된다. 지지도 음양이 불어난 것이고, 여기에 오행이 배당되어 있다.

水	土	木		土	火		土	金		土	水
陽水	陰土	陽木	陰木	陽土	陰火	陽火	陰土	陽金	陰金	陽土	陰水
子	丑	寅	卯	辰	巳	午	未	申	酉	戌	亥
冬		春			夏			秋			冬

〈표12〉 지지와 음양

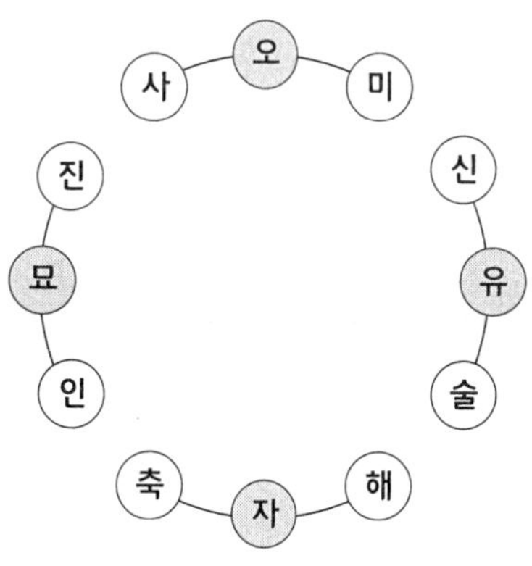

〈그림6〉 십이지(十二支)와 사시(四時)

겨울은 오행으로 수(水)이다. 봄은 목(木)이고, 여름은 화(火)이며, 가을은 금(金)이다. 여기에 토(土)는 계절과 계절의 사이에 있다. 지지는 토(土)를 제외하고는 오행이 둘씩 배당되어 있는데, 오직 토(土)만이 넷이 되었다.

계절과 계절은 단절되어 있다. 겨울에서 봄으로 진행하는 것은 단절을 의미한다. 하지만 계절이 단절된다면, 생명은 발달은 커녕 존재할 수도 없을 것이다. 그래서 조물주는 계절의 사이마다 토(土)를 놓아, 생명의 죽음과 탄생의 두 계기를 융합시켜 두었다. 예를 들어, 겨울에서 봄으로 가는 길에 축토(丑土)를 두어서, 축토(丑土)에서 겨울의 기운을 끊고, 봄의 기운을 탄생시킨다. 봄에서 여름으로 가는 길에 진토(辰土)를 두고, 여름에서 가을로 가는 길에 미토(未土)를 두며, 가을에서 겨울로 가는 길에 술토(戌土)를 둔다.

지지는 천간에 비해서 복잡하다. 천간은 하늘의 기운이다. 하늘의 기운은 무형(無形)이며 순일(純一)하다. 하지만 땅의 기운은 유형(有形)이며 잡박(雜駁)하다. 계절이란 하늘의 일처럼 보이지만, 땅과 큰 연관이 있기 때문에 유형과 잡박에 해당한다. 음양이론에 따르면, 일(日)은 양(陽)이고 월(月)은 음(陰)이며, 일(日)은 한 해이고 월(月)은 열두 달에 해당한다. 그래서 열두 달의 사계절이란 하늘이라기보다 땅의 소관이다.

위에서 예를 든 한 남자의 명식은 그 사람의 전부이다. 그런데 보다 더 중요한 것은 신법 명리학의 경우, 일주(日柱)에 속한 간지이다. 그래서 한 개인의 특성은 모두 60갑자(甲子)로 유형화할 수 있다. 가령 위의 병자(丙子) 일주는 병화(丙火)와 자수(子水)라는 간지의 상징적 상관관계에 따라, 다음과 같이 특징을 서술할 수 있다. 여기에는 그의 이른바 향후 미래사 즉 운명의 행로가 포함된다.

> 음양이 교차하는 병자 일주(日柱)는 일지에 자수(子水)를 깔아 비록 외양이 화려해도 내심 수심(愁心)을 달고 사는 유형이다. 햇빛에 반짝이는 맑은 호수의 자

형(字形)으로 성격이 유순하고 착하여 대인관계가 좋은 반면, 태양에 묵지(墨池)를 놓아 돋보이고 싶은 욕망으로 다소 화려함을 추구하는 스타일이다.(…)[70]

음양의 교차는 화(火)와 수(水)를 대표하는 병화(丙火)와 자수(子水)가 합해져 있기 때문이다. 수심(愁心)이 있다는 것도 불 아래 찬 물이 있는 병자(丙子) 일간의 형태에서 유추한 것이다. 맑은 호수도 병화와 자수의 상징을 사물에 빗댄 것이다. 즉 햇빛은 병화의 주 상징인 태양이고 오행의 화를 고려한 것이며, 호수란 자수의 상징이다. 묵지(墨池)는 자수의 전형적인 상징이다. 묵(墨)은 자수의 검은 색이고, 지(池)도 자수의 상징이다. 화려함은 병화(丙火)가 신금(辛金)이라는 보석과 결합하는 병신합(丙辛合)의 구조를 가지고 있기 때문에, 이를 심리 상태로 전환해서 해석하고 있다. 이같은 지식이 결합되어, 위와 같은 성격을 논의해 볼 수 있다.

명식의 여덟 글자는 한 개인의 모든 것이며, 일주는 한 개인의 특성을 더 집약한 것이며, 여기에 일주 가운데 일간은 한 개인의 특성을 더욱 더 집약한 것이다. 그래서 개인들의 성격은 60갑자의 상징적 관계에서 연유하지만, 간략하게는 일간(日干)으로 나타낼 수 있다. 그래서 한 개인의 성격은 10간(干) 중의 하나이므로, 10간의 특성으로 설명될 수 있을 것이다.

명리학(정확하게는 신법명리학)에서 한 개인의 성격을 파악하는 방식에는 앞 단락의 설명을 토대로 3가지 유형이 도출된다. 첫 번째는 일주의 60갑자에서 도출되는 60가지 유형이다. 가장 안정적이라고 할 수 있다. 두 번째는 일간을 기준으로 한 10가지 유형이다. 세

70) 안태옥, 『일주분석』, 서울: 좋은 땅, 2015, 70~74쪽 참고.

번째는 팔자 전체를 고려한 것인데, 이는 경우의 수가 너무 많기 때문에 명식들의 구조를 통해 유형을 파악한 것이다. 이는 격국론(格局論)으로 알려져 있다.

격국론을 이해하기 위해서는 먼저 육친(六親)과 십성(十星)에 대한 이해가 선결적으로 필요하다. 육친은 오행의 관념에서 등장한다. 가령, 병자일간의 남자는 일간 병화가 오행으로 화에 속한다. 엄밀하게 말하자면, 화는 화지만 양화(陽火)이다. 음화(陰火)는 정화(丁火)이기 때문이다.

일간의 병화는 이 남자의 아이덴티티이다. 즉 자기자신을 의미한다. 이를 전통용어로 아신(我身)이라고 한다. 그리고 오행의 상생과 상극의 관계에 따라, 이 남자에게 화는 비(比), 토는 식(食), 금은 재(財), 수는 관(官), 목은 인(印)이 되며, 모두 아신을 포함해서 6가지가 된다. 이를 육신(六神)이라고 불렀다.[71] 육신은 십성(十星)과 달리 음양의 구분이 없는 것이 특징이다.

六神	〈아신과 관계〉
我身	자신
比	자신과 같은 기운
食	자신이 生함
財	자신이 克함
官	자신을 克함
印	자신을 生함

〈표13〉 육신(六神)

71) 육신(六神) 가운데 아신(我身)을 제외한 비식재관인(比食財官印)의 5가지를 음양으로 구분하면 10가지가 되며, 이를 십성(十星)이라 한다.

그런데 성격의 특성을 위해서는 육신보다 10성(星)이 더 분석적이다. 이는 육신(六神) 가운데 아신(我身)을 제외한 비식재관인(比食財官印)을 음양으로 파악한 것이다. 십성 분화의 기준은 "같은 오행의 기에서 음과 양의 다름에 따라 2가지로 구분"된다. 예를 들어, 병화는 양화이므로 양이 기준이고, 정화는 음화이므로 음이 기준이 된다. 명식에 병화가 하나 더 있다면, 오행의 기가 같고 같은 양이므로 비견(比肩)이 된다. 만일 정화와 비교하면, 정화는 오행은 같지만 음양이 다른 음이므로 겁재(劫財)가 된다. 양이 되는 경우와 음이 되는 경우가 상대적이므로 〈표〉에 괄호를 첨가했다.[72)]

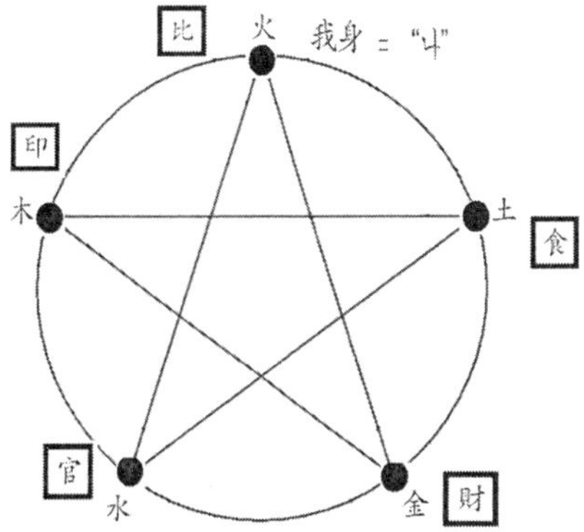

〈그림7〉 오행과 육신

아래의 특성은 긍정적 심리상태와 부정적 심리상태, 기질적 특성 등이 혼합된 한 개인의 전체적인 특징을 나타낸다. 음양오행의 논리와 오랜 시간 축적된 경험적 문헌과 사례 등을 토대로 정리한 것이기 때문에, 쉽게 부정될 수 없는 체계이지만, 과학적 세계관의 영향에 의해 서양에 기원을 둔 여타의 성격유형론에 비해 과소평가되고 있는 경향이 있다.

72) 이 방면의 연구는 현재 명리학계에서 새롭게 진행되고 있으며, 대만의 하건충(何建忠)이 대표적이다. 하건충은 수요화제관주(水繞花堤館主)라는 필명을 사용하는 반자단(潘子端)의 『명학신의(命學新義)』에서 큰 영향을 받았다. 반자단은 융의 8유형론과 명리의 십성론을 비교하여 새로운 해석을 선보였다. 표에서 제시한 십성의 특성은 박주현의 『사주심리학(I)~(II)』(논산: 삼명, 2008)을 참고하여 요약했다.

六神	구분	十星	특성(traits)
比	陽(陰)	비견比肩	독립성, 자주성, 자존심, 주동적, 용맹, 독단
	陽(陰)	겁재劫財	경쟁, 주체, 질투, 충동, 충동적, 용감, 솔직
食	陽(陰)	식신食神	담백, 표현력, 호기심, 소탈, 열정, 과시, 독창, 자신감
	陽(陰)	상관傷官	사교적, 과장, 이해력, 표현력, 변덕, 예리, 승부욕
財	陽(陰)	편재偏財	통제적, 근면, 적극적, 관리능력, 명쾌한, 활동적
	陽(陰)	정재正財	치밀, 근검, 적극적, 구체적, 실리적, 현실감, 집착
官	陽(陰)	편관偏官	공포, 열등감, 억압, 좌절, 순종, 보수적, 신중, 고지식
	陽(陰)	정관正官	객관성, 이성적, 충성, 단정, 준법, 질서정연, 예의
印	陽(陰)	편인偏印(梟神)	신비, 의심, 추상, 고독, 불신, 고립, 통찰, 수동적
	陽(陰)	정인正印(印綬)	직관, 보수, 안정, 순수, 포용, 자상, 자비, 의존적

〈표14〉 십성(十星)

앞선 주제로 돌아가서, 격국론은 월주(月柱)의 월지(月支)에 근거하여 사주팔자를 구조화시킨 것이다. 예컨대, 앞의 사례로 제시된 남자의 격국은 일간이 병화(丙火)이고, 월지는 신금(申金)이므로 화극금(火克金)의 관계에 따라, 재격(財格)이다. 십성의 관념을 더하면, 신금은 양금(陽金)이고 병화는 양화(陽火)로서 음양이 동일하므로, 편재격(偏財格)이 된다. 편재격의 특징에 따라 이 남자의 기본적인 성격을 추론할 수 있다. 성격의 특성은 통제적, 조작적, 부지런

함, 조급함, 집착, 적극적, 명쾌함, 가벼움 등이다.[73]

명리학에서 격국의 개수는 현재에 이르기까지 완전히 동의를 본 것은 아니지만, 대략 다음과 같은 구분이 일반적이다.[74] 그 기준은 십성과 오행의 세력을 고려하여 정한 정격(正格)과 이를 벗어나는 잡격(雜格)이 있다. 정격은 다시 내격(內格)과 외격(外格)으로 나뉜다. 내격이 온전한 의미에서 십성으로부터 연역된 격국이라고 할 수 있다.[75]

<table>
<tr><td rowspan="2">正格</td><td>內格</td><td>正官格, 七殺格, 正財格, 偏財格, 羊刃格, 建祿格, 正印格, 偏印格, 食神格, 傷官格</td></tr>
<tr><td>外格</td><td>從殺格, 從財格, 從兒格, 從旺格, 從强格, 專旺格(이상 從格), 化水格, 化木格, 化金格, 化土格, 化火格(이상 化氣格)</td></tr>
<tr><td colspan="2">雜格</td><td>暗沖格, 暗合格, 日貴格, 福德秀氣格, 刑合格, 日德格, 魁罡格, 金神格, 時墓格, 飛天祿馬格, 時上一位貴格, 倒沖格, 六乙鼠貴格, 合祿格, 子遙巳格, 丑遙巳格, 壬騎龍背格, 井欄叉格, 貴祿格, 六陰朝陽格, 供祿格, 六壬趨艮格, 六甲趨乾格, 句陳得位格, 玄武當權格, 日德秀気格, 福德格, 五行具足格</td></tr>
</table>

〈표15〉 격국의 유형

이러한 격국은 주로 운세를 파악하는 데 요긴하며, 성격과 관련해서는 십성에 기준한 내격이 우리의 목적에서 더 요긴할 것으로 보인다. 격국에 대한 심리학적 의미에 대해서는 기존 연구가 미흡하다. 현재는 궁성(宮星)에 대한 연구가 진행되고 있다.[76] 궁성(宮星)은 팔

73) 박주현, 『사주심리학(I)』, 논산: 삼명, 2008, 199쪽 참고.

74) 이용준, 「四柱學의 歷史와 格局用神論의 變遷科程 硏究」, 경기대 동양철학과 석사학위논문, 2004. 격국의 분류에 대해 각각을 설명하는 것은 본 논문의 취지가 아니므로, 〈표〉에는 한자를 그대로 노출시켰다.

75) 십성의 특징에 따라 십성의 명칭을 온전히 이어받고 있는 격국이라는 의미이다.

76) 이에 대해서는 상기한 何建忠과 박주현의 연구가 있다.

자의 기호가 차지하는 명식 내의 8곳의 불변(不變)하는 자리를 의미한다. 여기에 각 개인에 따른 가변적(可變的)인 십성이 배당되면, 궁의 본래적 의미와 십성의 의미가 결합되어 일정한 패턴이 구조화되고, 이를 해석하는 것이다. 그러나 이러한 아이디어가 확고한 논리와 경험을 통해서 정당화되고 있는 형편은 아직 아니다.

4) 초기 불교의 유형론

초기 불교의 사상을 보존하고 있는 『청정도론(淸淨道論, Visuddhimagga)』에서는 우리의 탐구와 관련해서, 불교의 교의에 입각한 기질론 혹은 성격론에 대한 언급이 담겨져 있다.[77]

『청정도론』은 여섯 가지 기질을 가진 여섯 유형의 사람을 말한다. "탐하는 기질을 가진 사람, 성내는 기질을 가진 사람, 어리석은 기질을 가진 사람, 믿는 기질을 가진 사람, 지적인 기질을 가진 사람, 사색적인 기질을 가진 사람이다."[78] 여섯 가지 유형의 개인들이 생겨나게 된 원인에 대해서는 "이전에 쌓은 업" 때문이다.

> 전생에 바람직한 일을 했고, 좋은 업을 많이 지었거나 혹은 천상에서 죽은 뒤 이 세상에 태어난 자는 탐하는 기질을 가진 자가 된다. 전생에 끊고, 죽이고, 묶는 잔인한 행위를 많이 한 자거나 지옥과 뱀의 세계에서 죽은 뒤 이 세상에 태어난 자는 성내는 기질을 가진 자가 된다고 한다. 전생에 술을 많이 마셨거나 배우

---

77) 『청정도론(淸淨道論, Visuddhimagga)』은 상좌부로 불리는 남방불교의 가장 중요한 경전으로서 붓다고사(Buddhaghosa)가 5세기에 스리랑카에서 빠알리어로 지은 것이다. 『청정도론』은 기본적으로 경장인 4부 니까야(Nikaya)에 대한 주석서이다. 붓다고사스님 저, 대림스님 역, 「해제」, 『청정도론』(1), 서울: 초기불전연구원, 2004 참고.

78) 『청정도론』(1), 서울: 초기불전연구원, 2004, 299쪽.

고 질문함을 게을리 했거나 혹은 동물의 세계에서 죽은 뒤 이 세상에 태어난 자는 어리석은 기질을 가진 자가 된다고 한다. 이와 같이 전생에 쌓은 습성이 원인이라고 말한다.[79]

세존의 시기부터 삼독(三毒)은 삼악도(三惡道)에 태어나게 되는 원인에 해당된다는 가르침이 반복적으로 강조되어 왔다. '성내는 기질'은 잔인한 폭력에 연관되어 있고, '어리석은 기질'은 배우고 익히는 일에 게으른 어리석음에 연관되어 있다. 그런데 '탐하는 기질'은 삼독에 속하지만, 오히려 선업(善業)에 연관되어 있다는 점에서, 삼독과 기질의 상관성이 깔끔하게 정리되지 않는다. 다만 탐욕이 감각적 욕망을 추구한다는 점은 인정되고 있다.[80] 탐욕에 대한 이러한 이중적 이해방식은 결국은 선하지 못한(不善, 이롭지 못한) 업으로 무게 중심이 실려 있다. 이 같은 불교적 전통의 기질론이 까르마에토스까지 이어지고 있다고 생각한다. 그러나 이는 『청정도론』의 영향을 받았다는 의미가 아니고, 불교의 사상의 내적인 논리가 귀결하는 바라는 뜻이다.

여섯 기질론에 뒤이어 이러한 기질을 가진 사람들을 관찰하는 방식에 대해서 많은 논의가 이어진다. 그 기준은 행동거지, 일하는 것, 먹는 것, 보는 것, 심리현상(법)이 일어난 것 등이다. 이 가운데 심리현상에 대한 것은 우리의 관심을 끈다.

---

79) 『청정도론』(1), 301~302쪽.

80) "해로운 법(不善業) 가운데 탐욕은 사랑스럽다. 그것은 혐오스럽지 않다. … 탐욕이 그것의 대상으로서 감각적 욕망을 찾듯이… 탐욕이 이롭지 못한 것을 버리지 않듯이…." 『청정도론』(1), 299~300쪽.

탐하는 기질을 가진 자에게는 속임수, 사기, 자만, 삿된 욕심, 크나큰 욕심, 만족하지 않음, 맵시내기, 치장하려는 욕심 등의 심리현상(법)들이 자주 일어난다.

성내는 기질을 가진 자에게는 노여움, 적의, 얕봄, 비교함, 질투, 인색 등의 심리현상들이 자주 일어난다.

어리석은 기질을 가진 자에게는 해태(懈怠), 혼침(昏沈), 들뜸, 근심, 의심, 천박하게 거머쥠, 버리기를 싫어함 등의 심리현상들이 자주 일어난다.

믿는 기질을 가진 자에게는 관대함, 성인을 뵙기를 원함, 정법 듣기를 원함, 아주 기뻐함, 솔직담백함, 정직함, 신뢰할만한 것을 신뢰함 등의 심리현상들이 일어난다.

지적인 기질을 가진 자에게는 상냥한 말씨, 음식에서 적당량을 앎, 마음챙김과 알아차림, 깨어 있으려고 노력함, 두려움을 일으키는 원인에 두려워함, 두려움을 가진 자의 지혜로운 노력 등의 심리현상들이 일어난다.

사색하는 기질을 가진 자에게는 말이 많음, 대중을 좋아함, 유익한 법을 위한 노력에 지겨워 함, 일을 끝마치지 못함, 밤에 연기 냄과 낮에 타오름(실천의 의미), 이 대상 저 대상으로 마음이 달려감 등의 심리현상들이 자주 일어난다.[81]

삼독에 대한 삼학(三學, 戒定慧)의 암시를 발견할 수 있다. 전반부의 세 기질 곧 탐하는 기질, 성내는 기질, 어리석은 기질 등은 탐진치 삼독에 밀접한 연관이 있고, 후반부 세 기질 즉 믿는 기질, 지적인 기질, 사색하는 기질 등은 삼학의 긍정적인 특성에 비견할 수 있을 듯하다.

이러한 기질적 특징들은 불교적 기질론이라는 점에서 비록 까르

81) 『청정도론』(1), 309~310쪽.

마에토스와 온전한 언어적 일치는 보이지 않지만, 사유방식의 유사함이 보인다. 이 때문에 불교에 기반을 둔 유형론의 선구적인 것이라 할 수 있다.

5) 동서 유형론의 특징

고대의 문헌을 현대 심리학적으로 재구성하려는 목적을 위해, 지금까지 동서양의 유형론에 대해 개략적인 파악을 했다. 주로 유럽의 기원을 가진 것과 동아시아의 기원을 둔 유형론을 선택했는데, 다른 문화권에 대해서는 적극적으로 고려하지 못했다. 또한 유럽의 유형론 역시도 많은 부분을 대상으로 삼을 수 없었고, 동아시아의 경우에는 현대에 새롭게 창안된 이론이 거의 없기 때문에, 주로 전근대 시기의 유형론을 개략적으로 살펴보았다. 그러나 여기에 아마도 체질의학의 전통이 강한 한국에서 사상의학의 철학적 전제와 의학적 가정 등을 일정부분 계승한 한국의 팔상의학(八相醫學)이 거의 유일한 현대적 이론이 아닐까 싶은 소회를 덧붙인다.[82] 동서의 유형론을 살펴보면서 다음과 같은 점을 확인할 수 있었다.

첫 번째, 동서양의 유형론은 그 기원이 고대의 옛 지혜에까지 이어져 있다는 점이다. 이 때문에 고대의 전승된 내용을 현대적으로 재해석한 유형론에 포함된 여러 전제들은 여전히 고대적이라고 할 수 있다. 고대적인 전제들은 흔히 전근대적 사고방식에서 빚어 놓은, 다시 말해 소위 탈주술(disenchantment)을 표방한 근대세계의 관점에서, 모두 주술적인, 말의 뜻 그대로 황홀한 혹은 신들린 내용

82) 주석원, 『8체질의학의 원리』, 서울: 통나무, 2007. 참고.

들이었다. 동서양 모두 언어의 표현에서 차이가 날뿐, 존재의 대사슬에 기반한 대우주와 소주우의 상응이론이 주를 이루었고, 사유방식에서도 인과적 분석적 사유방식보다 상관관계적 상유방식 즉 유비적이며 은유적인 상징 언어들이 대부분이었다. 이 때문에 영원의 철학과 영원의 심리학 등의 관점에서 구성한 체계의 구체적인 구조물들이라고 볼 수 있을 것이다.

두 번째, 동서양의 유형론은 대부분 거의 모든 체계가 인간을 파악하는데 더 나은 존재로의 가능성을 염두하고, 그 최종 목적을 영성, 신성, 자연 등의 등가(equivalent)를 가진 궁극적 관념들과 조화롭게 일치하는 상태라는 것을 암암리 시사하고 있었다.

세 번째, 성격에 연관된 여러 개념들이 혼재되어 있기 때문에 근사치의 비교만이 가능했으며, 이른바 조작적(operational) 언어들로 구성된 현대 심리학의 면모와 전혀 달랐다. 이는 조작적 언어의 결여로 구성된 체계들을 단순히 비과학적인 것으로 비판하는 것에 그치지 않고, 그 체계를 재해석하여 의미 있게 구성하는 것이 목적인 우리의 탐구가 대면해야 하는 문제와 연관된다.

네 번째, 서양의 유형론보다 동아시아의 유형론은 일정한 세계관과 이로부터 비롯된 사유방식에 일정한 공통점을 가지고 있었다. 이는 음양오행론이며, 음양오행론이 창안된 시기부터 폐용되지 않고 일관되게 지속되고 있다는 "세계사적인 기적"을 다시 확인하게 되었다.[83] 물론 서양의 철학적 우주론도 지속성을 가지고 있지만, 일관성에서는 동아시아의 그것에 비할 수 없는 것 같다. 동아시아의 전

83) 『황제내경』, 155쪽.

통에 새로운 해석을 가하려고 한다면, 음양오행론적 사유방식과 이를 배태한 우주론에 깊은 이해가 필요하다는 것이 재삼 확인되었다.

다섯 번째, 동서양의 유형론은 모두 심리치료적 관념을 담고 있다. 이는 현재의 인간을 더 건강하고 행복하며 의미 있는 삶을 살게 해줄 '삶의 기술(art of living)'이라는 점에서, 향후 트랜스퍼스널 관점으로 재해석되어야 한다는 사실을 시사하고 있다.

제3장

『달마일장금』 문헌 분석

1) 역사적 배경

(1) 달마대사

『달마일장금(達磨一掌金)』은 달마대사(菩提達摩, Bodhidharma, ?~ 528?)의 이름을 빌고 있는 저술이다.[1] 불교의 역사에서 달마의 위치는 선종(禪宗) 곧 선불교(Zen Buddhism)의 창시자로 알려져 있다. 선불교는 석가세존(釋迦世尊)의 가르침을 동아시아(중국)의 문화와 사상에 완전히 격의(格義)하여, 세계사적으로 가장 창조적인 불교의 한 양상으로 변모된 중국불교(chinese Buddhism)라고 할 수 있다. 그런데 본래 달마는 남인도 마드라스 근처 칸치푸람 출신으로 520년 중국 광저우(廣州)에 도착한 호승(胡僧, 외지 승려)이므로 동아시아(중국)인이 아니다. 하지만 달마는 동아시아의 고유한 사상

1) 『達磨一掌金』의 한글 완역은 다음을 참고. 원진랑, 『일장금 명리학』, 서울: 고려역학출판사, 2010.

처럼 되어 버린 선종의 초조(初祖)가 되어, 제2조(祖) 혜가(慧可, 487~593), 제3조 승찬(僧璨大師, ?~606), 제4조 도신(道信大師, 580~651), 제5조 홍인(弘忍大師, 601~674), 그리고 선불교가 난만하게 개화했던 제6조 혜능(慧能大師, 638~713)에게까지 그의 가르침이 계승되는 특별한 역사의 출발점이 되었다.

달마대사는 전설의 인물처럼 생각되었으나 최근세 돈황의 자료가 출토되면서부터, 실제 인물은 물론 달마의 저술까지 소개되어, 전설이 아닌 사실로 실증되었다. 소림사 "면벽구년(面壁九年)"으로 흔히 알려진 달마의 주된 가르침은 '안심(安心)'이다. 이는 불교적 어법에서 안심법문(安心法門)이라 불리며, 보다 일반적으로는 안심입명(安心立命)의 가르침이라고 이해할 수 있을 것이다.[2] 그런데 안심은 선불교의 역사에서 선(禪)의 정신을 잘 드러내 주는 원형적 담론이며, 심리학과 심리치료에 대한 트랜스퍼스널 관점에 서 있는 우리들의 큰 관심을 끌고 있다.

안심은 달마가 도래할 당시, 이론적 불교의 번쇄함보다 소박(素朴, 노장철학의 개념)하고 실용적이며 현세적인 동아시아인들의 내적 요구에 부응하는 실천불교에 대한 시대적 요청을 배경으로 하고 있다. 이에 따라 달마의 안심은 석가세존의 본래 가르침이 동아시아(중국)의 환경에 적응하면서 변형된 내용을 압축적으로 담고 있다. 세존의 가르침은 『숫타니파타(suttanipāta)』와 같은 초기 경전들에서 마음의 평안(선정)과 사물의 연관된 사태를 밝게 아는 지혜(연기법), 평안과 지혜를 유지하는 실천(계율) 등에 초점을 두고 있는 특

2) 조강원, 「菩提達摩의 禪思想 硏究」, 동국대학교 불교학과 석사논문, 2011, 2~4쪽.

징을 보여준다. 이러한 세존의 가르침을 달마는 안심이라는 동아시아적 문맥의 언어로 간결하게 표현한 데서, 선불교의 핵심교의를 전달하고 있다.[3] 그래서 향후 선불교의 조사들이 펼친 가르침은 '평상심이 도(平常心是道)'라는 대표적인 화두처럼, 안심의 부연과 강조에 있었다.

『달마일장금』이 달마의 직접 저술이라는 문헌적 증거를 강하게 주장할 수는 없다. 아마도 달마의 이름을 빌고 있는 여러 저작들처럼, 가탁(假託)이라고 생각된다. 그런데 달마의 가르침에 내포되어 있는 사상적 측면을 『달마일장금』이 개성적으로 나타내고 있다고 생각하기 때문에 전혀 무관하다고 볼 수는 없다. 『달마일장금』에는 동아시아 사람(중생)들이 친숙하게 알고 있는 음양오행론에 토대를 둔 역법(曆法)의 문화와 업과 윤회를 내용으로 하는 연기법의 교설이 결합되어 있다. 이는 두 이론들이 모두 원인과 결과의 필연성(necessity)이라는 관념에 바탕하고 있기 때문이다.

또한 『달마일장금』의 존재이유는 개인의 명(命)을 파악하는 것이다. 명(命)은 한 개인의 본성을 가리키는 또 다른 언어이다. 명(命)을 분명하게 파악하는 것은 자신에 대한 이해이며, 이는 고뇌라는 존재론적이며 심리적인 속박에서 벗어나 마음의 평안을 얻을 수 있는 길을 가르치는 불교의 으뜸 교설과 일치하고 있다. 비록 『달마일장금』은 그 언어가 미래예언적인 언어표현과 성격의 특성을 나타내는 언어표현들이 혼합된 유사심리학적 특징을 가지고 있지만, 이 저술의 주안은 자신에 대한 이해와 마음의 평안에 있다는 것은 틀림없는

3) 김진일, 「보리달마의 안심법문에 대한 일고」, 『보조사상』, 34권, 2010, 169~173쪽.

사실이다.

(2) 『달마일장금』과 한중일(韓中日)

『달마일장금』은 문헌의 물리적인 외형이 그대로 현존하고 있다. 이 문헌은 현행 『만신찬속장경(卍新纂續藏經)』「밀교부(密教部)」에 수록되어 있다.[4] 그런데 실제 책명의 표기는 『간명일장금(看命一掌金)』이며, 이는 『간명일장금』과 『신각간명일장금(新刻看命一掌金)』의 이름을 가진 두 개의 문헌을 합본하여 통칭한 것이다. 그러나 현재는 『달마일장금』 혹은 『달마일장경』이라는 명칭으로 더 많이 통용되고 있다. 우리는 『달마일장금』이라는 서명을 애용한다. 그 이유는 이 명칭이 간명(看命)이라는 술수적 분위기를 짙게 풍기지 않고, 달마를 상징으로 하는 '자신의 이해'라는 선불교적 교설의 배경이 사라지지 않고 있기 때문이다.

『만신찬속장경』에 수록된 『간명일장금』(『달마일장금』)에는 서명만 있으며, 지은이에 대해서는 기재되어 있는 것이 없다. 뒤이어 『신각간명일장금』에는 "唐 釋氏 一行 著明 胡氏 文會堂校"라고 기재되어 있는데, 이는 당(唐)나라 밀교(密教)의 수용과 전개에 업적을 남긴 일행대사(一行, 683~727)가 저술한 것이며, 명(明)나라 문회당(文會堂)이라는 호(號)를 가진 호씨(胡氏), 즉 호문회당(胡文會堂)이라는 인물이 교정했다는 사실을 알려 주고 있다.[5]

4) 『만신찬속장경(卍新纂續藏經)』「밀교부(密教部)」(第 59冊. No. 1043. CBETA 電子佛典).

5) 문회당(文會堂)은 누군지 현재로서는 파악하기 어렵다. 다만 문회당은 『논어(論語)』의 이문회우(以文會友)에서 온 호라는 것을 보면, 순전히 불교 쪽 인물은 아니라고 추리된다. 『논어』「안연(顏淵)」. "증자가 말했다. 군자는 문으로써 친구를 사귀고, 친구로서 인을 완성해 간다(曾子曰. 君子以文會友, 以友輔仁)."

두 문헌은 차이가 많다. 『간명일장금』은 분량이 매우 소략하고, 그 내용도 일종의 승려 선발을 위해 특정한 식(識, 인식의 정도와 특별한 재능의 의미)을 가지고 태어났는지를 평가하는 지표로 사용된 것으로 보인다. 말하자면, 태어난 연월일시를 살펴보고, "어느 달에 태어난 사람이 어떤 별의 영향을 받아서 생겨난" 10가지의 식 가운데 하나라도 식을 갖지 못했다면, 이는 "죄의 뿌리가 매우 깊어서 제도할 수 없는" 사람이기 때문에 출가를 허용하지 않았다. 이는 승려 선발을 위해 밀교에서 특별히 제작한 일종의 능력평가척도 역할을 가지고 있었던 것이다.[6)]

또 다른 문헌인 『신각간명일장금』은 이전 것과 달리 새로운 내용이 첨가되어 분량이 많이 늘어나고, 12성신(星辰, 별)이라는 12개의 별에 대한 각론과 총론이 실려 있으며, 태어난 시점의 연월일시(年月日時)를 간지(干支)로 전환하여 그 의미를 자세히 살피는 여러 방법에 대해 설명하고 있다. 그런데 이 문헌은 15세기 즈음 혹은 더 후대 어느 시기의 명나라에서 성립한 것이므로, 8세기 무렵 당나라와는 700여년을 격해 있다. 두 개의 그림 역시 이 시기에 제작된 것으로 보이지만, 『만신찬속장경(卍新纂續藏經)』의 차례로 보면 『간명일장금』 쪽에 속해서 실려 있다. 이 때문에 일행선사의 그림으로 추정되나, 자세한 것은 알 수 없다. 『간명일장금』에는 「명도(命圖)」의 내용이 보이지 않을 정도로 분량이 간략하기 때문이다.

실제로 일행선사는 『달마일장금』의 실제적인 저자로 생각되지만, 이 역시도 불확실하며 찬반이 있다. 달마가 선종을 창시한 것처

6) 이를 「선승도(選僧圖)」라고 한다. 『일장금 명리학』, 255~256쪽.

럼, 일행도 밀종(密宗)을 창시한 인물 가운데 하나이다. 더구나 일행은 단순한 승려가 아니라, 대연력(大衍曆)을 제작할 정도로 천문학과 역학에 깊은 지식을 가지고 있다. 이런 인연으로 후일 술수서의 저자로 자주 가탁되는 인물이 되었다. 아마도 『간명일장금』의 「선승도」에 전제된 밀교점성술의 인식은 일행에 의해서 수립되었을 가능성이 커 보인다.[7)]

까르마에토스는 『신각간명일장금』의 내용이 더 많기 때문에 명나라에 성립된 이 문헌에 더 직접적인 연관이 있어 보이지만, 두 개의 『일장금』을 모두 포괄하고 있다.

『일장금』(두 문헌을 포함해서 말함)은 우리 문화에서 점성술(astrology)의 일종으로 평가 받는 『당사주(唐四柱)』의 성립에 영향을 미쳤다. 『당사주』가 개인의 태어난 연월일시를 상징적 부호로 전환하는 방식은 『달마일장금』을 연원으로 삼고, 12개의 별 이름 역시 이로부터 기원하기 때문이다. 하지만 『당사주』는 『달마일장금』의 연원 외에도 불교와 도교가 동아시아적 맥락에서 융합된 『두수연금삼세상(斗數演禽三世相)』과 같은 또 다른 문헌에 기반한다는 사실도 덧붙인다.[8)]

그러나 명리학을 실제로 적용하고 있는 이른바 유사상담학이라고 부를 수 있는 명리학계에서 『당사주』에 내리는 평가는 대부분 매우 부정적이라고 할 수 있다. 현시대에 맞지 않는 내용과 그 단순성 때문에 미래를 예견하는 적중률이 낮다는 이유 때문이다. 그러나 이러

7) 羽田守快, 『密教占星術大全』, 東京: 學研, 2011, 202~205쪽 참고.

8) 김시덕, 「당사주(唐四柱)의 문헌학적 접근: 중 · 일 문헌과의 비교를 통하여」, 『서지학보』, 37권, 한국서지학회, 2011.

한 비판은 정도의 차이일 뿐, 반대로 명리학에도 적용될 수 있을 것이다. 『당사주』가 우리 문화에서 중요한 것은 사찰 등에서 승려가 신도들의 사주를 풀이해 운명을 봐주는 풍속이 널리 유행하는데, 이런 풍속이 생겨난 까닭도 "불교적 세계관의 전래와 당사주의 전파와 유행에 따른 결과"이다.[9]

『달마일장금』의 기원이 되는 중국과 대만에서는 이에 대한 연구가 진행되고 있는 것으로 보이지만, 학술계의 주목을 끌지는 못하고 종교계나 민속문화 분야에서 활용되고 있는 것으로 보인다. 한 예로 대만에서는 『달마일장금』(서명은 『달마일장경』)의 사상을 불교적 맥락에서 해석하여 자기개발에 응용한 일종의 종교적 운동의 성격을 띤 저술이 주목을 끈다. 『달마일장금』을 비밀리에 불교 내부에서만 전수되어 온, 윤회사상을 통해 개인의 명을 논의한 대법(大法) 혹은 천서(天書)로 부르고 있다.[10] 그런데 『달마일장금』을 연구한 과거의 사례로는 일본을 들 수가 있다.

일본의 사정은 현재 남은 고문헌을 통해서 살펴볼 수 있는데, 특이하게 중국과 우리나라에서는 발견되지 않는 『달마일장금』에 대한 주석서가 존재하고 있다. 에도(江戸)시대에 활동했던 유명한 역학자 바바노부타케(馬場信武, ?~1715)의 『간명일장금화해(看命一掌金和解)』는 『만신찬속장경』에 실린 『간명일장금』을 대본으로 하여, 전문에 주석을 붙인 형태이다.[11] 이후에도 이 주석서를 근간으로 한 전통이 일본의 『달마일장금』 이해의 모범이 된 것으로 보인

9) 김만태, 『한국 사주명리 연구』, 서울: 민속원, 2011. 구중회, 「당사주 또는 당결 연구」, 『동방논집』 3(2), 2010. 결론 부분 참고.

10) 芝蘭, 『達磨一掌經』, 台北: 知青頻圖出版, 2006, 234쪽 참고.

11) 馬場氏信武 譯, 『看命一掌金和解』, 浪花書肆, 1787(天明七年).

다. 1907(明治40年)에 발간한 이케다테루코(池田天龍子)의 『신역간명일장금(新譯看命一掌金)』은 이 전통을 충실히 계승하고 있다.[12] 일본의 『달마일장금』 이해는 밀교점성술의 한 분야로 연구되고 있는 추세이다. 전하는 기록에 따르면, 『달마일장금』은 승려들이 사자상승(師資相承)의 상면수수(相面授受)라는 방식으로 전한 불가(佛家)의 비서(秘書)로 취급되었다. 그래서 일반인들에게 잘 알려지지 않은 것이라 해석한다. 일본에서는 『달마일장금』을 새롭게 응용한 『니건자간명비서(尼乾子看命秘書)』라는 점술서도 출현했다.[13]

명리학계 내부에서 정통을 자임하고 있는 분야는 자평명리학(子平命理學)이다. 이 자평명리학이 소위 사주팔자(四柱八字)이며, 일반인들의 인식에서 사주 혹은 명리학이라고 하면, 이 분야가 대표성을 가질 정도로 명리학의 대명사가 되었다. 그러나 명리학은 중국 송(宋) 나라 시기를 전후로 하여, 그 이전을 고법(古法)명리학, 이후를 신법(新法)명리학이라고 부른다. 당나라에 성립된 『달마일장금』의 체계는 당연히 고법명리학의 영역에 속한다고 볼 수 있을 것이다.[14]

2) 문헌의 구조

향후 논의를 위해 『달마일장금』의 문헌 구조에 대한 분석이 필요

12) 池田天龍子 譯, 『新譯看命一掌金』, 廣文堂書店, 1907(明治40年).

13) 『密敎占星術大全』, 224~237쪽 참고. 니건자(尼乾子)는 세존 당시 출가(出家)주의에 부정적이었던 육사외도(六師外道) 가운데 하나로써, 무계외도(無繫外道)라 불리는 일파의 영수이다. 일본에서는 이 이름을 빌어, 『달마일장금』을 상세하게 구조화시켜 중생교화(衆生敎化)에 사용한 것으로 보인다.

14) 그러나 고법명리학의 기본적 관점이 『달마일장금』에 적용되고 있다는 증거는 거의 없다. 다만 신법명리학의 이론적 입장을 가지고 있지 않다는 의미와 시기적으로 더 오래되었다는 의미에서 고법명리학에 속한다고 할 수 있을 뿐이다.

하므로, 관련되는 부분에 한정하여 간략하게 살펴보려고 한다. 다음은 전체 문헌의 내용과 구조를 도식화한 것이다.

<table>
<tr><th>전체</th><th>부분</th><th>구성</th></tr>
<tr><td rowspan="5">看命一掌金</td><td rowspan="3">看命一掌金</td><td>序文</td></tr>
<tr><td>• 통천식(通天識), • 삼합식(三合識), • 선지식(善知識), • 방장식(方丈識), • 보리식(菩提識), • 복록식(福祿識), • 기가식(起家識), • 소재식(消災識), • 성취식(成就識), • 불법식(佛法識)</td></tr>
<tr><td>• 명도(命圖)
• 불수장도(佛手掌圖)</td></tr>
<tr><td rowspan="2">新刻看命一掌金</td><td>• 천귀성(天貴星), • 천액성(天厄星), • 천권성(天權星), • 천파성(天破星), • 천간성(天奸星), • 천문성(天文星), • 천복성(天福星), • 천역성(天驛星), • 천고성(天孤星), • 천인성(天刃星), • 천예성(天藝星), • 천수성(天壽星)</td></tr>
<tr><td>• 십이성총론(十二星總論)
• 논십이월생(論十二月生)
• 논매월삼십일내윤해길흉성재명(論每月三十日內輪該吉凶星在命)
• 논십이시생인길흉(論十二時生人吉凶)
• 논십이시초중말생인길흉(論十二時初中末生人吉凶)
• 추인오명득병기일(推人五命得病忌日)
• 녹마도(祿馬圖)
• 논십이시가(論十二時歌)</td></tr>
</table>

〈표16〉『달마일장금』의 내용

(1) 일행선사의 『간명일장금』

『달마일장금』에는 두 개의 책이 합본되어 있다. 첫 번째 『간명일장금』은 당의 일행선사가 지은 것으로, 간략한 「서문」이 달려 있다. 「서문」은 내용상 2개의 부분으로 구성되어 있다. 첫 번째는 본

문헌의 저술이유이며, 두 번째는 업(業, karma)에 따른 한 개인의 성격과 운명을 파악하는 원리이다.

일행 선사가 말했다. "불문(佛門)에 출가하려 한다면 모두 이 '승려를 선발하는 그림'(선승도選僧圖)에 따라서 등용해야 할 것이다. 한 두 가지 식(識)을 얻은 자는 출가를 허락하고, 전혀 식(識)이 없는 자는 오히려 불문을 방해할 것이니, 부처님의 성스러운 말씀을 오해하여 말할 것이므로, 다만 눈앞의 일만을 깨달을 뿐 뒷날의 결과를 알지 못한다. 그러나 십식(十識)을 가진 것은 모두 전생(前生)에 정해진 것이다. 한 두 가지 식도 없는 사람은 죄의 뿌리가 매우 깊어서 제도할 수 없다. 하지만 품격이 무리 가운데서 뛰어나 범상하지 않은 자라면, (십식에 대해) 더 논할 것이 없다."[15]

『달마일장금』이 저술된 이유는 승려선발을 위한 것이다.[16] 승려선발은 당시의 맥락에서 이해하자면, 지금처럼 비교적 사회적 신분이 높다고 볼 수 없는 종교인이 되는 경우와는 달리, 불교적 패러다임이 주도적이었던 시대이므로, 일종의 전문가적인 지식인을 선발하는 차원에서 고려되어야 할 것이다. 그런데 이들의 선발 기준은 10식(十識)이라고 불리는 특별한 재질, 심리학적으로 보자면 재능, 기질, 특성 등을 포함한 광범위한 의미에서 성격이라고 부를 수 있는 것의 선천적 소유 여부이다.

---

15) 唐一行禪師云, 但凡投師出家, 皆依此選僧圖取用. 若得一二識者, 方許出家, 全無識者, 反謗此教, 將佛聖言謬說, 只會日前之事, 未知末後一著, 所有十識, 皆是前生定也. 如無一二識者, 罪根深重, 不可得度, 除品格不凡於衆殊絶者, 弗在論也.

16) 일행선사의 말로 되어 있지만, 저자가 자신을 인용해서 기술하지는 않았을 것이다. 이같은 전통을 공유하고 전승했던 후대인의 발언으로 보아야 한다.

또한 이 식(識)은 지금의 시공간적 이해와 달리 불교적 시공간 즉 불교우주론(세계관)에 따라, 삼계육도(三界六道)라는 시공간을 유전(流轉)하는 특정한 업의 실현태로 이해할 수 있을 것이다. 10식은 전생에서 정해진 것이기 때문이다. 예를 들면 10식의 특성은 모두 고차적인 재질과 품성으로 구성되어 있다. 이는 선업(善業)의 결과로 현생에 과보(果報)로 받은 것 즉 현실적으로 발현된 것이다. 따라서 10식이 결여된 사람은 연기적 관계(인과적 관계)에 따라, 전생에 10식을 낳을 수 있는 원인을 만들지 못한 사람이다. 이는 악업(惡業) 혹은 죄업, 보다 정확히는 선하지 않은 불선업(不善業)을 가진 사람들이라고 할 수 있는 것이다. 그래서 「서문」에는 최소한 1가지의 식을 소유한 것이 승려가 되는 기본 조건이라고 한 것이다. 그렇다면, 어떻게 전생의 업을 확인할 수 있는가?

이는 일행선사와 같은 특별한 인물에게는 기대될 수 있는 능력이지만, 모든 사람들이 동의할 수 있는 소위 객관적 지표가 없다. 지금 우리 시대의 객관과는 다른 의미에서, 『달마일장금』은 연월일시를 주관하는 '시간의 신들'에게 그 객관적 지표를 돌리고 있다. 연월일시(年月日時)는 시간의 질적 구획이며 시간은 해와 달의 천체가 빚어내는 자연현상이지만, 이러한 현상은 한 개인의 품성을 구비시켜 주는 선천적 부여자로서의 역할을 가지고 있다. 다시 말해, 별은 한 개인의 탄생 시점에 향후 전개될 재질을 부여하고, 더 나가 향후 경험하게 될 예비적인 사건까지 부여한다. 이는 개인의 운명을 별이 주관한다는 동서 문명에서 오래전부터 생각되어온 사유방식이라고 이해할 수 있을 것이다.

가령, 10식 가운데 통천식(通天識)은 바바노부다케에 의하면, "이

식을 가진 사람은 선천적인 자질이 현명하고, 지혜롭다. 사물을 학습하고, 중생들을 깨닫게 하는 일에 뛰어나다.[17] 이 사람은 사물의 이치와 성정에 뛰어나서, 천문지리 방면에 뛰어나다." 이를 심리학적으로 이해하면, 이 사람은 지적 발달과 도덕 발달에서 상위에 속한다. 지적 능력은 학습능력과 타인에 대한 교육능력을 수반하고 있다. 더욱이 도덕 발달은 타인에 대한 우수한 공감능력(empathy)에 있다. 천문지리(天文地理)에 뛰어나다는 의미는 자연 및 인간사회의 사물과 사건의 객관적인 지식을 습득하고 새로운 지식을 발견하는 능력과 천문지리에 내포되어 있는 의미의 세계를 향유할 수 있는 능력 또한 탁월하다는 것을 가리킨다.

通天識

子(三六十月) 丑(正七十月) 寅(六十十一月) 卯(三九十二月) 辰(正七十月) 巳(三月十月)

午(正七十月) 未(正四六月) 申(正七十月) 酉(三六十二月) 戌(二七十月) 亥(正八十月)

이런 사람은 특정한 해(年)의 특정한 달(月)에 태어난 사람이다. 태어난 해와 태어난 달은 12지지로 전환되어, 가령 축년(丑年)의 1월, 7월, 10월에 태어난 사람[丑(正七十月)]은 이 능력을 부여받았다. 이는 소띠의 남녀 가운데 음력 1월, 7월, 10월에 태어난 사람이다. 만일 소띠의 남녀가 5월에 태어났다면, 통천식(通天識)은 없다. 그

17)『看命一掌金和解』, 15쪽.

러면 나머지 9개의 식이 어떻게 구성되었는가를 탐색해야 한다. 만일 이도 해당사항이 없다면, 이 사람은 죄의 뿌리가 깊은 사람이다. 승려가 될 수 없으며, 이번 생에서 큰 수행을 통해 선업을 지어야 내생에 승려가 될 수 있다. 그러면 혹 다음 생에 아래와 같은 년도의 특정한 달에 태어날 수 있다. 하지만 조건은 있다. 인간으로 태어나야지 다른 육도(六道) 곧 축생이나 귀신(아귀도)으로 태어나면, 어쩔 것인가? 따라서 수행하지 않으면 안 된다.

통천식 외의 다른 식들도 이런 방식으로 구성되어 있으며, 12지지로 구분된 해에 3개의 달이 배속되어 있는 「선승도」라는 표가 이것이다. 나머지 9개의 식에 대해 간략히 살펴본다.[18)]

삼합식(三合識)은 천지인(天地人) 삼재와 쉽게 관계 맺을 수 있는 자질을 가리킨다. 이 식을 갖추면, 타인, 사물, 나와의 관계에서 자만심이 적다. 여러 사람들의 기(氣)와 조화를 잘 이룬다. 공적인 관계를 잘 맺고, 정계 및 재계와 인맥을 잘 형성한다. 사찰에서 가장 중요한 인재라고 할 수 있다.

선지식(善知識)은 문일지십(聞一知十; 하나를 들으면 열을 파악)의 총명, 불도의 심오한 의미를 잘 파악하는 자질이다. 이 식을 갖춘 이는 학문형 인재이며, 경전을 강론하는 법사의 자질이다.

방장식(方丈識)은 말 그대로, 방장(方丈)은 절의 주지(主持) 혹은 조실(祖室)과 비슷한 의미로서 절의 가장 높은 승려를 가리키니, 사찰의 조직을 관리하는 자질을 가리킨다. 이 식을 갖춘 이는 관리형 인재이다.

---

18) 10식에 대한 내용은 바바노부타케의 주석을 토대로 한 원진량의 『일장금명리학』(6장 「고법명리학」)에서 요약했다.

보리식(菩提識)은 수행형의 인물이 가진 자질로서, 전심을 다해 수행할 수 있는 자질을 가리킨다. 이 식을 갖춘 이는 마음이 정직하고, 보살의 도를 정결하게 믿으며, 리더쉽이 있는 인물로서, 신도를 불러 모으는 매력이 있다.

복록식(福祿識)은 사찰의 일을 추진하고 사원의 재무(財務)를 좋게 만드는 자질을 가리킨다. 이 식을 갖춘 이는 명승(名僧)과 재물 및 보화(寶貨)를 많이 모으는 복이 있는 승려로서, 경영 능력이 있는 인물이다.

기가식(起家識)은 사찰의 규모를 번창하게 만드는 자질이며, 이 식을 갖춘 이는 절을 새로이 창건 하는 수행자가 된다. 여러 곳에 사원을 개척하기 위해 필요한 인물이다.

소재식(消災識)은 의식과 의례를 주관하는 자질이다. 신도의 길흉사가 생긴 때에는 축복(祝福)과 재앙 해소의 기원을 드리는 각종 제식을 관장하는 자질로서, 경(經)을 읊고 법회를 여는 전문적 인재에게 필요한 식이다. 이 식을 갖춘 이는 사찰에 복무하는 신도들에게는 없어서는 안 되는 인재이다.

성취식(成就識)은 석가세존의 10대 제자 각자가 하나의 특별한 능력을 성취한 것에서 볼 수 있는 것처럼, 불법에 있어서 모종의 성취를 가능하게 만드는 자질이다. 10대 제자의 자질을 예로 들 수 있다.[19)]

불법식(佛法識)은 수행을 통한 성취 즉 성불(成佛)을 이끌 수 있는 자질이다. 이 식을 갖춘 이는 리더쉽 형 인물이며, 불법을 파악하고 믿으며, 도덕으로 존경받는 인물이다.

19) 지혜제일(智慧第一)의 사리불(舍利弗), 신통제일(神通第一)의 목건련(目健蓮), 두타제일(頭陀第一, 고된 수행)의 마하가섭(摩訶迦葉), 천안제일(天眼第一, 중생의 삼세를 꿰뚫는 신통력)의 아나율(阿那律), 해공제일(解空第一, 공空의 이치를 깨달음)의 수보리(須菩提), 설법제일(說法第一)의 부루나(富樓那), 논의제일(論議第一)의 가전연(迦旃延), 지율제일(持律第一, 계율을 엄격히 지킴)의 우파리(優婆離), 밀행제일(密行第一, 은밀한 고행을 통한 수행)의 라훌라(羅睺羅), 다문제일(多聞第一, 비상한 기억력)의 아난다(阿難陀) 등이다.

10식은 선천적 재질이라는 점에서 이 논문에서 목적하는 기질 혹은 성격의 유형론적 구성에 좋은 재료가 되지만 여기에는 몇 가지 한계가 있다. 특정한 해의 특정한 달이 어떻게 해서 그러한 식을 만들어내는가에 대한 명확한 설명이 전해지지 않으며, 현재로서는 그 연관관계를 파악할 수 없다. 이러한 연관관계는 동서의 점성술 특히 인도점성술과 밀교적 전통을 가지고 있는 중국점성술의 연구를 통해 가능성을 엿볼 수 있을 것이다.[20)]

「서문」에 드러난 일행선사의 진술은 앞으로 『달마일장금』에 기반한 성격유형론을 구성하기 위해서 다음과 같은 점을 알려주고 있다. 첫째, 업과 윤회에 기반한 선천적인 재질 혹은 성격의 존재가 있다. 둘째, 특정한 해와 달을 12지지로 전환하는 특별한 지적 체계가 존재한다. 셋째, 한 개인의 성격은 현생(現生)을 넘어선 삼세(三世)와 연관되어 있다. 그런데 이 모두는 과학적 세계관과 갈등요인이 된다. 그러나 불교적 세계관을 통째로 부정할 수 없다는 점에서, 과학과 불교, 합리와 초합리의 포용이 필요하다. 이는 또한 트랜스퍼스널 심리학의 지향점이기도 할 것이다.

「서문」의 두 번째 부분은 태어난 연월일시를 지지(地支)와 결합한 12개의 별로 나타내는 방식과 그 원리를 제시한 것이다. 이것은 「서문」 및 「선승도」와 함께 담겨져 있는 2장의 그림인 「명도(命圖)」와 「불수장도(佛手掌圖)」를 설명하는 다음 절에서 다루기로 한다.

20) 동아시아에 성립된 밀교계열의 점성술은 『문수사리보살수요경(文殊師利菩薩宿曜經)』, 『지장보살다라니경(地藏菩薩陀羅尼經)』 등이 대표적이다. 그리고 민간에 전해지고 있는 관련 문헌도 적지 않을 것으로 보인다. 그러나 현재까지 이 방면의 연구는 거의 없는 실정이다.

(2) 『신각간명일장금』의 내용

『신각간명일장금』의 특징은 12성신(十二星辰)이다. 12성신은 12지지와 별을 연관한 것이다. 예를 들어 자년(子年), 자월(子月), 자일(子日), 자시(子時) 등은 천귀성(天貴星)으로 이름한다. 이름을 정하는 방식은 "天+12지지+星"의 조합으로 되어 있다. 그런데 이처럼 별의 명칭을 부여하는 방식에서 특별한 점을 발견할 수 있다.

『달마일장금』은 불교의 밀교계열의 점성술과 동아시아의 역술이 결합된 체계이다. 그래서 불교문명과 동아시아문명이 교섭을 시작할 때, 동아시아의 고유한 사상 가운데 하나인 도가류(道家流) 곧 자연현상에 대한 특별한 관심을 가진 집단들이 불교의 자연학적 체계에 각별한 관심을 가지게 되었다. 이 가운데 천문학에 대한 관심에서, 보다 발전된 형태의 밀교천문학(점성술)에 대응하여 동아시아의 천문학(점성술)을 옹호하려는 목적을 가진 동아시아 측의 집단에서 위와 같은 형식에 따라 별의 명칭을 부여했다.[21]

문헌의 특징은 12성신의 명칭을 정하고, 이 아래 이 별의 영향을 입고 태어난 사람의 특징과 향후 인생역정에 대해, 역술의 용어를 빌리면 한 개인의 빈부귀천수요(貧富貴賤壽夭) 등에 대한 미래예언적 사안들을 시가(詩歌) 형식으로 설명하고 있다. 그 아래 다시 시가의 내용을 좀 더 자세하게 부연하고 있는 설명 부분이 있다.

「십이성총론(十二星總論」은 태어난 연월일시를 12성신으로 나타낸 다음 이를 해석하는 방법에 대해 33조목에 걸쳐 설명한 것이다. 「논십이월생(論十二月生)」은 12달에 태어난 사람의 특징과 운명에

21) 김일권, 『동양천문사상: 하늘의 역사』, 서울: 예문서원, 2007, 370쪽.

대한 설명이다. 「논매월삼십일내윤해길흉성재명(論每月三十日內輪該吉凶星在命)」은 『달마일장금』 전체에 걸쳐서 다소 특이한 내용인데, 이는 한 달 30일을 6개의 별이 각각 5일씩 주관하면서, 개인의 길흉을 지배한다는 내용을 담고 있다.[22] 이는 구전을 통해서 역술(易術)이나 무업(巫業)에 종사하는 사람들이 그들은 인식하지 못하지만, 비결(秘訣)로 가지고 있는 내용의 원 자료이다. 「논십이시생인길흉(論十二時生人吉凶)은 12시에 태어난 사람의 특성과 운명에 대한 내용이다.

「논십이시초중말생인길흉(論十二時初中末生人吉凶)은 하나의 지지에 속하는 시간을 초중말로 삼분하여, 각각의 특징을 논한 것이다. 가령 자시는 자의 초(初), 자의 중(中), 자의 말(末) 등으로 구분한다. 이렇게 되면 12지지는 36개가 된다. 그런데 이러한 12지를 36으로 분화한 것은 문헌적으로 수나라(541~604) 소길(蕭吉)의 『오행대의(五行大義)』「논삼십육금(論三十六禽)」에서 볼 수 있다. 여기서는 12지에서 분화된 36의 지지를 다시 동물로 비유하고, 이것이 성립할 수 있는 근거를 설명한다.

그런데 『오행대의』는 이전 시대의 음양오행에 관한 여러 설들을 취합하여 편찬한 저술이며, 『식경(式經)』(王簡 저술. 미상), 『본생경(本生經)』(도가계열의 글. 미상), 천태종(天台宗)을 창시한 지의(智顗, 538~597)의 『마하지관(摩訶止觀)』 등의 3가지 정도의 문헌에 기원을 두고 있다. 특히 『마하지관』은 36가지 동물에 대하여 수행과 연관한 체험을 남겨 놓고 있다.[23] 일반인들은 12지지에 대한 상

---

22) 여기에 등장하는 6가지의 별 이름은 『달마일장금』의 12성신과 일치하지 않는다.

23) 『오행대의(五行大義)』「논삼십육금(論三十六禽)」 참고.

식은 있어도 36가지 동물에 대한 상징은 생소할 것이다. 그러나 근대 이전 시기만 해도 36금수는 국가의 공식적 지식이기도 했다. 예컨대 소꼬리나 꿩꼬리로 장식된 군기인 좌둑기(左纛旗)에 36가지 동물은 흔한 예였다.

이외로 「추인오명득병기일(推人五命得病忌日)」은 오행으로 분류된 사람 별로, 발병하여 회복할 수 있는지의 여부를 묻는 술수의 지식이며, 「녹마도(祿馬圖)」는 이와 관련된 그림이다. 마지막으로 「논십이시가(論十二時歌)」는 12지와 인간의 명에 대한 내용을 7언의 시가로 나타내고 있다.

이 논문에서는 성격 재구성을 위한 어떠한 문헌적 자료도 적극적으로 다루지만, 본 목적과 현저하게 차이 나는 부분은 과감한 생략을 하겠다. 우리의 목적은 명리학과 같은 술수학 그 자체에 대한 것이 아니라, 과거 지식을 트랜스퍼스널 심리학의 관점으로 재구성하는데 있기 때문이다.

3) 철학적 배경

『달마일장금』의 형식적 이론 구조는 두 가지 그림을 통해서 파악할 수 있다. 하나는 「불수장도(佛手掌圖)」이며, 다른 하나는 「명도(命圖)」이다. 그림의 명칭은 정해진 것이 없으며, 까르마에토스 체계 속에서 새롭게 부여된 명칭이다. 각각에 대해서 살펴본다.

(1) 「불수장도(佛手掌圖)」의 내용

「불수장도」의 목적은 한 개인이 태어난 년월일시를 수장(手掌,

손바닥)에서 상징적 부호로 전환하는 방법을 나타내 보여주고 있다.

일행선사는 「서문」에서 다음과 같이 말한다.

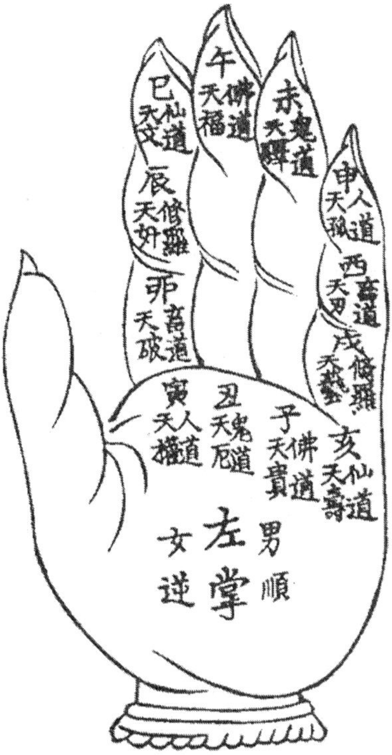

〈그림8〉 불수장도(佛手掌圖)

십식(十識)을 살피는 법은 태어난 연 아래에서 태어난 달을 취한다. 불수장도를 이용하는 방법(첫 번째 살피는 방법)은 태어난 해에서 태어난 달까지 세어 가며, 세어나간 그 자리로부터 태어난 날까지 세어가고, 세어간 그 자리로부터 태어난 시간까지 세어가는 것이다. 두 번째 살피는 방법[二推]은 태어난 해에서 태어난 달까지 세어 가며, 세어나간 그 자리로부터 태어난 날까지 세어가고, 세어간 그 자리로부터 태어난 시간까지 세어가는 것이다. 세 번째 살피는 방법[三推]은 이전과 같다. 태어난 시간까지 헤아리는데서, 행운 혹은 한 해의 운은 헤아려 도착한 시의 자리 바로 이전의 자리에 위치한 별이 되는데, 순서는 이를 따라서 진행한다. 매 운은 7년이며, 유년(流年)은 운의 위치를 따라서 별을 일으켜 가며, 월건(月建)은 유년을 따라서 별을 일으켜 간다. 남자는 순행이며 여자는 역행이니, 이렇게 하면 길흉(吉凶)을 증험할 수 있다.[24]

---

24) 看十識之法, 年下取月. 掌圖之法, 年上起月, 月上起日, 日上起時. 二推, 年上起月, 月上起日, 日上起時. 三推如前. 至每推時, 行運或一歲運, 時前一位天星是, 次第倣此. 每運七年, 流年從運位起星推去, 月建從流年起星推去, 男順行, 女逆行, 吉凶可驗矣.

일행선사의 말에서 중요한 것은 한 개인의 태어난 연월일시를 12지지라는 상징적 부호로 전환하는 방법에 대한 것이다. 12지지로 시간을 구획하는 방식을 간지기법(干支紀法)이라 하는데, 해뿐 아니라 달, 날, 시까지 모두 표기하는 데는 기원전부터 오랜 시간이 걸려 진행되었다. 처음에는 기일(紀日)을 표출하는 방식으로 사용되다가, 점차로 기년(紀年), 기월(紀月), 기시(紀時)를 표상하는 방식으로 확장되었다. 완전한 역법체계로서 사용하게 된 것은 기원후 후한(後漢) 시기에 수립된 것이다.[25] 이로부터 한 해의 간지표기가 진행되었다.

그러나 『달마일장금』 체계는 지지만을 사용하므로, 천간에서 자유롭다. 그리고 지지 가운데 십이생초(十二生肖) 즉 띠에 해당하는 태어난 해를 중시하는 본명성(本命星) 사상을 가지고 있다. 이는 『달마일장금』에 명시적으로 드러난 것은 아니며, 고법명리학의 절차를 계승하여 재해석한 것이다. 지지를 동물 상징으로 대체해서 보는 방식은 많은 점에서 이점(利點)이 있다. 예컨대, '띠의 문화' 속에서는 기호와 같은 추상적 인식보다 더 용이한 이해 방식이 되기 때문이다. 지지를 동물의 상징으로 표현하는 띠의 활용이 시작된 시점과 기원은 불분명하지만, 이 역시 기원전 무렵부터 시작된 것으로 보인다. 동서양의 기원전 문명들은 달의 표기를 동물로 대체한 역법

25) 12년을 공전 주기로 가진 세성(歲星, 목성)의 위치로 연도를 표기하는 세성(歲星)기년법을 실시했으나, 세성의 공전주기가 12년에 못미치는 정확한 관측에 따라 세성 기년법은 포기되었다. 세성의 운행과는 상관없이 60간지의 순서대로 햇수를 표기하기 시작한 것이 간지기년법이다. 간지기년법이 일반화된 것은 후한의 장제(章帝) 원화(元和) 2년, 기원후 85년 사분력(四分曆)이 개정되어 시행되면서부터이다. 이때부터 비로소 동아시아의 술수분야는 역법과 연결고리를 갖게 되었다. 김만태, 「간지기년(干支紀年)의 형성과정과 세수(歲首) 역원(曆元) 문제」, 『정신문화연구』 38-3, 성남:한국학중앙연구원, 2015, 65쪽 참고.

인 수력(獸曆)을 고안해서 사용했기 때문에, 시간을 동물의 상징으로 나타내는 것은 광범위한 보편적 현상이라고 볼 수 있을 것이다.

일행선사는 태어난 연월일시를 12지지로 전환하는 3가지 방식에 대해서 설명하고 있다. 그런데 여기서 한 개인이 소유한 10식의 유무를 파악하는 방법은 따로 독립적인 것으로 생각해서, "십식지법(十識之法)"은 제외한다. 이는 「선승도」를 활용하는 독자적인 방법에 해당하기 때문이다.

① 일추(一推): 명식 구성의 원리와 방법

가. 연상기월

첫 번째 방법은 본문에 나와 있지 않지만, 문맥을 고려하여 일추(一推)라고 부를 수 있다. 그리고 이 방법은 12지지의 상징적 전환 방식에 대한 가장 일반적인 방식이다. 그래서 "장도지법(掌圖之法)"으로 부르고 있다. "추(推)"는 추간(推看), 추산(推算)의 의미이다. 명리학의 다른 이름을 추명학(推命學)이라고 부르듯이, 헤아리고 파악한다는 의미를 가지고 있다.

일추(一推)는 연상기월(年上起月), 월상기일(月上起日), 일상기시(日上起時) 등의 세 부분으로 되어 있다. 이는 네 개의 주(柱)를 세우는 방식이다. 곧 연주, 월주, 일주, 시주 곧 『달마일장금』의 명식을 형성하는 방법에 해당한다.

연상기월(年上起月)은 한 개인의 태어난 해의 지지로부터 태어난 달의 지지까지, 「불수장도」에서 짚어나가는 방식을 가리킨다. 예를 들어, 음력 기준으로 1969년 7월 17일 오전 1시 50분에 태어난 남자를 생각해 보자. 이 남자가 태어난 해는 기유년(己酉年)으로 본명성은 유(酉), 십이생초로 닭에 해당한다. 곧 닭띠 남자다.

위 그림에서 유(酉)는 새끼손가락 위에서 둘째 마디에 표시되어 있고, 그 아래 작은 글씨로 축도(畜道) 천인(天刃)이라고 되어 있다. 축도와 천인은 「명도」를 분석하면서 다시 말하기로 하고, 여기서는 유(酉)에 대해서만 주목한다. 이 유(酉)의 자리는 『달마일장금』의 용어로는 유궁(酉宮)이라고 한다. 궁(宮)은 일행선사가 12지지를 별과 결합한 것을 12궁(宮)으로 말한데서 연유한다. 궁(宮)은 고정되어 있는 좌표와 같은 것으로 「불수장도」에서 나와 있는 모양에서 확인할 수 있다. 「불수장도」는 네 손가락을 붙여서 손가락 끝 선들을 이어 마치 원처럼 보이게끔, 한 손가락 마디의 12지점에 12지지와 12궁(宮)을 만들고 있다. 그래서 닭띠 남자는 유궁(酉宮)으로부터 태어난 달인 7월까지 세어간다.

그런데 여기서 전통적인 주석들은 간혹 다른 견해를 보이고 있다. 다시 말해 7월은 간지기월법으로 신월(申月)이다.

月	1	2	3	4	5	6	7	8	9	10	11	12
地支	寅	卯	辰	巳	午	未	申	酉	戌	亥	子	丑

〈표17〉 간지기월법

12지지의 기점은 원론적으로 자(子)부터 시작하여 해(亥)에서 종결되는 한 주기를 갖는다. 그런데 한 해의 기점은 인월(寅月)이다. 즉 한 해의 1월은 반드시 인월(寅月)이 된다. 이러한 차이가 나는 것은 이론적인 측면과 실제적인 측면에서 고려될 수 있다. 이론적으로 천지인(天地人) 삼재(三才)의 우주론에서, 하늘과 땅은 자(子)와 축(丑)

에서 개벽하고, 인(寅)에서 인간이 탄생한다고 보았다. 그래서 천도(天道)의 관점이라면 당연히 자(子)가 1월이 되어야 하지만, 인도(人道)와 천도가 함께 융합되어 있는 것이 생명의 우주가 표방하는 실상에 더 부합한다. 그래서 인간이 배제된 우주가 아니라 인간이 능동적으로 참여하는 우주를 논할 때는 인(寅)에 중점을 두어야 한다. 인(寅)은 인간의 시작이면서 천도로는 봄이다. 비록 자(子)가 일양(一陽)이 시생(始生, 처음 생겨남)하는 우주의 시작이지만, 이는 매섭게 차가운 이법의 시작이다. 그래서 온화한 이법의 시작인 봄의 인(寅)을 요청하는 것이다. 봄이 오면 벌레가 꼼지락 대면서 온갖 생물이 소생(蘇生)한다.

보다 실제 경험적인 측면으로 한 해의 시작을 의미하는 봄은 입춘(立春)을 통해 나타낼 수 있다. 입춘은 대략 음력으로 1월 초에 해당된다. 이는 태양력과 태음력의 조화이다. 비록 입춘의 24절기는 태양력 위주이고, 지지는 태음력 위주이지만, 1월이 인(寅)으로 배정된 것은 이러한 고려가 있다. 동아시아인들에게 우주는 인간의 가치가 스며들어 있는 원래적 의미의 케이-코스몰로지(K-cosmology)였기 때문이다.[26] 이런 의미에서 닭띠 남자가 태어난 7월은 신월(申月)이다. 바로 이러한 기점의 차이에서 문제가 생겨난다.

연상기월(年上起月)에 따라 유궁(酉宮)에서 시계방향의 순행으로

26) 피타고라스로부터 시작된 "우주"의 표기는 Kosmos이며, 이를 현재는 cosmos로 표기하고 있다. 그런데 현재의 코스모스는 물리적 인과성이 지배하는 우주라는 뜻이 강하므로, 가치와 의미의 우주가 물리적 인과성의 우주와 함께 공존했던 본래의 코스모스를 케이-코스모스라 부르고자 한다. 씨와 케이는 한글발음으로 차이가 나지 않아서, 씨-코스모스는 물리적 인과성이 지배하는 반쪽의 우주를 가리키고, 의미의 세계가 합쳐서 온전하게 된 우주를 케이-코스모스라고 부르려고 한다. 이창일, 「동아시아 우주론의 해체와 통합: 동아시아 전통 우주론의 구성 원리인 상관적 사유를 계승한 대안적 우주론의 모색」, 『東洋古典硏究』, 44권, 東洋古典學會, 2011, 275쪽.

7월까지 세어간다. 그러면 집게손가락의 아래에서 두 번째 마디에 위치한 묘궁(卯宮)에 이르게 된다. 1월, 2월, 3월 … 7월 등의 순서이므로, 실제는 숫자로 7을 세는 것이다.

그런데 일본의 주석들은 7월이 숫자 7을 가리키는 것이 아니라, 신월(申月)이라고 생각한다. 다시 말해, 신월이므로 지지의 처음인 자(子)부터 세어가서, 묘궁이 아닌 집게손가락 제일 끝에 위치한 사궁(巳宮)에 도달하는 것으로 이해하고 있다. 이는 숫자로 9를 세는 것과 동일하게 된다. 왜냐하면 시작의 기점이 1월 즉 인월이 아니라, 자월, 축월, 인월, 묘월, … 신월 등이 되기 때문이다.

우리의 방식과 전통 일본식의 방법은 전혀 다른 명식을 산출하게 된다. 그렇다면 과연 어떤 것이 더 옳은 것인가? 실제로 한 해(年)나 달(月), 날(日), 시(時) 등은 그것 보다 더 깊은 수리(數理)에 의존한다. 과연 2016년 병신년(丙申年)은 무슨 의미인가? 지지에 국한한다면 잔나비 신년이 도대체 무슨 의미가 있는 것인가? 이는 태양과 달 즉 일월(日月)의 우주, 다른 말로 천지(天地)와 수화(水火)의 우주에서는 다만 순환의 한 계기를 가리키는데 불과하다. 즉 이 코스몰로지에서 시간은 순환하는 원과 같다.

큰 원이 한 해(年)이고 작은 것이 달(月)이며 날(日)이고 시(時)가 된다. 그리고 더욱 더 큰 원이 세(世)이고 그보다 더 큰 원이 운(運)이며, 운(運)보다 더 큰 원이 회(會)이고 가장 큰 원이 원(元)이다. 하지만 원(元)보다 더 큰 원도 얼마든지 있다. 그리고 시(時)보다 더 작은 원이 무수하게 존재한다. 매크로와 마이크로의 두 세계는 무한히 열려 있는 것이다. 하지만 변하지 않는 것이 있으니, 그러한 시간의 지표들은 원(圓)으로 상징되는 순환 속에 머물러 있다는 것이다.

천문학적으로 태양은 입춘에서 시작을 맞이하고, 태음(달)은 그믐을 시작으로 한다. 그런데 둘의 순환 주기가 정수배로 똑 떨어지지 않는다. 그래서 태양이나 태음을 사용하는 역법(曆法)을 조화롭게 통합시키는 것이 어렵다. 둘을 통합시키기 위해서 서로 다른 순환의 주기가 맞아 떨어지는 때 즉 소수 아래 자리의 주기가 일치하는 때를 이용한다. 그 때가 곧 갑자(甲子)의 시작이고, 일월과 천지와 수화의 우주가 발을 맞추면서 시작되는 기점이 된다.

우리의 방식이나 일본의 방식은 저마다 장점이 있다. 그러나 우리의 방식은 수리에 초점을 두는 방식이다. 그래서 어떤 해의 특정한 달, 날, 일까지 모두 갑자가 아닌 숫자로 센다. 일본 방식을 채택하지 않는 것이다. 만일 특정한 날이라면, 가령 26일은 무슨 갑자에 해당하는지 어떻게 알겠는가? 그 날은 무슨 갑자인가? 아마도 일본식 방법은 기존 자평명리학에서처럼 『만세력(萬歲曆)』을 들춰보아야 할 것이다. 그러나 우리의 방식은 그렇지 않다.

1일이 제 자리라면 순환하는 원에서 13일은 다시 1의 자리와 같고, 1일과 13일은 다시 순환하는 원에서 25일과 같다. 한 달은 30일 전후이니, 이 방식은 『만세력』이 없이도 금새 태어난 달이나 날의 궁(宮)을 파악할 수 있다. 이런 의미에서 '수리'와 함께 '편리'도 구비한 것이 우리의 방식이다. 아래 월주, 일주, 시주 역시 모두 순환하는 원을 염두 한 수리의 방식을 사용하는 것이 우리의 원칙이다.

연주	월주	일주	시주
酉	卯		

〈표18〉 명식의 연주와 월주 표기

이를 도표로 분명하게 나타내서, 향후 논의에 도움이 되도록 하자.

나. 월상기월과 일상기시

이어서 월상기일(月上起日)은 이미 세어나간 묘궁(卯宮)을 기점으로 삼아서, 태어난 날의 지지까지 세어나가는 것을 뜻한다. 닭띠 남자는 17일에 태어났으므로, 묘궁(卯宮)에서부터 17까지 세어간다. 그러면 불수장(佛手掌) 전체를 한 바퀴 회전하여 약손가락 제일 꼭대기에 위치하고 있는 미궁(未宮)에 도달한다.

연주	월주	일주	시주
酉	卯	未	

〈표19〉 명식의 일주표기

일상기시(日上起時) 역시 미궁(未宮)을 시작으로 하여 태어난 시까지 세어간다. 그런데 태어난 시(時)는 지지로 다음과 같이 나타낼 수 있다.

地支	현재시각	시간대
子	11:30~01:30	자정무렵
丑	01:30~03:30	
寅	03:30~05:30	
卯	05:30~07:30	
辰	07:30~09:30	아침무렵
巳	09:30~11:30	
午	11:30~01:30	정오무렵
未	01:30~03:30	

申	03:30~05:30	
酉	05:30~07:30	
戌	07:30~09:30	저녁무렵
亥	09:30~11:30	

〈표20〉 지지의 시간 표기

예를 들어 축시(丑時)는 오전 1시부터 3시까지이지만, 우리나라의 시간 기준은 동경시(東京時)이므로 현실적으로 30분 정도 빠르기 때문에, 축시는 위에서처럼 오전 1시 30분부터 3시 30분에 해당한다. 닭띠 남자는 오전 1시 50분에 태어났으므로, 축시(丑時)에 해당한다.

미궁(未宮)을 시작으로 자, 축의 순서로 세어 가면 신궁(申宮)에 도달하게 된다. 그래서 닭띠 남자의 명식은 다음과 같이 완성된다.

연주	월주	일주	시주
酉	卯	未	申

〈표21〉 명식의 시주 표기

이와 같은 과정이 "일추"에 해당한다. 그런데 『달마일장금』에는 태어난 시(時)를 초중말(初中末)로 3등분하여, 더욱 분석적으로 이해하는 「논십이시초중말생인길흉(論十二時初中末生人吉凶)」과 같은 편이 있다. 시(時)는 어찌 보면, 탄생의 시점에 가장 가깝게 다가서 있는 부분이다. 그래서 삼세(三世)를 인정하게 되면, 전생과 현생이 가장 가깝게 맞붙어 있는 지점이라고 생각할 수도 있다. 이런 배경을 가지고 시주를 명궁(命宮)이라고 해서, 한 개인의 "성격의 총론"으로 규정하여, 개인을 대표하는 것으로 여기기도 한다. 주로 중

국 쪽에서 그렇다.[27]

이처럼 시주를 일생 혹은 성격의 대체적인 총론으로 규정하는 것은 우리 문화에서 『당사주』와 같은 문헌에서 찾아볼 수도 있다. 또한 자미두수(紫微斗數)와 같은 역술에서는 명궁이 매우 중요하게 다루어진다. 그리고 명궁이라는 명칭은 같으나 이에 대한 규정과 내용이 각 역술마다 다르게 사용되는 것에 주의해야 한다. 그러나 명궁이란 명(命)이 머무는 자리이기 때문에, 자기 자신을 대표하는 상징성은 공통적으로 유지되고 있다. 실제로 『달마일장금』(엄밀하게 말해 『신각간명일장금』)에서는 시(時)에 대한 논의가 중요한 핵심을 이룬다.

다. 까르마에토스 오구리

까르마에토스의 재료는 본래 운명을 추론하는 술수서에서 왔다. 까르마에토스는 이러한 문헌에서 심리학적인 내용을 선택하고 재해석하여, 성격유형론을 구성한 것이다. 그런데 까르마에토스는 이러한 심리학적인 측면 이외에도, 한 개인의 부귀와 길흉을 점치는 측면도 가지고 있다. 이는 성격유형론에서는 배제하고 있지만, '까르마에토스 오구리(Karma Ethos augury)[28]라고 하는 체계로 성립되어 있다. 아래에서 서술하게 될 이추와 삼추는 실제 까르마에토스 오구

27) 『達磨一掌經』(芝蘭), 64쪽 참고. 명궁은 동아시아의 대표적인 점성술인 紫微斗數에서 사용하는 용어로서, 출생일에 태양이 머물고 있는 위치를 가리킨다. 또한 관상학에서 명궁은 미간의 사이, 콧대 위, 이마 아래에 위치한 부위로서, 印堂이라고 하며 얼굴의 12궁 가운데 가장 중요한 것으로 취급되고 있다. 요컨대, 명궁은 자신을 대표하는 궁이다.

28) 오구리는 미래에 일어날 일의 상징이다(An augury is a sign of what will happen in the future). 오구리는 고대 로마의 종교에서 나르는 새를 보고 점을 친 것에서 연유한다. augur는 라틴어의 auspicium에서 왔는데, 이는 새를 보는 자(one who looks at birds)라는 뜻이다.

리의 내용이다. 여기서는 간략한 개요만을 설명하고 더 이상 부연하지 않으려고 한다. 성격유형론 즉 자기이해를 위한 통찰에만 관심을 집중하겠다. 다만, 『달마일장금』 자체가 이미 개인의 명을 논하고 있는 것이고, 옛 지혜에서 성격이란 그의 운명과 밀접한 관련을 가지고 있기 때문에, 이러한 점술에 관한 내용이 없을 수 없다. 이 때문에 비전(祕傳)의 체계라고 부르는 것이다.

명궁에 대한 까르마에토스의 입장은 두 가지로 정리될 수 있다. 첫째, 명궁이란 개인을 대표하는 상징적 부호이다. 그런데 까르마에토스는 이를 본명성(本命星) 사상에 따라 연주(年柱)로 채택한다. 명궁이 개인을 대표하는 것이 아니라 본명성이 대표하며, 명궁의 위상은 전래의 점법에서 사용하는 것으로 한정한다.

두 번째, 명궁은 보다 철학적으로 해석되어야 한다. 이는 대운을 말하는 자리에서 다시 설명하겠지만, 요컨대 명궁이란 현생의 종착점 즉 일종의 삶의 총론이라고 할 수 있다. 그것은 일생의 말년에 마주하는 현실적 상황을 '상징'하고 있기 때문이다. 현대 중국에서는 명궁이 이전 전생의 삶과 밀접한 관련을 가지고 있다고 한다. 예컨대, 위에서 예를 든 남자처럼 시주가 신(申)으로 끝나면, 그는 세속과 동떨어져서 도를 닦았던 수도인(修道人)이라는 것이다.[29)]

그러나 명궁은 고정된 것이 아니며, 성격 혹은 운명이란 전체를 고려해서 결정되어야 하므로, 명궁에만 과도한 관심을 갖지 않고, 그 상징적 성격을 참고하는 정도로만 한정하려고 한다. 이에 대해 까르마에토스는 한 개인을 대표하는 것을 본명성 즉 연주의 생초

---

29) 芝蘭, 『達磨一掌經』, 107쪽 참고.

(띠)로 본다. 띠는 기점이기 때문이다. 띠가 정해져야 이후로 월, 일, 시 등이 '일어날(起)' 수 있다. 띠는 명(命)의 근원이다. 초기 조건인 해(年)를 근원으로 해서 달, 날, 시 등이 수립된다.

그리스의 신화에 따르면 올림푸스 신의 최고 존엄은 제우스이다. 제우스는 오래된 신들인 티탄족과 싸워서 이기고 올림푸스의 권좌를 차지했다. 그런데 제우스가 물리친 티탄족의 왕은 크로노스였으며, 제우스의 부친이기도 했다. 크로노스 역시 자신의 부친이었던 우라노스의 성기를 거세하여 존엄이 되었다는 업보 때문인지, 그도 자식에게 권좌를 빼앗긴다는 예언이 무서워서, 고약하게도 자신의 아이들이 태어나면 이를 먹어치웠다. 제우스는 이전 형과 누나들이 먹히고 한참 뒤에 가장 마지막에 먹힌 막내였다. 그런데 이 자식들은 모두 불사(不死)의 존재였기 때문에 크로노스의 배속에서 소화되지 않고 살아 있다가, 이를 불쌍히 여긴 모친 레아의 도움으로 크로노스를 토하게 만들자, 아이러니하게 제우스가 가장 먼저 태어났다. 막내이면서 동시에 큰애였다. 마지막이 곧 처음이 되었다.

상징적으로 보면, 전생의 마지막은 이승의 처음이다. 이는 수레의 바퀴처럼 순환하는 원 속에서, 어디든 그 한 지점은 처음이면서 동시에 마지막이고, 시작점이 곧 종착점이라는 근원적인 사실과 같다. 이승의 연주란 저승의 마지막과 연관되어 있다. 반드시 그것이 저승의 시주는 아니지만, 저승의 끝은 이승의 처음과 연이어져 있다. 저승으로부터 물려받은 업력의 상징적 기호는 연월일시에 골고루 퍼져 있고, 그것이 반드시 명궁일 필요는 없지만, 돌고 도는 수레바퀴와 같은 윤회의 실상 앞에서, 저승과 이승이 맞대어 있는 곳은 이승의 연주와 저승의 시주라고 보는 것이 더 그럴 듯한 상징이다. 그래서 본명성이 있는 연주를 명주로 삼는다. 이곳이 자기 정체성을 말하는 까르마에토스의 상징 부호이다.

자미두수의 명궁과 까르마에토스의 명궁은 다르다. 까르마에토스는 『달마일장금』에서 시주를 명궁으로 암시하는 모든 내용을 포용하면서, 다시금 이를 비판적으로 재구성하고 있다. 까르마에토스는 단순히 역술도 아니고 현시대의 흔한 성격유형론도 아니다. 그것은 궁극적으로 생사(生死)를 여일(如一)하게 바라보는 옛 지혜의 전통을 계승하고, 자유의지를 구가하는 것 같지만 실은 엄혹한 운명의 속박에서 벗어나지 못하는 인간의 실존을 투철하게 보는 것이며, 그럼에도 속박의 굴레를 부수고 대자유를 얻으려 하는 인간의 집요하고 강인한 불굴의 투지를 영웅적 행위로 찬미하는 내용을 담은 독특한 학적 체계라고 할 수 있다.

연주	월주	일주	시주
酉	卯	未	申

〈표22〉 완성된 명식

'닭띠 남자'는 축시(丑時)에 태어났다. 시주의 신궁(申宮)은 미(未)로부터 축시(丑時)까지 세어나간 결과이다.

② 이추(二推): 까르마에토스 오구리(1)

이추(二推)는 일추와 동일한 방식(年上起月, 月上起日, 日上起時)에 근거를 두고 있지만, 실은 그 쓰임이 무엇인지 문헌을 통해서는 알 수 없다.

다만 일본에서는 이추가 '불시(不時)의 점(占)'을 치는 방식이라고 한다.[30] 이는 뜻하지 않은 돌발적인 점이라는 뜻이 아니고, '특정한 때를 고려하지 않은 전반적인 상황에 대한 점'이라는 의미이다. 예를 들면, 올해 신수(身數)를 묻는 경우에는 특정한 때를 고려하지 않은 "불시의 점"에 해당하겠다. 이러한 내용은 까르마에토스 오구리의 영역에 해당한다.

이추는 일종의 단시법(斷時法, 특정한 시점에서 판단하는 방법) 혹은 래정법(來情法, 내담자의 상담 내용을 점쳐서 아는 방법)과 같은 점법(占法)이라고 보인다. 이러한 점법의 근원은 『주역』의 설시법(揲蓍法)에서 원형을 찾을 수 있다. 다만 이것은 일본의 전통에서 연유하는 것이다. 아마도 과거 일본인들의 『달마일장금』 이해 방식일 것이다. 이추는 점(占)을 치러 온 내객(來客, 내담자)의 실제 나이와 문점(問占)을 하는 그 시점에 중요성을 부여하고 있다. 이런 의미에서 실제 나이 즉 태어난 해의 띠에 중요성을 부여하고 있다.

예를 들면, 지금 시점 즉 2019년 2월 12일(음력) 정오 12시(午)에 51세 되는 남자가 사업 운을 물어보러 왔다고 가정하자.

㉮ 2019년은 기해년(己亥年)이다. 51세인 사람이 태어난 해는 기유년(己酉年) 즉 닭띠이다. 유궁(酉宮)을 자(子)로 여기고, '자축인묘…술해'까지 세어간다. 그러면 신궁(申宮)에 도달한다. 이것은 2019년 올해의 운기와 내 나이의 운기를 한데 합해서 기점으로 삼는 것이다. 접기(接氣)의 방식이다. 아래부터는 문점하는 현재의 시점을 첨가해 나간다.

30) 『看命一掌金和解』(馬場氏信武 譯), 10쪽 참고.

㉯ 신궁이 시작이다. 신궁에서부터 2월을 세니, 유궁(酉宮)이 되었다.

㉰ 유궁에서부터 12일을 세니, 신궁에 이르렀다.

㉱ 신궁에서부터 오시(午時)를 세니, 인궁에 이르렀다.

㉲ 명식은 묻는 일의 결과를 기승전결로 나타낸다고 본다. 즉 "申-酉-申-寅"가 된다.

㉳ 처음에는 모색하며 힘차게 나가다, 결국에는 권위를 얻는다.

③ 삼추(三推): 까르마에토스 오구리(2)

삼추는 이추와 더불어 까르마에토스 오구리에 해당하는 내용이다. 삼추(三推)는 다소 복잡한 내용이 포함되어 있는데, 그 골자는 대운(大運)에 관한 내용과 이를 바탕으로 한 점법에 있다.

일반적으로 대운이란 태어날 때, 한 개인이 부여받은 환경에 해당한다. 모든 사람에게 시간은 공정하게 주어진다. 예컨대, 누구나 2019년(기해년)이라는 시간의 흐름 속에 참여하고 있다. 이는 객관적인 시간의 흐름이라고 할 수 있다. 그러나 한 개인과 관련되는 시간이란 이 같은 객관적 시간 이외에도, 특정한 탄생시점이 반영되는 시간의 흐름이 존재한다.

명리학은 이런 생각을 가지고서, 한 개인의 명이 사계절의 한 시점에서 시작될 경우, 그 개인의 출발을 특정한 계절에서부터 고려했다. 곧 태어난 달의 지지를 10년 단위로 설정하여 개인에게 특별한 환경으로 설정하는 이론을 고안했다.

그러나 『달마일장금』에서는 태어난 해를 기점으로 해서 추산해

온 시주의 궁을 중요하게 생각하여, 이 궁에 앞선 지지를 대운의 기점으로 삼고 있는 것 같다. 가령, 닭띠 남자의 시주는 신궁(申宮)이며, 신궁의 앞 선 궁은 12지지의 순서에 따라 미궁(未宮)이다. 그래서 미(未)부터 순행하여 신유술해(申酉戌亥) 등등, 7년을 주기로 대운을 설정한다. 그리고 어떤 해의 길흉을 점칠 때, 대운을 이용하게 된다.

예를 들자면, 닭띠 남자는 2019년은 51세이므로, 7년을 주기로 할 때, '미(未, 1~7세), 신(申, 8~14세), 유(酉, 15~21세), 술(戌, 22~28세) … 인(寅, 50~56세)' 즉 대운은 인(寅)이 된다. 그래서 인운(寅運)을 기점으로 2019년 기해년(己亥年)까지 세어 가면 축궁(丑宮)에 도달한다. 인묘진사... 자축(자축인묘...술해). 축궁은 이 닭띠 남자의 한해 운수가 되고, 이로부터 2019년의 특정한 달의 운수와 특정한 날의 운수, 또는 특정한 시간의 운수 등을 추산할 수 있다.

그런데 왜 대운의 기점은 시주 즉 명궁의 이전 궁위에서 시작하는가? 또 왜 대운의 주기는 7년이 되는가? 이에 대해서 문헌은 여전히 밀교적 침묵을 하고 있다. 우리가 이에 대해 석연한 이해를 하고 싶다면, 명궁의 지위가 인생의 총론이라는 규정에서 생각의 실마리를 찾을 수 있을 것이다. 까르마, 윤회 등의 사유방식이라면, 명궁 이전의 궁위는 전생과 이생의 중간지대 즉 바르도(Bardo)라고 하는 중음신(中陰身)의 세계를 가리킨다고 보는 것이다.[31)]

31) 바르도(bardo)는 두 가지(do)의 사이(bar)라는 의미의 티베트어이다. 중유(中有)라고도 함. 이하 단락의 중음신에 대한 논의는 다음의 저술과 불경을 참고하였다. 남회근, 신원봉 역, 『불교수행법강의』, 서울: 씨앗을뿌리는사람, 2003. 남회근, 송찬문 옮김, 『생과사 그 비밀을 말한다』, 남양주:마하연, 2014. 이숙군, 송찬문 번역, 『사람은 어떻게 태어나는가』, 남양주:마하연, 2014. 김성철, 『김성철 교수의 체계 불학: 100문 100답』, 서울: 불광출판사, 2011. 쫑카파(Tsongkhapa), 청전 옮김, 『깨달음에 이르는 길: 람림(Lam Rim Chen Mo)』, 서울:청전, 2013.

중음신(中陰身)은 보통 영혼(靈魂) 또는 혼(魂)을 가리킨다. 중(中)은 이승의 세계와 저승의 세계에 걸친 가운데라는 의미이고, 음(陰)은 유(幽)의 상태를 가리킨다. 유(幽)란 죽음의 세계이다. 생명이 다하면, 그러나 까르마에토스에 의하면 실제로 다하는 것이 아니라 다른 생명으로 변화하는 과정에 이르게 되면, 혼이 육신에서 빠져나오게 된다. 이 혼이 중음신인데, 중음신은 정묘한(subtle) 몸을 가지고 있으며, 정신 또한 있다. 보통 일반인들은 중음신을 볼 수 없지만, 특별한 눈 곧 영안(靈眼)이나 정안(淨眼)을 통해서는 볼 수 있다. 그래서 이 중음신은 프리퍼슨이나 퍼슨의 단계가 아니라, 트랜스퍼슨의 단계에서 확인되는 실재이다.

중음신이라는 혼은 거친 물질을 벗어나 있지만, 대신 정묘한 물질로 이루어져 있으며, 생전에 지은 까르마 혹은 전생의 그 전생부터 과보를 받지 못한 미해결된 까르마를 간직하고 있다. 그래서 까르마의 업력에 따라, 새로운 거주지에서 새로운 몸을 가지고 살아야 하는 윤회의 굴레에 떨어지게 된다. 육도의 거주자는 물론 중음신도 까르마에토스의 존재이다. 인간이나 축생 혹은 천상의 신들이 음양의 화합 즉 성교(intercourse)를 할 때, 수태(受胎) 과정 속에 중음신이 결합해야 생명이 탄생한다.

중음신은 자신의 업력에 따라 그 현장에 자연스럽게 동화된다. 개의 태(胎)가 좋으면 그곳이 지복(至福)의 장소처럼 느끼게 되고, 부유한 사람의 태를 지복의 장소로 느끼거나, 빈한(貧寒)한 사람의 태를 지복의 장소로 느끼면, 그곳이 바로 그의 내생이 된다. 그래서 자신이 살아야 할 명을 스스로 선택하는 것이다. 자업자득이다. 그렇기 때문에 개가 되고, 소가 되고, 승냥이가 되고, 귀신이 되고, 천한 신분에 못난 얼굴을 하고 미련 곰퉁아리로 태어나도 부모와 환경을 탓하는 태도는 다만 어리석을 뿐이다. 다만 모를 뿐, 누구를 탓할 수 있는가.[32]

누구도 너를 만들지 않았다. 네가 선택한 것이 이 번 너의 삶이다.

까르마의 수준에 따라 육도의 한 거주지가 결정되는 것이다. 까르마에토스는 이 순간과 상응하는 무심(無心)한 별들의 일정한 배열을 상징적 부호로 전환한 것이다. 하늘의 별들은 한 존재가 새로운 변화를 시작할 때 동시에 참여를 한다. 이는 온 우주가 하나의 생명 즉 만물은 일체이며, 기의 사상으로 보자면 삼천대천세계(三千大千世界) 전체가 하나의 기(氣)라고 하는 것이다.[33]

그래서 명궁 즉 시주 이전의 운위는 곧 그가 수태하기 직전의 까르마를 가리킨다. 수태를 하면 이미 새로운 명을 받은 것이고 남은 10달 정도 태내에서 양육되어 출산을 기다린다. 까르마에토스는 태어나는 순간을 상징적 부호의 출발로 삼지만, 실제로 그는 수태 순간에 이미 까르마를 고스란히 가지고 새로운 명을 받는 것이다. 이런 이유 때문에 고법명리학에서는 사주를 연월일시(年月日時)라고

32) 불교의 윤회사상이 지배계급의 통치를 정당화하는 이데올로기로 이용된 것이 인간의 역사였다는 비판에는 일정한 진리가 있다. 여기서는 이론 그 자체에 대한 이해에 관심을 두기로 한다. 그러나 불교와 같은 옛 지혜의 이론은 수평적인 인식이 아닌 수직적 인식 즉 깊이의 인식으로 생각하는 것이 더 중요하다. 자주 옛 지혜의 이론은 망각되거나 비난의 대상이 되기 쉽다. 옛 지혜를 설파한 인물들의 최후는 거의 비참했다. 이는 인류의 평균 의식이 저급한 데서 정치의식 또한 저급했기 때문이다. 자각을 동반한 민중 또는 시민 의식의 성장으로 인해 옛 지혜의 가치가 평가될 것이다.

33) 저 먼 성단에서 명을 다한 혼이 지구로 와서 새로운 명을 받을 수 있다. 그 반대도 마찬가지이다. 우주 전체가 하나의 생명이기 때문이다. 아마도 선도와 불도의 상징적 부호를 가지고 태어난 사람은 저 먼 별에서 온 혼일 가능성이 크다. 『김성철 교수의 체계 불학: 100문 100답』 참고.

하지 않고, 태월일시(胎月日時)로 정한 것이다.[34] 그러나 까르마에토스는 태를 끊고 자신의 폐로 대기를 들여 마시는 그 순간을 탄생으로 보는 전통을 계승하고 있다. 탄생이라는 원초의 울음을 상징적 출발로 삼는 것이다.

시주 이전의 운위(運位)는 그러므로 이승의 삶이 펼쳐지는 바로 직전의 까르마라는 의미에서 대운의 기점으로 상징된다. 대운이란 이승의 명을 둘러싼 환경이기 때문이다.

그리고 대운이 7년이라는 것은 두 가지 측면에서 논의될 수 있다. 첫 번째는 불교의 상징이다.[35] 중음신은 다른 명을 받아 태어나기까지 7의 주기를 가지고 변화하며, 그 전형적인 날짜는 '칠칠이 사십구'(7×7=49)일이 된다는 사실과 태아의 발달이 7일을 주기로 변화한다는 옛 생리학의 사실 등이 반영된 것이다. 여기에 불교는 7의 상징을 중시한다. 예컨대, 싯달타 태자가 태어나서 사방을 일곱 걸음 걸었다는 일화가 있다. 이를 육도윤회를 벗어나는 제7의 걸음으로 해석하기도 한다. 초파일에 연꽃 일곱 송이를 올리는 헌화식이 이와 연결된 것은 너무 잘 알려진 사실이다.

게다가 『장아함(長阿含)』의 『대본경(大本經)』에서는 세존인 석가모니불(釋迦牟尼佛, śākyamuni buddha)을 포함해서, 6분의 불타(佛陀)를 말하고 있다. 즉, 비바시불(毘婆尸佛, vipaśyin buddha), 시기불(尸棄佛, śikhin buddha), 비사바불(毘舍婆佛, viśvabhū buddha), 구루손불(拘樓孫佛, krakucchanda buddha), 구나함불(拘那含佛,

34) 四柱者, 胎月日時. 李虛中 저, 김정혜 외 역, 『李虛中命書』, 파주: 이담, 2012, 110쪽 참고.
35) 앞서 에니어그램에서 헥사드와 7의 상징적 연관을 살펴보았다. 이들은 일종의 우주적 패턴이라고 할 수 있을 것이다.

kanakamuni buddha), 가섭불(迦葉佛, kāśyapa buddha) 등이다.

더욱 흥미로운 것은 대표적인 치유불(治癒佛, healing buddha)인 약사여래(藥師如來)와 관련된 것이다. 『약사유리광칠불본원공덕경(藥師琉璃光七佛本願功德經)』에서는 약사여래를 포함해서 일곱 분의 불타를 말하고 있다. 경전에서 문수사리보살은 세존께 업장을 소멸하고 지혜를 얻기 위한 방법을 여쭙고 있다. 이에 세존은 일곱 불타의 이름과 명호를 부르고, 서원을 차례로 소개한다.

칠불은 각각 이름은 광승(光勝)이고 명호는 선명칭길상왕(善名稱吉祥王), 묘보(妙寶)이고 명호는 보월지엄광음자재왕(寶月智嚴光音自在王), 원만향적(圓滿香積)이고 명호는 금색보광묘행성취(金色寶光妙行成就), 무우(無憂)이고 명호는 무최승길상(無憂最勝吉祥), 법당(法幢)이고 명호는 법해뢰음(法海雷音), 선주보해(善住寶海)이고 명호는 법해승혜유희신통(法海勝慧遊戲神通), 정유리(淨琉璃)이고, 명호는 약사 유리광(藥師琉璃光) 등이었다. 여기서 불교 천문학(점성술)의 대명사인 문수보살(文殊菩薩)이 등장하고,[36] 경전 중에 12약차(藥叉)대장이 불법을 수호하기로 서원하는 내용은 눈여겨 볼만하다. 12약차대장은 자연스럽게 12지지, 더나가 12생초 등과 연관되어, 12성신이 인간의 운명을 주관한다는 『달마일장금』과 비슷한 사상적 기조를 형성하고 있는 것은 매우 흥미롭다고 할 수 있다.

두 번째는 수리적인 이유이다. 즉 「명도」는 육도가 서로 반대 방향에서 한 조를 이루고 있는 체계를 가지고 있다. 예컨대, 자(子)는

---

36) 대표적인 인도점성술 문헌인 『수요경(宿曜經)』의 본래 이름이 『문수사리보살급제선소설길흉시일선악수요경(文殊師利菩薩及諸仙所說吉凶時日善惡宿曜經)』이다. 문수사리보살을 줄여서 문수보살이라 한다.

오(午)와 반대방향을 하고 있으면서 불도(佛道)의 지위를 가지고 있다. 다른 육도 역시 마찬가지이다. 이는 원의 순환할 때 반(半)에 해당하는 지점이다. 즉 자(子)라는 불도는 7의 주기를 가지고 상승과 하강을 반복하는 것이다. 자(子)는 제 자리에서부터 세어서 7이 지나서 오(午)의 불도에 이르고, 다시 불도로 돌아오려면 7이 지나야 한다는 것과 같다.

원의 운동이 반을 지나는 것은, 마치 한 해의 계절이 원의 반을 지나면서 다른 세력으로 교체되어 새로운 국면으로 접어드는 것과 같다. 곧 원의 반은 하나의 국면이 종결되고 새로운 국면이 시작되는 지점 곧 일종의 변곡점(變曲點)에 해당한다. 이런 이유 때문에 숫자 7을 변화의 기점으로 삼은 것이다.

이상과 같은 언어는 현대 교육을 받은 사람들에게는 이해하기 어려우며, 심리적인 저항을 크게 느낄 수 있는 내용이다. 그러나 이러한 내용은 사실 상식에 불과하다. 옛 지혜는 인간이 우주로부터 체득한 지식의 보고이다. 현대의 지식도 우주로부터 왔지만, 옛 지혜를 일방적으로 배척하는 것은 옳지 않다. 옛 지혜이든 현대의 지식이든 그것은 지식이기 때문에 우리가 배우고 익히고, 비판하고 계승할 수 있는 것이다. 그 지식이 우주의 정원에서 열린 열매라는 사실을 알고, 열린 마음을 갖는 것이 더 중요하다. 더구나 지식이란 특정한 의식의 수준에 따라 깊이가 다르고, 다양하다.

"남자는 순행하고 여자는 역행한다"는 원칙은 참으로 중요하다. 남녀는 음양이론으로 보아서, 순(順)과 역(逆)에 대응하므로 이렇게 나타내었다. 그러므로 한 개인에게서 남녀의 구별은 매우 중요한 것이다. 이는 또한 『달마일장금』이 음양이론을 철저하게 구현하고 있다는 것을 알려 주고 있다.

우리나라의 속설 가운데 조선시대 유명한 책사(策士)였던 한명회(韓明澮, 1415~1487)라든지, 다른 이인(異人)과 술사(術士)들의 언행을 통해서 "(모든 것이 다) 이 손안에 다 있소이다"라는 말이 널리 회자된다. 하지만 실제로 정사(正史)에서 이런 말에 대한 기록은 찾기 어렵다. 그런데 이러한 속설이 유행하게 된 것은 추측에 불과하나, 승려들이 행한 중생교화의 한 수단으로 『달마일장금』 같은 비술이 광범위하게 유포되어 있었기 때문이라고 보인다.[37] 찬란한 세속의 문명을 비껴 나서 미천하게 "산 속에 사는 (이름 없는) 중"이라는 이름을 빌어 일행선사는 이런 말을 남기고 있다.

> 경전에서 말하길, "12개의 궁(宮)들은 갔다가 다시 돌아오니, 오직 겹치거나 포개어지는 중첩이 있을 뿐 저 강산을 달리는 구나. 세간의 이런저런 성공과 실패의 삶이라는 것이 산승 손바닥 안에 다 들어있음이라."[38]

『달마일장금』은 산에서 사는 은자들의 구도와 교화를 위해 은밀히 전해진 비술이었다. 그래서 이러한 전통과 격절되어 있는 현대의 우리들이 보아서도, 언뜻 블레이크(William Blake, 1757~1827)의 시가 연상되는 것은 우연이 아닐 것이다. 블레이크는 「순수의 전조

---

37) 일본에서는 승려들이 비전으로 『달마일장금』을 전했다는 기록이 있다. 『密敎占星術大全』, 204~205쪽 참고.

38) 經云, 十二宮中去復還, 惟有重疊走江山. 世間多少榮枯者, 盡在山僧一掌看.

(Auguries of Innocence), 1803」에서 이렇게 예언하고 있다.[39)]

To see a World in a grain of sand,	한 알 모래 속에서 세계를 보고,
And a Heaven in a wild flower,	한 송이 들꽃 속에서 하늘을 본다.
Hold Infinity in the palm of your hand,	손바닥 안에서 무한을 거머쥐고
And Eternity in an hour	순간 속에서 영원을 파악(把握)하노니

이는 지각(知覺)이 정화된 시인의 눈을 통해 본 세계의 실상이라고 할 수 있다. 『달마일장금』은 상징이 그려진 손바닥을 통해 한 개인의 영원을 본다(Hold infinity in the palm of your hand). 그 사람의 영원이란 연기(緣起)의 오랜 유전 속에서 저장되고 발현되어 생겨난 그의 삶이다. 일생은 단 한 번의 생이지만, 이는 먼 과거로부터의 업이 축적되어 발현된 것이며, 일생의 삶에서 새로운 업의 축적은 미래의 생을 준비하고 있다. 불교라는 옛 지혜는 깨달음이 없다면 이러한 과정이 끝나지 않는다고 말해 준다.

4) 「명도(命圖)」의 구조

「명도」는 『달마일장금』의 이론 구조를 잘 보여주고 있다. 「명도」는 5개의 원이 포개져 있는 네 가지 층을 이룬 모양을 기본으로 가지고 있다. 원은 고대로부터 특별한 상징이 아닐 수 없다. 원은 완

39) 흔히 '순수의 전조'로 번역되는 Auguries of Innocence는 본래 132행에 달하는 장시이다. John E. Grant, Apocalypse in Blake's "Auguries of Innocence", Texas Studies in Literature and Language, 5:4 (1964:Winter) 참고. 영원은 일시적이고 가변적인 지상의 것들과 절연되어 있는 것이 아니라, 지각(知覺)의 문이 정화된 시인의 눈에는 영원 속에서 지상을 보고, 그 반대도 마찬가지이다. 이런 의미에서 일행선사가 알려준 일장금의 관법은 지각이 정화된 시인의 눈이다. 시인이 상징을 쓰는 것처럼 일장금도 상징을 사용한다. 상징은 지각을 정화시켜준다고 할 수 있다.

전, 영원, 순환 등을 표상한다. 또한 성격과 관련해서, 원만(圓滿)은 전방위적으로 발달의 최고 수준에 도달한 사람의 특성을 일컫는 말이기도 하다. 순환하는 원의 표상은 동아시아의 자연철학을 상징적으로 나타내는데 효과적이고, 불교적 전통에서도 만다라(mandala) 상징이 보여주듯이, 원이 가리키고 있는 상징들은 넓은 폭과 깊이를 가지고 있다.

〈그림9〉「명도(命圖)」

이 원은 네 가지 층으로 구분되어 있는데 각각의 층은 하나의 세계를 대표하고 있다. 원의 중심은 명(命)이 있으며, 그 다음은 12지지가 있고, 그 바깥으로 불교의 육도(六道)가 있으며, 이어서 12성신이 배열되어 있고, 마지막 층은 미래예언적이면서 동시에 한 개인의 특성을 나타내는 4구(句)의 언어들이 배열되어 있다. 이에 대해서 각각 알아보도록 한다. 「명도」의 계층은 중심에서부터 제1층, 제2층, 제3층, 제4층 등으로 구분한다.

(1) 중심: 명(命)

명의 문자적 함의는 명령하다(decree)는 뜻이다. 이는 상위자가 하위자에게 내리는 사역(使役) 혹은 변화와 운동을 일으키는 동인(mover)을 상정하고 있는 개념이다. 이 개념을 벗어나면, 굳이 명이라고 할 수 없을 것이다. 그래서 명은 복종의 뜻을 상대적으로 내포하게 된다. 그런데 명을 내리는 주체는 지고의 존재(Supreme Being)가 아닐 수 없다. 이는 문화에 따라, 신(Deus), 도(道), 하느님, 이(理) 등으로 불리는 궁극적인 존재이다. 그래서 명은 궁극적인 존재가 그로부터 파생되어 나온 존재에게 내리는 명령이다. 따라서 궁극적인 존재가 아닌 존재들은 이 명령을 필연적인 것으로 여겨서 복종하지 않을 수 없다.

선불교를 포함한 동아시아의 일반적인 사상에서 궁극적인 존재의 명령이란, 자연의 질서 그 자체 혹은 그에 내재한 일종의 법칙이나 원리를 가리키는 도(道)라고 할 수 있다. 이것은 초월적 존재일 수 있지만, 대개는 초월적 존재자로서 인격적인 형태나 위상을 갖지는 않는 편이다. 이를 형이상학적으로 언명하자면, 역설적 위상을 가진 존재라고 할 수 있을 것이다. 즉 명은 자연의 질서 전체에 내재하면서 그것을 초월한 내재적 초월과 그 반대로 초월적 내재의 긴장을 가지고 있다는 의미에서 역설적 위상을 가진 존재가 아닐 수 없다.

이런 존재로부터 부과된 명령이란, 우주의 이법(理法) 그 자체, 특히 인간 생명에 나투어 있는 우주의 근원이라고 할 수 있을 것이다. 이런 의미에서 명은 생명의 원리(principle of life)라고 부를 수 있다.

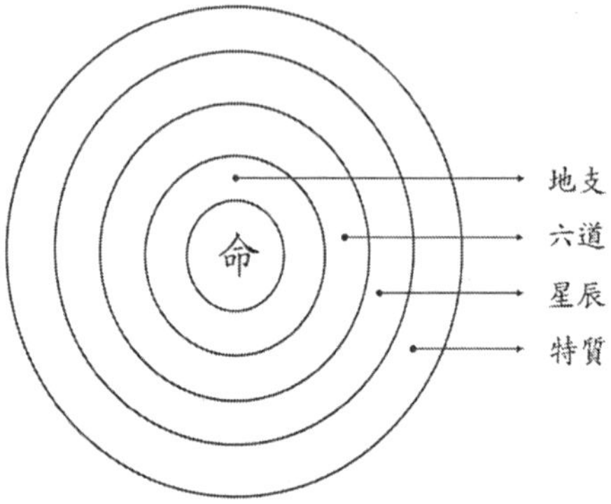

〈그림10〉「명도(命圖)」의 계층

명의 관념이 처음 기원한 것은, 동아시아에 한정하자면 『주역』의 오래된 경(經) 부분에 해당하는 점사(占辭)에서 확인할 수 있다. 매우 오래된 『주역』의 기원과 함께 성립한 중국의 고경(古經)들로부터, 명은 지고의 존재인 하늘(天)과 연관되어, 복선화음(福善禍淫)의 주관자인 하늘의 명령이라는 의미가 강하였다.

복선화음의 관념은 지금도 유효한 것인데, "선한 행위를 한 사람에게 하늘은 복을 내리고 그렇지 못한 사람에게는 화를 내린다"는 의미이다. 그런데 이러한 명은 잘 지켜지지 않는 것 같다. 죄를 짓는 사람이 버젓하게 잘 사는 실제 사례는 부지기수이기 때문이다.

하지만 이 때의 명은 하늘에서 인간으로 향하는 일방향적인 것이 아니라, 선한 행위 혹은 악한 행위를 하는 인간이라는 점에서 덕(德)을 닦거나 그렇지 않은 패덕(悖德)을 행하는 인간의 자유의지(free will)를 내포하고 있다. 그래서 스스로의 자각에 따라 덕을 함양하면 하늘은 복을 내리고, 패덕을 자행하면 화를 내린다. 하지만 덕을 함양했는데도 복이 내리지 않거나, 패덕에도 멀쩡하다면, 인간은 이 명령을 불신하거나 저주할 것이다. 소위 말하는 운명론적이거나 숙명론적 태도가 여기에 있다.[40] 개체의 무기력에 절망하여 팔자 탓을 하는 태도는 현실적인 사태로부터 주어진 것이다. 이런 의미에서라면 「명도」의 명은 필연적인 인간의 정해진 행로를 의미한다. 명을 전문적으로 다루는 명리학은 대부분 이에 긍정하여, 이를 정명론(定命論)이라 이름하고 있다. 곧 "이 세상에 태어난 사람은 그 사람이 따라야 하는 하늘의 명령이 정해져 있다"는 것이다.

그러나 정명론에는 난점이 있다. 만일 어떤 사람이 하늘의 명령을 이해한다고 했을 때, 그가 행한 일은 모두 자신이 행한 것이 아니라 명령에 따른 것이 된다. 그래서 그 행위에 따른 결과에 책임을 질 이유가 원칙적으로 없는 것이다. 혹여 패덕한 행위도 책임이 없다. 모두 하늘에 따른 것이기 때문이다. 또한 선한 행위도 자신의 의지로부터 비롯된 것이 아니기 때문에 명예롭지 못하다. 이러한 사상에 다수가 동조하면 한 개인은 물론 사회를 황폐화시키는 담론이 된다. 그런데 이 모두는 복선화음이 잘 지켜지지 않은 데서 기인한다.

명을 철학적으로 이해한 것은 공자(孔子, −551~−479)로부터 시작한다. 공자는 덕(德)과 복(福)의 불일치라는 운명의 관점에서 덕의 수양(修養)은 복을 받기 위한 것이 아니라, 즐거움을 얻기 위한 것이라는 사상을 전개한다. 이는 운명을 달갑게 받아들이고 더 이상 명령을 내리는 주관자에 대한 원망을 하지 않는 태도를 만들었다. 낙천지명(樂天知命)이 이것이다. 그런데 이와 같은 낙천지명이 이루어

40) 이택용, 「중국 先秦시대의 命論 연구―맹자와 장자를 중심으로」, 성균관대 동양철학과 박사학위논문, 2012, 39쪽.

지기 위해서는 복에 대한 견해를 오직 덕의 수양 곧 인간됨의 최상의 가치를 함양하는 것에만 한정하고, 빈부귀천수요(貧富貴賤壽夭)와 같은 가치들은 도외시하는 방향으로 귀결될 수 밖에 없을 것이다. 그래서 공자의 낙천지명은 잘 살고 못사는 것, 귀하고 천한 것, 장수하고 요절하는 것에 큰 가치를 부여하지 않는다. 그것은 어쩔 수 없는 하늘의 소관 즉 운명이기 때문이다. 그 대신 태어나서 인간이 성취해야 할 인간됨의 가치를 실천하는 것에 큰 찬사를 보내는 매우 고상한 철학을 세우게 되었다. 그래서 역설적으로 덕을 함양하는 즐거움을 갖춘 군자(君子)의 수가 그렇게 적게 된 것이라 볼 수 있다. 공자를 뒤이은 맹자(孟子, -372?~-289?)의 안심입명(安心立命) 역시 이러한 틀에서 완성되었다.[41] 이 같은 사상이 미친 사회적 영향력을 과소평가하는 것은 아니지만, 인간의 욕구 가운데 이러한 태도는 매우 고차적인 것이라 하지 않을 수 없을 것이다.

그러나 운명에 대한 또 다른 이해는 노자와 장자의 자연철학, 특히 맹자와 동시대에 살았던 장자(莊子, -369~-289?)에서 찾을 수 있다. 장자의 명론(命論)은 명을 내리는 근원이 하늘이 아니고 하늘의 법칙인 도(道)라는 데서 시작한다. 하늘은 복선화음을 하는 것이 아니다. 복과 화는 모두 인간의 제약된 가치판단에서 기인한 것, 즉 빈부(貧富), 귀천(貴賤), 수요(壽夭)는 모두 절대적인 근거가 없는 상대적인 것이다. 그래서 덕을 닦는다는 행위는 곧 빈부귀천수요를 구분하는 인식의 판단으로부터 자유롭기 위한 무아(無我)를 추구하고, 그 결과 천지를 소요(逍遙)하는 대자유인이 된다. 그리고 이와 같은

41) 「중국 先秦시대의 命論 연구-맹자와 장자를 중심으로」, 75쪽.

하늘의 법칙인 도가 곧 명이며, 명을 따르는 것만이 온전한 마음의 평화를 가져온다는 안명론(安命論)을 내세웠다.[42]

『달마일장금』은 이와 같은 동아시아의 대표적인 명론(命論)에 불교의 차원을 도입하고 있다. 『달마일장금』은 빈부귀천수요의 차별적 현상이 발생하는 근원을 원(圓)의 도상에서 가운데에 위치시켰다. 이는 모든 차별화와 구체적 차등의 근원이 명이라는 것을 나타내고 있다. 제일 바깥에 위치한 여러 특성들은 가치적으로 좋고 나쁜 차이가 엄연히 존재한다. 천귀성(天貴星)과 천파성(天破星)의 차이는 큰 것이기 때문이다. 이는 정명론의 근원으로서 명을 이해한 것으로 보인다. 그러나 불교는 정명론을 최종적으로 인정하지 않는다. 그렇다면 성도(成道)를 위한 수행이 의미가 없어지게 될 것이기 때문이다. 또한 공자의 태도처럼 빈부귀천수요의 가치를 넘어선 덕의 차원만을 강조하지 않는다. 명의 필연성이 엄연히 존재하기 때문에 삶의 행불행을 도외시할 수 없다.

장자의 안명론은 인간세의 가치들이 궁극적으로 무의미한 절대평등의 자유를 추구한다. 오리의 명(命)과 학의 명(命)은 각자의 명을 추구하는 데서 평화를 달성하기 때문이다. 이런 의미에서 오리와 학이 각자의 명을 추구하는 것이 명의 실제 내용이라는 데에 『달마일장금』이 동의할 수 있다. 그러나 도적과 선인이 각자의 명을 추구하는 세상은 추악한 세상이다. 인간은 오리나 학이 아니며, 도적과 선인은 인간의 본래 모습일 수 없다. 인간의 본래 명은 도적이나 선인을 추구하는 것이 아니라, 인간의 명을 추구하는 것이다. 그제서야

42) 「중국 先秦시대의 命論 연구–맹자와 장자를 중심으로」, 240쪽.

인간은 자유롭게 된다. 인간의 명은 전생으로부터 축적된 업력에 따른 사실이며, 이러한 불평등은 행불행을 직접적으로 가져 온다. 행불행에 좌우되지 않는 인간이 장자가 말한 도인일 것이다. 행불행에 좌우되지 않는 인간이란, 업력에서 자유로운 인간인가? 그것이 가능한 것인가?

업력에 따른 빈부귀천의 차이는 엄연한 현실이며, 공자와 같은 군자는 이 현실 너머의 고결한 덕을 추구한다. 이는 업력의 차이를 초월하는 것이다. 과연 업력을 초월할 수 있는가? 까르마에토스는 업력으로부터의 자유와 초월이 가능하다고 말한다.

우리는 『달마일장금』의 명령은 업력의 실현을 강제적으로 추구하는 필연성이라고 이해한다. 그러나 여기에 공자와 같은 고상한 가치를 수양하는 차원을 도입하지 않을 수 없다.[43] 또한 장자와 같이 모든 차별이 상대적이며, 도의 경지에서 획득한 차별성에 대한 인식 즉 명에 대한 인식만이 마음의 평화를 가져 올 수 있다는 교설을 수용한다.[44]

따라서 명은 업력에 의해 준비되어 필연적으로 실현될 수밖에 없는 힘이며, 이는 차별화의 원리가 된다. 그리고 명을 올바로 이해하게 되면, 자유와 초월을 통해 마음의 평화를 가져올 수 있는 계기가 마련될 수 있다는 암시를 불교의 으뜸 교설에서 구하고자 한다. 이는 현실적인 마음의 치료와 성장을 위한 치유를 목적으로 하는 심리치료의 이론적 근거가 될 것이다.

43) 불교의 관점에서 이는 윤리적 차원인 戒의 수행이라고 할 수 있다.

44) 불교의 관점에서 이는 定(고요히 마음을 안정시킴)의 수행이라고 할 수 있다. 하지만 계와 정만으로는 궁극적인 평화를 얻을 수 없다. 慧(지혜)가 결여되어 있기 때문이다.

(2) 제일층: 12지지

첫 번째 층은 지지(地支)의 순환 체계이다. 이로부터 원은 12계절에 상응하는 12칸으로 구분된다. 이 층은 동아시아 자연학적 관념을 보존하고 있다. 각 지지는 음양(陰陽)으로 구분되기도 하고, 오행(五行)으로 구분되기도 하며, 음양과 오행의 결합관계로 구분되기도 한다. 각 지지는 결합하고 분리되며, 조화하고 갈등을 일으키는 일정한 법칙이 정해져 있다. 음양오행의 상생(相生)과 상극(相克)이 그것이며, 보다 자세하게는 형충회합(刑沖會合)이 그것이다. 형충회합은 지지의 상생과 상극을 보다 심화시켜 이해한 것으로 명리학 분야에서 발전되었다.[45]

형(刑)과 충(沖)은 변화를 일으키는 요인으로서, 인간세에서는 주로 사건과 사고의 원인이 된다. 쉬운 사례로서 가령 2019년은 기해년(己亥年)이고 이 때 사(巳, 뱀띠), 유(酉, 닭띠), 축(丑, 소띠)에 해당하는 사람들은 삼재(三災)라고 하는 재난을 맞이하게 된다는 해석을 내릴 수 있다. 특히 사(巳, 뱀띠)에 속하는 사람은 충(沖)의 현상을 맞이하게 된다. 또한 인(寅, 범띠)를 가진 사람들은 형의 현상을 겪게 된다. 형(刑)은 조화롭지 않은 에너지가 충돌하여, 충(沖)보다는 강하지 않지만 장기적인 지속력을 가지고 삶의 질서를 교란하는 현상을 발생시킨다.

회(會)는 지지가 친화적인 관계를 가지고 연합하는 것을 말하며, 합(合) 역시 연합하는 관계를 말한다. 긍정적인 발전의 요소가 암시되지만, 합이라는 결합이 활동적인 기운을 잠시 억제하는 부정적 의

45) 형충회합(刑沖會合)에 관한 이론은 안태옥, 『합충형해파』, 서울: 좋은땅, 2014, 3장과 4장을 참고.

미를 띨 경우도 있다. 이러한 형충회합은 하늘의 명령, 엄밀하게 말하면 업력(業力)의 원인에 의해서 결과가 현실화되는 방식 즉 기(氣)라는 에너지가 조직화되는 관계 양상들을 12지지의 상징적인 부호로 전환하면서 파악할 수 있다.

이런 의미에서 12지지의 층은 일종의 문법적 기저로 이해할 수 있을 것이다. 그러나 어떤 하나의 지지가 다른 지지보다 더 낫거나 좋다는 가치론적 평가는 본질적일 수 없다. 예를 들어 기해년(己亥年)의 해(亥)라는 지지는 묘(卯)나 미(未)와 친화적인 관계를 갖지만, 임인년(壬寅年)에 들어서면 고통을 당하기 쉽다. 그러므로 모든 12지지의 순환체계는 상호의존적이라 할 수 있다. 여기에 12지지는 「불수장도」에서처럼 끝과 시작이 하나로 이어지는 영원의 순환을 지속하고 있다.

지지의 상호관계는 성격을 구성하면서, 이 성격이 고정적이지만 어떤 상황에 따라 전변하는 역설적 상황을 설명하는 데 적용될 것이다. 예를 들면, "간사한" 어떤 개인의 특질은 기획과 전략에 능통한 특질로 해석될 수 있다. 그 기저에 천간성(天奸星, 辰奸星)이 있다. 천간성의 형충회합이 이러한 상반된 특질로 전변하게 된다.[46]

(3) 제이층: 육도

두 번째 층은 육도(六道)의 체계이다. 육도는 삼계육도(三界六道)로 표현되는 불교에서 말하는 세계(우주)의 구조를 가리킨다. 삼계와 육도는 엄밀하게 말해서 온전히 대응하지 않는다. 전통적으로 불

46) 퍼슨 수트(person suit) 이론에서 다룬다.

교의 우주론에 따르면 삼계는 욕계(欲界), 색계(色界), 무색계(無色界)로 구분된다. 육도는 천상도, 아수라도, 인간도, 축생도, 아귀도, 지옥도 등으로 나누어져 있다. 삼계와 욕계를 관련지어 보면, 욕계 가운데 인도, 축도, 아귀도, 지옥도 등이 위치하고 있다. 그런데 『달마일장금』은 전통적 육도 가운데 지옥도를 제외하고 불도(佛道)를 새로 삽입하면서, 육도를 변형하고 있다. 그러나 지옥도의 제외와 불도의 첨가에 대한 이유는 명시적으로 언급되어 있지 않다.

지옥도		불도
아귀도	→	귀도
인간도	→	인도
축생도	→	축도
아수라도	→	수라도
선도 (천상도)	→	선도

〈표23〉 일장금의 육도 체계

이에 대해서, 『달마일장금』의 존재이유는 인간도에 속한 중생들에게 불법을 방편적으로 설명하기 위한 것이며, 특히 그 출발이 승려의 선발에 사용한 것에서 다음과 같은 해석을 생각해 볼 수 있다. 만일 전생의 죄업이 무거울 경우라면, 영광스러운(선업이 그만큼 많기 때문이다) 승려의 선발에서 제외되므로, 지옥도의 경험으로부터 인간도에 윤회하는 것은 거의 불가하다. 물론 불교의 경전들은 무량한 죄업이 쌓여서 지옥도에서 살 수 밖에 없는 중생들도 단박에 천상에서 다시 삶을 이어갈 수 있다는 예화를 무수히 들기는 하지만, 현실을 중시하는 『달마일장금』의 한 측면에서 이를 굳이 포함하지 않았다.

더욱이 『달마일장금』은 중생들이 자신의 명을 잘 알아서 성도(成道)를 위한 원력을 발휘하게끔 하려는 목적을 가지고 있기 때문에, 육도에 없는 불도(佛道)를 새롭게 제시하여 그가 전생의 업력으로부터 현생의 부귀영화를 누릴 수 있는 여건을 제공하는 낙관적인 체계를 구성했다.[47] 말하자면, 중생들의 현세적인 고뇌의 정체를 제시하고, 그가 이 정체를 명확히 파악하여 성도를 위한 초발심(初發心)을 준비하기 위해, 육도설을 재편한 것이라 보여진다. 이는 "달마"가 이 문헌의 서명(書名)에 등장하는 상징적인 이유와도 통할 것이다.

「명도」의 구조에서 육도는 독립적인 한 층이지만, 그 아래 12지지의 "문법적 필연성"에 따라 움직이고 있다. 이는 형태적으로 지지의 대극(opposite, 대충방對冲方) 방향을 한 조(組)로 하여 둘씩 배열되어 있는 형식으로 구현되어 있다. 예를 들어, 자수(子水)의 대극에 위치한 오화(午火)는 모두 불도(佛道)에 속하며, 축(丑)의 반대 방향에 있는 미(未)는 모두 귀도(鬼道)에 속하는 식이다.

『달마일장금』의 육도를 철학적으로 보자면, 불교 전통의 육도 관념을 계승하고 있는 것으로 보인다. 육도 가운데 아귀도, 아수라도, 축생도는 삼악도(三惡道)에 속하며, 이는 탐(貪, lobha), 진(瞋, dosa), 치(癡, moha) 삼독(三毒)[48]의 죄업으로부터 윤회(輪廻)하는 불미스러운 세계이다. 불도, 선도, 인도는 삼악도와는 달리 상대적으로 아름다운 세계이다.[49] 하지만 완전하게 선한 세계는 아니며, 더욱이 윤회의 사슬을 끊어야 성도한다는 관념이라면, 상대적으로 선하고 아름다운 세계이다. 이런 의미에서 공자처럼 덕을 수양하는 즐거움을

---

47) 『일장금 명리학』, 115~116쪽 참고.

48) 진치(貪瞋癡) 가운데 탐(貪)은 탐욕(貪慾)으로서 본능적 욕구를 포함해서 탐내어 구하는 것이며, 진은 진에(瞋恚)로서 뜻에 맞지 않을 때 일어나는 증오심이나 노여움이고, 치(癡)는 우치(愚癡)로서 탐욕과 진에가 가려 사리분별에 어두운 것을 말한다. 이때 우치는 모든 번뇌의 원천인 無明(avidya, 근본무명)과 같은 것으로 보는 해석도 있지만, 이와 구별되어 삼독과 병립되는 것으로 본다. 서정형, 『밀린다팡하』(『철학사상』, 별책 제2권 제2호), 서울대학교 철학사상연구소, 2006, 50쪽.

49) 三惡道와 대비하여 三善道라고 부른다.

권하는 고상한 철학을 가진 사람들의 고향은 불교적 의미에서 삼독(三毒)이 최소화된 세계라고 할 수 있을 것이다.

그런데 육도의 세계는 제일층에 위치한 동아시아의 자연학적 체계를 나타내는 12지지와 가치론적인 갈등을 겪고 있는 것으로 보인다. 자(子)와 오(午)는 불도라는 최상의 가치가 되고, 축(丑)과 미(未)의 귀도와 묘(卯)와 유(酉)의 축도, 진(辰)과 술(戌)의 수라도 등은 낮은 가치의 세계가 되기 때문이다. 자(子)와 오(午)는 귀하고 축(丑)과 미(未)는 천하다는 가치적인 평가는 12지지의 세계에서는 매우 낯선 관념이 아닐 수 없기 때문이다. 이에 대해서 『달마일장금』은 '밀교적 침묵'을 고수하고 있지만, 일정한 이해가 동반되지 않으면 안 될 것이다.

『달마일장금』은 물론이고 이에 관한 주석서나 현대의 해설서에서도 제일층과 제이층이 연관되는 논리에 대한 설명은 거의 없다. 그래서 다음은 제일층과 제이층을 연관시켜 이해하는 가설을 제시하고자 한다. 이 가설들은 기존 동아시아 자연학의 핵심을 구성하는 음양오행론과 천간지지 및 『주역』의 팔괘 상징론, 천문학 등의 상징적 상관관계들을 검토하면서 제시된다.

① 천상과 지상의 가치론과 수화(水火)의 가치론

불교는 대체적으로 철저한 금욕주의(asceticism)를 기반으로 하고 있는 종교의 성격을 가지고 있다. 비록 후대의 선불교 전통에서는 금욕 그 자체에 대해 큰 가치를 부여하지 않는 파격적인 특성을 짙게 보여주고 있지만, 『달마일장금』의 직접적인 불교적 전통은 선불교와 함께 밀교에 있다는 데서 이해의 실마리가 있다.

밀교는 금강승(金剛乘)으로 불리며, 간략히 말해서 보살(菩薩)의 경지를 인간의 힘으로는 현세에 도달할 수 없다는 현실적인 자각에서 성립된 측면이 있다. 즉 보살도의 성취에는 살아 있는 이 현생에서 기약할 수 없을 정도의 오랜 시간이 소요된다. 그러나 금강승은 이 현생에서 보살의 지위에 도달할 수 있는 방편으로 극렬한 수행을 전제하고 있다.[50] 이러한 수행체계는 고행(苦行)을 전제하고 있기 때문에, 그 영향으로 제일층의 자연학 체계와 제이층의 육도 체계가 새로운 관계로 설정된 것이라 해석할 수 있을 것이다.

새로운 관계 설정을 위해서는 지지에 부과된 본래적 의미에 새로운 가치를 첨입해야 한다. 동아시아의 자연학에서 하늘과 땅은 인간의 궁극적 인식틀을 의미한다. 그러나 하늘과 땅은 가치론적으로 우열이 없다. 하늘이 선하다고 하여, 땅이 악한 것은 아니다. 그러나 불교의 금욕주의는 지상적인(chthonic) 것과 천상적인(ouranic) 것을 극렬하게 대비시킨다. 비록 이는 방편적인 설정이지만, 이렇게 해야 금욕의 대상인 지상적인 욕망을 소진시킬 수 있는 동력이 발생되기 때문이다. 천상적인 것과 지상적인 것은 육도와 관련하여 구분하면, 천상적인 것은 불도, 선도, 인도, 지상적인 것은 축도, 아수라도, 귀도 등이 될 것이다.

지지의 자연학적 체계에서 천상과 지상의 대립적 구도를 설정할 수 있다면, 지지가 순환하는 목적인 생명의 창조를 염두해야 할 것

50) 김성철, 『김성철교수의 체계 불학: 100문 100답』(서울: 불광출판사, 2011), 75~77쪽 참고. 김성철, 「선(禪)의 깨달음, 그 정체와 문제점」『불교평론』, 18호, 2004), http://www.budreview.com/news/articleView.html?idxno=506.

이다. 생명의 창조에는 수화(水火)의 공(功)이 가장 크다. 수화는 동아시아의 우주론에서 천지나 일월과 더불어 천지만물을 창조하는 두 가지 힘이자 원리이다. 현대까지 면면히 계승되어 오고 있는 한의학의 기본적인 원리는 수승화강(水升火降, 물의 기운은 올리고 불의 기운은 내린다)이다. 이는 기(氣)의 철학을 가진 한의학 즉 동아시아의 생리학 체계에서 기의 순환을 통한 인체의 건강을 확보하는 대원칙이다. 인체의 수화를 잘 조절하여, 신체의 전체적인 기를 조화롭게 만들어 건강을 유지하고 달성하라는 정언적 명령이라고 할 수 있다.

지지의 자연학 역시 이런 의미에서 만물을 생겨나게 하는 데 가장 중요한 것으로 수(水)와 화(火)를 들 수 있다. 수화는 해(亥)와 자(子), 사(巳)와 오(午)를 가리킨다. 이 수화의 공이 생명을 창조하는 가장 큰 기제가 된다. 그래서 이 곳이 삼선도(三善道)에 해당한다고 할 수 있을 것이다. 그런데 음과 양을 대표하는 것은 역시 자수(子水)와 오화(午火)이다. 따라서 불도에 대응시킬 수 있는 근거가 될 것이다.

12지 가운데 이 수화의 지지들은 특이한 성질을 가지고 있다. 자(子)는 양(陽)이고 해(亥)는 음(陰)이지만, 실제의 사용에서 자는 음이며 해는 양이 된다. 이는 양체음용(陽體陰用) 또는 음체양용(陰體陽用) 등과 같은 체용론(體用論)적 관점으로서, 본체적인 측면에서 자는 양에 해당한다. 그래서 갑자(甲子), 병자(丙子) 등과 같이 양목(陽木)인 갑(甲)과 양화(陽火)인 병(丙) 등과 함께 60갑자(甲子)를 구성할 수 있다. 또한 해(亥)는 을해(乙亥), 정해(丁亥) 등과 같이 음목(陰木)인 을(乙)과 음화(陰火)인 정(丁) 등과 함께 60갑자를 구성한다. 그러나 실제의 쓰임에서 자(子)는 음(陰)이며, 해(亥)는 양(陽)이 된다. 이처럼 본래의 모습과 쓰임을 바꾸는 이유는 중화(中和)를 위해서 그런 것이다.

중화는 음양의 균형을 말한다. 이를 시각화해서 보기 위해 사계절기의 흐름을 잘 보여주는 주역의 12월 괘(卦)를 보자.

1월	2월	3월	4월	5월	6월	7월	8월	9월	10월	11월	12월
인(寅)	묘(卯)	진(辰)	사(巳)	오(午)	미(未)	신(申)	유(酉)	술(戌)	해(亥)	자(子)	축(丑)
䷊	䷡	䷪	䷀	䷫	䷠	䷋	䷓	䷖	䷁	䷗	䷒
태泰	대장 大壯	쾌夬	건乾	구姤	둔遯	비否	관觀	박剝	곤坤	복復	임臨

10월의 해(亥)는 순음(純陰)의 곤괘(坤卦)에 해당한다. 여기에 4월의 사(巳)는 순양(純陽)의 건괘(乾卦)에 해당한다. 그런데 생성을 위해 음양은 조화를 이루어 합작(合作)해야 한다. 순수한 음양은 생명을 잉태하지 못하는 기운이 되기 쉽다. 그래서 해(亥)는 음을 본래 모습으로 하지만 양의 쓰임을 갖는다. 같은 논리로 사(巳)는 양을 본래 모습으로 하나, 음의 쓰임을 갖는다.

5월의 오(午)는 일음(一陰)이 생겨나는 하지(夏至)의 구괘(姤卦)에 해당한다. 그래서 본 모습은 양이지만, 쓰임은 음이다. 그런데 오(午)와 대응하는 자(子)는 본 모습은 음이지만, 그 쓰임은 양이 되어야 하는데, 실은 그 반대이다. 이는 자(子)에게 특별한 지위를 부여하는 것이다.

11월의 자(子)는 일양(一陽)이 생겨나는 동지(冬至)의 복괘(復卦)에 해당한다. 본래 음이지만 여기의 양은 천근(天根)이라고 하여 운동의 출발이 되는 에너지가 생겨나는 곳이기 때문에, 양의 모습을 하고 있으며, 그 쓰임은 음이 된다. 이것은 복괘의 일양 즉 동지에 생겨나는 일양이 천도를 순환시키는 동력이 되기 때문이라 귀하게 여기는 것이다. 이밖에도 자와 오, 해와 사 등의 체용변화는 각각의 지장간(地藏干)에도 반영되어 있다.[51]

요컨대, 자(子)와 해(亥)가 모두 자신의 본 모습을 바꾸는 것은 천지만물의 생성에 기여하기 위한 것이다. 그래서 오직 수화(水火)의 지지만이 체용을 변화하는 독특한 지위를 부여받고 있다. 그래서 자오의 축(axis)은 불도가 되고, 사해의 축(axis)은 선도가 된다. 불도와 선도의 가치론적 차이가 지지의 역할에 대응되었다. 이 같은 기본적인 축이 형성되고, 다른 육도와 12지지의 대응은 12지지의 특성에 따른 것으로 해석할 수 있다. 이를 알아보기 위해서는 한 개인의 성격을 구성하는 데 매우 중요한 삼합(三合)이론을 적용해야 한다.

삼합은 3개의 지지가 모여서 기의 흐름을 산출하는 것을 말한다. 기의 흐름은 음양의 변화이지만, 이는 사시(四時)의 변화로 확장될 수 있으며, 사시의 변화는 12지지의 변화와 일맥상통한다. 12지지는 앞서 살핀 것처럼, 사계절의 마디에 토(土)를 배치하고, 봄/목(木), 여름/화(火), 가을/금(金), 겨울/수(水)의 순환을 지속한다. 여기서 사기(四氣, 목화금수)의 흐름을 보다 분석적으로 이해할 필요가 있

51) 명리학에서는 지지(地支)의 장간(藏干)을 중요시한다. 지(地支)의 체용(體用)이 발생하는 이유는 지장간(地藏干)에서 찾아볼 수 있다. (*지장간은 지지 속에 담겨 있는 天干이라는 의미이다) 이는 지장간을 다루는 명리학의 독특한 시각이다. (*지지의 체용은 오직 지장간만을 다루는 명리학에서만 발견된다) 『적천수(滴天髓)』의 주석에서 서락오(徐樂吾)의 관점이 이를 잘 나타내주고 있다. "계수는 자수의 지장간에 있고, 정화는 오화의 지장간에 있다. 이를 체는 양인데 용은 음이라는 것이다. 병화는 사화의 지장간에 있고, 임수는 해수의 지장간에 있다. 이를 체는 음인데 용은 양이라는 것이다(若癸藏子, 丁藏午. 是體陽而用陰也. 丙藏巳,壬藏亥體陰而用陽也)." 『척천수(滴天髓)』「논지지(論地支)」를 참고. 任鐵樵(徐樂吾 編著), 『滴天髓徵義』, 臺北: 武陵出版社, 2006.

다.[52] 결론적으로 각 계절의 시작 즉 사기의 시작은 인신사해(寅申巳亥)로 귀결된다. 봄은 인(寅)이며, 여름은 사(巳)이고, 가을은 신(申)이며, 겨울은 해(亥)이다. 그런데 12지지의 순환은 특이한 점이 발견된다.

봄의 시작은 인(寅)이지만 인(寅)은 여름의 시작인 화기(火氣)의 출발이며, 여름의 시작은 사(巳)이지만 사(巳)는 가을의 시작인 금기(金氣)의 시초이고, 가을의 시작은 신(申)이지만 신(申)은 겨울의 시작인 수기(水氣)의 발생이며, 겨울의 시작은 해(亥)이지만 해(亥)는 봄의 시작인 목기(木氣)가 처음 생겨나는 곳이 된다. 한 계절의 대표적인 시작에 해당하는 지지는 그 이면에서 이미 다가올 계절의 기운을 생산하고 있다. 이것이 천도(天道)의 신비이다. 그래서 삼합은 다음과 같은 기운을 띤다.

화: 인오술(寅午戌)

수: 신자진(申子辰)

금: 사유축(巳酉丑)

목: 해묘미(亥卯未)

삼합의 기를 구조적으로 분해하면, 제일 앞자리에 위치한 인신사해는 선두(先頭)를 뜻하는 맹(孟)을 붙여 사맹(四盟)이라 하고, 가운데 자오묘유(子午卯酉)는 해당 계절의 가장 왕성한 기운을 바로 대표한다는 의미에서 사정(四正)이며, 마지막 진술축미(辰戌丑未)는

52) 삼합이론에 대해서는 5장 참고.

계절의 이행기에 시작과 종료를 중화한다는 의미에서 사묘(四墓) 혹은 사고(四庫)라고 부른다.

수화(水火)의 대표적인 창조력과 인신사해의 시작이라는 의미는 최상의 가치를 부과하는 기준이 되어, 자오의 불도와 사해의 선도, 그리고 인신의 인도에 상응하는 것이라 해석된다. 이러한 해석은 묘유의 축도는 전혀 수화의 기운이 없으며, 진술의 수라도는 수화의 기운이 사라지는 장소이며, 축미의 귀도 역시 수화의 기운이 전환하기 시작하는 장소라는 사실에서 힘을 얻는다.[53]

② 주역 팔괘의 상징과 지지의 상징

『주역』의 팔괘(八卦)는 동아시아 자연학 체계에 설명을 위한 기본적 도식(scheme)으로 계속 활용되어 왔다. 팔괘를 원형으로 나타낸 그림은 2가지가 있으며, 이를 「복희선천팔괘방위도(伏犧先天八卦方位圖)」와 「문왕후천팔괘방위도(文王後天八卦方位圖)」로 부른다.[54] 이 팔괘 그림이 유사과학적 체계를 한껏 발휘해온 동아시아 술수학의 개념 도식이다. 그런데 술수학에서 애용했던 팔괘 도식은 여기서 제시된 그림이며, 이는 「문왕팔괘방위도」이다. 팔괘는 음양으로부터 이진법적으로 분화되는 과정에서 3번째에 해당하는 단계로서, 사상 다음에 위치한다. 팔괘는 방위를 나타내기 때문에 술수학

53) 진(辰)은 수(水)의 삼합(三合)에서 묘지(墓地)이고, 술(戌)은 화(火)의 삼합(三合)에서 묘지(墓地)에 해당한다. 축(丑)은 북고(北庫) 미(未)는 남고(南庫)라고 한다. 이는 축(丑)과 미(未)를 중심으로 해서 천도의 순환이 변하기 때문이다. 자오(子午)의 축(axis)은 동지(冬至)와 하지(夏至)지만, 지축의 경사라는 현실에서 보면 축미(丑未)가 축(axis)을 이룬다. 축(丑)은 음(陰)의 대표인 수기(水氣)가 점차 줄어 들면서 양(陽)인 화기(火氣)가 자라나는 곳이며, 미(未)는 화기가 줄어 들면서 이윽고 수기가 득세하는 지점이다. 그래서 축미는 각각 상징적으로 수화(水火)가 사라지는 곳이다.

54) 이창일, 『소강절의 철학』, 서울: 심산, 2007, 163~165쪽 참고.

가운데 지상학(地相學) 즉 풍수지리(風水地理)에서 특히 많이 사용되고 있다.

〈그림15〉 문왕팔괘와 간지

자오(子午)는 리(離)와 감(坎)으로서 리화(離火)와 감수(坎水)로 부른다. 보통 정해진 자리라고 하여, 팔괘에 궁(宮)을 붙여서 부른다. 그래서 리궁(離宮)과 감궁(坎宮)은 오화(午火)와 자수(子水)에 대응하고, 이는 천지창생(天地創生, 하늘과 땅이 생명을 창조함)의 공(功)을 가지고 있기 때문에 최고의 가치를 차지한다. 불도에 대응시킬 수 있다.

팔괘	震 ☳	巽 ☴	離 ☲	坤 ☷	兌 ☱	乾 ☰	坎 ☵	艮 ☶
방위	동	남동	남	남서	서	서북	북	동북

〈표24〉 팔괘방위표

묘유(卯酉)의 축은 동쪽과 서쪽에 상응한다. 천문학에서 이는 일월(日月)의 문(門)으로 불리고 있다. 『연해자평(淵海子平)』의 「십이지생초(十二支生肖)」에서, "해는 동쪽에서 떠서 서쪽으로 지고, 달은 서쪽에서 생겨나 기운다. 이는 음양이 교감(交感)하는 의미이다.

그래서 묘유를 일월(日月)의 사문(私門)이라 부른다."[55] "사문"이란 말은 앞선 음양의 교감이라는 말과 함께, 말 그대로 천문현상을 성적 교합(交合)의 은유로 표현한 말이다. 그래서 묘유에 대한 동물 상징인 토끼와 닭은 음란한 교미(交尾)의 대명사가 되었다.[56] 그런 이유로 명리학에서 묘유는 자주 음사(淫事)로 해석된다.

『수요경(宿曜經)』에서는 묘유를 새(또는 까마귀)와 토끼로 나타내고, 자연 속에 내재하는 생명력과 번식력을 나타내기도 한다. 즉 "하늘과 땅이 처음 열렸을 때 뜨겁고 찬 정기가 각각 해와 달이 되었고, 새(까마귀)와 토끼가 우열을 겨루면서 만물을 낳았다."[57] 그런데 묘유는 육도 가운데 축도에 해당한다.

축도는 축생도로써 금수(禽獸)의 세계이다. 금수의 최종적인 목적은 생명의 영위이지만, 이들의 생명영위는 매우 이기적인 종족의 번식에 있다. 일월의 교합은 축도의 이기적이며 은밀하고, 그 의미의 차원이 결여된 암매(暗昧)한 어리석음 속에서 생명영위를 지속해 간다. 묘유가 삼악도 가운데 우치(愚癡)의 업력에 의해서 생겨난 축도에 대응하는 것은 이러한 상징적 상관관계를 고려할 수 있는 근거가 될 수 있다.

또한 자오와 축도는 서로 교차하는 축(axis)을 형성한다. 자오가 생명창신(生命創新, 생명을 새롭게 만들어 냄)의 공개(公開)적인 축이라면, 묘유는 종족번식의 사밀(私密)한 축이다. 축생의 교미를 두

55) 『淵海子平』, 卷一, 『論十二支生肖』. 日生東而有酉西之雞, 月生西而有東卯兔. 此陰陽交感之義, 故曰卯酉爲日月之私門也.

56) 『淵海子平』, 卷一, 『論十二支生肖』. "토끼는 수컷의 털을 핥으면 잉태가 되고, 닭은 교합하기는 하지만 형체가 없다(알을 낳는다). 이것은 모두 느끼기만 하고 교합하지 않는 것이므로, 묘유는 닭과 토끼에 속한다(大兎舔雄毛則成孕, 雞合踏而無形, 皆感而不交者, 故卯酉屬雞兎)"

57) 『宿曜經』『序分定宿直品』. 天地初建, 寒暑之精火爲日月, 烏兎抗衡生成萬物.

고 비난할 것은 없지만, 그들은 본능에 따른 매우 순진한 삶을 산다. 그에 비해 진화론에 따르면 같은 축생에서 시작된 인간은 보다 고차적인 동기에 따른 삶을 향유한다. 간혹 금수만도 못한 인간들이 있기는 하지만, 이는 대부분 인간적인 조건에서 기인한 '고차적인' 병리적인 상황이라고 할 수 있다.

도교(道教)의 문헌은 지지의 특성을 논하고 있는데, 「명도」와 관련하여 중요한 이해방식을 제공한다.

> 술해(戌亥)는 천라(天羅)이고, 진사(辰巳)는 지망(地網)이며, 자오(子午)는 중관(中官)이고, 인신(寅申)은 산진(算盡)이며, 축미(丑未)는 오묘(五墓)이다.[58]

자오의 축은 중관(中官)이다. 중관은 『사기(史記)』「천문서(天官書)」에 따르면, 북극성(北極)을 가리킨다.[59] 북극성은 하늘의 황제인 옥황상제(玉皇上帝)가 거소하는 곳으로서, 모든 별들의 조아리는 지존(至尊)의 장소이며, 그 상징적 의미는 중심(中心)을 가리킨다. 자오(子午)가 가지고 있는 상징과 잘 어울리는 용어이다. 그런데 아쉽게도 이 문헌에서는 묘유(卯酉)에 대한 언급이 없다.

사해(巳亥)는 수화의 공이 있으면서, 사맹(四孟)의 역할을 하므로 선도와 같은 최상의 가치 군에 속하는 것이 합당해 보인다. 사해는 천문의 황도12궁과 관련해서 이해될 수 있다. 사(巳)는 쌍녀(雙女)로서 쌍녀궁(雙女宮, Virgo)이고, 해(亥)는 쌍어(雙魚)로서 쌍어궁(雙魚

---

58) 『赤松子章曆』(『正統道藏』, 洞玄部, 表奏類). 戌亥爲天羅, 辰巳爲地網. 子午爲中官, 寅申爲算盡, 丑未爲五墓

59) 역상(星象)은 중앙과 네 방위(東西南北)를 합한 오관(五官)으로 분류할 수 있는데, 중관(中官)은 북극(北極)을 가리킨다. 陳遵嬀 著, 『中國天文學史』, 第二冊, 『星象編』, 明文書局出版, 1985, 2쪽.

宮, Pisces)을 가리킨다. 또한 전통적으로 사해(巳亥)는 각각 이웃하고 있는 지지인 진술(辰戌)과 함께 사용되어, 술해(戌亥)는 천문(天文)이며 진사(辰巳)는 지호(地戶)로 불린다. 천문과 지호는 천문학적인 의미를 갖지만, 지리학적 공간의 개념으로 사용되는 경우가 많다.[60] 이는 시간과 공간을 하나의 통일체로 다루는 동아시아 우주론의 특성이 반영된 것이다.

『황제내경소문(皇帝內經素問)』「오운행대론(五運行大論)」에서는 28수(宿) 가운데 규수(奎宿)와 벽수(壁宿) 분야가 천문(天門)이며, 각수(角宿)와 진수(軫宿)의 분야가 지호(地戶)라고 한다. 이를 『주역』의 방위와 연관시키면, 규벽(奎壁)의 천문(天門)은 팔괘(八卦)로는 건궁(乾宮)에 해당하며, 각진(角軫)은 팔괘의 손궁(巽宮)이 된다. 이러한 천문과 지호는 술수학 분야에서는 천문(天門)이 천라(天羅)이고, 지호(地戶)가 지망(地網)으로 이해되고 있다. 천라와 지망의 기운은 인사에 적용되었을 때 종교와 의약 분야의 별로 해석된다.[61]

천문과 지호는 술해와 진사에 해당하므로, 지지가 가진 방위의 상징관계에 따라 지리학적 방위에 적용된다. 그런데 이 역시 천문학과 연관관계가 없을 수 없다. 지구는 현실적으로 지축의 경사로 인해 관찰자 중심의 천체 운동은 서북쪽이 기울고 동남쪽이 상대적으로 솟아난 형식을 갖는다. 이 같은 천체의 불균형은 동아시아인의 오래된 신화에도 반영되고 있다. "(옛날) 공공(共工)과 전욱(顓頊)이 서로 임금이 되려고 싸우다가, 그만 성난 끝에 서북극에 있는 부주(不周)

---

60) 김승동, 『역사상사전』, 부산대학교출판부, 2006, 〈天門地戶〉 관련항목 참고.

61) 천라지망살(天羅地網殺)을 말한다. 이 살은 하늘(天)과 땅(地)에 그물(羅網)이 덮혔으니 꼼짝할 수 없는 자유(自由)를 상실(喪失)한 상태(狀態)를 가리킨다. 『역사상사전』, 〈天羅地網殺〉 관련항목 참고.

라는 산을 건드리자, 하늘을 고이고 있던 기둥이 꺾이고 땅을 매달고 있던 사면의 줄이 끊어졌습니다. 그러므로 하늘은 서북쪽으로 기울어지고, 해와 달과 별들도 다 서북쪽으로 향하게 되었습니다. 땅은 동남쪽이 조금 낮으므로 모든 물들은 서북쪽에서 흘러 나와 동남쪽으로 향해 흘러듭니다."[62] 그래서 지세에 큰 관심이 있을 수 밖에 없는 병서(兵書)들은 양은 서북쪽 술해방에서 끊어지니 술해방은 천문(天門)이 되고 음은 동남쪽 진사방에서 끊어지니 진사방은 지호(地戶)가 되는 것으로 보았다.[63]

이러한 기록들은 술해와 진사의 자리가 양기와 음기의 절연처(絶緣處)라는 것을 보여준다. 다시 말해 양(陽)은 술해(戌亥)를 거칠 때 완전히 사라진다. 그리고 다시 자(子)에서 일양(一陽)이 생겨나는 동지(冬至)를 거치면서 차츰 성장하다가 진사(辰巳)를 거치면서 완전히 성숙하고, 다시 하지의 기점인 오(午)에서 일음(一陰)이 생겨나는 천도(天道)의 순환을 보여주는 것이다.

『주역』의 12벽괘(辟卦, 12달에 대응하는 卦)를 보았을 때, 해(亥)는 동지(冬至) 이전의 순음괘(純陰卦)인 곤괘(坤卦)가 되고 사(巳)는 하지(夏至) 이전의 순양(純陽)인 건괘(乾卦)가 된다. 이러한 괘의 상징은 천지를 창조하는 수화의 공을 나타내지만, 순음은 양과 교섭이

---

62) 『列子』「湯問」. 共工氏與顓頊爭爲帝, 怒而觸不周之山, 折天柱, 絶地維, 故天傾西北, 日月星辰就焉, 地不滿東南, 故百川水潦歸焉). 이런 기록은 고경에 많이 전하는데, 대표적으로 『淮南子』의 「天文訓」을 들 수 있다.

63) 보다 정확한 문맥은 다음과 같다. "양이 갑자에서 나면 술해가 부족하니 곧 천문이 되고, 임이 갑오에서 나면 지사가 부족하니, 곧 지호가 된다. 양이 갑인에서 경계를 세우면 자축이 부족하니 곧 귀문이 되고, 음이 갑신에서 경계를 세우면 오미가 부족하니 곧 인문이 된다. 양이 갑진에서 성하면 묘가 막힘이 되고, 음이 갑술에서 흥하면 유가 막힘이 된다. 이는 모두 육갑의 공망된 지지이다(『兵書』云, 陽生甲子, 不足戌亥, 仍爲天門. 陰生甲午, 不足辰巳, 仍爲地戶. 陽界甲寅, 不足子丑, 仍爲鬼門. 陰界甲申, 不足午未, 仍爲人門. 陽盛甲辰,卯爲之隔, 陰興甲戌,酉爲之隔. 此竝是六甲之空枝也). 『五行大義』(第五, 「論配支幹」)의 본문은 『太公兵法』을 인용하고 있다.

없으며 순양은 음과 교섭이 없이, 극렬한 모습을 보이고 있다. 또한 순수한 기의 상징은 은자[仙]의 고결함을 상징한다.

자오의 축(axis)과 사해의 축(axis)은 모두 수화의 공을 축(axis)으로 하여, 가치론적으로 높은 지위를 가지고 있다. 자오가 불도라면 사해도 불도가 될 것이다. 실제 서역의 불교는 동아시아에 와서 세존이나 성문(聲聞, 아라한), 보살까지도 선(仙)의 이름으로 격의되었고,[64] 이후에도 선(仙)의 이름으로 계속 불리고 있다. 한자의 선(仙)은 산스크리트어의 르쉬(rsi, 한역 리시哩始)를 번역한 말이고, 르쉬는 세존을 가리키는 마하리쉬(maharsih)에 그 뜻이 담겨 있다. 마하리쉬는 고전한문으로 번역하면 대선(大仙)이며, 비슷한 말로는 금선(金仙)이 있다.[65] 세존을 금선씨(金仙氏)라고 부르는 성당(盛唐)의 시가들은 흔한 예이다.

사해(巳亥)를 굳이 불도가 아닌 선도로 생각한 것은 수화의 공이 있으나, 순음순양(純陰純陽)의 비현실적인 상황 때문이다. 순수한 기운을 가져서 가치가 매우 높다고 할 수 있으나, 불도와 위상을 비교했을 때, 상관성이 핵심인 음양론의 기준을 적용하여 불도의 공 다음에 위치하는 것으로 해석하고자 한다. 양기와 음기의 절정(絶頂)이자, 양기와 음기가 절멸(絶滅)되어 있는 이 상황은 현실에서 일출(逸出)되어 있다는 의미에서,[66] 불도가 아닌 선도로 사해의 축(axis)을 비정한 것이라 해석할 수 있을 것이다. 또한 사해는 불도의 축을 절단하는 묘유의 축도를 만들어내는 첫 기운이기도 하다. 즉

---

64) 『般若燈論』. 성문, 보살 등도 선이라 이름한다(聲聞菩薩等亦名仙).

65) 佛光電子大辭典((http://etext.fgs.org.tw/etext6/search-1.htm). [梵] महर्षि maharṣiḥ [中] 金仙, 大仙 [藏] drang srong chen po.

66) 仙道 巳文星의 특성은 聰明과 安逸이다. 逸의 의미가 이와 연관된다.

사(巳)는 금국(金局)의 시작점이고, 해(亥)는 목국(木局)의 시작이다. 그래서 불도보다 가치가 낮은 것으로 상징했다.

인신(寅申)은 "산진"으로 불려 왔다(寅申爲算盡). 산진(算盡)은 지금도 쓰는 말에 기관산진(機關算盡)이 있는데, 그 뜻은 처세술의 관점에서 잘 쓰인다. 곧 "음흉한 계략을 총동원하다"는 의미이다. 산(算)은 계산하다는 뜻으로 교묘한 계책을 세우기 위해, 전력을 다해 생각을 하는 의미(用盡心思)가 담겨 있다.[67] 여기서 인도(人道)의 특징인 이성(理性, reason)을 고려해 볼 수 있다. 이성(reason)의 어원이 되는 라틴어의 라치오(ratio)가 다름 아닌 산(算, to calculate)이기 때문이다.

인신(寅申)은 이외로도 삼정(三停)의 방위로 알려져 있다.[68] 삼정(三停)은 12지지의 순환체계를 염두해야 알 수 있다. 계속되는 강조이지만, 12지지의 순환은 생명창조의 과정을 나타낸다. 생명의 시작은 원론적으로 해(亥)의 순음(純陰)에서, 자(子)의 동지(冬至)를 지나면서 동방(東方)의 인(寅)에 이른다. 자(子)의 동지(冬至)에서 일양(一陽)이 비로소 생겨나기 때문에 이를 1양(一陽)이라 하고, 축에서 양의 기운이 더 자라나서 2양(二陽)이 되며, 인에 이르자 3양(三陽)이 생겨난다. 이러한 인식은 『주역』의 상징체계를 보면 더욱 확실하다.

67) 曹雪芹, 『紅樓夢』, 第五回. "머리 쓰는게 지나쳐서, 오히려 네 목숨을 잃을 거다(機關算盡太聰明, 反算了卿卿性命)."

68) 『三命通會』, 卷十, 「看命口訣」. 묘유는 해가 출입하는 곳이고, 자오는 음양이 처음 나누어지는 궁이다. … 사해는 둘 다 극에 이른 곳이고, 인신은 세 기운들이 머물러 있는 방위이며, 축미는 더디고, 진술은 빠르다(卯酉日出入之地, 子午陰陽始分之宮, … 巳亥爲兩極之地 … 寅申爲三停之方 … 醜未遲遲, 辰戌速速 …). *丑은 醜와 자주 교환되어 사용된다.

1월	2월	3월	4월	5월	6월	7월	8월	9월	10월	11월	12월
인(寅)	묘(卯)	진(辰)	사(巳)	오(午)	미(未)	신(申)	유(酉)	술(戌)	해(亥)	자(子)	축(丑)
䷊	䷡	䷪	䷀	䷫	䷠	䷋	䷓	䷖	䷁	䷗	䷒
지천태 泰	뇌천대장 大壯	택천쾌 夬	중천건 乾	천풍구 姤	천산돈 遯	천지비 否	풍지관 觀	산지박 剝	중지곤 坤	지뢰복 復	지택임 臨

〈표25〉 주역과 12지지 관계

인월(寅月)은 삼양(三陽)이라고 하지만, 실제 삼양삼음(三陽三陰)이 고루 균형을 이루고 있다. 그런데 이 균형은 사계절의 기(氣)의 흐름을 보아 양(陽)의 전개에 힘이 더 실린 균형이다. 대충방(opposite side)에 위치한 신월(申月)은 삼음(三陰)이라고 불린다. 이 역시 삼음삼양(三陰三陽)인데 음(陰)의 진전 속에서 유지되는 균형이다. 음과 양의 균형 잡힌 이런 형태는 곧 수화의 공을 유지하고 있는 긍정적인 모습이라고 할 수 있다. 이런 긍정적인 모습에서도 신(申)보다는 인(寅)이 더 긍정적이다. 이것은 양도(陽道)를 더 숭상하는 『주역』의 일반적인 관점 때문이기도 하다. 후에 이러한 일반적인 인식으로부터 인(寅)과 신(申)에 가치 평가가 달라지게 된다.[69]

인신(寅申)의 축은 계산과 균형을 특징으로 가지고 있기 때문에 인도에 상응시킬 수 있을 것이다. 인도는 균형이다. 상향의 욕구는 인도를 초월하고, 하향의 욕구는 인도를 유지할 수 없게 한다. 인도 아래로는 모두 삼악도이기 때문이다. 그러나 삼악도에 빠지지 않는 인도의 균형은 이성의 생각하는 사려의 힘에 메어 있는 매우 불안한 균형이라는 것을 우리 모두는 잘 알고 있다.

69) 인(寅)은 인권성(寅權星)이며, 신(申)은 신고성(申孤星)이다. 고(孤)에는 부정적인 함의가 있다. 즉 고독(孤獨)한 것이다.

진술(辰戌)의 축(axis)과 축미(丑未)의 축(axis)은 다소 특이한 곳이다. 삼악도의 축도(畜道)는 묘유(卯酉)의 축(axis)이고, 나머지 귀도와 수라도는 진술(辰戌)과 축미(丑未)의 축(axis)에 해당한다. 진술축미(辰戌丑未)는 사고지(四庫地)라고 불린다. 지지가 3이 모여 성립된 삼합의 4가지(목화금수)에서 제일 마지막에 해당하기 때문이다. 예컨대, 금기(金氣)의 삼합은 사유축(巳酉丑)이며, 목기(木氣)는 해묘미(亥卯未), 화기(火氣)는 인오술(寅午戌), 수기(水氣)는 신자진(申子辰) 등이며, 이곳에서 진술축미(辰戌丑未)를 확인할 수 있다.

사고지(四庫地)는 사묘지(四庫墓)로 불린다. 고(庫)나 묘(墓)는 저장을 의미하지만, 이곳에서 4가지 기운은 종결된다는 뜻도 있다. 이는 죽음을 뜻한다. 그런데 단순한 죽음이 아니라, 죽어서 다시 살아나기 위한 재생(再生)을 도모하고 있는 것이다.

동아시아에서는 다른 문명권에서도 유사한 인식이 발견되지만, 사후의 존재 즉 귀신(鬼神)에 대한 분명한 인식이 있다. 그런데 귀신은 기(氣)의 다른 형태로서 생각되며, 기(氣)를 벗어난 다른 존재로 생각하지 않는다. 비록 사후의 존재이지만, 특정한 시공간에 거처하는 것이 아니라, 기(氣)의 다른 양태로 존재하며, 수명의 차이는 있지만 불사(不死)의 존재는 아니다.[70] 불사의 존재는 선(仙)이라고 생각되었다. 그런데 불교는 귀(鬼)에 대해서, 다른 시공간의 세계에 거처하는 존재라는 것을 동아시아에 알려주었다. 불교의 귀(鬼)는 업

70) 기의 철학을 가진 입장에서 귀신에 대한 대표적인 인식은 다음과 같다. "귀신은 천지간의 조화로서, 다만 두 기(氣)의 굴신왕래일 뿐이다. 신은 양이고 귀는 음이다. 가는 것이 굴이고 오는 것이 신이니 곧 그런 자취가 있는 것이다(鬼神是天地間造化, 只是二氣屈伸往來, 神是陽, 鬼是陰. 往者屈, 來者伸, 便有箇跡恁地)." 『朱子語類』 63:132. "사람은 죽으면 전부 흩어져 없어진다(死便是都散無了)." 『朱子語類』, 39:18.

력의 특정한 형태로 주로 탐욕의 기운이 인간됨의 기운을 압도한 결과, 그 스스로의 업력에 의해서 현실화한 존재이다. 그래서 귀는 금수(禽獸)처럼 독자적인 세계에서 존재한다. 귀들이 모인 세계가 귀도(鬼道)이다.

이 같은 네 가지 묘지(墓地)는 도가와 불가 계열의 문헌에서 부정적으로 규정되고 있다.

> 술(戌)은 천문(天門)이기 때문에 술(戌)을 천고(天孤)라고 한다. 진(辰)은 지문(地門)이기 때문에 진(辰)을 지고(地孤)라고 한다. 미(未)는 인문(人門)이기 때문에 미(未)를 인고(人孤)라고 한다. 축(丑)은 귀문(鬼門)이기 때문에 축(丑)을 귀고(鬼孤)라고 한다." [71]

이들은 모두 천애지각(天涯地角)으로 사고(四孤)의 기(氣)이다.[72] 천애(天涯)는 공간의 끝이고 지각(地角)은 땅의 끝이므로, 이 세상의 끝을 가리킨다. 사고(四孤)는 사고(四庫)이며, 사고는 계절의 마디에서 이전 계절의 기운을 죽이고, 새로운 계절의 기운을 만들 수 있는 여지를 다음의 계절로 연결해주며, 삶과 죽음의 기운이 혼효(混淆)되어 있는 장소이다. 그런데 이 장소들은 가치론적으로 하향적인 평가가 주어진다. 본래 토(土)는 중정지기(中正之氣)로서, 신뢰의 장소로 여겨지는 것이 관례이지만, 「명도」에서는 헌 기운을 죽이는 장소로 해석이 진행되고 있다.

---

71) 『五行精紀』, 卷六, 「論支神」. 戌爲天門, 故戌曰天孤. 辰爲地門, 故辰曰地孤. 未爲人門, 故未曰人孤. 丑爲鬼門, 故丑曰鬼孤.

72) 『燭神經』. 此是天涯地角, 故爲四孤之氣. 『燭神經』은 佚書로서 『五行精紀』에 실려 전한다.

그래서 명리에서 진술축미(辰戌丑未) 사고(四庫)의 기운이 많은 사람의 명은 승도(僧徒)나 화류(花柳)의 명으로 추론하고 있다. 세속적인 의미에서 낮은 사회적 지위를 가진 계층이나, 본질적으로 세속의 부귀영화와 거리가 먼 종교, 학술, 의업(醫業) 등도 사고의 기운과 관련이 깊다.[73)]

축미(丑未)의 축(axis)은 귀도와 상응한다. 축(丑)은 『주역』의 방위로 간방(艮方)이다. 간괘(艮卦)는 죽음을 상징하는 괘이며, 이 때문에 귀신이 거처하는 사당(祠堂)으로 해석된다.[74)] 축미(丑未)는 계절로 동지를 지나고 하지를 지난 지점에 대응하는데, 이를 음양의 한계선으로 생각한다. 음양의 한계선은 한 해의 주기를 양분할 때 매우 중요한 결절점이 된다. 축(丑)은 음(陰)의 한계선이고 미(未)는 양(陽)의 한계선이다. 또한 축미(丑未)에는 지축의 경사라는 천문학적 사실과 대응하고 있다. 중국의 인문지리학적 개념에서도 축과 미의 방향은 동북과 서남의 끝으로, 기괴하고 의심스러운 곳으로 상상된 것이다. 이러한 연관관계는 축미(丑未)의 축(axis)을 귀도로 상정하는 인식을 자연스럽게 만든 배경이 되었다. 축은 동토(凍土)의 음습(陰濕)한 곳이며, 미는 열사(熱沙)의 땅인 조토(燥土)의 황폐(荒廢)한 곳이니, 모두 사람은 살 수 없는 곳이기 때문이다.

진술(辰戌)의 축(axis)은 팔괘방위로는 손괘(巽卦)와 건괘(乾卦)에 해당한다. 방위에 큰 관심이 있는 풍수에서 진술의 방위는 특히 중요한데, 사람들이 이 방위를 지나게 될 때 불안한 상태에 이르기 때문에, 거주 공간으로 삼는 데 신중해야 한다. 손(巽)에는 진사(辰巳)

73) 안태옥, 『신살명리학』, 서울: 좋은땅, 2012. 3장과 7장을 참고.

74) 『주역, 인간의 법칙』, 355쪽 참고.

의 지망(地網)이 있으며 건(乾)에는 술해(戌亥)의 천라(天羅)가 있기 때문이다. 앞서 살핀 것처럼 사해가 천라와 지망이 아니라, 진술을 천라지망으로 본다. 그래서 기(氣)의 커다란 변동이 생기는 방위로 생각한다.

또한 수화(水火)의 공(功)으로 볼 때, 수기(水氣)는 신(申)에서 생겨나서 자(子)에서 극성하게 되고, 진(辰)에서 죽어 무덤으로 든다. 그리고 화기(火氣)는 인(寅)에서 생성되어 오(午)를 지나 술(戌)에서 사라진다. 여기에 진(辰)과 술(戌)은 괴강살(魁罡殺)이라고 하여, 다른 12지지가 아닌 오직 진술(辰戌)에만 있는 특별한 경우가 있다. 괴강살은 타인을 제압하는 강력한 카리스마를 나타낸다. 이 때문에 부귀를 누릴 수 있지만, 대체적으로 극단적 삶의 양태를 가지게 된다. 강력한 카리스마는 강폭(强暴)하거나 엄혹(嚴酷)한 강압으로 해서 재앙을 부르기 쉽기 때문이다.[75] 그래서 수라도와 상응한다고 볼 수 있다. 수라도는 아수라도로서 본래 전쟁의 신이 타락한 상태를 말하기에 그렇다.

(4) 제삼층: 12성신(星辰)

제삼층은 12성(星) 혹은 12성신(星辰)의 체계이다. 하늘의 별을 12개로 구분한 것은 동서문명에 공통적인 것으로 보인다. 그 이유는 해와 달의 주기가 12이며, 세성(歲星)이라 불리는 목성(木星,

75) 노영준, 「역학의 비결」, 서울: 경덕출판사, 2004, 158쪽. 괴강살의 갑자(甲子)는 경진(庚辰), 경술(庚戌), 임술(壬辰), 임술(壬戌), 무술(戊戌) 등이다. 이 살은 극단을 말한다. 극빈(極貧), 극부(極富), 총명(聰明), 괴걸(怪傑) 같은 암시가 강한 살이다. 자기만의 독특한 고집이 있어서 주장과 이론이 많은 매우 개성적인 성격을 가지고 있다. 고집이 세어서 타인의 말을 잘 듣지 않는 것이 특징이다.

Jupiter)의 주기가 거의 12년에 이른다는 사실 때문이다.

12성신은 12지지의 자연학적 체계와 육도의 체계를 두 기저로 하여, 좀 더 상위의 특성을 드러내고 있다. 형식적으로는 "천+특성언어(12개)+성"의 구조로 되어 있는데, 이는 동아시아의 수당(隋唐)시기 대거 유입된 밀교의 점성술에 자극을 받은 중국의 도교적 점성술에서 채택한 방식으로 보인다. 그런데 이 성신들의 구체적인 역할이나 기능에 대해서는 현재로서는 적합한 문헌이 발견되지 않았다. 다만 당시 성행하던 불교적·도교적 점성술의 한 갈래로 인식될 뿐이다.

지지	육도(六道)	12성신(星辰)	특성
자子	佛道	天貴星	· 자비慈悲 · 부귀富貴
축丑	鬼道	天厄星	· 간탐慳貪 · 질고疾苦
인寅	人道	天權星	· 지식知識 · 조지操持
묘卯	畜道	天厄星	· 탐매貪昧 · 패괴敗壞
진辰	阿修羅道	天奸星	· 영쟁獰狰 · 교활狡猾
사巳	仙道	天文星	· 안일安逸 · 총명聰明
오午	佛道	天福星	· 화후和厚 · 영화榮華
미未	鬼道	天驛星	· 음청陰晴 · 간신艱辛
신申	人道	天孤星	· 명달明達 · 자립自立
유酉	畜道	天刃星	· 혼탁混濁 · 각해刻害
술戌	阿修羅道	天藝星	· 능위能爲 · 교편巧便
해亥	仙道	天壽星	· 청한淸閒 · 강건康健

〈표26〉「명도」의 내용

12성신은 각기 고유한 이름을 가지고 있다. 천귀성(天貴星)부터 천수성(天壽星)까지 모두 12개의 별이며, 12성신의 별 이름은 인간에게 성격적 특성을 부여한다. 이러한 특징에서 육도와 일정한 언어적 연관관계가 발견된다.

(5) 제사층: 일반적 특성

마지막 네 번째 층은 일반적 특성(traits)이라고 불릴 수 있으며, 「명도」의 체계를 심리학적으로 해석할 수 있는 구체적인 단서가 되고 있다. 여기에 2글자씩 결합한 사구(四句) 형식의 특성들은 어떤 한 개인이 탄생시점에서 부여받은 일생의 향방과 사건을 암시해 준다.

예를 들어, 불도(佛道) 천귀성(天貴星)을 가지고 있는 사람은 일생토록 부귀(富貴)와 자비(慈悲)를 부여받는다.[76] 전자가 일생을 통해 향유할지도 모르는 삶의 양태라면, 후자는 성격적 특성을 가리키고 있다. 이처럼 사구체계의 특성에는 미래예언적 표현과 성격적 특성 표현들이 부분적으로 혼합되어 있다. 이러한 상황에 대해서 심리어휘적 접근을 통해서 모두 개인의 특성을 가리키는 언어로 전환시키는 절차가 필요하다.

위의 경우라면 불도 천귀성의 부귀와 자비는 연민(sympathy)과 아량(generosity)의 특성언어로 전환된다. 이는 매우 긍정적인 특성일 것이다. 이 유형에 속하는 개인들은 두드러지게 타인의 처지를 불쌍히 여기는 연민과 사태를 폭넓게 수용하는 아량의 특성을 보인다고 판단할 수 있다. 뒤에서 구체적으로 짚어보기로 한다.

76) 『達磨一掌金』, 「十二星」, 「佛道天貴星」. "태어난 시(時)가 자귀성에 내리면, 일생이 티없이 귀하고 일마다 뜻이 잘 맞는다. 뜻하는 바가 범상하지 않으니 출중한 부류에 속하고, 속박이나 장애가 없으며, 성품은 사리에 밝고 분명하다(時辰落在天貴宮, 一生清貴事和同, 志氣不凡人出類, 安然自在性明通)."

제4장

업과 윤회 기반 유형론의 재구성과 이론적 전제

1) 업과 윤회의 개념과 정당성

「명도」의 구조에 있어서 제이층의 "육도"와 제삼층의 "12성"은 불교의 업(業, karma, kamma) 이론과 큰 관련이 있다. 업론(業論)은 불교이해가 문화적 기저를 이루는 우리 문화에서는 하나의 상식이다. 업의 일상언어적 의미는 "착한 일을 하면 복을 받고, 악한 일을 하면 벌을 받는다"는 의미 맥락에서 파악될 수 있을 듯하다. 그런데 본래 업은 불교가 동아시아에 전파되기 훨씬 전부터 고경(古經)에 잘 나오는 글자이다.

그 의미는 '무언가 일을 하다', '일'과 '행위'라는 의미로 지금까지 전해지고 있는 오래된 기원을 갖는 단어들인 공업(功業, 『주역』「문언전(文言傳)」), 사업(事業, 『주역』「곤괘(坤卦)」), 창업(創業, 『맹자(孟子)』「양혜왕(梁惠王)」), 학업(學業, 『예기』「곡례(曲禮)」) 등에서 확인할 수 있다. 이 사례들을 관통하는 의미는 "가르치는 일이 업이다"와 같은 일상어에 잘 보존되어 있다.[1] 하지만 업은 역시 불교에 특징적으로 전유된 말이다.

산스크리트어에서 업이란 '행위하다'라는 동사어근 kri에서 파생되었으나, 이는 단순한 '행위'를 지칭하는 데 그치지 않고, 행위의 반복을 통해 형성된 습관, 성향 및 성격, 성품 등을 포함하는 개념이다.[2] 따라서 성격 개념과 유사한 개념적 지형을 가지고 있다. 또한 업이론은 윤회론과 깊은 상관성을 가지고 있다.

윤회(samsara)란 '함께'라는 의미의 접두사 sam과 '흘러가다', '움직이다', '불다'를 뜻하는 동사어근 sri가 결합한 것이다. 이는 글자 그대로 함께 흘러감, 방황, 이동, 생의 변환 등을 의미한다. 불교권 문화의 일반적인 인식은 육체가 죽은 이후에 다른 형태로 다른 세계에서 다시 태어날 수 있다는 것이다. 이 같은 윤회라는 관념은 실증적 · 객관적인 방식으로 입증되기 어려운 것으로 여겨졌지만, 트랜스퍼스널 심리학의 관점에서 이미 진지한 접근이 시도되고 있다.[3]

업이론이란 윤회와 연관되어서, 윤회를 움직이는 동인이라고 할 수 있다. 삼세(三世)를 윤회하는 원인은 업의 힘이며, 업의 동력이

1) 『說文解字』, 卷三, 丵部. "업이란 큰 널빤지를 말한다. 여기에 종이나 북 등 악기를 매단다. 널빤지를 톱니처럼 깍아서 그것에 흰 칠을 해서 사용했는데, 톱니 모양이 서로 이어져 있는 것을 본뜬 것이다. 丵과 巾은 모두 의미부분이다. 巾은 널판지를 그린 것이다(大版也. 所以飾縣鍾鼓. 捷業如鋸齒, 以白畫之. 象其鉏鋙相承也. 从丵从巾. 巾象版). 현행 업의 의미와 차이가 크다.

2) 안옥선, 「초기 불교에서 본 무아의 윤회」, 『불교평론』, 가을호 제20호, 2004.
http://www.budreview.com/news/articleView.html?idxno=429

3) 울거(G. Woolger), 「전생퇴행 치료」, 『자아초월 정신치료』(부어스테인S. Boorstein, 정성덕 외 역), 서울: 중앙문화사, 2006, 427~454쪽. 그런데 업이론은 불교를 신앙하는 일반 신도나 이에 친화적인 일반인들보다는 대다수의 불교학자들에게 윤회론과 더불어 문제가 있는 교리로 부정의 대상이 되고 있는 특이한 상황을 보여준다. 더욱이 이 같은 부정적 인식은 우리 문화를 포함한 동시대의 현대인들 대다수가 동의하고 있는 것도 사실이다. 김성철, 「특집2: 윤회, 사실인가 믿음인가」, 「윤회의 공간적 시간적 조망」, 『불교평론』, 가을호 제20호, 2004 참고.
http://www.budreview.com/news/articleView.html?idxno=735.

사라지지 않는 한 삼계육도를 윤회하게 된다. 그런데 윤회는 전생(前生)이라는 또 하나의 문제되는 관념과 연관되어 있다. 즉 현생의 탄생 이전의 세계 즉 전생이라는 또 다른 세계 또는 앞으로 불시에 다가올 죽음 이후의 또 다른 세계에 대한 명확한 증거가 없기 때문에, 부정될 수 밖에 없는 약점을 가지고 있다.

단순한 판단이지만 일상인들은 자신의 전생을 기억하고 있지 못하다.[4] 그러나 전생을 기억하고 있으며 그에 대한 보고를 하는 사람들이 없지 않으며, 임사체험(near death experience)에 관한 다양한 증언과 기록들, 그 이름도 낯선 죽음학(thanatology)의 학문적 성립,[5] 심리치료의 세계에는 이미 친숙한 전생에 관한 분석심리학의 여러 보고들이 있다. 특히 트랜스퍼스널 심리학 분야에서 진지하게 다루는 학문의 한 주제라는 동시대의 학문동향을 보자면, 전생의 세계를 부정하거나 신뢰하지 않는 것은 단지 주류적인 세계관에서 벗어난 프린지(fringe)[6]의 영역에 있기 때문으로 보인다. 이 영역에서

4) 불교의 윤회와 업에 관한 연구들에는 다음의 문헌들이 통용되고 있다. 불교 연구의 일환으로는 오형근의 『불교의 영혼과 윤회관』(서울: 새터), 1995. 사사끼 겐준(이태영 외 옮김)의 『업사상』(서울: 대원정사, 1990), 진열의 『업연구』(서울: 경서원, 1988) 등이 있다. 원불교의 관점은 김중묵의 『因果의 世界』(원불교출판사, 1979)가 있다. 업과 전생에 관한 여러 사례를 토대로 조사된 고토 벤(일지 역)의 『까르마의 열쇠』(서울: 불일출판사, 1991)가 있다. 불교경전의 사례를 수집하거나, 이를 토대로 해석한 것으로는 김대은의 『三世因果』(서울: 삼장원, 1978), 구백운의 『十界緣起解』(서울: 불교문화사, 1980), 일타의 『윤회와 인과응보의 이야기』(서울: 효림, 2011) 등이 있다. 이외로 문학의 형식을 빌은 류정훈의 『업』(서울: 보림사, 서울: 1978)을 들 수 있다.

5) 한국에는 2005년 한국죽음학회가 이미 창립되어 있으니, '낯선'이라는 표현은 시의적절하지 않을 것이다. 주류 과학에 대한 이른바 주변부과학의 윤회에 대한 탐구를 개괄적으로 설명하고 있는 다음의 저술을 참고. 특히 4장. 맹성렬, 『과학은 없다』, 파주: 샘앤파커스, 2012. 영능력자 에드가 케이시(Edgar Cayce, 1877~1945)의 라이프 리딩(life reading)을 통해서 윤회의 실재와 다양성을 조사한 다음의 저술을 참고. 지나 서미나라(Gina Germinara), 강태헌 옮김, 『윤회(Many Mansions)』, 서울: 파피에, 2012.

6) 트랜스퍼스널 심리학의 한 근원인 윌리엄 제임스는 프린지(fringe) 설을 제기했다. 의식생활은 비상과 정지의 교체로 이루어지는 새의 생활과 유사하여 안정된 명료한 '실질적 부분'과 실질적인 부분들을 서로 관계짓거나, 실질적 부분들 사이의 의식인 '추이적 부분'과의 가변적인 유기적 구조로 이루어져 있다. 미약한 뇌수과정을 반영하는 관계에 대한 느낌, 방향감각, 예감 내지 여운의 의식으로

성립한 과학은 주류 과학과 다른 주변부과학(fringe science)을 형성한다.

그러나 프린지의 영역에 대한 불신은 반드시 동시대의 판단만이 아니고, 전근대시기 동아시아의 철학에서도 공식적인 교의로 자리하고 있었다. 비록 「귀신사생론(鬼神死生論)」과 같은 저술들이 있었지만, 전생과 후생에 대한 담론은 황망하고 허탄한 교설로 부정되었다.[7)]

그런데 이러한 윤회와 업에 대한 교의는 세존 당시에도 반론이 있었으며, 현재에도 학술 영역뿐 아니라, 일반인의 상식에 굳게 자리하고 있다.

> 현대의 전문적 불교학자 가운데도 윤회를 부정하는 사람들이 많이 있다. 비판불교(critical Buddhism) 운동을 일으켰던 마츠모토 시로(松本史朗)는 윤회를 부정했고, 선(禪)을 연구하는 우리나라의 불교학자 K교수도 역시 정색을 하며 윤회를 부정했다. 이들이 불교 연구가이긴 하지만, 그 개인의 세계관은 육사외도 가운데 유물론자인 짜르와까(Carvaka)의 수준을 넘지 못했다고 평할 수 있다.[8)]

그러나 래디칼한 경험론의 관점에서 전생 현상은 존재하며, 그에 관한 증거도 산처럼 쌓여 있다. 이러한 증거들을 어떻게 해석하는가

서의 프린지. 그것은 실질적 부분과 같이 명확하게는 반성될 수 없기 때문에 전통적 심리학에 의해서는 간과되어 왔다. 하지만 프린지가 무시되면 현상에 대한 전체적이고 구체적인 경험은 성립하지 않는다. 프린지는 주제에 맥락과 전체화를 가져오는 '의미의 기저'이다. 加藤茂, 『意識の現象學』, 東京: 世界書院, 1986 참고. 프린지는 인간의 통제 범위를 벗어나거나, 궤도를 벗어났다는 의미를 갖는다.

7) 이창일, 「기의 불멸과 귀신」, 『정신문화연구』, 통권110호, 성남: 한국학중앙연구원, 2008, 33~34쪽 참고.

8) 「윤회의 공간적 시간적 조망」, 참고.

하는 문제는 동시대와 미래에 있어서, 트랜스퍼스널의 관점을 추구하는 여러 학문들의 활발한 주제가 될 것이다.

전생을 포함하여 윤회에 대한 관념은 고대문명의 일반적인 주제였다. 그리스의 피타고라스(Pythagoras)는 전생을 기억하고 전생을 기억하는 회상법을 수련시켰으며, 고래로부터 환생에 관한 엄청난 동서양의 기록들, 현존하고 있는 달라이 라마(Dalai Lama)의 사례 등은 불교에서 제시하는 윤회설이 불교만의 사건이 아니라는 것을 방증한다.[9]

더욱이 육도삼계 가운데 색계(色界) 제4선천(禪天)의 경지가 되면, 누구나 전생을 기억할 수 있다는 것을 불교의 문헌들은 무심하게 전해주고 있다.[10] 그러나 문제는 증거이며, 증거를 인식할 수 있는 "눈"이 만인들에게 공유되고 있지 않다는 것이다. 비록 이론적으로는 이러한 눈의 존재가 잠재적일지라도, 아직도 다수의 눈은 눈뜬장님 격이라 할 것이다.

윤회설은 문헌에 대한 신뢰 이외로도, 색계 제4선천의 의식이 없어도, 논리를 통해 간접 증명할 수 있다. 가령, 불교의 연기설처럼 세상의 모든 일은 상호 관련되어 있다는 전제를 수용하면, 우리의 판단들은 비교와 대조를 통한 상대적인 특징을 가지게 된다. 따라서 홀로 존재하는 것은 없다. 고통과 행복이라는 심리적 현상들 역시 홀로 존재하는 것이 아니라 타 존재에게 고통을 주는 행위, 이를 악한 행위라는 의미에서 악업(惡業)이라고 하면, 그와 더불어 내가

9) 김형준, 「고대문명사회와 인도에서의 윤회」, 『불교평론』, 가을호 제20호, 2004. http://www.budreview.com/news/articleView.html?idxno=430

10) 김성철, 『김성철교수의 체계 불학: 100문 100답』(서울: 불광출판사, 2011)의 해당 항목 참고.

느낄 고통도 함께 주어져야 한다. 행복 역시 남에게 행복을 주는 선업(善業)을 지을 경우 내가 느낄 행복도 함께 발생한다. 이러한 마음의 세계에서는 타의 존재가 느낄 고통과 행복 등과 반대에 있는 내가 느낄 고통과 행복이라는 연기적인 대립쌍이 시간차를 두고 나타난다.[11] 그러므로 우리의 모든 행위와 일(業)은 그에 부합하는 결과를 초래한다는 일반화를 할 수 있을 것이다. 그래서 어떤 행위가 원인이 되는 경우 그에 따른 결과가 반드시 발생한다. 비록 한 개인의 개체적 죽음 이후에도 이러한 원인에 대한 결과는 언젠가는 반드시 현상하게 된다. 전생의 업이 후생에 결과로서 드러나는 것이다.

> 나의 삶은 이제 다 끝났다
>
> 고결한 삶도 완성되었고
>
> 할 일을 다 이루었으니
>
> 앞으로 다시 태어나지 않을 것을 나 스스로 아노라[12]

아라한의 위와 같은 앎은 해탈 즉 연기와 윤회에 대한 특별한 지식인 해탈지견(解脫智見)에서 본 세계의 관점이다. 이는 열반의 깨달음인 세존의 성도가 먼저 윤회를 깨달은 것으로부터 시작된다는 것을 알려준다. 경전들은 삼명(三明)이 열리면서 붓다가 정각(正覺)을 이루었다고 한다. 그러므로 삼명의 실내용인 삼통(三通)[13]은 윤회

---

11) 「윤회의 공간적 시간적 조망」 참고. 이런 논법은 유비추리에 해당한다.

12) 『大正藏』 2, p.1a. 我生已盡, 梵行已立, 所作已作, 自知不受後有.

13) 숙명통(宿命通), 천안통(天眼通), 누진통(漏盡通) 등을 말한다. 숙명통은 자신의 전생을 모두 기억하는 것이며, 천안통은 타 존재의 전생을 아는 것이고, 누진통은 無明으로 인한 업이 모두 소멸되는 단계이다. 『김성철교수의 체계 불학: 100문 100답』, 관련 항목 참고.

이론의 근원적인 경험이 뒷받침되지 않는다면, 이해될 수 없다. 합리적인 관점이나 회의적인 관점에서 윤회를 부정한다면, 불교 전체의 교의가 무너질 것이다. 그러므로 우리는 윤회에 대한 공간적 조망에서 불교의 삼계육도(三界六道)설이 생겨나고, 윤회에 대한 시간적 조망으로부터 12연기설(緣起說)이 출현한 것이라는 관점을 견지한다.[14)]

(1) 윤회에 대한 공간적 조명

윤회의 공간은 삼계(三界) 혹은 육도(六道)로 구분할 수 있으며, 삼계육도로 합해서 부른다. 삼계와 육도는 거의 일치하지만, 완전한 것은 아니다. 불교의 경전으로부터 삼계육도의 공간을 다음과 같이 구분할 수 있다.[15)] 삼계는 색계(色界), 무색계(無色界), 욕계(欲界)이고, 육도는 천(天), 아수라(阿修羅), 인(人), 축생(畜生), 아귀(餓鬼), 지옥(地獄) 등이다.

---

14)「윤회의 공간적 시간적 조망」 참고.

15) 이 글에서 논의하고 있는 삼계육도의 특징은 다음과 같은 불교문헌을 참고하였다.『阿含經 (長阿含經 18~22권)』,『起世經』,『大樓炭經』6권,『起世因本經』 10권,『佛說三世阿毘曇論』 10권, 有部계 논서에 나타난 것은 단편적이다.『集異門足論』(권11, 17권, 권19),『法蘊足論』(권10~12, 根品, 多界品, 緣起品),『識身足論』(권2~권3, 補特伽羅蘊),『品類足論』(권6, 권8),『施設論』권7(1품 존),『大毘婆沙論』(有部교리의 백과사전에 해당. 散見되어 있음),『俱舍論』「分別世品」(*불교교리상 불가결의 중요 문제가 됨),『楞嚴經』 등을 들 수 있다. 김동화,『俱舍學』(서울: 불교시대사, 2001, 176~177쪽) 참고. 보다 일반적인 논의는 다음의 연구를 참고. 김성철,『김성철교수의 체계 불학: 100문 100답』(서울: 불광출판사, 2011)의 해당 구절. 김성철,『중론, 논리로부터의 해탈 논리에 의한 해탈』(서울: 불교시대사, 2010)의 205~246쪽 참고.

<table>
<tr><th>三界</th><th colspan="4">六道</th></tr>
<tr><td rowspan="4">無色界</td><td rowspan="31">① 天
(二十八天)</td><td rowspan="4">四空天
(四無色天)</td><td colspan="2">非想非非想天</td></tr>
<tr><td colspan="2">無所有處天</td></tr>
<tr><td colspan="2">識無邊處天</td></tr>
<tr><td colspan="2">空無邊處天</td></tr>
<tr><td rowspan="18">色界</td><td rowspan="9">四禪九天</td><td colspan="2">色究竟天 (有頂天–阿迦尼吒天)</td></tr>
<tr><td>善現天
(楞嚴經)</td><td>善見天
(倶舍論)</td></tr>
<tr><td>善見天
(楞嚴經)</td><td>善現天
(倶舍論)</td></tr>
<tr><td colspan="2">無熱天</td></tr>
<tr><td colspan="2">無煩天</td></tr>
<tr><td colspan="2">無想天</td></tr>
<tr><td colspan="2">廣果天</td></tr>
<tr><td>福愛天
(楞嚴經)</td><td>福生天(倶舍論)</td></tr>
<tr><td>福生天
(楞嚴經)</td><td>無雲天(倶舍論)</td></tr>
<tr><td rowspan="3">三禪三天</td><td colspan="2">遍淨天</td></tr>
<tr><td colspan="2">無量淨天</td></tr>
<tr><td colspan="2">少淨天</td></tr>
<tr><td rowspan="3">二禪三天</td><td colspan="2">極淨光天光音天</td></tr>
<tr><td colspan="2">無量光天</td></tr>
<tr><td colspan="2">少光天</td></tr>
<tr><td rowspan="3">初禪三天</td><td colspan="2">大梵天</td></tr>
<tr><td colspan="2">梵輔天</td></tr>
<tr><td colspan="2">梵衆天</td></tr>
<tr><td rowspan="13">欲界</td><td rowspan="9">六欲天</td><td colspan="2">他化自在天</td></tr>
<tr><td colspan="2">化樂天(樂變化天)</td></tr>
<tr><td colspan="2">兜率陀天(知足天)(睹史多天)</td></tr>
<tr><td colspan="2">焰摩天(時分天)(夜摩天)</td></tr>
<tr><td colspan="2">忉利天(三十三天)</td></tr>
<tr><td rowspan="4">四天王天</td><td>北毗沙門</td></tr>
<tr><td>西毗琉璃婆叉</td></tr>
<tr><td>南毗琉璃勒</td></tr>
<tr><td>東提頭賴吒</td></tr>
<tr><td colspan="4">② 阿修羅</td></tr>
<tr><td rowspan="3">③ 人</td><td colspan="3">北俱盧洲(北郁單越)</td></tr>
<tr><td colspan="3">西牛貨洲(西瞿耶尼)</td></tr>
<tr><td colspan="3">南贍部洲(南閻浮提)</td></tr>
</table>

		東勝神洲(東毗提诃)		
	④ 畜生(傍生)			
	⑤ 餓鬼			
	⑥ 地獄(那落迦)	㉠ 近邊(遊增)地獄		
		㉡ 孤獨(獨一)地獄		
		㉢ 根本地獄	八寒地獄	頞部陀地獄
				尼剌部陀地獄
				頞哳吒地獄
				臛臛婆地獄
				虎虎婆地獄
				嗢鉢羅地獄
				鉢特摩(紅蓮華)地獄
				摩訶鉢特摩(大紅蓮華)地獄
			八熱地獄	等活地獄
				黑繩地獄
				衆合地獄
				號叫地獄
				大號叫地獄
				炎熱地獄
				極熱地獄
				無間(阿鼻)地獄

〈표27〉 삼계육도의 구조

위 구조는 매우 복잡하지만,[16] 수직의 축은 천상에서 지상을 거쳐 지하로 배열되어 있다. 이 천상과 지하를 관통하여 배열된 거대한 구조에 인간은 물론 인간과 친숙한 금수(禽獸, 축생) 이외의 다양한 존재들이 거주한다. 「명도」의 중심에 위치한 명(命)을 차별화의 원리로 해석했듯이, 명에 따라 온갖 차별적인 생명들이 그에 적합한 세계에 거주한다. 명은 그런 의미에서 업력의 명령으로 해석될 수 있다. 업의 수준에 따라 그에 맞는 생명의 형태와 환경이 부여된다.

16) 南懷瑾, 「三界天人表」, 『如何修證佛法』, 上海: 復旦大學出版社, 2009. 이를 참고하여 간략히 수정하고 정리한 것이다.

인간의 눈에는 인도(③)와 축도(④)만 보인다. 축도 아래의 아귀(⑤, 귀도)나 지옥(⑥)은 볼 수 없으며, 인간 위의 아수라(②, 수라도), 욕계의 일부와 색계 및 무색계의 천상(①)은 더욱 볼 수 없으며, 그러기에 믿을 수도 없다. 하지만 특정한 의식 상태와 특정한 물질의 구조에 익숙한 눈에는 특정한 수준의 세계만이 보인다. 예컨대 인간의 조건에 부합하는 관점을 적용하여, 아귀가 어떤 다른 공간적 세계에 있다는 생각보다는 다른 의식의 차원을 통해서만 실재가 확인될 수 있는 그런 세계에 있다고 생각하는 것이 더 불교의 본의에 가까울 것이다. 삼명(三明)이 아니고서는 육도 전체를 조망할 수 있는 방법이 없기 때문이다.

삼계육도에서 가장 많은 지역을 차지하는 곳이 천상(「①천(天)」)의 영역이다. 경전들은 이 영역에 대해서 많은 지면을 할애하여, 설명하고 있다. 일반 사람들의 눈으로 이 세계는 짐작도 할 수 없고, 그 존재도 대부분 부정되지만, 이 세계는 엄연히 존재계 전체에게 가장 큰 영역이라는 점은 우리 인간의 성장과 발전에 대해서 많은 점을 알려주는 것 같다.

천상의 영역은 욕계의 일부분(욕계의 여섯 하늘), 색계와 무색계가 포함되어 있다. 색계는 네 단계의 하늘 영역(초선천, 제2선천, 제3선천, 제4선천)으로 되어 있고 세분하면 17개의 하늘로 되어 있다. 천상의 가장 높은 층은 네 개의 하늘로 세분되는데, 정상의 두 하늘은 세존의 성도(成道) 이전 도달한 경지로 알려져 있다.

색계(色界)는 미묘한 물질로 이루어진 생명체들이 존재하지만, 식색(食色)과 수면(睡眠)에 대한 이른바 '거친 욕망'이 완전히 사라진 곳은 아니다. 욕망을 어느 정도 제어한 삶을 살면서 지은 업이 있으면 이 세계에 태어난다. 색계 위의 무색계(無色界)는 거친 욕망의 완전한 소멸은 물론이고, 정신적 황홀경만 추구한 존재들이 사는 곳이다. 거친 욕망을 가진 인도의 존재들에게는 점차 현실감이 사라지고 있다. 『달마일장금』에서 말한 불도는 이러한 색계와 무색계를 포괄적으로 구성한 세계이다.

가령 천귀성(天貴星)과 천복성(天福星)이 그것인데, 태어난 연월일시 어딘가에 자(子)와 오(午)가 있다면, 이 사람은 전생에서 이러한 세계에 살았었던 경험이 있었던 것이다. 그런데 어떤 이유에서인지, 아마도 업에 의한 것임에 틀림없지만, 그 업의 명령에 따라 인도(人間道)에 태어난 것이다. 그런 천상의 경험 덕에 이 사람의 성격은 이기적인 본능이 지배하는 지상의 미물(微物)들이 따라갈 수 없는, 타인에 대한 배려와 같은 불가사의한 덕(德)의 실천이 기대된다. 그러한 성격에 따라 삶의 부귀영화를 기대할 수도 있다.

욕계(欲界)의 여섯 하늘은 인도의 존재들에게 친숙한 염라대왕(閻羅大王)이 사는 야마천(夜摩天), 환인(桓因) 제석천(帝釋天)이 사는 도리천(忉利天), 미륵부처(彌勒佛陀)가 명상에 잠긴 도솔천(兜率天), 세존의 성도를 막판까지 방해했던 마왕(魔王, Mara) 파순(波旬, 빠삐야Papiya)이 사는 타화자재천(他化自在天) 등이 있다. 그리스의 신들이나 셈족의 천사들도 이곳에 머무는 것 같다. 그런데 이 여섯 하늘은 삼계육도 전체에서 보자면, 거친 욕망이 아직 살아 있는 곳이다. 성욕이 있으니 남신과 여신이라는 성(sex)의 구분이 있고, 산해진미(山海珍味)의 축제가 연일 벌어지니 식욕이 있는 곳이다. 다만 그 존재들을 구성하는 미묘한 질료들 덕에 이 존재들은 거칠지 않다. 『달마일장금』에서는 이들을 선도(仙道)로 분류한다. 태어난 연월일시 가운데 사(巳)의 천문성(天文星)과 해(亥)의 천수성(天壽星)이 있으면, 그 사람이 한 때는 염라대왕, 미륵부처, 혹은 마왕, 제우스나 포세이돈 등과 함께 살았을 지도 모른다. 이들의 성격을 구성하는 특성 역시도 거친 세계에 사는 사람들이 짐작하기 힘들 정도이다. 이들에겐 복(福)이 있다.[17)]

우리 인류가 거처하고 있는 곳은 욕계의 인도(「③인(人)」)이다. 이제야 천상에서 지상으로 내려오게 되었다. 그런데 천상에서 내려오기 전에 천(天)과 인(人)의 경계지역에 사는 별스러운 존재들이 있다. 이들은 아수라(「②아수라(阿修羅)」, asura)로 불린다.

아수라는 페르시아 문명의 조로아스터교(Zoroastrianism) 최고신인 아후라마즈다(Ahura Mazdah)가 변형된 이름이다. 지금도 그렇지만, 다른 문명을 적대시하는 인간도의 습속 때문에 악신(惡神)의 대명사가 되었다. 전설에 따르면, 아수라는 천상의 신들과 벌인 전쟁에서 패배한 신들이다. 이들은 전쟁(戰爭)의 신들이다. 그래서 매우 무서운 모습을 하고 있다. 거주하는 곳은 지상의 큰 바다나 큰 산 속에 산다고 한다.[18)]

---

17) 불도(佛道)에 속하는 오(午)의 천복성(天福星)과 선도(仙道)에 속하는 사(巳)의 천문성(天文星)의 두 예를 통해 어떤 복(福)인지 알아보자. 명궁으로 해석될 수 있지만, 까르마에토스는 시주만이 아닌 다른 주들에 있을 때도 이러한 특성이 적용된다고 확충해서 이해할 것이다. 『달마일장금(達磨一掌金)』, 「십이성(十二星)」, 「선도천문성(仙道天文星)」. "명주가 사문성을 만나면 뛰어난 기운이 맑으며, 총명하고 지혜로우며 마음이 깨어 있다. 남자는 재주가 있고 여자는 몸가짐이 빼어나 맑고 길하며, 학식과 문화가 뱃속 가득하고 비단무늬를 이룬다(命遇天文秀氣清, 聰明智慧意惺惺. 男才女秀身清吉, 滿腹文章錦繡成)." 『달마일장금(達磨一掌金)』, 「십이성(十二星)」, 「불도천복성(佛道天福星)」. "명주가 천복성을 만나는 때에 나면, 반드시 창고에 남아도는 것이 있을 것이다. 관용이 있고 도량이 크며 사람의 그릇됨이 평온하며, 재물이 휘황찬란하게 많고 고루고루 복을 받는다(命逢天福是生時, 定然倉庫有餘盈. 寬洪大量根基穩, 財帛光華有福齊)."

18) 『정법염처경(正法念處經)①』, 제18권, 「축생품」. "간략히 말하면 그것(아수라)은 두 종류가 있다. 두 종류란 첫 번째는 귀신의 무리에 속한 것이요. 둘째는 축생에 속한 것이다. 귀신의 무리에 속한 것이란 악마의 몸을 가진 아귀로서 신통의 힘이 있고, 축생에 속한 것이란 아수라로서 큰 바다 밑의 수미산 곁에 사는데 바다 밑의 8만 4천 유순(由旬)에 있다." (*旬=약 15km)

『달마일장금』에서는 아수라에게 인간의 세계보다 높은 지위를 부여하지 않았다. 그 이유는 전화(戰禍)와 관련된 무서운 성정 때문인 것으로 보인다. 12지지의 진(辰)과 술(戌)은 천라지망(天羅地網)의 지역으로 수화(水火)가 생명을 창조하는 공이 일시적으로 멈추고 사라지는 지점에 이들의 거주지가 있다.[19]

불전(佛典)들은 바다와 산 속의 인간의 발길이 닿지 않는 곳에 이들이 산다고 전한다. 태어난 연월일시에 진(辰)의 천간성(天奸星)과 술(戌)의 천예성(天藝星)이 있으면, 이들은 아수라 세계에 살았던 경험이 있는 사람들이다. 패배를 거부하고 승리만을 구가하는 거친 욕망과 전화(戰禍) 속에서 습득된 분노와 같은 편벽된 성정을 가지고 산 경험이 있다. 삼독(三毒) 가운데 진에(瞋恚)와 큰 관련이 있다.

지상은 인간과 축생(「④축생(畜生)」)이 함께 산다. 인간은 위의 하늘과 아래의 땅과 땅속의 경계에 위치하고 있다. 12지지에 인(寅)과 신(申)은 삼정(三停)의 방위로 천상과 지하의 두 기운이 균형 잡힌 곳이다. 태어난 연월일시에 인(寅)의 천권성(天權星)과 신(申)의 천고성(天孤星)이 있는 사람은 인도에서 산 경험이 있다.

중국에서는 천권성(寅)은 전생에 상인(商人)이었던 인물들이 현생에 받게 되는 별의 기운이라고 하고, 신고성(申)은 세속을 벗어나 고독하게 수도에 전념했던 은자들로 해석한다.[20] 그러나 그런 해석의 근거는 마땅히 제시되지 않는다. 아마도 인도는 모두 음양의 기운이 균형을 이룬 곳이기는 하지만, 인권성은 양의 기운이 더 확장되는

19) 진(辰)은 수기(水氣)가 끊기는 수(水)의 묘지(墓地)이고, 술(戌)은 화기(火氣)가 사라지는 화(火)의 묘지(墓地)이기 때문이다.
20) 『達磨一掌經』, 76~78쪽.

기세가 있고, 신고성은 음의 기운이 더 지배적인 흐름 속에 있다는 것에서 이해될 수 있을 것이다.

축생(畜生)은 모든 금수(禽獸)와 금충(禽蟲)이 살고 있는 곳이다. 이때부터 거친 욕망은 제어할 수 없을 정도이다. 온 생(生)을 신선한 고기만을 생각하며 사는 포식자(predator)에서부터 하루살이 같은 미물들의 식(食, appetize)과 색(色, mating, sexual desire)으로 표현되는, 종족유지본능과 생존유지본능이 지배하는 세계이다.

태어난 연월일시에 묘(卯)의 천파성과 유(酉)의 천인성이 있는 사람은 이곳의 경험이 있다. 음양의 성격에 따라 봄의 온화한 기운에 속하는 묘는 초식동물, 가을의 엄혹한 숙살(肅殺)의 기운에 속하는 유는 육식동물에 더 가까워보인다.

귀도(「⑤귀도(餓鬼)」)는 배고픈 귀신들이 사는 곳이다. 이곳은 귀신의 세계이다. 습하고 어두우며 더러운 곳에 살며, 인간과 축생들에게 해를 입히는 존재들이다. 이 존재들은 축생이나 인간의 형상을 빌기도 하는데, 병을 일으키는 사악한 병균같은 사기(邪氣)들이 되기도 하며, 수행에 방해가 되는 여러 추악한 금수의 형상을 한 마(魔)들이 나타나 수행자들을 유혹하여 번뇌를 끊이지 않게 한다.[21)]

---

21) 지의(智顗), 『수습지관좌선법요(修習止觀坐禪法要)』「각지마사(覺知魔事)」, 제팔(第八). "마음을 불도(佛道)의 문에 안정시킬지라도, 도(道)가 높으면 높을수록 마(魔)는 점점 더 왕성하게 된다. 그러므로 반드시 마(魔)의 일을 잘 알아야 하는 것이다. 마(魔)에는 네 가지가 있다. 번뇌마(煩惱魔), 음입계마(陰入界魔), 사마(死魔), 귀신마(鬼神魔) 등이다. … 귀신마에는 세 가지가 있다. 정매귀(精魅鬼), 퇴척귀(堆惕鬼), 마라귀(魔羅鬼) 등이다. 정매(精魅)라는 것은 12시(時)에 속하는 짐승들이 변화하여 여러 가지의 형색을 만들어내는 것으로, 때로는 소년 소녀나 늙은이의 모습, 무서운 형체 등으로 나타나는데, 여러 가지로 한두 가지가 아니다. 이것들이 수행자를 괴롭히고 현혹시킨다. 이 모든 정매들은 수행자를 괴롭힐 작정으로 그것들이 속한 때가 되면 찾아오는 것이니, 반드시 잘 식별해야 한다(若能安心正道, 道高則魔盛. 故仍須善識魔事. 但有四種. 一煩惱魔, 二陰入界魔, 三死魔, 四鬼神魔. … 鬼神魔有三種. 一者精魅, 二堆惕鬼, 三魔羅鬼. 一精魅者, 十二時獸, 變化作種種形色, 或作少女, 老宿之形, 乃至可畏身相等, 種種非一. 以惱惑行者. 此諸精魅欲惱行者, 各當其時而來, 善須別識)."

우리말에 일이 틀어지거나 알 수 없는 이유로 훼방을 받을 때, "마가 끼었다"고 하거나, 작은 불행으로 큰 불행을 벌충할 때, "액땜했다"는 말의 사용에서 뜻을 분명하게 알 수 있을 것이다. 『달마일장금』은 이를 귀도(鬼道)라 정하고, 태어난 연월일시에 축(丑)의 천액성(天厄星)과 미(未)의 천역성(天驛星)이 있으면, 귀도의 경험이 있는 것으로 보았다.

마지막으로 끝을 알 수 없는 지하의 세계는 지옥(「⑥지옥(地獄)」)이 있다. 지옥은 「②아수라」, 「③인」, 「④축생」, 「⑤아귀」의 세계 영역보다 더 큰 영역을 차지한다. 그러나 『달마일장금』은 지옥도가 따로 없다. 그 이유는 앞서 본 것처럼, 죄업(罪業)이 너무 크면 인도에 조차도 태어날 수 없다는 인식 때문인 것으로 보인다. 지옥은 빛조차 들지 않는 곳이니, 별빛도 뜨지 않을 것이기에 말이다.

삼계육도의 특징에는 두 가지가 있다. 첫 번째는 윤회에서 비롯되는 사실로서 제일 꼭대기에 있는 천상의 존재도 제일 아래에 있는 무간지옥(無間地獄)에 떨어질 수 있을 정도로, 어느 세계에 속하든지 그것이 영원한 안식처는 되지 못한다는 것이다. 이 점에서 아라한(세존)은 윤회하지 않는다. 그래서 삼계육도에 윤회하는 삶을 더 이상 살지 않는다. 이러한 사실은 거친 욕망의 세계에 사는 존재들이 언제라도 선업(善業)을 축적하면, 천상에 태어날 수 있는 가능성을 보장해 준다. 비록 그 외형은 가치의 차별로 구성된 구조를 띠고 있지만, 궁극적으로 상승과 하강의 가능성이 모든 존재에게 개방되어 있다는 점에서 평등(平等)을 말하는 일종의 개방적 위계구조라고 할 수 있겠다.

두 번째는 삼계육도의 크기는 무량(無量)하다는 것이다. 욕계 가운데 인간, 축생, 아귀, 아수라 등은 지구에 있으나, 색계는 지구와 먼 곳에 있고(아마도 다른 은하계), 무색계는 물질이 없는 정신적 경지이므로 장소와 방위가 따로 없다. 요컨대 삼계육도는 거친 물질의 우주만이 아닌 미묘한 물질과 정신이 모두 포함된 세계이다. 경전에 따르면, 이런 세계는 태양과 같은 별마다 존재한다.

요즘 우리의 우주론과 연관해서 이해하면, 삼계는 하나의 별과 여기에 소속된 행성, 위성 등을 합한 권역에 있다. 그렇다면 우리가 사는 이 태양계에는 하나의 삼계가 있는 셈이다. 그런데 우주에는 태양계만 있는 것이 아닌 것처럼, 우리의 태양과 같은 별이 천 개가 모인 세계를 소천세계(小千世界)라 한다. 따라서 이 소천세계에는 천 개의 삼계가 있는 셈이다. 천체물리학에서 태양계가 속한 우리은하에는 태양과 같은 별이 대략 2,000~4,000억 개가 있다고 하니, 소천세계는 우리은하 보다 훨씬 작다. 그런데 천이라는 수가 반드시 양적으로 이해될 필요는 없을 것이다.

다시 소천세계가 천 개 모이면 중천세계(中千世界)이다. 그래서 이 중천세계는 백만 개(1000×1000)의 삼계가 있다. 또 다시 중천세계가 천 개 모이면, 이를 삼천대천세계(三千大千世界)라고 부른다. 삼천대천세계는 백만의 천개이니, 십억(1000000×1000) 개의 삼계가 있는 것이다. 이러한 삼천대천세계에 비로소 한 분의 부처님이 계시는데, 이를 일불국토(一佛國土)라 한다.

따지기 좋아하는 우리들의 성정으로 보자면, 삼천대천세계의 불국토에 한 분의 부처님이 있다면, 우리은하에는 대략 2,000~4,000억 개의 별이 있을 때, 200~400분의 부처님이 계신다는 결론이 나온다. 그리고 관측가능한 우주의 범위에서 우리 은하와 같은 은하가 대략 1,000억 개 있다고 한다. 그러면 20~40조 분의 부처님이 계실 것이다. 그러나 경전의 논법은 양을 말하는 것이 아니고, 무한수의 상징이기 때문에, 온 우주는 생명으로 가득 차 있을 뿐 아니라, 깨달은 각자(覺者)들도 많다는 것을 보여준다.

한 개체가 완전히 소진하지 못한 업의 인연(因緣)에 의해 탄생되는 즈음에 그의 성격이 구성된다. 달마대사와 일행선사는 업의 이론을 통해 한 개인이 소유한 업의 힘이 내리는 명령을 돌아보기를 권하는 것이다. 이것이 명이며, 그의 성격이다.

(2) 윤회에 대한 시간적 조망

육도의 생명체들이 저마다 그 모습처럼 생겨나고, 그가 살아가는 방식을 결정하며, 그의 고뇌와 환희, 행복과 불행의 처지와 심리현상 등이 생겨난 것은 업의 명령에 의한 것이다. 세존이 이 필연적인 명령이 일정한 법칙에 따른 것임을 자각하자, 일체지자(一切智者)가 되었다. 이러한 지식을 연기의 법칙이라 하였다. 이 연기의 법칙을 윤회하는 생명의 삼세에 적용하여 설명한 것이 십이연기설이다. 십이연기설은 업의 힘(업력)이 어떤 방식으로 한 개체를 형성하게 되는지를 12연기에 따라 설명하는 해석이다.[22)]

①	②	③	④	⑤	⑥	⑦	⑧	⑨	⑩	⑪	⑫
무명 無明	행行	식識	명색 名色	육입 六入	촉觸	수受	애愛	취取	유有	생生	노사 老死

〈표28〉 12연기의 순서

22) 한자경, 「불교의 생명론: 욕망과 자유」, 『한국여성학』, 제2호, 2002, 6쪽. 이러한 연기해석을 三世兩重因果說이라고 한다.

한 개체가 만들어낸 업은 모두 결과(報)를 만들어내지만, 결과를 갖지 못한 업은 일종의 힘으로 생겨나, 그 업력은 개체의 현재적 삶이 끝나도 사라지지 않고 남아 일종의 혼이나 귀신인 중음신 또는 "중유(中有)의 존재(Bardo)"가 된다. 중유는 식(識)의 형태로 존재하며 결과를 맺기 위해, 다시 태어나고자 하는 욕망을 갖는다.

한 개체는 부모가 되는 인연을 타고 ③식(識)이 모태 속으로 들어가서, ④명색(名色)이 발현된다.[23] 명색은 태아의 영육(靈肉, 몸과 마음과 혼)으로서, 명(名)은 심리적 기제를 나타내고 색(色)은 물리적 기제를 가리킨다. 심신은 인식기관인 근을 형성하는 데, 이것이 안이비설신의(眼耳鼻舌身意)의 ⑤육입(六入)과 연결된다. 특정한 시점에 탄생을 하게 되면, 세상과 만나서 소통하고(⑥촉觸), 이로 인해 즐거움과 괴로움에 관한 모종의 느낌(⑦수受)을 갖는다.

이때 즐거운 느낌을 일으킨 것을 좋아하거나 괴로운 느낌을 준 것을 싫어하게 되고(⑧애愛), 이로 인해 집착(⑨취取)이 생겨난다. 이 애(愛)와 취(取)의 갈애(渴愛)와 집착(執着)은 현생에서 새로 생겨나는 무수한 업을 일으키는 동기가 된다. 업이 일어나므로 업력이 커지고, 다시 태어날 존재(⑩유有) 형성의 원인이 된다. 이로부터 내생으로 다시 태어나고(⑪생生), 내생의 삶인 늙음과 죽음(⑫노사老死)을 겪게 된다. 이를 보면, 갈애(애착)와 집착이 곧 다시 윤회에 들게 하는 가장 중요한 동인이 된다. 애착하고 집착하게 되는 근본적인 이유는 무아(無我)와 공(空)의 지혜에 어두운 무식의 소치(①무명無明)이며, 무식에 따른 맹목적 행동(②행行) 때문이다. 이로 인해 업

23) 6장 '자등명과 법등명'을 재해석하는 데서 다시 논의한다.

을 짓는다.[24)]

인과(因果)를 모르는 존재들은 삶이 무엇이고 죽음이 무엇이며, 더 중요하게는 자신이 무엇인지를 모른 채 나서 살고 덧없이 죽는다. 자신을 모르는 것이 윤회를 일으키고, 이는 윤회의 동력 즉 업의 힘으로 그의 명을 결정한다. "나 스스로 아노라(自知)"라고 했을 때, 아라한(세존)이 아는 것은 더 이상 윤회하지 않는 것이며, 그것은 업을 아는 것이며, 자신을 아는 것이다.

『달마일장금』은 명령의 내용 곧 업에 의해 편성되어진 육도의 삶을 돌아보라고 한다. 자업(自業)에 의해 탄생된 지금의 한 개인은 오랜 세월동안 지은 자업의 흔적들을 재료로 형성된 것이기 때문이다. 그러므로 탄생은 일회적이며 우연한 사건이 아니라, 삼세를 잇는 오랜 세월의 삶이 다시금 새로운 문을 열고 들어오는 것이다.

2) 업과 윤회의 심리학적 해석: 까르마에토스

(1) 특정한 업에 따른 특정한 세계의 연관성

① 삼악도

윤회의 원인은 업(행위, 습관, 성향, 성품 등)의 힘이고, 이 같은 업의 과보는 일차적으로 존재(중생)의 범주와 존재가 거처하는 세계를 결정한다. 개체(중생)는 자신의 업(행위)에 따라 여섯 개의 상이한 존재조건들 즉 지옥, 축생, 아귀, 인간, 아수라, 천상 중에서 한 곳에 태어난다. 어떤 범주의 존재(중생)가 되느냐는 자신이 '어떻게

24) 「불교의 생명론: 욕망과 자유」, 6~9쪽 참고.

행위 해 왔느냐' 혹은 '어떻게 살았는가'에 따라 결정될 것이다. 육도의 각 존재들이 유전(流轉)하는 방식을 살펴보고, 어떠한 업력을 특징으로 하는지 구분해 본다.

초기 불전인 『아함경(阿含經)』에서는 지옥, 아귀, 축생, 아수라, 천상 등에 대해서, 어떤 행위가 그러한 세계로 태어나게끔 하는지 누누이 설명하고 있다. 윤회설은 단지 교리의 은유적 예시가 아니라 사실로 전제되고 있다. 축생에 대해서 세존은 "어리석은 사람은 본래부터 음식 맛에 탐착함으로써 몸의 악행을 행하고, 입과 뜻의 악행을 행한다. 그는 몸의 악행을 행하고, 입과 뜻의 악행을 행한 뒤에는, 그것을 인연하여 몸이 무너지고 목숨이 끝나면 축생 가운데 난다"[25]라고 했다.

세존은 축생을 벗어나기가 얼마나 어려운 일인지를 이렇게 가르쳤다. "혹 어리석은 사람이 축생을 벗어나 도로 사람으로 태어나려 하더라도 그것은 지극히 어려운 일이다. 왜 그러냐 하면, 저 축생들은 인의를 행하지 않고, 예법을 행하지 않으며, 아름답고 착한 일을 행하지 않기 때문이다. 저 축생들은 다시 서로 잡아먹는데, 강한 놈은 약한 놈을 잡아먹고, 큰 놈은 작은 놈을 잡아먹는다."[26]

축생은 『달마일장금』의 어법으로는 축도이다. 축도의 특징은 삼독(三毒) 가운데 어리석음(愚癡)이다. 축도는 자비와 정의(仁義)가 없고, 예의와 법도(禮法)가 없으며, 아름다운 선행(妙善)도 찾을 수 없다. 이는 축도의 한심(寒心)하고 냉정하며 무관심한 성격 특징을

25) 『增阿含』 3-199, 「癡慧地經」, 第八. 愚癡人者, 以本時貪著食味, 行身惡行, 行口意惡行, 彼行身惡行行口意惡行已, 因此緣此, 身壞命終, 生畜生中.

26) 『增阿含』 3-199, 「癡慧地經」, 第八. 若愚癡人從畜生出, 還生爲人, 極大甚難. 所以者何, 彼畜生中不行仁義, 不行禮法, 不行妙善. 彼畜生者更相食噉, 強者食弱, 大者食小

시사한다. 이는 12운성을 해석하면서 종합적으로 다루겠지만, 예컨대 축도 유(酉)의 천인성(天刃星)은 그 특성언어가 혼탁(昏濁)과 각해(刻害)이다. 혼탁은 어리석음에서 연유한 정신적인 것이고, 각해는 각박하고 모진 심성을 보여준다.[27] 한때 포식자의 삶이 그를 이렇게 만들었을 것이다.

세존은 『달마일장금』과 달리 지옥, 아귀, 축생을 탐진치(貪瞋癡) 불선근(不善根)의 결과로 설명하는데, 특별히 그 상응관계를 구분하지는 않으며, 이런 방식의 설명이 많다. "세 가지 불선근(不善根)이 있다. 어떤 것이 그 세 가지인가? 탐욕의 불선근, 성냄의 불선근, 어리석음의 불선근이 그것이다. 만일 비구가 되어 이 세 가지 불선근이 있으면 세 갈래 나쁜 세계에 떨어질 것이다. 어떤 것이 그 세 가지인가? 지옥, 아귀, 축생의 세계를 말하는 것이다."[28]

삼악도에 대해서 구분하는 경우도 있지만, 늘 같은 대응관계를 갖는 것은 아니다. 아래의 『아함경(阿含經)』에서는 탐욕–지옥, 성냄–축생, 해치려는 생각–아귀 등으로 구분했다.

> "만일 탐내는 생각을 가지면 목숨을 마친 뒤에는 곧 지옥에 떨어질 것이다. 만일 성내는 생각을 가지면 목숨을 마친 뒤에는 닭이나 개에 소속되거나 뱀이나 독사 따위의 축생으로 태어날 것이다. 만일 해치려는 생각을 가지면 그 또한 목숨을 마친 뒤에는 아귀로 태어나 온 몸이 불에 타리니, 그 고통을 이루 다 말하기

---

27) 이와 관련해서 탐진치(貪瞋癡) 가운데 치(癡)는 moha를 어원으로 하며, 이는 헤매다(get bewildered), 정신 못 차리다, 미혹에 빠지다, 격정에 휩싸여 제 정신이 아님을 의미하는 동사 muh(muyhati)에서 파생된 명사이다. 그래서 moha를 미망(迷妄)이나 어리석음으로 번역한다. 김재성, 「초기불교의 번뇌」, 『인도철학』, 제29집, 2010, 242쪽.

28 『增一阿含經』, 제14권, 地主品. 세 불선근(不善根)은 탐진치(貪瞋癡) 즉 삼독(三毒)를 말한다. 「초기불교의 번뇌」, 238쪽.

어려울 것이다."[29]

수라도에 대해서는 수승(殊勝, 특별히 뛰어남)한 세계로 가르치고 있어서, 『달마일장금』의 도식과 다른 점이 유감스럽다. 하지만 아수라는 제석천과 전투를 벌일 때 "싸워야만 승부를 가릴 수 있다"는 과강(過强)하고 호전(好戰)적인 태도를 보이고, 이를 다룬 품(品, 챕터)의 이름도 「전투품(戰鬪品)」이다. 물론 아수라는 전쟁에서 패배했는데, 그것은 제석천(帝釋天)의 인내와 침묵의 힘에 무력이 무릎을 꿇었기 때문이다.[30] 이후 불교의 경전에서 아수라는 좀 애매한 존재로 그려진다.

'지옥'이 빠지고 '불도'가 새로 구성된 『달마일장금』의 체계에서 아수라는 삼독 가운데 분노로 일그러진 무서운 외형을 갖는다. 특히 진(辰)의 천간성(天奸星)이 그러한데, 영쟁(獰猙)과 교활(狡猾)이 수라도의 특징이다. 영쟁은 귀면(鬼面)같은 무서운 모습이고 교활은 꾀 많고 간사한 부정적 특성이라고 할 수 있다. 우리는 영쟁과 같은 어휘들이 은유적으로 간웅(奸雄)이나 모사꾼(schemer) 같은 특성을 나타낸다고 볼 것이다.

② 삼선도

삼악도에 대한 삼선도는 '인간'과 '천상'인데, 이 가운데 천상은 『달마일장금』에서는 선도와 불도로 분화되었다. 세존은 인도에 대

29) 『增一阿含經』, 제14권, 地主品.
30) 『長阿含』 30-10, 『世記經』「戰鬪品」, 第十 참고. 6장의 아수라와 선도의 대칭 논의 참고.

해서, 죽은 자의 해골을 보고 추리하는 다음과 같은 의미있는 대화를 나누고 있다.

> (범지梵志가 말했다)
>
> "이 여자는 기운이 빠지고 굶주려 죽었나이다."
>
> "그러면 이 사람은 여기서 죽어 어디에 태어났겠는가."
>
> 범지는 다시 손으로 (해골을) 치면서 세존께 사뢰었다.
>
> "이 사람은 목숨을 마치고 사람으로 태어났나이다."
>
> 세존께서는 말씀하셨다.
>
> "대개 굶주려 죽은 사람은 좋은 곳에 나려 하여도 그리 될 수 없다. 그리고 세 갈래 나쁜 길에 난다는 것은 그럴 이치가 있는 것이다."
>
> 범지는 다시 손으로 치면서 세존께 사뢰었다.
>
> "이 사람은 계율을 완전히 가지고 죽었나이다."
>
> "좋고 좋다. 네 말과 같다. 이 여자는 계율을 완전히 가지고 목숨을 마쳤다. 왜 그러냐 하면, 대개 남자나 여자로서 계율을 완전히 가진 이는 목숨을 마칠 때에는 반드시 천상이나 인간의 두 길에 나는 것이다."[31)]

인도와 천상은 계율을 엄수하는 것이 무엇보다 중요하다. 삼선도에 태어나기 위해서는 삼악도의 행위를 정반대로 하면 된다. 불선근(不善根)에 대해 선근(善根)의 행위를 하면 되는 것이다. 이 가운데

---

31) 『增一阿含經』, 제20권, 「聲聞品」. 此女人身, 氣力虛竭, 又復飢餓, 以致命終, 世尊告曰, 此人命終爲生何處, 是時, 梵志復以手擊之, 白世尊言, 此人命終生於人道, 世尊告曰, 夫餓死之人欲, 生善處者, 此事不然, 生三惡趣者可有此理, 是時, 梵志復以手擊之, 白世尊言, 此女人者, 持戒完具而取命終, 世尊告曰, 善哉, 善哉, 如汝所言, 彼女人身, 持戒完具致此命終, 所以然者, 夫有男子女人, 禁戒完具者, 設命終時, 當墮二趣, 若天上人中.

계율이 있다. 이는 계정혜(戒定慧) 삼학(三學)을 가리키는 것으로 보인다. 인도를 넘어서 천상으로 갈수록 삼학은 더욱 강조되고 있다.

선도에 대해서 세존은 천상의 하나로 설명하지만, 이에 대해서는 세존의 후대로 내려오면서 보다 더 세련된 분석과 탐구를 거쳐, 인도(印度)를 지나 동아시아에서 격의된 내용을 파악하는 것이 더 중요할 것으로 보인다. 이러한 문헌으로 『능엄경(楞嚴經)』을 들 수 있다.[32)]

그 이유는 두 가지이다. 첫째, 『능엄경』의 성격에서 기인한 것으로, 선(禪)과 밀교(密敎)적 사상이 기반을 이룬다는 점에서 『달마일장금』과 같은 사상적 기반을 지닌다. 둘째, 육도의 존재들이 특정한 업력에 따라 윤회하는 과정이 제시되어 있다. 또한 이러한 존재들은 모두 여래장묘진여성(如來藏妙眞如性)을 회복하면 사라지는, 궁극적으로 마음이 만들어낸 가유(假有)라는 점에서, 윤회의 업력 앞에서 무력(無力)을 통탄하는 정명론(定命論)을 벗어날 수 있는 근거가 된다.[33)] 이는 심리치료의 이론적 토대를 이룬다고 볼 수 있을 것이다.

32) 『능엄경(楞嚴經)』의 내용은 다음 책을 참고. 김두재 번역, 『유가심인정본수능엄경환해산보개정(瑜伽心印正本首楞嚴經環解刪補改正)』, 일일사, 2005. 『능엄경』은 『금강경(金剛經)』, 『원각경(圓覺經)』, 『대승기신론(大乘起信論)』 등과 함께 불교 전문강원의 사교과(四敎科) 과목으로 채택되어 학습되고 있다. 원명은 『대불정여래밀인수증료의제보살만행수능엄경(大佛頂如來密因修證了義諸菩薩萬行首楞嚴經)』이며, 『대불정수능엄경(大佛頂首楞嚴經)』이나 『수능엄경(首楞嚴經)』 등으로 줄여 부른다. 705년(당나라 중종 원년) 인도 승려 반랄밀제(般剌蜜帝, Pramiti)에 의해 전래되고 번역되었다고 하는데, 위경(僞經) 시비가 잦다. 소화엄경(小華嚴經)이라 불리면서 널리 독송되었던 이 경은 전 10권의 각 권에 수록된 내용들이 모두 한국불교의 신행(信行)에 크게 영향을 미쳤다. 『한국민족문화대백과사전』 관련항목 참고.

33) 윤회는 결정론적 관념에 의해서 이해되는 경향이 있지만, 실제는 자유의지에 의한 결단을 통해 윤회를 멈추게 할 수 있다. 싯달타의 성도(成道)는 이를 잘 증명해 준다. 정명론은 운명에 수동적일 수밖에 없는 인간 존재를 말하고 있지만, 불교의 사상은 일관되게 운명에 수동적이면서 동시에 능동적으로 이를 벗어날 수 있는 이론과 실천을 보여주고 있다.

③ 중국 불교의 육도윤회

『능엄경』은 모든 중생은 본래 참되고 맑은 존재(眞淨)이지만, 망견(妄見)으로 인해 망습(妄習)이 생기고, 이 때문에 내분(內分)과 외분(外分)이 나누어진다고 본다.[34] 망견은 미혹으로서 무명(無明)이며, 망습은 업(業)을 가리킨다. 무명과 업에 의해 내분과 외분이 생겨난다. 그런데 내분과 외분은 『주역』의 수화감리론(水火坎離論)의 논리와 유사하다.[35]

내분은 중생의 내부에서 갈애와 집착으로 인해 생겨나는 습기(濕氣)이다. 이는 부정적 업력을 가리킨다. 습기는 음(陰)적 속성이 있으므로 아래로 떨어진다. 이에 비해 외분은 계율을 지키고, 수행을 진전해가면서 '목마르게 우러러보게' 됨으로써 발생한 생각인데, 이것이 축적되면 양(陽)적 속성이 부과되어 날아 움직이며 위로 향한다. 곧 긍정적 업력이다.

이제 죽음의 순간에 이르면, 매우 특이하게도 내분과 외분에 대응하는 정(情)과 상(想)의 분화된 비율에 따라 육도를 윤회하게 된다. 정(情)과 상(想)은 모두 업인데, 정은 습기로서 부정적인 업력이며 상은 가벼운 기운으로서 긍정적인 업력을 가리킨다.

정(情)과 상(想)으로 이루어진 업력의 구성 수준에 따라 윤회하는 육도의 상응관계를 경전에 근거하여 수치로 나타내보았다. 경전은 특이하게도 수량적으로 파악한다. 『능엄경』은 기존의 육도와 달리

34) 『유가심인정본수능엄경환해산보개정(瑜伽心印正本首楞嚴經環解刪補改正)』(권9), 1249~1391쪽의 내용이며, 이하 경전의 내용을 재구성하면서 해석하고, 상세한 각주는 생략한다.

35) 수화감리론(水火坎離論)은 '경청(輕淸)한 기(氣)는 위로 오르고, 중탁(重濁)한 기(氣)는 아래로 내려앉는다'는 동아시아 우주론의 전형적인 이론이다.

칠도(七道, 七趣)를 말하고 있다.[36] 이에 대해 어떠한 업력이 작용하는지 검토해 본다.

정情	상想	육도
0%	100%	천상
50%미만	50%이상	선도
50%	50%	인도
60%	40%	축도
70%	30%	아귀
80%	20%	
90%	10%	유간/무간지옥
100%	0%	아비지옥

〈표29〉『능엄경』과 윤회

아귀는 단지 배고픈 귀신만이 아니다. 『달마일장금』에서처럼 이는 귀도(鬼道) 즉 다양한 귀신의 세계이다. 이들 존재는 탐(貪)의 업으로 해서 다양한 모습을 갖는다. 사물을 탐하면 괴귀(怪鬼)가 되고, 성욕을 탐하면 발귀(魃鬼), 유혹(惑)을 탐하면 짐승의 모습을 띤 매귀(魅鬼) 등이 되고, 이외로도 고독귀(蠱毒鬼), 아귀(餓鬼), 역사귀(役使鬼), 전송귀(傳送鬼) 등 그 수가 많다. 그런데 이런 귀신들은 위의 표에서 지옥에 머물렀던 순정(純情, 100%)으로 타락하였다가, 업을 소진하고서 귀신의 세계에 유전한 것이다.

축생은 귀신의 업을 다해야 태어날 수 있는 세계이다. 축생은 어리석음의 업에 대응하지만, 『능엄경』에서는 빚을 졌던 사람과 원수끼리 만나면서, 축생의 형상으로 "묵은 빚을 갚아야 하는" 세계이

36) 기존의 육도에 선계(仙界)를 포함하고 있다.

다. 가령 귀도의 괴귀(怪鬼)는 사물을 탐해서 생겨난 귀신이지만, 사물에 붙어서 생존하다가, 업이 다하면 사물에서 떨어져 나와 축생이 되는데, 재미있게도 올빼미 같은 맹금(猛禽)이 된다. 다른 것도 마찬가지로 귀신이 탐하고 있던 대상에서 떨어져 나와 새로운 축생이 되는 것이다. 매귀는 업이 다하면 축도에서 여우같은 종류의 짐승이 된다.

축생들은 인간에게 곡식과 같은 식량자원이 되거나, 힘을 써 하는 일을 대신하는 도구 등의 역할을 한다. 요즘에는 인간을 대신하여 실험의 대용이 되거나, 애완(愛玩)의 대상이 되기도 한다. 이는 숙업(宿業) 즉 일종의 묵은 "빚"을 갚는 과보(果報) 행위가 될 것이다.

이 축생들이 묵은 빚을 갚을 때, 만일 본전보다 더 많이 갚았으면, 그러한 중생들은 다시 사람이 되어서 지난날 갚았던 것을 도로 찾게 된다. 하지만 받은 만큼 덜 돌려주면, 다시 축생으로 살아야 한다. 그런데 축생에서 인도로 건너온 사람들은 그다지 질이 좋지 않다. 예를 들어, 올빼미가 사람으로 태어나면 고집스러운 부류가 된다. 또한 여우가 사람으로 태어나면 사나운 무리에 속한다. 전생의 업에 따라 노동하는 무리, 용렬한 무리, 총명한 무리, 통달한 무리, 글을 쓰는 무리 등에 속하는 인간이 될 수 있다. 축생에서 인간으로 건너온 존재들은 묵은 빚을 갚았기 때문에 다시 사람의 길을 회복한 것이다. 그런데 이런 인간들을 세존은 업보에 얽히고설키며 살지만, 서로 낳고 죽이는 참다운 실상에 어두운 존재로 연민(憐愍) 혹은 가련(可憐)하다고 이름 붙인다. "불쌍하고" "가련한 자", 그대의 이름은 인간이로다.

선계(仙界)와 선도(仙道)는 인간이 성명(性命)을 단련하여 도달한 경지인데, 다만 불법의 진리를 모른다는 점이 최고수준에 이르는 데 결격 사유가 된다. 이들은 인적이 드문 산림(山林)에 살면서 도를 닦는다. 모두 10가지 부류로 구분되며, 동아시아 문화에서 흔히 볼 수 있는 장생불사(長生不死)의 존재인 도교의 신선(神仙)들이 여기에 해당한다. 특히 선계의 존재들이 그렇다. 이 신선들은 섭생(攝生)의 도, 약물(藥物)의 도, 호흡(呼吸)의 도, 기공(氣功)과 술법(術法) 등을 연마한다.

『달마일장금』에서 선도 해(亥)의 천수성(天壽星)은 강건(康健)과 청한(淸閑)을 특징으로 하고 있는 데, 양생(養生)의 도(道)라는 측면과 서로 상응하고 있다. 하지만 선도 역시 윤회의 사슬에 메어 있다. 이어서 욕계의 여섯 하늘에 거주하는 신들을 설명한다. 여기서의 핵심은 남녀간 애욕(愛慾)의 정도에 있다. 비록 신들이지만 애욕의 정은 매우 깊다는 것을 알게 된다.

미묘한 물질로 이루어진 색계(色界)의 하늘들은 모두 청정(淸淨)한 마음속의 거친 번뇌를 항복시킨 존재들이 산다. 위로 상승할수록 점차 빛의 언어로 진행해가더니, 급기야 아라한들이 머물러 있는 세계는 세상의 추악한 사람들로서는 볼 수가 없는 것이라 하여, 매듭을 짓는다. 불경들은 매번 천상의 세계를 다른 육도에 비해 상대적으로 더 많이 다룬다. 이는 우리 일반인의 눈으로 볼 수 없는 더 크고 넓은 세계가 이미 실재하고 있다는 암시이다.

『능엄경』에서 아수라는 네 종류가 있다. 이 아수라들은 특별한 하나의 육도에 거처하지 않고, 귀도, 인도, 천상도 등에 분포해 있다. 귀도에서 불법을 수호한 힘으로 신통(神通)을 얻은 아수라는 새의 모양을 하고 있으며, 이곳 귀도에 속해서 산다.

천상에서 부덕(不德)하여 전락하면, 욕계 여섯 하늘 가운데 사왕천(四王天)에 거주하는데, 인도에 속한다. 이런 아수라는 인간세(人間世)에 신통(神通)을 행사할 것이다. 아수라는 본래 하늘의 신들과 전쟁으로 한 판 겨룰 정도의 기개가 있고 두려움이 없는 존재이다. 그래서 귀신들을 부려서 인간에게 화복(禍福)을 내려주는 역할을 한다. 욕계 여섯 하늘에 있다.

마지막으로 조금 세력이 미약한 아수라는 낮에 하늘을 나르다가 밤이 되면 바다 속으로 숨는다. 특이한 금수(禽獸) 모습을 했는지, 축도에 속한다.

이러한 『능엄경』의 육도 유형들이 삼악도와 삼선도에 각각 대응하는 육도를 정확하게는 그리지 않지만, 그 사상적 기조는 확인할 수 있다. 『달마일장금』의 「명도」를 업력에 따라 다음과 같은 분류로 정하고자 한다.[37)]

삼악도(三惡道)	삼독(三毒)	지지(地支)	12성신(星辰)
귀도(鬼道)	탐(貪)	축(丑), 미(未)	천액성(天厄星), 천역성(天驛星)
수라도(修羅道)	진(瞋)	진(辰), 술(戌)	천간성(天奸星), 천예성(天藝星)
축도(畜道)	치(癡)	묘(卯), 유(酉)	천파성(天破星), 천인성(天刃星)

〈표30〉 삼악도의 업력과 12성신의 관계

삼독은 본래부터 육도의 존재들이 생래적으로 가지고 있는 욕망이다. 이러한 삼독을 제어하기 위해서 세존이 제시한 것은 계율, 선정, 지혜이다. 이는 삼독의 병근(病根)을 뿌리 뽑기 위한 처방이므로 삼약(三藥)이라고 할 수 있다. 그런데 우리는 계정혜가 삼독과 달리

37) 아래 업력에 따른 12성신의 분류는 이하 장들에서 설명.

외부에서 요청되는 유위(有爲)적인 수행의 수단이나 기제라고 생각하며, 그 자체로 욕망은 아니라고 간주하기 쉽다. 그러나 계정혜는 삼독처럼 생래적으로 가지고 있는 더 나은 존재로 상향하고자 하는 고차적 동기, 이는 궁극적으로 '성도(成道)의 욕망'이라고 할 수 있는데, 이처럼 고차적 동기가 표출되는 심리적 기제이면서, 또한 그 자체로 욕망이라고 해석하고자 한다.

이 욕망은 계율이라는 외적 권위주의나 타율적 규범체계만이 아니라, '존재의 내부에서 발현되는 윤리적 덕성'이며, 선정이라는 수행의 의례(儀禮)적 수단과 절차만이 아니라, 존재의 내부에서 하나의 충동으로 드러나는 '평온하고 명징(明澄)한 정신의 집중력'이고, 지혜는 이를 증득하기 위한 일련의 지적 작용들만이 아니라, 존재의 내부에서 피어나는 '일체세계의 사실성을 있는 그대로 파악하고 싶은 정신의 활동'이라고 보는 것이다. 그러므로 외형적 언어는 배움의 대상이 존재하고 그것을 습득하려는 학(學)의 활동처럼 보이지만, 그 자체로 성도를 위해 특히 삼독에 상응하여 욕망을 갈래지은 것이라고 해석해 볼 수 있을 것이다.

이러한 심리적 기제들 또는 욕망들은 생래적이기 때문에, 제거될 수 없다. 궁극적으로 제거해야 성도에 이를 수 있지만, 성도는 이러한 삼독과 삼학, 또는 선도(善道)와 악도(惡道)의 이분법적 경계를 벗어나 있는 비(非)이원적인 것이기 때문이다. 이는 제거의 대상이나 제거하는 주체가 모두 공(空)이라 그런 것이다. 예컨대, 『금강경(金剛經)』에서 설파하는 공(空)의 사상은 제거하려는 욕망과 제거해야 하는 욕망이 모두 공(空)한 존재라는 것을 깨닫는 것이 반야지혜(般若智慧)라는 것을 알려준다.

일체유위법(一切有爲法)	모든 지은 법이여,
여몽환포영(如夢幻泡影)	꿈과 같고, 환영과 같고, 거품과 같고, 그림자 같네,
여로역여전(如露亦如電)	이슬과 같고, 또 번개와 같아라.[38]

그러므로 삼학이라는 언어적 표현은 이러한 제거의 욕망 즉 더 나은 존재로 성장하기 위한 욕망을 방편적으로 설정한 것이다. 기왓장을 갈아 거울을 만들 수 없듯이, 어떤 유위적인 활동에 의해서는 결코 성도를 이룰 수는 없다는 선불교의 매우 엄격한 깨달음의 전통에서 보자면, 삼학을 통해서 삼독을 제거하여, 성도를 이룰 수는 없다.

그러나 까르마에토스를 위시한 심리학의 관점에서, 삼독의 욕망을 파악하는 자기이해의 차원과 이를 극복하는 더 나은 존재로의 성장이라는 자기성장의 차원을 지시하는 삼학은 매우 귀한 자원이 아닐 수 없다.

한국불교의 특별한 경전인 『천수경(千手經)』은 이같은 인식을 짧지만 간명하게 보여주고 있다.[39] 고뇌의 근원인 삼독의 독성을 제거하여 마음의 평화와 영원한 안락을 얻고 싶은 원력(願力)이 담겨 있다.

아약향도산(我若向刀山), 도산자최절(刀山自催折)	칼산지옥 내가 가면, 칼산 절로 무너지고
아약향화탕(我若向火湯), 화탕자고갈(火湯自枯渴)	화탕지옥 내가 가면, 화탕 절로 말라지며
아약향지옥(我若向地獄), 지옥자소멸(地獄自消滅)	모든지옥 내가 가면, 지옥 절로 없어지고
아약향아귀(我若向餓鬼), 아귀자포만(餓鬼自飽滿)	아귀세계 내가 가면, 아귀 절로 배부르며

38) 『금강경(金剛經)』「응화비진품, 제32(應化非眞品, 第三十二)」.

39) 보살행(菩薩行)의 이타적(利他的) 측면이며, 「육향문(六向文)」이라 부른다. 정각, 『천수경연구』, 서울: 운주사, 2011, 181쪽.

아약향수라(我若向修羅), 악심자조복(惡心自調伏)	수라도에 내가 가면, 화난 마음 절로 가라앉고
아약향축생(我若向畜生), 자득대지혜(自得大智慧)	축생세계 내가 가면, 큰 지혜 스스로 깨닫게 하소서

이는 인도(人道)가 계율(戒律)을 통해 아귀(餓鬼)의 탐욕(貪慾)이 저절로 포만(飽滿)감을 느끼게 해주고, 선도(仙道)는 선정(禪定)을 통해 진에(瞋恚)를 조복(調伏)시키고, 불도(佛道)는 지혜(智慧)를 통해 축도(畜道)의 어리석음을 깨우칠 수 있다는 선언이라고 할 수 있다. 업과 윤회에 기반을 둔 성격유형론이 심리치료와 연관되어 최종적으로 향해야 하는 방향이다.

그래서 우리는 계정혜 삼학을 삼독과 더불어 욕망의 체계로 해석한다.

삼선도(三善道)	삼학(三學)	지지(地支)	12星辰
인도(人道)	계(戒)	인(寅), 신(申)	천권성(天權星), 천고성(天孤星)
선도(仙道)	정(定)	사(巳), 해(亥)	천문성(天文星), 천수성(天壽星)
불도(佛道)	혜(慧)	자(子), 오(午)	천귀성(天貴星), 천복성(天福星)

〈표31〉 삼선도의 업력과 12성신의 관계

(2) 삼학과 삼독의 존재론적 욕망과 소유론적 욕망

육도의 거주자들 모두가 생명체의 현실이라면, 불교는 그러한 개체적 생명체의 존재 자체를 욕망의 산물로 간주한다. 또한 육도 자체가 생명체의 욕망의 산물이기도 하다.[40] 이는 물리적 존재 이후에

40) 불교의 우주론에 있어서 우주는 최초에 단 한번 생성된 후 영원히 계속되는 그런 단일한 세계가 아니라, 오랜 시간 진화(evolution)와 역진화(involution)를 반복 즉 절대적 존재가 스스로를 상승시키고 하강시키는 과정을 반복한다. 삼계육도의 성주괴공(成住壞空)에 상당한다. 전자(成住)가 진화이고 후자(壞空)가 역진화이다. 이 과정은 영원히 반복된다.(켄 윌버, 조옥경 외 옮김,「17장 원죄」『에덴을

생명이 탄생한다는 현대인의 교양과 상식을 구성하는 과학적 세계관의 관점과 상충하는 견해이다.

욕망은 주로 욕계(欲界)에 사는 생명체의 의지로서, 12연기법에 따르면 애(愛)와 취(取)의 업에 해당한다. 그러나 윤회를 추동하는 업의 힘은 삼계육도에 편만한 것이므로, 실제 삼계육도 전체가 욕망의 구성물이라고 할 수 있을 것이다. 따라서 육도윤회의 사슬을 제거하는 것이 해탈이며 불교의 최종 목적이라면, 욕망의 제거는 업력의 완전한 소진에 해당하는 것이다. 아라한의 해탈이란 업력에서 벗어난 완전한 자유이기 때문이다.

12연기에서 윤회를 새롭게 추동하는 것은 애착으로 인한 욕망의 삶, 욕망으로 인한 새로운 업의 형성에 있다. 만일 연기의 이치를 알고, 주관을 구성하는 불명확한 업력의 작용이 사실이 아니며 가유(假有)라는 공성(我空)의 이치에 대한 자각과 객관적 대상세계의 구성 역시 가유라는 공성(法空)의 이치를 밝게 자각한다면, 나와 세계, 아(我)와 법(法)의 경계가 사라지게 된다.

우리는 이러한 이치에 대한 자각이 곧 지혜라고 보며, 이 불가사의한 지혜를 만들어내는 힘이 또한 하나의 욕망이라고 간주한다. 이렇게 되면 욕망은 두 가지 근본적인 형태를 띤다. 전자는 나와 세계

넘어』, 서울: 한언, 2009 참고). 그런데 이 우주의 객관성은 생명체의 업력에 의해서 구성된 것으로 본다. 이를 공업(共業)이라고 하고, 이들의 공업에 의해서 구성된 우주를 기세간(器世間)이라 한다. 그런데 이 기세간은 육도의 존재에 따라 각기 다르다. 인간의 우주, 아귀의 우주, 아수라의 우주, 천상의 우주 등은 각기 차별적이다. 공업이 저마다 다르기 때문이다. 이러한 공업(公業)의 우주관은 객관과 주관의 이분법을 거부한다. 주관의 확실성은 공성(空性)을 깨닫지 못하는 한, 한시적이고 상대적인 상태로 존재하기 때문에 참다운 실재라고 할 수 없다. 또한 객관의 확실성 역시도 주관이 가진 업력(業力)의 제한적인 상태와 교호(交互)하므로 참다운 실재라고 할 수 없다. 업력과 기세간의 구성문제는 여기서 구체적으로 언급하지는 않고 생명체 자체의 업력에 주안을 두기로 한다. 공업에 대해서 생명체 자체의 업력을 불공업(不共業)이라고 부른다. 「불교의 생명론: 욕망과 자유」, 1~6쪽 참고.

가 식(識)의 업력, 욕망의 업으로 형성된 결과라는 것을 모르고, 계속적인 맹목적 윤회의 상태에 존재하게 만드는 욕망으로서 이를 소유론적 욕망(possessive desire)이라고 부를 수 있다.[41]

소유는 자아에 의해 이 세계를 부분적으로 파악 즉 소유하여 전체를 왜곡하려는 욕망으로 12연기법의 애취(愛取)의 단계에 등장하는 탐진치(貪瞋痴) 삼독(三毒)에 의해 생겨나며, 더욱 근본적으로는 무명(無明)의 힘 때문이다. 이러한 소유론적 욕망은 근본적으로 연기의 법 즉 아공(我空)과 법공(法空)의 공성(空性)을 자각하지 못한 것이며, 분별적 이원성에 토대를 두고, 육도의 존재들에게 존재론적 고뇌(一切皆苦)뿐 아니라 심리적인 불안과 여러 병리적 상황을 유발하는 제일의 원인이 된다고 할 수 있다.

이에 반해 연기의 법과 공성(空性)에 대한 자각을 일으키는 또 하나의 힘은 존재론적 욕망(ontological desire)이라고 할 수 있을 것이다. 존재론적 욕망은 소유론적 욕망과 달리, 나와 세계, 주관과 객관으로 분화되기 이전의 순수 동일성의 차원에서, 일체의 경계가 사라져서 한계가 지워진 무한 즉 공(空)을 체득하고 싶은 욕망이다. 이 욕망은 마음속에 각인된 경계를 지우고 부수면서 얻어지는 마음의 원 바탕이므로, 구체적으로는 윤회의 추동력인 업력의 정체를 확인하고, 자아와 세계를 형성하는 이 힘이 궁극적으로 무(無)이며 공(空)이라는 자각을 산출하게 만든다. 이를 원효대사(元曉, 617~686)는 일심(一心)이라고 하였으며, 우리들은 이를 해탈하고 싶은 모든

41) 소유론적 욕망과 존재론적 욕망은 동서철학의 철학적 유형을 해석하거나, 불교철학을 해석하는 개념틀이다. 대표적으로 김형효, 『원효의 대승철학』, 소나무, 2006 참고.

존재들이 바라는 원력(願力)이라고 본다.[42)]

그래서 우리는 윤회를 지속시키고 공고화시키는 소유론적 욕망을 삼독으로 보며, 삼학은 그러한 소유론적 욕망을 버리고 윤회와 업력의 정체, 궁극적으로 연기적 실상과 공성의 자각을 통해 해탈의 자유를 획득하여 이고득락(離苦得樂)을 원하는 힘으로 해석하고자 한다.

삼독은 삼악도의 윤회를 낳으면서 삼계육도를 유지하려는 업(業)의 힘을 강화시키고, 삼학은 삼선도의 윤회를 낳으며 최종적으로는 윤회를 벗어나고자 하는 욕망이라고 본다. 그러나 삼학은 삼독과 방편적인 상대가 되지만, 삼학 역시 결국은 삼독과 같이 무명의 깨침 즉 삼명(三明)을 통해서, 더 이상 삼독과 같은 소유론적 욕망과 대척적인 위상을 가지지 않고 욕망을 초월하여 비이원적인 경지에 도달하면 사라지는 가유(假有)라고 할 수 있을 것이다. 그러나 이는 아라한(세존)의 경지에서나 가능한 궁극적 비이원성의 상태이므로, 성도라는 최후의 그 순간까지 하나의 욕망으로서 존재한다. 궁극적 비이원성의 상태는 모든 이원성의 분별이 사라진 무경계의 경지이기 때문이다. 그런데 이 욕망이 없다면, 성도(成道)도 없다.

『달마일장금』의 「명도(命圖)」체계는 기존의 육도설을 계승하면서 '개정된 육도설'을 제시한다. 이 육도설은 삼선도와 삼악도의 세력이 대립하고 있는 형식으로 「명도」에 반영되어 있다. 이는 모두 무명을 자각하지 못하여 윤회할 수 밖에 없는 세계의 실상이지만, 여기에는 비록 상대적일지도 모르나 선과 악의 대립적 구도가 펼쳐

42) 한자경, 「욕망 세계의 실상과 그 너머로의 해탈」, 『욕망: 삶의 동력인가 괴로움의 뿌리인가』, 서울: 운주사, 2010, 89~90쪽.

져 있다. 삼악도는 악업(惡業)의 축적이고 삼선도는 선업(善業)의 축적이기 때문이다.[43)]

이러한 존재론적 욕망과 소유론적 욕망은 육도로부터 둘씩 구분되어, 12성신(星辰, 별)으로 확대된다. 12성신은 이러한 욕망들이 극명하게 대비되어, 선악의 구도로 설명할 수 있을 정도이다. 그런데 소유론적 욕망은 삼악도에만 있는 것은 아니며 삼선도에도 영향을 미치고, 존재론적 욕망 역시 삼선도뿐 아니라 삼악도에도 영향을 미친다. 이 같은 욕망은 「명도」의 체계에서 명확히 드러나지 않지만, 이러한 상관성에 대한 전제가 없다면, 「명도」는 단지 정명론(定命論)적 허무주의와 방임주의를 교설하는 체계가 되어, 자유를 약속하는 세존의 가르침, 안심(安心)을 기약하는 달마의 가르침, 정해진 업력보다 개인의 품성(品性)을 우선시하는 일행(一行)의 가르침[44)] 등과 위배된다. 이러한 점은 심리치료 부분에서 '변형'과 '전략'의 관점으로 다시 해석된다.

예를 들어, 나쁜 업(業)을 타고나서 나쁜 별(성신星辰)의 지배 속에서 나쁜 성정(性情)을 가졌기 때문에, 나쁜 인간관계와 더불어 자아라는 소통 주체의 나쁜 성격 혹은 인격 때문에 세상과 불건전한 소통을 하는 사람은 나쁜 삶을 살 수 밖에 없다. 그러나 이러한 철학이나 심리학의 입장은 불교뿐 아니라 동아시아 철학의 기조와 사뭇 다르다.

---

43) 이 때문에 업력(業力)의 대칭성(symmetry)을 말할 수 있다. 이 대칭성은 까르마에토스의 심리치료에 있어서, 변형과 전략, 자등명(自燈明)과 법등명(法燈明)의 이론적 근거가 된다. 6장 참고.

44) 10식이 발견되려면 태어난 연월일시를 통해서 전생의 업력을 확인해야 하는데, 이러한 원칙을 적용하지 않고, 단지 그 사람의 품성(品性)을 보아 선발할 수도 있다는 일행선사의 언급을 가리킨다. 이는 「선승도」의 필요성이 궁극적으로 무화되는 발언이다.

개인의 의지는 조건 지워진 업력에 의해 자유롭지 못하지만, 존재론적 욕망이 완전히 사라질 수는 없는 것이기 때문이다. 다시 말해, 지금보다 더 나아지고 싶은 원력, 심리학적으로 말하면 개인의 성장과 발달을 향한 고유한 충동이 존재하기 때문에, 이는 「명도」의 해석에 반드시 반영되어야 할 것이다.

「명도」에서 삼악도는 삼선도와 대응하므로, 이런 대응의 필연적 구조로부터 법(法, 진리)에 의지하여 자신의 명(命) 즉 부정적인 특성으로 구성된 성격을 변형(transformation)시킬 수 있는 선택과 결단의 여지가 가능한 것이다. 또한 좋은 업력을 가진 개인은 소유론적 욕망의 개입을 차단하여, 긍정적 특성으로 구성된 성격이 부정적 특성으로 전락(downfall)되는 것을 예방해야 한다.

(3) 업과 윤회의 심리학

① 감옥에 갇힌 원숭이

업과 윤회는 불교의 핵심에 해당하기 때문에, 이에 대한 현대적 해석 가운데 의미 있는 두 가지를 들어 우리들의 관심인 업과 윤회에 기반을 둔 성격유형론에 참고로 삼아본다. 초감 트룽파(Chögyam Trungpa, 1939~1987)는 티벳의 승려이자 영적 지도자이다. 그는 육도윤회를 심리학적으로 접근했다.[45]

초감 트룽파는 『대승본생심지관경(大乘本生心地觀經)』(권8)에

45) 초감 트룽파의 이 글은 *Cutting Through Spiritual Materialism*(Shambhala, 2002)의 한 장이며, 박윤정 옮김으로 『정신세계』(통권17호, 2001)의 184~193쪽에 「원숭이에게 감옥은 없다」라는 제목으로 실려 있다. 이하 초감 트룽파의 육도 해설은 이글을 재구성한 것이다.

"마음이 원숭이와 같아서 오욕(五欲)의 나무에 놀면서 잠시도 쉬지 않는다"라 한 표현으로부터 시작한다. 이는 심원(心猿)이라고 알려진 것으로, "하염없이 흔들리는 마음을 분주하게 움직이는 원숭이에 비유한 말"이다.[46)]

욕계의 존재들은 "다섯 개의 창문이 달린 빈방에 갇혀 있는 원숭이 한 마리"이며, 여기서 다섯 개의 창문은 오감(五感)을 의미한다. 초감 트룽파는 업력의 힘에 통제되어 있는 원숭이의 병리적 상황을 해석한다.

지옥계(Hell Realm)는 갇혀 있다는 두려움과 두려움에서 벗어나고자 하는 공격적인 마음으로, 투쟁과 공포감에 지배되어 있다. 자기 자신을 공격적인 상태로 만들어, 공격성에 사로잡힘으로써 스스로 존재의 안도감을 느끼는 상황이다.

아귀계(Realm of the Hungry Ghost)는 무력감과 평안에 대한 갈망이 존재하는 곳으로, 보다 넓고 쾌적한 조건을 갈망하며, 이런 욕구를 충족시키기 위한 방법을 꿈꾸는 곳이다. 그런데 아귀계는 자신의 꿈에 애정과 증오를 동시에 품게 되면서, 이루어질 수 없는 꿈에 대한 채울 수 없는 욕망에서 비롯된다. 욕망 자체가 고통의 원인인 것이다. 욕망을 품고 환상을 쫓음으로써, 자기 자신이 하나의 실제적인 개체로 존재하고 있음을 확인하려 드는 것이다. 욕망 충족의 시도가 실패로 끝나면서, 분노를 느끼는 것과 동시에 체념하는 법을 배우게 되어, 그 강렬한 "허기"를 포기하고 세상에 대한 일련의 습관적인 반응에만 안주하는 순치(馴致)의 단계이다. 안정된 느낌을 포

---

46) 가산지관, 『한국고승비문』, 서울: 대한불교조계종출판부, 2011, 73~74쪽.

기하기가 두려워 미지의 보다 넓은 세계로 나가는 대신 그냥 감옥에 머문다.

축생계(Animal Realm)는 어리석음의 영역이다. 안전하고 자기충족적인 세계에 취해, 자기에게 익숙한 목표물에만 관심을 기울이며, 확고한 결단력과 완고한 태도로 그 목표를 향해 움직이는 것이 전부가 된다. 돼지의 탐욕에 비유하면, 막무가내로 앞만 향해 돌진할 뿐, 그 앞길에 진흙탕이 있든 다른 어떤 장애물이 있든 전혀 문제 삼지 않는다.

인간계(Human Realm)는 분별력을 갖춘 열정의 영역이다. 기쁨이든 고통이든 자기 스스로 선택할 수 있다는 것을 깨닫게 되면서, 기쁨을 극대화하고 고통을 최소화하기 위해, 보다 현명하고 신중하게 자신의 경험들을 분별하기 시작한다. 이전의 삼악도 보다 좀 더 영리해진 단계로서, 어떻게 하면 자신이 원하는 것을 소유할 수 있을까 하는 문제에 항상 골몰하고, 인생의 즐거움 곁에는 언제나 고통이 따라다닌다는 사실을 깨닫게 된다. 세존의 말대로 "가련한 존재"를 자각하는 단계이다.

아수라계(Asura Realm)는 심술궂은 신들의 세계이다. 이 세계는 성취욕과 경쟁으로 특징지워지는데, 항상 타인과 경쟁하면서 그들을 앞서기 위해 노력하며, 완벽을 향한 끊임없는 투쟁 속에서, 자신의 진보를 측정하고 타인과 비교하는 일에 몰두한다. 생각과 감정을 능숙하게 조절하고, 집중력을 강화하며, 남들보다 훨씬 성공적으로 세계를 조정한다. 최고이고 군림해야 한다는 강박관념으로 인해, 불안과 초조함을 느낀다. 그런데 이들은 목표를 이루지 못할 때, 수치심을 느끼며, 자신을 제어하고 통제하지 못한 것에 스스로를 비난

한다. 충족되지 않는 이상에 대한 갈망과 더불어 타인과의 경쟁, 실패에 대한 두려움을 느끼므로, 결과적으로는 자기 비난의 세계 속에 갇혀 있는 형국이다.

초감 트룽파는 『달마일장금』의 체계와 달리, 아수라의 유능함을 높였다. 하지만 이러한 유능함의 무의식적 소인(素因)은 최고를 향한 경쟁과 최고를 획득하기 위한 계교(計巧)에서 온 것으로 해석할 수 있다.[47] 그러므로 유능함이 마음의 평안을 통한 행복으로 이어지지 않는다. 이에 덧붙여 초감 트룽파는 미래예언적인 언급을 하고 있어 흥미롭다. "아수라의 업력은 종국에 원하는 것, 백만장자나 일국의 통치자, 유명한 예술가가 될 수 있게 만들어 준다."

천상계(Realm of the Gods)는 심리적으로 보면, 최면에 빠진 것과 같이 편안하고 어딘가에 자연스럽게 몰입한 것처럼 즐겁고 뿌듯한 상태를 가리킨다. 인간의 이상향으로, 신들이 살고, 세속적인 일에 신경을 쓰지 않으며, 편안하고 자연스럽게 거처하는 곳이다. 들리는 모든 소리와 보이는 모든 것들과 피부에 와 닿는 모든 느낌이 경쾌하고 화려하며 부드럽지만, 이는 일종의 자기 최면 상태로서, 괴로움과 불쾌감의 근원이 되는 모든 것들을 마음속에서 지워버림으로써 자연스럽게 천상계에 진입하는 것으로 해석한다.

초감 트룽파는 삼계육도의 성주괴공(成住壞空)처럼, 최상의 단계에서 점차 전락하는 단계를 설명한다. 천상의 의식은 자신이 이미 대자유에 이르렀다고 생각하지만, 사실 그가 얻은 것은 일시적인 에고후드(egohood) 상태이다. 에고후드는 아집(我執)이라고 할 수 있

47) 수라도 진간성(辰奸星)의 특성은 영쟁(獰猙)과 교활(狡猾)이며, 술예성(戌藝星)의 특성은 능위(能爲)와 교편(巧便)이다. 계교(計巧)의 특성을 보여준다.

다. 주관적 판단에 의해서 있는 그대로의 실상을 왜곡하는 것이다. 이는 모든 고(苦, duhkha)의 뿌리가 된다.

도취 상태가 풀리면, 곧장 두려움 속으로 굴러 떨어진다. 혼돈과 공포감, 나약함에 시달리다가 다시 심술궂은 신들의 영역(아수라계)으로 곤두박질한다. 이윽고 불안과 시기에 압도당한 뒤, 무엇이 잘못되었는지를 파악하는 일에 매달리고, 인간계로 진입한다. 그리고는 인간의 지성이 제공하는 비판적인 시각과 망설임에서 도망쳐 축생계로 뛰어든다. 축생계는 주변의 세계를 무시한 채, 좁지만 자기에게 익숙한 길에 안주하는 장소이다. 안정감을 위협하는 메시지들에 눈과 귀와 입을 막음으로서 유폐된다.

축생계에서 더 전락을 하는 아귀계의 단계는 처음에는 더 나은 것에 대한 갈등과 신의 영역에 대한 향수가 교차하면서, 현재가 아닌 과거와 미래에 산다. 돌아가고픈 강렬한 감정으로 환상을 품게 되자 환상이 주는 만족감이 생겨난다. 그러나 이러한 만족은 순식간에 사라지고 더 심한 갈증에 시달리게 된다. 채워지지 않는 갈증과 좌절감에 짓눌려, 자기의 욕망을 만족시키기 위한 보다 강력한 투쟁에 몸을 던지게 된다.

외부 세계와 적대적인 관계를 형성하는 것은 스스로가 초래한 강한 공격성 때문인데, 이러한 공격성의 반동으로 주변도 공격적으로 반응한다. 지옥계로 떨어진다. 지옥 같은 삶이 펼쳐진다. 초감 트룽파는 이러한 전락에서 업과 윤회의 사슬을 끊어낼 수 있는 가능성이 있는 장소로 인간계를 지목한다. 인간계의 지성과 분별력을 신뢰하는 것이다.[48] 초감 트룽파가 말하는 육도의 심리학적 상태와 특징은

48) "인간계 상태에 있는 원숭이라면 무언가를 이루어야 한다는 집착에 대해, 자신이 경험하는 세계의

다음처럼 정리할 수 있다.

육도	심리적 상태
천상계(Realm of the Gods) : 일시적인 안락의 세계	일종의 자기 최면 상태로서, 편안함, 즐겁고 뿌듯함 세속적인 일에 신경을 쓰지 않는 편안하고 자연스러움
아수라계(Asura Realm) : 심술궂은 신들의 세계	성취욕, 경쟁, 능숙한 조절, 최고로 군림해야 한다는 강박관념으로 인한 불안과 초조함. 승리에 대한 갈망과 패배에 대한 두려움 목표를 이루지 못할 때, 수치심을 느끼며, 자신을 제어하고 통제하지 못한 것에 스스로를 비난
인간계(Human Realm) : 분별력을 갖춘 열정의 영역	현명하고 신중하게 자신의 경험들을 분별 사적 소유의 문제 골몰
축생계(Animal Realm) : 어리석음의 영역	안전하고 자기충족적인 세계에 도취 자기에게 익숙한 목표물에만 관심 확고한 결단력과 완고한 태도로 목표를 향해 돌진
아귀계 (Realm of the Hungry Ghost): 채울 수 없는 욕망의 영역	이루어질 수 없는 꿈에 대한 채울 수 없는 욕망, 환상
지옥계(Hell Realm) : 두려움의 영역	투쟁, 두려움, 공격성 공격성에 사로잡힘으로써 스스로 존재의 안도감을 느낌

〈표32〉 육도의 심리학적 상태

초감 트룽파의 육도 분석은 「명도」의 일반적 특질과 부합하는 면이 많다. 이는 업과 윤회에 관한 전제를 공유한 데서 기인한 것으로 보인다. 천상계는 불도보다 선도의 특징과 부합한다. 지옥계의 특

견고함에 대해 여러 가지 의문을 제기할 수 있다. 하지만 그러기 위해서는 먼저 포괄적인 자각과 초월적인 앎의 능력을 개발해야 한다." 「원숭이에게 감옥은 없다」, 193쪽.

징은 귀도와 수라도의 특징에 연결될 수 있을 것이며, 인간계의 "합리(the reasonable)"와 아귀계의 채울 수 없는 욕망을 의미하는 "공허(the empty)"는 천고성(天孤星)의 명달(明達)과 천역성(天驛星)의 간신(艱辛)을 각각 현대적으로 해석한 것과 상응하는 것으로 보인다. 축생계의 맹목적 돌진 역시 천파성(天破星)과 천인성(天刃星)의 특성에 일부 부합한다.

② 신경증적 고통의 은유

〈그림12〉 생사의 수레바퀴

정신의학자 엡스타인(M. Epstein)은 육도윤회를 신경증적 고통의 은유라는 방식으로 접근한다. 그래서 윤회를 신경증적 마음에 대한 불교적 모델로 보고 있다. 이는 실증주의적 사고방식에 익숙한 동시대인들이 불교의 형이상학적 교의로 간주하는 윤회와 업에 대해서 새로운 이해를 위한 발판을 만든 참신한 시도라고 볼 수 있다.[49] 엡스타인은 윤회와 업을 설명하기 위해, 육도윤회설을 티베트 불교의 환경에서 성립한 「생사의 수레바퀴(The Wheel of Life)」라는 비교적 유명한 만다라를 통해 소개한다.

이 만다라는 이미 익숙한 주제인 윤회와 업에 따르는 여러 존재들의 삶의 양태들을 매우 이국적인 형태로 보여주고 있다. 엡스타인의 논의를 살피기 전에, 우리의 관심에 이 그림이 많은 도움을 줄 것으로 생각되기 때문에 검토할 필요가 있다. 그림의 기본적인 개념을 위해 위 그림의 형태와 내용을 도해한 것을 검토 대상으로 삼겠다.[50]

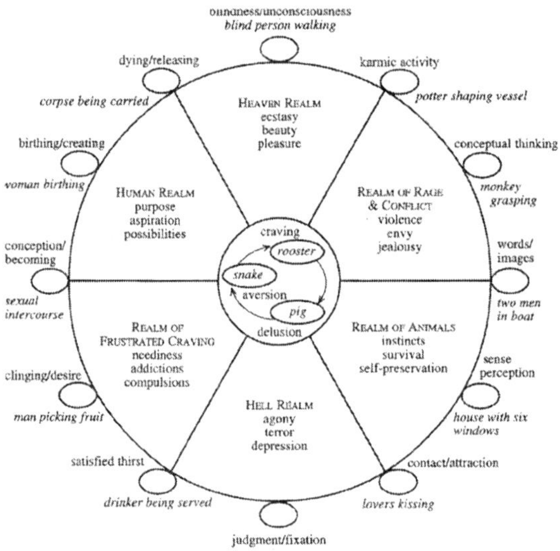

〈그림13〉「육도의 세계와 연기에 따른 12가지 순환(The six worlds of existence (Samsara) and the twelve-fold cycle of interdependent co-arising)」

49) 엡스타인(Epstein, Mark), 전현수 외 옮김, 『붓다의 심리학(Thoughts without a Thinker: Psychotherapy from a Buddhist Perspective)』, 서울: 학지사, 2006.

50) 그림의 출처와 그에 대한 해설은 다음을 참고한 것이다. Metzner, R., The Buddhist six-world model of consciousness and reality, Journal of Transpersonal Psychology, 28(2), 1996, pp.155~166.

이 그림의 기본적인 구조는 『달마일장금』의 「명도」와 유사하다. 이쪽(『달마일장금』)의 육도가 가진 개성과 달리 저 곳(티벳)에 불도는 없다. 대신 전통적인 육도가 수직의 축으로 배열된 천상과 지옥이 있으며, 좌우 두 쌍의 축은 인간과 축생, 아수라와 축도 등으로 구성되어 있다. 전통적으로 삼악도에 속하는 축생, 지옥, 아귀가 아래에 있고, 보다 좋은 세계는 만다라의 위 쪽에 있다.

육도의 영어식 표기는 초감 트룽파나 엡스타인과 약간 차이가 있다. 분노와 투쟁(Realm of Rage & Conflict)의 영역은 아수라도이며, 좌절된 욕망의 영역(Realm of Frustrated craving)은 아귀도이다.

생사의 수레바퀴를 사지로 쥐고 있는 존재는, 야마(Yama)이다. 야마는 염마(閻魔)로서 명계(冥界)의 주인(Lord of the underworld)이다. 이렇듯 생사의 수레바퀴를 장악하고 있는 저승의 신이 격노하고 있는 것은 호법(護法, dharmapala)을 상징한다. 무서운 얼굴은 타협하지 않는 모습으로 불법(佛法)과 운명(運命)의 냉혹한 필연성을 보여준다. 그러므로 생사윤회의 길은 누구든 피할 수 없다. "나와 대적할 자가 있느냐?" "날 피할 자가 있느냐?"

수레바퀴의 바깥 원은 생사유전의 연기적 실상을 시각적으로 보여준다. 제일 꼭대기는 12연기의 출발인 ①「무명(無明)」(blindness, unconsciousness)이고, 이는 '걷고 있는 장님'(blind person walking)으로 시각화되어 있다.

오른쪽의 시계 방향을 따라서, ②「행(行)」(karmic)은 '그릇을 짓는 사람'(potter shaping vessel)으로 구체화되어 있으며, ③「식(識)」에는 나무위에 올라 앉아 '과일을 따는 원숭이'(monkey grasping)가 대응되어 있다(위의 「생사의 수레바퀴」 그림을 참조).

이처럼 ④「명색(名色)」–'배를 탄 두 사람'(two men in boat), ⑤「육입(六入)」–'창문이 6개 달린 집'(house with six windows), ⑥「촉(觸)」–'입 맞추고 있는 연인'(lovers kissing), ⑦「수(受)」–'눈을 꿰뚫은 화살'(arrow piercing eye), ⑧「애(愛)」–'갈증을 달래는 사람'(drinker being served), ⑨「취(取)」–'과일을 따는 사람'(man picking fruit), ⑩「유(有)」–'성교'(sexual intercourse), ⑪「생(生)」–'출산하는 여자'(woman birthing), ⑫「노사(老死)」–'실려가는 시신'(corpse being carried) 등이 배열되어 있다.

이는 12연기에 따른 삶의 일반적인 경험이다. 12부분으로 실려 있는 것이 마치 12달의 지지와 같고, 12달의 지지는 결국 사계절의 순환인 것처럼, 이 그림은 생노병사(生老病死)의 필연적인 네 가지 삶의 중대한 사실들을 그리고 있다.

불교 초기의 경전에서 살폈던 육도와 윤회의 실상이 극명하게 드러나 있다. 심리학적으로 보면, 천상의 영역은 황홀, 아름다움, 쾌락의 가치가 특징적이다. 이어 아수라의 영역은 폭력, 선망(envy), 질투의 가치가 특징적이며, 축생의 영역은 본능, 생존, 자기보존의 특징이, 지옥의 영역은 극한의 고통, 공포, 암울(depression)이 지배하고 있다. 아귀의 영역은 궁핍(neediness), 중독(addiction), 강박(compulsions)의 세계이다. 인간의 영역은 목적, 열망(aspiration), 가능성의 세계이다. 이러한 육도의 특질은 향후 우리의 성격유형론에 충분히 반영될 것이다.

육도	특성들
천상의 영역(Heaven Realm)	황홀, 아름다움, 쾌락
분노와 갈등의 영역 *아수라도 (Realm of Rage & Conflict)	폭력, 선망, 질투
축생의 영역(Realm of Animals)	본능, 생존, 자기보존
지옥의 영역(Hell Realm)	극한의 고통, 공포, 암울
좌절된 욕망의 영역 *아귀도 (Realm of Frustrated Craving)	궁핍, 중독, 강박
인간의 영역(Human Realm)	목적, 열망(aspiration), 가능성

〈표33〉 육도의 심리적 특성

〈그림〉의 가운데는 윤회의 동력 즉 업력을 상징한다. 돼지, 뱀, 수탉은 각각 탐(貪, craving), 진(瞋, aversion),[51] 치(痴, delusion)의 삼독을 시각화한 것이다.

엡스타인은 불교 수행의 핵심적인 질문인 "나는 누구인가"는 육도 전체의 탐구를 필요로 한다고 지적한다. 육도 "각각의 영역은 특정한 장소가 아니라, 신경증적 고통을 반영하는 모든 영역으로서 다른 심리적 상태에 대한 은유"이기 때문이다. 이러한 접근은 지극히 심리학적이라고 할 수 있다. 프로이트가 언급했듯이, 우리는 자기 자신을 직접 경험할 때 두려움을 느낀다.

> 병의 현상에 주의를 돌리는 용기를 내야만 한다. 병 자체를 경멸의 대상이 아닌, 그의 성격(PERSONALITY)의 일부이고 용기를 낼만한 가치가 있는 적으로 삼

51) 진은 진에(瞋恚)로 극렬한 분노를 의미하는데, 여기 그림에서는 증오(aversion)로 되어 있다.

아야 한다. … 그러면 증상으로 표현된 억압된 것과 화해할 수 있는 길이 열린다. 동시에 병적 상태를 견딜 수 있는 길이 발견된다.[52]

따라서 자신에 대한 투철한 이해와 자각이 필요하며, 보다 적극적으로 자신이 가진 성격의 유형화를 통한 타 존재와의 차별적 부각의 전략이 필요한 것이다. 이러한 전략은 자신을 이해하기 시작할 때 첫 번째로 대면하게 되는 것은 '익숙하지 않고 낯선(alien)' 자신의 측면을 발견하게 된다. 즉 성격(personality)은 자기 소외(self-alienation)라는 이 지점 위에 세워져 있다. 역설적인 것은 우리가 실재한다고 간주하는 우리 자신이란 단지 우리가 자각하고 싶지 않은 것에 대한 반응으로 구성된다.[53]

그런데 윤회의 가르침을 통하여, 육도 윤회 중 한두 개의 영역의 억압만을 드러내는 것은 충분하지 않다. "반드시 전체 영역에서 억압을 드러내야 한다."[54] 이러한 현대 심리치료의 조언은 업과 윤회에 기반을 둔 성격 유형론을 구성하려는 우리의 목적에 매우 고무적이라고 할 수 있을 것이다.

한 개인에게 육도의 경험은 단일한 것으로 드러나는 경우의 수는 매우 적기 때문에, 반드시 2개 이상의 경험이 포함될 수밖에 없다. 그래서 하나의 경험만으로 성격이 구성되지 않는다. 그리고 또 한 가지 지적할 수 있는 것은 두 개의 경험이 충돌하거나 상승 및 하강 작용을 할 경우에 대해서도 우리 쪽이 더 유리하다.

52) S. Freud, Remembering, Remembering and Working-Through(1958). 『붓다의 심리학』, 34쪽에서 재인용.
53) 『붓다의 심리학』, 35쪽.
54) 『붓다의 심리학』, 37쪽.

엡스타인에게는 두 경험이 접촉하게 될 때 어떤 일이 일어나는지 설명할 준비가 되어있지 않다. 다만 그는 놀랍게도 "서구 심리학은 이 육도를 이미 많이 조명해 왔다"고 판단하고 있다. 그러나 "서구의 많은 정신치료 운동은 어떤 특정한 영역의 고통들에 대해 상당히 깊게 연구했지만, 어느 누구도 윤회 전체를 탐구하지는 않았다."[55]

> 프로이트는 동물 즉 욕망의 영역을 탐구했고, 아동정신분석가인 멜라니 클라인(Melanie Klein)은 불안과 공격성이라는 지옥의 영역을, 영국의 정신분석가인 위니캇(D. W. Winnicott)과 자기 심리학(self-psychology)의 개발자인 하인츠 코헛(Heinz Kohut)은 나르시시즘의 인간영역을, 인본주의 심리학자인 칼 로저스(C. Rogers)와 에이브라함 매슬로(A. Maslow)는 천상 영역의 궁극적 경험을 연구하였다. 이러한 접근들은 특정한 집착점의 치료에 도움이 되고, 실제로 본질적인 접근이다. 그러나 그것은 각각 전적으로 하나의 차원에만 초점을 두고 있기 때문에 태생적인 한계가 있다. … 불교전통은 전체 만다라를 신경증적 마음이 반영된 것으로 보고, 그리하여 포괄적으로 적용할 수 있는 접근을 요구한다.[56]

『붓다의 심리학』에서 육도에 대응하는 심리적 특성, 정확히는 병리적 경향성의 특징은 이렇게 정리할 수 있겠다. 지옥계는 공격적이고 편집증적인 상태로서 격노와 불안에 지배되는 존재영역이다. 축생계는 식욕과 성욕 따위의 생리적 욕구에 압도된 상태로서 감각적 쾌락만을 목적으로 하는 영역이다. 아귀계는 끝없는 공허감에 사로잡혀, 현재에 만족하지 못하는 심리를 반영한다. 천상계는 감각적

55) 『붓다의 심리학』, 37~38쪽.
56) 『붓다의 심리학』, 37쪽.

지복과 심미적 쾌락에 경도되어 즐거움만을 탐닉하는 상태를 의미한다. 아수라계는 공격적 본성에 사로잡혀 자신에게 거슬리는 일체의 장애물을 파괴하려는 심리를 반영한다. 인간계에서는 타인과의 관계 문제가 크게 부각되며 있는 그대로의 자신으로부터 도피하는 성향이 문제이다.

각 영역의 병리적 경향성과 이에 대해 주안을 둔 서양의 심리치료 분야를 분별해보는 것도 흥미로울 것이다. 위의 인용은 육도에 맞춰 현대 심리치료의 특정한 분야들이 분류되어 있다. 이는 육도가 '마음의 만다라적 전체성'이기 때문에 가능한 것이라고 생각한다. 육도를 이해한다는 것은 인간의 전방위적 측면에 대한 이해가 동반되어야 한다는 엡스타인의 견해에 동의한다. 한편으로 육도의 업과 윤회에 입각한 성격유형을 수립하고자 하는 우리의 시도는 현대 심리치료의 유용한 모든 분야에 열려 있어야 할 것이다. 이를 위해서 그 사람이 어떤 수준에 속한 고통의 문제를 가지고 있는지를 알아야 할 것이다. 아수라의 업력을 가지고 있는지, 인도의 업력을 가지고 있는지를 안다면, 그가 겪는 마음의 고통을 이해하는 데 큰 진전이 있을 것이기 때문이다.

그런데 엡스타인의 주장에 대해 비판이 없을 수 없다. 첫째, 신경증적 은유만으로 육도 전체를 설명할 수는 없다. 불도, 선도, 인도의 경우에는 이 은유를 온전히 적용하기 어려워 보인다.[57] 특히 불도와 선도는 성장심리학이 말하는 성숙한 성격(인격)의 특성을 가지기 때문이다. 둘째, 앞의 비판과 연관해서, 긍정적 심리상태에 대한 평가

---

57) 6장 참고.

에 인색하다. 정신의학의 병리적 접근이 가진 본질적인 한계로 보인다. 셋째, 다양한 업력에 대한 통합적 접근이 부재하다. 이는 오히려 통합심리학의 위계질서 수준에 따른 치료 전략 구분이 더욱 유용할 것으로 보인다. 하지만 육도를 마음의 전체적 모델로 생각하여, 그 의미를 심리학적으로 해석한 것은 그의 오랜 불교에 대한 이해와 명상수련의 체험이 아니고서는 불가능했을 것이다. 이 점에서 그의 접근방식은 트랜스퍼스널 관점을 취하고 있다고 볼 수 있을 것이다.

(4) 까르마에토스의 정의

① 업력과 성격

비록 삼계육도에 사는 중생들이 공통의 생명체라고 해도, 우리의 관심은 인간에게 있다. 인간은 '인도(人道)'에 거주하기 때문에 다른 생명체에 비해 인간들은 같은 공통점을 지니지만, 인간계(인도)에 태어난 경우에도, 각자가 가진 업은 많은 차이가 있기 때문에, 개인마다 서로 다른 삶을 살게 된다.

세존은 인간 사이의 우열, 요수(夭壽), 건강, 미추, 권력, 빈부, 출생차, 지능차 등의 원인이 무엇인가에 대한 질문을 받고 그것은 자신의 행위 즉 까르마에 따른 결과라고 설명하고 있다.

> 중생은 행위의 소유자이며, 행위의 상속자이며, 행위로부터 태어난 자이며, 행위를 친척으로 하며, 행위를 의지처로 한다. 중생을 열등하게도 하고 탁월하게도 하는 차이를 생기게 하는 것은 업(까르마)이다.[58]

58) 『맛지마 닛까야(Majjhima-nikya)』(Ⅲ), 203쪽. 「초기 불교에서 본 무아의 윤회」에서 재인용.

이는 인간 사이의 존재조건의 차이가 자신 스스로의 행위 즉 업에 의한 것임을 말하고 있다. 하지만 이 차이는 이전 생의 업보(業報)로 인한 것이 있으며, 현생에 새롭게 지은 업으로 인한 것도 있다. 전자의 경우 차별을 낳는 원인인 업을 제거하는 것은 지난한 일이지만, 수행의 측면에서 업을 종자(種子, 씨)에 비유하여, 오직 참회(懺悔)에 의해서만 종자가 발아될 수 없게 만들 수 있다.[59] 또한 『밀린다팡하(Milindapanha, 那先比丘經)』에서는 선업(善業)만이 나락(那落, naraka, 지옥)에 떨어지지 않게 하는 길이라는 것을 알려준다.

왕은 물었다. "나가세나 존자여, 그대들 수행자들은 이렇게 말합니다. '백년 동안 악행(惡行)을 했더라도, 죽을 때 한 번만 부처님을 생각한다(念佛)면, 그 사람은 천상에 태어날 수 있을 것이다'라고. 그러나 나는 그것을 믿지 않습니다. 또 그대들은 이렇게 말합니다. '한 번 살생을 했더라도 지옥에 태어날 것이다'라고. 나는 것을 믿지 않습니다.

"대왕이여, 그대는 어떻게 생각합니까? 작은 돌이라도 배가 없이 물 위에 뜰 수 있을까요?

존자여, 그렇지는 않습니다.

대왕이여, 백 대의 수레에 실을 만큼 많은 돌이라도 배에 싣는다면 물 위에 뜨겠습니까?"

59) 『천수경(千手經)』의 「십악참회(十惡懺悔)」가 하나의 예라고 볼 수 있다. 십악참회는 "살생한 무거운 죄, 이제 참회합니다. 도둑질한 무거운 죄, 이제 참회합니다. 음란한 행위를 한 무거운 죄, 이제 참회합니다. 거짓말한 무거운 죄, 이제 참회합니다. 남을 속인 무거운 죄, 이제 참회합니다. 이간질한 무거운 죄, 이제 참회합니다. 악독한 말을 한 무거운 죄, 이제 참회합니다. 애욕을 탐한 무거운 죄, 이제 참회합니다. 성내고 증오한 무거운 죄, 이제 참회합니다. 어리석음의 무거운 죄, 이제 참회합니다(殺生重罪今日懺悔, 偸盜重罪今日懺悔, 邪음衆罪今日懺悔, 妄語衆罪今日懺悔, 綺語衆罪今日懺悔, 兩舌衆罪今日懺悔, 惡口衆罪今日懺悔, 貪愛衆罪今日懺悔, 瞋에衆罪今日懺悔, 癡暗衆罪今日懺悔)." 『천수경연구』, 263쪽 참고.

"존자여, 그렇습니다. 물 위에 뜰 것입니다."

"대왕이여, 선업(善業)은 마치 배와 같다고 보아야 할 것입니다."

"잘 알았습니다. 존자 나가세나여!"[60)]

'선업은 구원의 배이다.' 위와 같은 설법에 위안이 되지만, 차이가 존재하는 궁극적인 이유는 역시 자업(自業)에 의한 자득(自得)이다. 이런 의미에서 자신의 존재조건에 대한 스스로의 선택과 책임을 강조하고 있는 것이므로, 업론(業論)은 숙명론(宿命論)이나 운명론의 정명론(定命論)적 관점과 큰 차이가 있음을 알 수 있다. 이처럼 업을 가진 자아는 자신의 행위에 따라 선업(善業)과 악업(惡業)을 만들어내고, 이에 의해 존재범주와 존재조건을 규정받고 윤회한다.

『달마일장금』 체계는 선업과 악업을 짓는 인간의 행위를 애취(愛取)의 욕망으로 해석한다. 이런 의미에서 업은 욕망이다. 악업의 근원은 삼독(三毒)이며, 선업의 근원은 삼독을 없애는 행위 즉 삼학(三學)이다. 삼학의 추구는 또한 존재론적 욕망이며, 이는 궁극적으로 깨달음의 욕망이다. 삼독의 욕망은 탐진치(貪瞋痴)의 소유론적 욕망이다. 이 두 욕망은 인간의 근원적인 욕망이다.

소유론적 욕망은 자신의 존재를 불멸하는 존재로 인식하거나, 현재적 자아나 현생 이후의 자아에 대한 연속성을 부정함으로써, 연기

---

60) 동봉 번역, 『밀린다팡하』, 서울: 홍법원, 1992, 128쪽. 밀린다팡하(Milindapanha)란 "밀린다왕의 물음"이라는 뜻이다. 밀린다(Milinda, 彌蘭陀)왕은 서기전 150년경 서북 인도를 지배한 그리스의 메난드로스(Menadros)왕을 가리킨다. 철학적인 소양을 가진 이 그리스왕이 당시의 불교 고승인 나가세나(Nagasena, 那先)에게 불교의 진리에 관해 대론(對論)한 내용이 이 경전의 뼈대를 이루고 있다. 대체로 인도에서 문헌이 문자로 기록되기 시작한 것을 기원 전후로 본다면 대론 후 100여년이 지난 후에 경전으로 성립된 것으로 볼 수 있다. 한역본 경명은 『나선비구경(那先比丘經)』이다. 서정형, 밀린다팡하 해제」, 『밀린다팡하』(『철학사상』, 별책 제2권 제2호), 서울대학교 철학사상연구소, 2006 참고.

적(緣起的) 실상에 무지하기 때문에 생겨나는 욕망이다. 이는 진실한 사실을 알지 못하게 되어, 억견과 환상으로 그것을 왜곡한다. 이로부터 모든 선하지 못한(不善根) 욕망이 생겨난다.

소유론적 욕망은 모든 선하지 못한 욕망의 뿌리다. 이에 반해 존재론적 욕망은 깨달음을 향하는 욕망이다. 그것은 탐진치를 근원에서부터 변형시키려는 욕망이면서, 삼학을 추구하는 기저에 놓인 욕망이다. 이 두 근원적 욕망으로부터, 육도의 윤회가 비롯되고, 어떤 시점에서 태어난 존재에는 이러한 육도의 흔적이 깊게 배어있게 된다. 『달마일장금』 체계는 특히 인간계(인도)에 태어난 인간들이 윤회의 시간 동안 경험하게 된 육도의 여러 업(욕망)들이 한 개인의 성격을 구성하는데 일차적인 질료가 된다고 보았다.

② 까르마에토스의 탄생

그런데 향후에 보다 구체적인 논의를 전개하기 위해서, "『달마일장금』의 명도 체계로부터 동아시아의 자연학 및 업과 윤회에 입각한 성격유형론"이라는 의미가 함축되어 있으면서도, 보다 단순하고 심미적인 명칭을 제시하여, 이를 규합개념(organizing concept)으로 삼아 시작해보자.

지금까지의 논의를 토대로 하면서 그리스의 헤라클레이토스(Heraclitus of Ephesus, −540?~ −480)가 전한 수수께끼 같은 다음과 같은 말을 단서로 삼으면서 시작하자.

에토스 안쓰로포 다이몬(Ethos anthropo daimon)[61]

이 말은 통상 영어로 "Character is destiny(성격은 운명이다)"로 번역된다.[62] 그런데 좀 더 생각해 보면, 성격은 우리가 경험하게 될 사건들을 드러내고 집행하는 '개인적인 악마 아니면 천사'(daimon)라는 뜻이다.[63] 다이몬은 악마도 될 수 있고 천사도 될 수 있는 신성(divinity)이다. 그러므로 성격에 따라 그의 운명이 천양지차(天壤之差)가 될 수 있다고 추측할 수 있다. 이는 자기 자신에 대한 분명한 자각이 없다면, 그의 삶은 보이지 않는 힘 곧 귀신의 힘이나 아수라의 힘에 의해 지배된다는 것으로 이해할 수 있다.

업은 운명이지만 성격을 형성하는 힘이기도 하다. 그래서 '에토스 안쓰로포 다이몬(Ethos anthropo daimon)'은 우리 탐구에 매우 매력적인 말이다. 『달마일장금』은 본래 운명을 예지하는 문헌이라는 정체성이 더 강했다. 그러나 문헌의 내용은 육도와 12성신에 따른 인간유형의 분류학이다. 이러한 유형과 분류가 가능한 것이 곧 업력에 의한 인간의 내적 욕망 체계가 일정한 법칙에 따라 수립되어 있기 때문이다.

에토스(Ethos)는 흔히 사회나 문화의 성격, 관습, 기풍(氣風)을 가리킬 때 쓰고, 이로부터 파생된 ethics(윤리)도 역시 인간 행위의 사

61) ἦθος ἀνθρώπῳ δαίμων. William Harris, HERACLITUS, The Complete Fragments, Translation and Commentary and The Greek text.
http://community.middlebury.edu/~harris/Philosophy/heraclitus.pdf

62) 여러 다른 영어 번역이 있다. "Man's character is his fate." "Conscience to man is god" "A man's character is his guardian divinity." 윌리엄 해리스 번역은 A man's character is his guardian divinity(인간의 성격은 그의 수호신守護神이다)이다. 우리는 일반적으로 통용되는 번역을 따랐다.

63) 로버트 모스, 정연희 역, 『드림 시크릿』, 휴먼앤북스, 2008, 237쪽.

회적, 도덕적, 관습적 규범을 가리키는 말이다. 그런데 철학자 하이데거(M. Heidegger, 1889~1976)에 따르면, 헤라클레이토스의 저 말은 "Man, insofar as he is man, dwells in the nearness of god(인간은 인간으로 존재하는 한, 신의 가까이에 거주한다)"로 해석된다.[64] 여기서 에토스는 거주한다(dwell)로 사용되었다. 그러므로 에토스는 우주 혹은 세계 속에서 인간이 가진 거처 혹은 자리를 뜻하며, 그 곳에 거주하고 깃든다는 뜻이다.[65]

안쓰로포스(anthropos)는 인간이며, 다이몬(daimon)은 신(神)이다. "신의 가까이에 거주한다," "신의 가까이에 깃들어 있다"는 것은 인간과 신이 친근하지만 동시에 서로 다른 존재이므로 거리를 두며, 함께 더불어 산다는 의미이다.

다이몬은 기독교 문화의 영향 때문에, 내내 악마(demon)로 불명예스럽게 취급되었지만, 영혼불멸과 윤회의 관념에 익숙한 그리스에서 그것은 유한한 인간과 다른 무한하거나 영원한 것을 나타내고 있는 말이다. 그러므로 "성격은 운명이다"라는 말의 심층적인 의미는 "인간은 영원한 힘과 함께 살고 있다" "인간이라는 존재로 있는 한에, 거주하는 것은 영원과 함께 하는 것이다" 등으로 해석할 수 있다.

다이몬(daimon)은 우리의 논의 속에서 생명 자체와 생명의 조건을 만드는 업력의 힘에 상응하며, 불가항력적인 힘으로서 탄생 이전부터 존재해온 것이다. 따라서 가깝지만 멀다. 육도의 한 중생(생명)

64) 이선일, 「하이데거 『이정표』」, 『철학사상』, 별책 제5권 제10호, 서울대철학사상연구소, 2005, 226쪽. 하이데거(M. Heiddeger), 최재희 역, 『하이데거의 휴머니즘론』, 박영문고, 1961, 83~90쪽.
65) 박이문, 『문명의 미래와 생태학적 세계관』, 당대, 1998, 36쪽.

인 인간은 잠시의 모습이며, 업에 의해 결정된 것이다. 비록 현생의 업(행위)을 만드는 것은 자유와 결단의 영역에 속하지만, 이 자유와 결단은 숙업(宿業)의 무게로 인해서 엄청난 두려움과 공포를 수반한다. 이 두려움과 공포를 이기지 못하기 때문에, 업력에 굴복하고 새로운 업을 계속 만들어낸다. 자업자득이다.

우리는 육도 전체가 업이 거주하는 장소라고 이해할 수 있다. 이런 의미에서 "까르마가 거주한다" 곧 까르마에토스(Karma Ethos)이다. 까르마에토스는 삼계육도 전체에 깃든 업의 힘과 여섯 거주지의 중생(생명)들의 존재형태와 삶의 방식을 결정하는 구조를 잘 보여주는 명칭이다. 까르마에토스는 유형의 관념을 담고 있다. 까르마의 정도에 따라 육도의 업력과 12성신의 업력이 차이가 나기 때문에, 이 차이에 따른 개인들의 성격이 변별될 수 있다.

까르마에토스는 업의 거주지로서, 한 개인의 심신(心身)에 깃들어 있는 까르마의 특성, 혹은 그 반대로 까르마에 의해서 형성된 한 개인의 특성을 나타내는 말이라고 할 수 있다. 까르마에토스의 목적은 자신 속에 거주하면서 스스로를 만들어 가는 힘에 대한 분명한 이해를 통해, 스스로를 지금 이상의 존재로 성장시키고, 알 수 없는 힘에 의해 조정당하는 삶의 고통을 벗어나 자기 본연의 모습을 찾는 데 있다.[66)]

66) 까르마에토스를 육도 각각의 하위 개념으로 파생해서 사용할 수도 있을 것이다. 예컨대, 불도: 붓다에토스(Buddha Ethos), 선도: 르쉬에토스(Rsi Ethos), 인도: 휴먼에토스(Human Ethos), 축도: 애니멀에토스(Animal Ethos), 귀도: 고스트에토스(Ghost Ethos), 수라도: 아수라에토스(Asura Ethos) 등으로 구분할 수 있다. *선(仙)은 산스크리트어의 르쉬(rsi)를 번역한 말이다.

제5장

까르마에토스 유형론 구조

1) 업과 윤회 기반의 성격유형론

(1) 까르마에토스의 기본 전제와 성격의 구성 개념 요청

지금까지 검토한 『달마일장금』의 체계를 재해석하면서 까르마에토스를 구성하는데 적용되는 전제들을 다음처럼 정리하여 제시할 수 있다.

- 육도의 세계는 까르마의 업력에 의해 형성된 세계이며, 이 업력은 근원적인 욕망이라고 할 수 있다.
- 근원적인 욕망은 존재론적 욕망과 소유론적 욕망으로 구분할 수 있으며, 존재론적 욕망은 불도, 선도, 인도의 삼선도를 형성하고, 소유론적 욕망은 축도, 귀도, 수라도의 삼악도를 형성한다.
- 한 개인에게는 특정한 욕망들에 의해 형성된 고유한 성격이 유형론적으로 구성되어 있다.

- 한 개인의 태어난 시점은 특정한 욕망들이 배열(constellation)된 것으로 이는 현생의 성격을 형성하는 토대가 된다.
- 태어난 시점의 특정한 욕망들은 간지(干支)라는 상징적 부호로 전환할 수 있다.
- 간지는 욕망의 부호 혹은 욕망의 기호이다.
- 어떤 개인에게 부여된 특정한 간지의 배열은 그 개인의 근원적 욕망을 반영하며, 성격을 형성한다.
- 이 욕망은 개인에 한정되어 있지 않고 개인을 넘어서 있으며, 삼세(三世)를 배경으로 하는 우주론과 연관되어 있는 만물의 생성과 변화의 원리 혹은 이를 주재(主宰)하는 존재와 연관되어 있다는 의미에서 신성한 힘이라고 할 수 있다.(Ethos anthropo daimon)
- 위와 관련해서 간지(干支)의 상징적 상관관계에서 일정한 법칙적 관계를 확인할 수 있다면, 한 개인의 특정한 성격구조를 해명할 수 있으며, 이와 동시에 인생의 특정 시점에 대한 상황도 예측할 수 있다.
- 삼선도(三善道)와 삼악도(三惡道)의 욕망은 대칭적 구조로 형성되어 있다.
- 한 개인의 심리상태에 치료 혹은 치유 상황이 요청될 때, 까르마에토스의 성장 전략에 따른 적절한 치료적 행위로 상황을 개선시킬 수 있다.
- 욕망은 사라지거나 억압되지 않고 변화된다면 두 가지 상황을 고려할 수 있다. 첫째는 좋은 상황에서 나쁜 상황으로 전환되는 것으로서 이는 전락(轉落)을 의미하고, 둘째는 나쁜 상황에서 좋은 상황으로 전환되는 것으로서 이는 변형(變形)을 뜻한다.[1)]
- 자기 이해를 통한 성장과 발달은 전락을 방지하고 변형을 추구하면서 성취될 수 있다.

1) 변형(變形)은 자신에게 속해 있으나 명확하게 의식하지 못한 자기초월적 욕망 즉 존재론적 욕망을 발견하여, 마치 납에서 금으로 변성되는 것처럼, 놀랍고 새로운 것이 생겨난다는 의미맥락을 가지고 있다. 전락(轉落)은 자신이 가지고 있는 자기초월적 욕망을 저버리는 경우, 다시 말해 성장을 향한 자연스러우며 생래적인 욕망 즉 존재론적 욕망을 자포자기(自暴自棄)하여 선택하지 않은 것으로, 마치 스스로 나락(奈落)의 구렁텅이로 빠지는 것과 같다는 의미맥락에서 취한 것이다.

이러한 전제들 속에서 까르마에토스 성격유형론을 현대 심리학적으로 구성할 때는, 성격심리학에서 요청하는 기본적인 성격의 구성 개념의 요건들을 만족해야 할 것이다. 인간의 이해를 위한 성격에 대한 구성 개념에는 일반적으로 다음과 같은 정의가 포함되어야 하는 것으로 받아들여지고 있다.[2] 그러나 "성격은 운명이다"라는 오래된 옛 지혜의 교설을 채택하고 있는 까르마에토스는 이러한 구성 개념에 온전히 만족할 수 없다. 예컨대 운명을 극복하고 자유를 성취하는 인간의 욕망이 성격과 밀접한 관련이 있다는 사실이 이러한 구성 개념에는 포함되지 않고 있다. 그러므로 "성격은 인간의 성장과 발전에 관련되어야 한다"는 조건(⑥)을 부가하기로 한다.

① 성격은 지속성, 안정성 및 응집성을 보인다.

② 성격은 외현적 행동에서 사고와 감정에까지 다양한 방식으로 표현된다.

③ 성격은 조직화되어 있다. 실제로 성격이 단편화되거나 조직화되지 못하게 되는 것은 장애의 징후이다.

④ 성격은 개인이 사회적 세계와 관계 맺는 방식에 영향을 주는 결정요인이다.

⑤ 성격은 심리학적인 개념이지만 또한 개인의 신체적, 생물학적 특징들과도 연결되어 있는 것으로 간주된다.

⑥ 성격은 인간의 성장과 발전에 관련되어야 한다.

위와 같은 성격의 구성 개념을 까르마에토스에 적용해 본다. ①의 경우 그것이 생물학적 기반에서 이루어졌던지, 그 어떤 기체(基體)의 인과적 영향이든 간에, 까르마에토스 체계는 윤회하는 업력의 산

2) 『성격심리학』, 6쪽.

물로 한 개인을 이해하고 있다. 업의 다양한 힘들이 교차하여 성격의 특질을 구성한다는 가정을 가지고 있기 때문이다. 그런데 이 업력은 무질서한 힘이 아니며, 원인과 결과의 필연성에 대한 원리(연기법)에 의거하고 있기 때문에, 업력의 산물인 성격은 지속적이며, 안정적이라고 할 수 있다. 이는 성격의 일관성을 의미한다고 할 수 있다. 그러나 성격의 일관성은 때로 비(非)일관된 행동까지 포함해서 설명되어야 하므로, 이 또한 까르마에토스 체계의 특성에 포함되어 있다고 할 수 있다. 예를 들어, 온건한 성품의 인물이 어떤 시점에서 매우 파괴적인 성품을 보인다면, 이에 대한 일관성과 비일관성의 문제를 해결해야 할 것이다. 까르마에토스에서는 이 문제를 업력의 상징적 표현인 지지의 결합과 상충을 통해서 설명하는데, 구체적으로는 변형(變形, transformation)과 전락(轉落, Absturz, downfall)의 두 양상으로 개념화한다. 비일관성 가운데 변형은 성격의 긍정적 전환에 관계되고, 전락은 부정적 전환에 관계된다.[3)]

②~④는 까르마에토스 성격유형론에 포함되어 있는 일반적인 사항이다. 이어서 ⑤의 경우는 두 가지로 나누어 볼 수 있다. 첫 번째는 트랜스퍼스널의 관점에서 옛 지혜의 전통은 몸을 여러 단계로 구분하고 있다. 통상 물리적인 몸은 뇌를 포함해서 감각으로 세계를 경험할 수 있게 해 준다. 현대의 실증 과학이 집중하고 우리가 친숙하게 느끼는 몸이 이것이다. 그러나 이러한 물리적 몸보다 더 미묘한 몸이 있다. 이를 우리 문화에서는 기(氣)의 개념으로 이해한다.

3) 전락은 하이데거 철학 개념에서 빌은 것이다. 실존의 본래적인 상태에서 비(非)본래적인 상태로 전변되는 현상이다. 구체적으로는 한 개인에게 주어진 존재론적 욕망의 참된 가치를 돌아보지 않을 때, 비본래적인 상태로 하락하는 경우를 가리키기 위한 개념이다.

물질의 집적으로 몸을 이해하는 방식은 기(氣)로 이해하는 방식과 차이가 있다. 기는 물질을 포함하고 이를 초월해 있다. 곧 물질이 포함하지 못하는 어떤 측면을 더 가지고 있다는 말이다. 그래서 기로 축조된 몸은 우리 몸의 다른 측면을 나타내준다.

기의 몸과 상응하는 다른 문화에서 전개된 옛 지혜의 언어들이 있다. 불교가 생겨난 인도나 티벳 문명, 유럽과 인근 지역에서 전개된 카발리즘, 초기 기독교 신비주의, 이슬람 및 수피즘에서 이러한 계층적 질서를 가진 몸은 다양한 이름으로 전해지고 있다. 안나마야코샤(annamayakosha, physical body), 프라나마야코사(pranamayakosha, pranic body), 이보다 더 정묘한 몸인 마노마야코사(manomayakosha, astral body), 비즈나나마야코사(vijnanamayakosha, mental body), 아난다마야코사(anandamayakosha, causal body) 등은 요가의 신체관에서 자주 등장하는 계층적 몸이다.[4)]

까르마에토스와 관련해서 개인의 발달은 이러한 계층적 몸에 대한 각성과 여기에 상응하는 의식수준의 상승 등이 관련되어 있다. 이러한 계층적 몸은 곧 세계의 수준과 관련되어 있다. 그러므로 과학의 눈 즉 심안(心眼)의 이성적인 조망으로는 그에 해당하는 세계만이 전개된다. 그러나 인간의 그 이상이다. 비록 현실에서 높은 단계의 몸을 체득(體得)하거나 이를 경험하는 경우가 극히 드물다고는 하지만, 없다고 할 수 없는 엄연한 현실이기 때문이다. 다만 인간이 더 나갈 수 있다는 사실 즉 '트랜스-퍼슨'에 대한 이해가 더 절실할

4) 『통합심리학』, 267쪽 참고.

뿐이다. 선기(禪機)가 있는 사람은 돌 속에서 부처를 꺼낼 수 있다.

두 번째로 물리적 몸의 탐구는 상위의 몸과 절연되어 있지 않다. 다만 물리적 몸만을 유일한 인간의 몸으로 생각하는 사유방식이 문제이다. 현대 실증과학이 이러한 사유방식에서 벗어나고 자신의 장점을 활용한다면, 이는 까르마의 업력으로 구성된 성격 및 특성의 생리적 근거를 찾는 것과 관련되어 있다. 특히 깨달음을 가능하게 하는 신경생리적 토대나 깨달음을 얻고 난 뒤에 구조화된 신경생리적 토대를 발견하는 미래적 과제에 해당될 것이다. 이와 관련해서 아직 발견되지 않은 대뇌피질영역의 기능과 그 역할들이 하나의 참고가 될 것이다.

예컨대, 밀러 신경세포(mirror neuron)의 발견은 하나의 시사점이다. 이는 뇌의 '같이 느끼고 따라 하기'를 가능케 만들어주는 뉴런 즉 공감능력을 담당하는 세포의 발견이다.[5)] 이것은 측은한 마음을 느끼거나 다른 이의 처지를 연민하는 자비와 동정의 신경생리적 기저로 해석될 수 있다.

향후 불교나 동아시아 자연학 체계에 친화를 가지는 과학적 탐구가 업력의 신경생리적 토대와 그 상응성의 유의미한 결과를 발견할 수 있을 것이라고 기대한다. 더불어 위계질서적인 몸에 대한 새로운 접근들은 인식의 지평을 넓혀줄 것이다.

(2) 까르마에토스의 유형론적 성격 모델

『달마일장금』의 「명도」에 근본을 둔 까르마에토스의 유형론

5) Rizzolatti, Giacomo., preface, Mirrors in the brain: How our Minds Share Actions Emotions & Experience, Oxford Univ. Press, 2007.

적 성격 모델은 아래와 같은 기본 도식 위에서 구상할 수 있을 것이다. 이 도식은 「명도」의 제1층의 12지지 체계, 제2층의 육도 체계, 제3층의 12성신 체계, 제4층의 공통 특질 또는 공통 특성(common traits) 등을 반영하여 작성한 것인데, 각 층은 철학적 심리학적 해석을 통해 성립한 것이다.

이 도식에 포함되어 있지 않지만, 「명도」의 중심에 제시된 "명(命)"은 생명의 원리이지만 동시에 각 개체의 차별화의 원리이다. 명으로부터 기인한 한 개체에게 부여된 "명령"은 한 개체를 개체답게 만드는 최초의 지점이기 때문이다. 이어 기본 도식의 가장 아래 층에 위치한 "근원적 욕망"은 성격의 기층을 형성하는 심층 심리적 실체로서, 불교의 업과 연기론을 배경으로 하고 있다. 한 개체의 탄생은 이전에 준비된 업력으로부터 시작하며, 업력은 욕망으로 해석할 수 있다. 이 욕망은 육도의 한 지점에 거주하게 만드는 존재론적 욕망과 소유론적 욕망으로 구성되어 있는데, 이 욕망들은 가치론적인 구분에 따라 선과 악의 모습을 하고 있지만, 모두 근원적인 욕망으로 사라질 수 없다. 만일 사라진다면, 윤회의 사슬을 끊는 것이며, 이는 대열반이며 대해탈이 된다. 존재론적 욕망이 우세하게 될 때 인간은 행복을 느끼고, 소유론적 욕망이 우세하게 될 때 인간은 고뇌에 빠진다.

그런데 여기서 「명도」는 12지지의 순환체계가 제1층을 이루고, 제2층이 육도의 체계인데 반해, 둘의 관계가 역전된 것처럼 도식이 구성되어 있다. 그 이유는 육도와 12성신이 대응되면서 파생되는 과정을 나타내기 위해서, 역전의 형태를 취하고 있기 때문이다. 곧 12지지에서 육도가 나온 것이 아니다. 「명도」의 제1층인 12지지와 제

2층의 육도는 본래 불교의 세계관과 동아시아의 자연학적 세계관이 융합하면서 등장한 것이다.

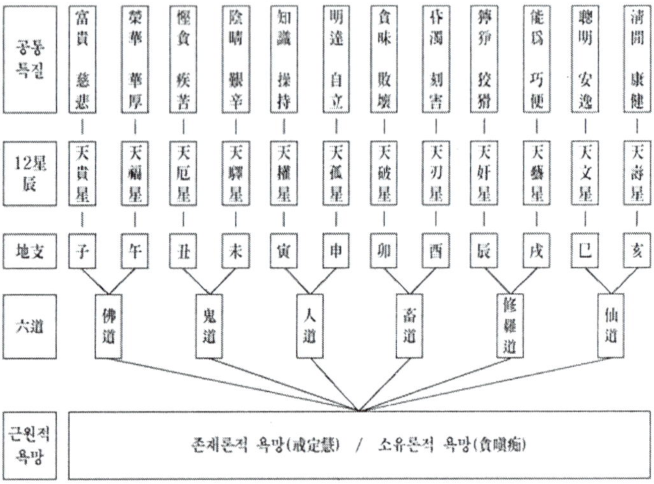

〈그림14〉 까르마에토스의 성격유형 모델을 위한 기본 도식

앞선 장절에서 이들의 상응관계가 동아시아 자연학적 체계에 내포되어 있는 의미론적 연관과 육도에 내포된 의미론적 연관을 통한 일정한 상관적 상징관계로 연결되어 있다는 것을 검토하였다. 예를 들면, 자오(子午)가 불도와 상응하거나, 사해(巳亥)가 선도와 대응하고, 인신(寅申)이 인도와 연결되는 이유는 모두 수화(水火)의 공(功)이라는 동아시아 자연학에서 중시하는 생명을 창조하는 두 힘에 기초를 두고 있는 것이라 해석했다.

자오 불도와 사해 선도 등은 생명을 창조하는 힘이 전적으로 개방되어 있고, 이에 비해 묘유(卯酉) 축도, 축미(丑未) 귀도, 진술(辰戌)

수라도 등은 수화의 공이 현저하게 드러나지 않고 있을 뿐더러, 생명의 발달이나 성장을 종료하거나 정체시키는 상징적 상관관계를 드러내고 있다. 비록 모든 12지지의 순환체계가 생명의 창조를 목적으로 하고 있지만, 그것의 상징적 상관관계는 생명의 발생과 성장에만 있지 않다. 이는 12지지가 생사의 전방위적 과정을 생명의 실상 그 자체로 보기 때문이다. 대자연은 생명을 낳기도 하지만 거두기도 하며, 생성도 하나 파괴도 하기 때문이다.

육도 각각은 근원적인 욕망에서 분화되어 나오는 탐진치의 삼독과 계정혜를 추동하는 삼학의 선한 욕망들과 대응하고 있다. 이로부터 12성신(星辰)이 출현하는데, 12성신은 육도에 출현하는 한 개체의 탄생과정에 주안점을 두고, 이 특정한 시점에서 이전의 업력들 가운데 미해결된 업의 결과들 즉 업인(業因)으로부터 과보(果報)가 출현하지 않은 업력이 배열(constellation)되는 근거의 역할을 한다. 이에 「불수장도」에서는 특정한 탄생시점에 특정한 12성신의 배열되는 방식을 제시하고 있다.

12성신은 12지지의 이름을 빌어, 한 개체의 업력에 차별적인 상황이 있기 때문에, 이에 상응하는 별들의 배열을 통해 한 개체가 가진 업력의 총체를 드러내 준다. 제일 위에 위치한 공통특성들은 육도 및 12성신들의 업력에 함의되어 있는 성격의 특성들을 제시하고 있다. 예를 들어 천간성의 공통 특성은 영쟁(獰爭)과 교활(狡猾)인데, 이는 소유론적 욕망인 삼독 가운데 진에(瞋恚)가 두드러지는 육도의 수라도의 업력을 부여받아, 특정한 탄생시점에 배열된 성신(星辰)인 천간성(天奸星)에 함의되어 있는 특성이다.

자신의 명식에 천간성이 있는 사람은 영쟁과 교활의 성격적 특성을 가지고 있다. 곧 이 사람은 영쟁과 교활의 특성을 보여준다. 자신의 성격을 이해하면, 이러한 부정적 특징은 변형을 통해 이를 벗어날 수 있는 계기로 삼을 수 있지만, 이에 대해 무지하다면 영쟁과 교활의 특징이 개인을 지배하여, 그에게 삶의 여러 장애의 원인이 된다.

초감 트룽파나 엡스타인의 진간성에 대한 심리학적 분석은 경쟁의 욕망 때문에 사회적인 성취와 사회관계에서 군림할 수 있는 지위의 원인이 되기도 하지만, 경쟁으로 인한 승리의 갈망과 패배의 두려움에서 기인한 강박관념으로 고통받는 병리학적 진단을 내리고 있다. 사회적으로 성취할 수 있지만, 이 사람은 행복할 수 없다. 마음의 평안을 가질 수 없기 때문이다.

까르마에토스의 언어는 기본적으로 고전 문어인 한문으로 성립되어있다. 그래서 이를 현대적인 언어로 전환해야 할 필요성이 요청된다. 여기에는 몇 가지 원칙이 있어야 할 것으로 보인다. 첫째, 현대 언어로 구성하는 것은 현대인의 사고방식에 소통될 수 있는 언어가 되어야 한다는 것을 뜻한다. 둘째, 이것은 매우 중요한 것으로서, 「명도」의 언어들은 동서 술수학의 근본적 관심인 한 개인의 특정한 시점에서 일어나는 사건의 종류와 그 사건의 성패(成敗) 즉 성공과 실패를 예언 혹은 예측하는 내용들이 많은 비율로 구성되어 있다. 이는 미래예언적인 언어들이다.

그러나 까르마에토스의 체계는 성격의 특성에 대한 관심이 더 크기 때문에, 이와 같은 미래예언적 언어들을 성격의 특성을 기술하는 언어로 전환해야 한다는 문제의식을 가지고 있다. 따라서 미래예언적 언어를 특성언어로 전환해야 한다. 그렇지 않다면, 술수와 심리학의 경계가 모호해지기 때문이다. 그러나 "성격은 운명이다"라는 관점에서 둘의 차이는 완전히 구분되지 않는다. 이 때문에 까르마에토스를 심리학적으로 구성한 부분 이외의 술수학적 부분은 따로 '까르마에토스 오구리'로 구분한 것이다.

2) 미래예언적 언어의 특성언어적 전환

「명도」에서 제기된 공통 특성들은 특성 언어적 표현과 미래 예언적 표현이 혼재되어 있다. 이를 적절한 방식으로 구분해야 하는데, 이 과정에서 미래 예언적 표현은 심리어휘적(psycholexical) 표현으로 전환된다. 심리어휘란 심리적 특성을 기술하는 언어표현들의 낱낱을 구성하는 어휘들을 가리킨다. 이는 미래 예언적 표현들을 구성하고 있는 어휘들을 분석하여, 심리어휘적 의미의 층을 발견하는 것이다. 예를 들어, 불도(佛道) 천복성(天福星)의 영화(榮華)는 다양한 의미를 가지고 있지만, 흔히 부귀영화(富貴榮華)의 줄임말로 생각된다. 그런데 이는 미래 예언적 표현의 속성이 강하기 때문에 이를 한 개인의 특성으로 기술하는 데는 무리가 따른다. 따라서 연관된 심리어휘적인 층을 찾아야 한다.

이를 위해 고안된 방법론은 구조언어학적 접근이다. 예컨대, 영화라는 글자는 한자(classic chinese)라는 단음절어(monosyllabic language)의 특성에 따라 조어(造語)된 것이다. 현대 한글을 구성하는 많은 한자어들은 두 음절어로 되어 있다. 가령 현대어의 "자연"이라는 어휘는 한자의 합성이라는 측면에서 분석하면, 自와 然의 두 음절을 합성해서 만든 것이다. 그런데 현대어의 한글로 표기된 "자연"과 한자어의 自와 然의 합성어인 自然은 엄밀하게 말해 동일한 의미를 가지고 있지 않다.

한문(漢文)의 맥락에서 자연은 自라는 "스스로"라는 의미와 然의 "그러하다"라는 의미가 합성된 일종의 구(句)이다. 그래서 그 의미는 "스스로 그러함" "스스로 그러하다" 등으로 해석된다. 반면에 한글의 "자연"은 근대서양언어인 네이처(nature)에 대응하고 있다. "네이처"는 사람에 의해서 생겨나지 않은 모든 동물, 식물 등과 같은 존재나, 사건과 과정들이며, 구체적으로 이들로 구성된 시공간적 환경이라고 정의내릴 수 있다. 한자어의 自然과 일면 상통하는 면도 있지만, 실제로 이러한 네이처에 대응하는 한자어의 내재적 맥락은 천지(天地)에 더 부합한다. 자연은 인간의 힘에 의해서 생겨나지 않는 스스로 그러한 상태를 가리키고 있기 때문이다. 철학의 범주에 따른다면, 자연은 천지보다 더 상위의 형이상학적 개념에 해당한다.[6]

이러한 사태가 발생한 것은 현재 우리의 한글은 서구의 근대어를 번안하면서 조합된 언어이기 때문이다. 그러므로 한글은 서구의 근대어를 내용으로 한 한자어의 조합에 대한 현실적 발음체계라고 할 수 있다.[7] 그래서 근대 이전의 동아시아 문헌을 독해할 때는 주의가 요청된다. 이를 위해 첫 번째로 요청되는 것은 단음절어라는 한자어의 특성에 주목하는 것이다.

예컨대 불도 천복성(天福星)의 특성인 영화(榮華)에서, 영(榮)과 화(華)는 본래 한 글자에 한 뜻이 있다가 두 글자의 유사한 의미에

6) 『道德經』 25장. "사람은 땅을 본받고, 땅은 하늘을 본받으며, 하늘은 도를 본받고 도는 스스로 그러함을 본받는다(人法地, 地法天, 天法道, 道法自然)."

7) 이것은 글의 문맥상 강조하기 위한 판단이며, 전적으로 그런 것만은 아니다. 하지만 대부분의 현대 언어가 이러한 역사적 환경에서 조어되었다는 것은 의심할 수 없는 사실이다.

따라 결합한 것으로 볼 수 있다. 따라서 방법론적으로 영(榮)과 화(華)를 구분하여, 각기 독립적인 의미맥락을 추적한 뒤에, 그것의 심리적 의미의 층을 발견한 후에 특성을 나타내는 표현으로 전환하는 해석학적인 방법을 적용할 수 있다. 여기서 영(榮)은 화(華)와 같은 의미맥락을 광범위하게 가지고 있으며, 이로부터 명예로운, 고결한, 귀티가 나는 등과 같은 특성 언어를 구성할 수 있게 된다. 또한 이는 사치, 허영 등과 같은 부적 특성과 상관적 관계를 맺고 있기도 하다. 이는 한 개인의 특성을 기술하는 데 자주 이용되는 어휘들이다.

그런데 이러한 심리어휘적 접근을 통해 제시되는 현대 어휘들이 상호 내적인 연관성을 가지기 위해서는, 두 어휘들이 연관되어 있는 언어학적 원리에 기초해야 할 것이다. 이를 위해 구조언어학의 접근이 필요하다.

구조언어학에서는 언어적 기호들이 계열체적 관계(syntagmatic relation) 와 연쇄체적 관계(paradigmatic relation)의 보편형식으로 구성되어 있다고 설명한다. 또한 계열체적 관계는 기호학적으로 은유법(metaphor)과 연결되고, 연쇄체적 관계는 환유법(metonymy)과 연결된다. 계열체적 관계는 유사(similarity)를 통한 연결이며, 연쇄체적 관계는 근접성(contiguity)을 통한 연결이다.[8]

은유와 환유는 우리의 경험에 토대를 두고 연상(association)을 환기시키며, 다른 곳으로 의미의 전이를 꾀한다는 점에서 비슷한 개념이다. 그러나 은유적 개념이 유사성에 기반하여 형성되고, 환유적 개념은 인접성 또는 인과성에 토대를 둔다는 점에서 구별된다.[9] 이

8) 그레이엄(A. C. Graham), 이창일 역, 「음양과 상관적 사유」, 성남: 청계, 2001, 44~47쪽 참고.
9) 오태석, 「은유와 유동의 기호학」, 『중국어문학지』, 37집, 중국어문학회, 2011, 35쪽.

러한 은유와 환유는 일정한 사유방식을 구분하는 데도 사용할 수 있다.

은유법은 통상 물상(物象)적인 형이하의 세계를 심상(心象)적인 형이상의 세계로 유사성에 의하여 대체시켜 나가는 사유법으로 간주되고, 환유법적인 사유방식은 마음에 새겨진 의미를 이해하는 방식이 아니고, 객관적인 어떤 것을 지시하는 방식에 쓰인다. 그래서 은유법은 두 개념들 사이의 상징적 유사성을 겨냥하고 있다면, 환유법은 두 개념들이 위치하고 있는 연상적 인접성이 큰 무게로 작용한다.[10] 하지만 실제로 은유적 사유와 환유적 사유는 서로 겹치는 일이 많아 애매하게 혼합되어 있다. 이는 은유와 환유가 서로 독립적이거나 배제하지 않으며 서로 닿아 있기 때문이다. 그래서 은유와 환유를 합한 은환유(metaphtonymy)라는 용어로 이러한 차이를 통합시키고 있다.

천액성(天厄星)을 예로 들면, 귀도(鬼道)의 육도론적 의미인 탐(貪)과 천액성의 특성인 간탐(慳貪)과 질고(疾苦) 등의 어휘들은 서로 계열체적 관계를 가지고 있고, 이것이 유사함에 기초한 은유법적 연결이 있기 때문에, 서로 교환 가능한 개념이라고 할 수 있다. 여기에서 "간탐"은 우리나라의 현대 어법에서는 거의 사라졌지만, 동아시아의 고전에서 자주 발견되는 어휘이고, 현대 일본어에서는 직접적으로 사용되고 있는 심리적 특성을 나타내는 어휘이다.

일본어로 "간탐"은 무자비함, 매정스러움(けん-どん, 慳貪)이며, 매정하고 악의에 찬 모양에서 퉁명스러움, 무뚝뚝함(つっけんどん,

10) 김형효, 『물학 심학 실학』, 청계, 2003, 247~249쪽 참고.

突(っ)慳貪) 등의 의미가 있다. 또한 간(慳)의 의미가 파생된 것으로, 간린(慳吝)은 "몹시 안달하여 하는 짓이 지저분하고 인색"하다는 의미이다. 그리고 더욱 중요한 것으로는 이러한 의미의 어휘층은 문화간 번역에서도 사용된다. 대표적으로 가톨릭에서 본죄의 일곱 가지 근원을 말하는 칠죄종(七罪宗, Septem peccata capitales)의 하나인 아바리치아(avaritia)가 곧 간탐(慳貪)이다.

위와 같은 과정을 통해서 12운성의 명칭 속에 내포된 심리어휘적 의미의 층과 공통특성들의 심리어휘적 의미의 층을 추적해서 현대 한글로 상응하는 의미를 발견하려고 한다. 여기에 추가되는 또 하나의 방법론은 한자어를 공통으로 하는 한중일 삼국의 현대어와 고전어를 대상으로 하는 것이다. 우리 문화에서는 망각된 것이 이들 다른 문화 속에서 발견될 수 있기 때문이다. 그리고 영어(서양어)와 상응성을 짚는 절차도 뺄 수 없다. 현대 한글의 주요 의미 내용은 근대 서구의 유럽어를 번안해서 사용한 역사적 경험에 따라 많은 부분이 영어(서양어)와 상응하고 있기 때문이다.

아래에서 제시되는 〈표〉는 12운성의 명칭에서에서 발견되는 심리어휘와 12운성의 공통 특성에서 발견되는 심리어휘들이다.

(1) 12운성의 명칭과 심리어휘

12운성의 명칭에서 발견되는 의미 있는 심리 어휘들은 12운성의 조어 방식이 "天+특성어휘+星"으로 구성되었으므로, 가운데 글자인 "특성어휘"의 음절을 해석학적으로 접근해 갔다. 그 결과는 아래와 같다.

12星辰	의미		12운성의 특성언어
天貴星	貴	재물과 지위로 해서 생겨나는 귀함. 정신적이거나 세속적인 것 포함. 부티와 귀티	부귀(富貴) 자비(慈悲) * 불도
天厄星	厄	모질고 사나운 운수. 혹독한 재난(災難), 재앙(災殃), 고생(苦生), 손해(損害), 불운(不運), 곤액(困厄), 곤궁(困窮), 고통(苦痛), 곤경(困境)	간탐(慳貪) 질고(疾苦) * 귀도
天權星	權	권리(權利), 권위(權威), 권세(權勢), 권력(權力), 권한(權限), 권리(權利), 유리한 형세(形勢), 저울, 저울추, 방편(方便), 계량(計量)	지식(知識) 조지(操持) * 인도
天破星	破	파괴(破壞), 패배(敗北), 깨뜨리다, 깨다, 부수다, 째다, 일을 망치다, 쪼개지다, 갈라지다, 흩뜨리다, 다하다, 남김이 없다.	탐매(貪昧) 패괴(敗壞) * 축도
天奸星	奸	간악(奸惡), 간사(奸詐), 고약한, 비열한, 험악한, 무례함, 어지럽힘, 거짓, 속임수, 침범, 위협.	영쟁(獰狰) 교활(狡猾) * 수라도
天文星	文	문서(文書), 채색(彩色), 학문(學問), 예술(藝術), 문화(文化), 문명(文明), 예의(禮義), 조리(條理), 화려(華麗), 아름다운 외관(外觀), 문약(文弱).	총명(聰明) 안일(安逸) * 선도
天福星	福	행복(幸福), 내리다, 도움, 상서(祥瑞), 음복(飮福), 간직함, 모음, 저장(貯藏)	영화(榮華) 화후(華厚) * 불도
天驛星	驛	역참(驛站, 말을 갈아타는 곳), 분주다사(奔走多事), 한 곳에 머무르지 않음, 정거장, 연락부절(連絡不絶), 동가식서가숙(東家食西家宿)	음청(陰晴) 간신(艱辛) * 귀도
天孤星	孤	단독(單獨), 외따로, 외로움, 의지(依支)할 데가 없음, 떨어짐, 염려(念慮), 고고(孤高), 고상(高尙)	명달(明達) 자립(自立) * 인도
天刃星	刃	칼날, 칼질하다, 베다, 칼로 죽이다, 백인(白刃, 서슬이 시퍼렇게 번쩍이는 날카로운 칼날), 각박(刻薄).	혼탁(昏濁) 각해(刻害) * 축도
天藝星	藝	기예(技藝), 법도(法度), 학문(學問), 과녁, 심다, 재주[才操], 극진(極盡).	능위(能爲) 교편(巧便) * 수라도

天壽星	壽	목숨, 수명(壽命), 장수, 건강(健康), 여유(餘裕)	청한(淸閒) 강건(康健) * 선도

〈표34〉 12운성의 의미

위의 심리어휘적 전환과정에서 추가적 설명이 필요한 것은 천권성(天權星), 천역성(天驛星), 천고성(天孤星), 천인성(天刃星) 등이다. 천권성의 권(權)은 저울을 가리키는 상형문자라는 기본적인 층을 가지고 있다. 이로부터 "상황을 구성하는 여러 측면들을 잘 헤아려서 균형을 도모"하는 의미로 사용되고, 여기에 융통성을 가지고 어떤 사태나 상황을 전체적으로 고려하는 유려한 사고방식과 원칙을 뜻하는 권도(權道)로 어의가 고도로 진화되었다.[11] 이런 의미에서 인도에 속하는 천권성은 12운성의 특성에서 지식(知識)과 조지(操持)에 연관된다.

12운성의 특성은 고전 한자어에서 현대어로 변화시키는 과정을 거쳐서 이해의 폭과 소통 가능성을 높여야 한다. 위의 표에서는, 지식(知識)을 이해능력에 연관된 comprehensive로, 조지(操持)를 authoritative에 대응했다.

천역성은 역(驛)의 기능인 연락부절(連絡不絶)의 의미맥락으로부터 분주다사함의 특성을 이끌어내었다. 실제 술수학에서 역마(驛馬)는 매우 역동적이며, 분주다사한 특성을 가리킨다. 이런 의미맥락은 12운성의 특성인 음청(陰晴)과 간신(艱辛)으로 연관되는데, 이는 비일관성과 연관된 caprice에 음청을 대응시키고, 채울 수 없는 욕망의

11) 權道는 상황의 변화에 따른 융통성 있는 대응 원칙이나 임기응변(臨機應變)의 전략을 의미한다. 孟子의 權道論이 유명하다(『孟子』「離婁上」 참고).

허기 및 공허와 연관된 emptiness을 간신에 대응시켰다. '흐리고 개는' 음청은 날씨의 변덕이며, 간신은 우리말에 살아 있는 '간신히 ~ 하다'는 의미맥락과 허기와 공허의 업을 가진 귀도의 특성을 결합하여 도출한 것이다.

천고성은 고(孤)에서 단독의 의미가 생겨난 것이라, 자립과 연견된다. 또한 명달(明達)은 고(孤)의 고전어적 용법이 제왕(帝王)이 스스로를 지칭하는 겸사(謙辭)에서 비롯된 것으로, 특히 현명하고 사리에 밝은 즉 명달한 군주의 자칭(自稱)으로 쓰인다. 또한 고(孤)에는 영특(英特)의 의미가 있다. 이는 모두 고(孤)의 은환유적 접근에서 발견된 심리어휘이다.

천인성의 인(刃)은 칼날이지만, 이는 불인(不仁)한 행위를 전반적으로 기술하는 어휘이다. 각해(刻害)는 날카로운 쇠붙이 등으로 신체를 훼손하는 상해가 있다는 의미로서, 다분히 미래예언적인 표현이지만, 인(刃)과 각(刻)은 유사성(칼과 그 기능)으로 연결되어 있기 때문에, 이를 특성언어로 전환하면 서슬퍼런 냉혹(冷酷)과 냉정(冷情)의 의미를 파생시킬 수 있다. 또한 혼탁(昏濁)은 정신의 혼탁이다. 이 역시 어리석음의 축도에서 기인한 업력의 작용이라고 볼 수 있다.

이상과 같은 심리어휘적 특성이 좀 더 밝혀져야 할 것이기에 추가적인 설명을 했으며, 다른 성신들은 그 의미에 연관성이 직접적으로 드러날 것으로 예상된다. 심리어휘적 층을 발견하기 위해 무엇보다 중요한 것은 "육도의 업력" "12성신의 명칭" 등이 의미적으로 서로 연관된 상징적 상관관계를 가진 언어적 기호라는 것을 견지하는 것이다. 육도에서 12성신으로 좀 더 세분화되면서, 단순한 업력의 가

능성에서 파생되는 의미가 확장되고 있다는 것을 알 수 있다.[12)]

(2) 12운성의 공통 특성과 심리어휘

다음은 12성신의 특징을 나타내는 4구의 한자어들을 현대 언어로 전환하면서, 그것이 육도로부터 파생된 일관되고 안정된 특징들을 계속 유지하고 있는 것을 보여주고, 새롭게 분류(類目化, classification)한 것이다. 미래예언적인 언어로부터 심리어휘를 구성하는 것이 가장 큰 목적이다. 상당수의 현대 한국어는 근대 서구어의 번안어에 해당하므로 영어식 표현을 살펴보는 전략을 취하겠다. 이는 동시대적 소통성을 높이기 위한 요청이다.

① 12운성: 자(子) 천귀성(天貴星) 부귀자비(富貴慈悲)

부귀(富貴)는 보통 재산(財産)이 넉넉하고 지위(地位)가 높은 상태를 가리킨다. 술수학의 용어로 재관(財官)인데, 양명지원(養命之源, 목숨을 기르는 근원)이 재(財)라면 부신지본(扶身之本, 몸을 떠받치는 뿌리)이 관(官)에 해당한다. 곧 부귀이다. 부귀 자체는 성격을 가리키는 특성언어로 부적합해 보이기 때문에, 심리어휘로 전환되어야 할 것 같다.

'부귀하다'는 것은 심리어휘로는 넉넉하고(comfortable, wealthy, prosperous, affluent, well off) 마음이 넓은(broad-mindedness) 상태 곧 너그러움(generosity)으로 자연스럽게 연결된다. 또한 귀는

12) 앞 장절에서 논의한 초감트롱파와 M. 엡스타인의 육도가 가진 특성을 심리학적으로 해석한 부분을 참고.

고귀함(noble)이며, 흔히 부와 신분에 따른 화려한 매력이 넘치는(glamorous) 특성으로 이어진다.

부(富)라는 글자에는 본래 '가득 차다'의 뜻이 있다. 예컨대, 귀신(示)이 보우하여 재물을 가득 채워 주는 것이 복(福), 수레에 바퀴살이 가득 차 있으면 폭(輻, 바퀴살), 거친 움직임으로 육박(肉薄)해 오는 것이 핍(逼, 핍박)이다. 곳간이 가득 차 있는 것이 부(富)이므로, 언제나 여유롭다. 곧 부유(富裕)하다.

귀(貴)에는 재물을 가리키는 패(貝, 조개)가 있다. 본시 재물이란 그에 걸맞는 높은 신분이 있어야 가능한 것이다. 신분의 고귀(高貴)함에 귀(貴)가 자연스럽게 연결되었다. 위와 같은 맥락을 쫓아 부귀는 심리어휘로는 마음의 부유 즉 아량(generosity)을 뜻한다고 보았다.

자비(慈悲)는 본래 자(慈)와 비(悲)의 두 낱말이 합해진 말이다. 자(慈)는 부모의 위치에 있는 윗 사람이 아랫 사람을 아끼고 사랑하는 것이고, 비(悲)는 나보다 못한 자들의 처지를 애달파 하고 불쌍히 여기는 마음을 가리킨다. 이는 사랑과 연민의 뜻을 함께 포함한 것이다.

자비는 불교에 전매된 말처럼 사용하지만, 유가의 인(仁)이나 기독교의 사랑처럼, 인간이 도달할 수 있는 최상의 미덕으로 보아야 할 것이다. 이러한 자비는 이기적인 탐욕을 벗어나고, 넓은 마음으로 질투심과 분노의 마음을 극복할 때에만 발휘될 수 있는 것이다.

자비 자체가 심리어휘이지만, 이를 좀 더 일상 언어적으로 나타내면, 정이 깊다, 자비와 용서(mercy), 자선(charity)이나 너그러움 혹은 관용, 연민과 동정심(compassion, sympathy) 등과 연결될 수 있다. 이러한 맥락 속에서 자비는 심리어휘로 연민과 동정심(compassion, sympathy)을 뜻한다고 보았다.

② 12운성: 축(丑) 천액성(天厄星) 간탐질고(慳貪疾苦)

간탐(慳貪)은 현대 우리말에서는 잘 쓰이지 않는 것 같지만, 일제 강점기나 산업화 초기 시대의 소설 등에서 이따금씩 볼 수 있는 한자어이다. 그 뜻은 탐욕(avarice, greed, rapacity)과 인색함(stinginess, parsimony)을 동시에 포함해서, 몹시 인색하고 욕심이 많다는 뜻이다. 이는 구두쇠와 같이 금전에 집착하는 물질적 탐욕을 나타내는데 사용한다.

이를 좀 더 확충해 보면, 무자비함, 매정스러움, 사견, 삐뚤어진 생각, 매정하고 악의에 찬 모양이나, 퉁명스러움과 무뚝뚝함을 나타내는데 쓰고 있는 말이다. 비슷하게는 타끈스럽다(치사하고 인색하며 욕심이 많음), 강퍅(剛愎, 까다롭고 고집이 세다)하거나 괴퍅(乖愎, 붙임성이 없이 까다롭고 별나다)한 특성과 서로 뜻이 통한다.

흔히 브래드 피트(Brad Pit)가 주연한 영화「세븐」(Seven, 1995)으로 널리 알려지게 된 카톨릭의 칠죄종(七罪宗, Septem peccata capitales)[13] 즉 인간세상에 백사장의 모래 수만큼이나 널리고 널린

13) 가톨릭에서 본죄의 일곱 가지 근원 즉 교만, 인색, 음욕, 분노, 질투, 탐욕, 나태를 가리킨다. 다른 번역으로는 교오(驕傲), 간린(慳吝), 미색(迷色), 분노(憤怒), 탐도(貪饕), 질투(嫉妬), 나태(懶怠) 등으로도 쓴다. 이는 6세기말 교황이었던 그레고리오 1세(Gregorius I, 540~604년) 시기에 교리화된 것이다. 이를 라틴어([영]: 영어)로 나타내면, 교만(superbia, [영] pride), 인색(avaritia, [영] greed), 시기(질투, invidia, [영] envy), 분노(ira anger, [영] wrath), 음욕(luxuria, [영] lust), 탐욕(탐식, gula, [영] gluttony), 나태(acedia, pigritia, [영] sloth) 등이다. 칠죄종은 악마화되어서도 나타내는데, 지금처럼 옛 지혜가 자주 세속의 지식으로 변화하는 시대에는 여러 게임이나 애니메이션이 단골로 등장하기도 한다. 이

죄들을 낳는 '죄 중의 죄'인 일곱 가지 죄 가운데 하나가 간린(慳吝) 혹은 간탐이다.

이를 보아서, 간탐은 자주 쓰는 인색(avarice)이라는 말로 대표하면 좋을 것 같다.

질고(疾苦)는 모진 운명을 나타낼 때 쓰는 전형적인 말이다. 과연 천액성이 이처럼 모진 것일까 하는 생각도 있으나, 어쨌든 심리어휘로는 적합하지 않다.

질고는 병고(病苦) 즉 병으로 인한 괴로움이다. 중심적인 말은 고통, 괴로움에 있다. 이는 근심 · 걱정 · 염려(worry, concern, care), 우려(apprehension) 등을 나타낸다. 실존주의 철학에서 말하는 염려나 불안(anxiety), 고뇌(angst) 등은 실제 고(苦)의 다른 말이기도 하다. 고는 생로병사(生老病死)를 지배하는 실존적 문제이기도 하지만, 살아 있는 것은 모두 고(苦)를 가지고 있다는 의미에서 존재론적 개념이기도 하다.

그래서 잦은 걱정으로 늘 불안해하며, 궁극적으로 이 세상이 고향처럼 아늑하지 못하고 늘 낯설게(umheimlich) 느껴지는 원초적인 심리를 고려해서, 불안(anxiety)으로 해석하겠다.

명(異名)이 있지만, 루치펠(Lucifer)은 교만, 벨제뷔트(beelzebeb)는 탐식, 마몬(Mammon)은 탐욕, 벨페고르(Bell-Pergol)는 나태, 리바이어탄(Leviathan)은 질투, 아스모데우스(Asmodeus)는 음욕, 사탄(Satan)은 분노 등을 나누어 가진 악마들이다. 그런데 죄가 있으면 덕도 있다. 칠죄종과 반대로 적극적으로 덕(德)을 쌓으며 살아가는 일곱 가지의 덕행(Seven virtues, 칠덕행)이 있다. 겸손, 관대, 정결, 인내, 절제, 굳셈, 용서 등이 그것이다.

③ 12운성: 인(寅) 천권성(天權星) 지식조지(知識操持)

지식(知識) 자체는 심리어휘가 아니기 때문에, 이것을 다시 재정립해야 한다. 지식은 우리의 정신이 어떤 대상을 인식하고 이해하는 데서 얻어진 내용이라고 할 수 있다. 지(知)와 식(識)은 비슷한 의미 맥락을 갖지만, 둘을 나누어 보면 저마다 개성적인 측면이 있다. 지는 앎이라는 의미 외에도, 맡다 혹은 주재(主宰)하다, 주관(主管)하다 등의 의미를 가진다. 이는 조지(操持)와 연관되는 측면이다.

식(識)은 불교적인 맥락에서 색(色)·수(受)·상(想)·행(行)·식(識)의 오온(五蘊) 가운데 하나로서, 사물의 시비(是非)를 판단하는 작용이다. 이는 사물을 인식하고 이해하는 마음의 작용(act of consciousness)이다.

지식(knowledge)은 이해 또는 이해심(comprehension), 더나가 포괄적인 이해력(comprehensive faculty)이나 깊이 있는 지식(connaissance profonde)을 가리키는 조예(造詣, connaissances)와 같은 넓은 의미 면적을 가지고 있다. 이 때문에 지식은 이해심이 있어서(the comprehensive) 넓은 마음을 가지고 있는 특성 언어로 해석한다.

조지(操持)는 고전 한문에서 사용될 뿐이고 현재 우리말에서는 폐용되다시피 한 말이다. 그런데 중국어에서는 이 말이 잡다, 주장하다, 유지하다 등의 뜻으로 쓰이고 있다. 이와 관련해서 어떤 것을 이해하는 것을 파악(把握)이라고 하며, 이는 '쥐다' 라는 의미를 핵으로 하여 장악(掌握)이라는 뜻과 이웃에 있다. 장악(掌握)이나 파악(把

握)도 모두 손(手, 扌)과 연결된 말이다. 흥미롭게 이 뜻은 영어로 매니지(manage)와 연결되고, 이것은 라틴어로 손(manus, hand)과 행하다(agere, to act)가 결합한 것이다.

이를 사물과 사태의 구조나 흐름을 잘 파악해서 특정한 목적의 달성을 위해 처리하고 조작하는 경영능력(the managemental) 일반을 가능하게 하는 성격의 특성으로 이해하고자 한다. 그리고 이는 또한 지식 또는 이해력(comprehension)과 밀접한 관련이 있는데, 영어에서도 장악, 파지, 파악, 이해, 터득, 장악력 등을 뜻하는 프리헨션(prehension)이 그러하다.

여기에 일본어에서 조지(操持, そうじ)는 한 가지 일에만 달라붙어 정신을 쏟는 특성을 뜻하는 말이기 때문에, 집념, 끈기, 깡다구, 오래 버팀 등의 의미 또한 발견할 수 있다.

본래 인권성은 권위와 연관되어 장악력(power of command)이나 주도권(initiative)을 쥐고 지배적이 되려 하는 특성을 보여주는 특성이다. 이런 점들을 고려해서, 권력이나 원칙 등을 한 번 부여잡고 그것을 관철시키려는 특성으로 생각해서 권위(權威, the authoritative)로 옮긴다.

④ 12운성: 묘(卯) 천파성(天破星) 탐매패괴(貪昧敗壞)

탐매(貪昧)의 뜻은 탐재매리(貪財昧利, 재물을 탐내고 이익에 눈이 어두움)에 잘 드러난다. 이것은 이익에 눈이 멀거나 눈이 시뻘겋게 될 정도로 강렬한 탐욕을 말한다. 눈이 먼(blind) 것은 근시안적(shortsighted)이고 자기중심의 협소한 국량을 가리키며, 이는 주로 탐욕 때문에 그런 것이다. 그래서 탐매는 자기중심적이며 이기적

(selfish)이고, 타산적(打算的. calculating, money-minded)인 특성을 가리킨다.

패괴(敗壞)는 심리어휘라고 보기 어렵다. 패괴는 글자 그대로, 부서지고 무너짐 또는 무너뜨림, 부수고 무너뜨림 등으로 해석할 수 있다. 이러한 의미 지형을 통해서 심리적인 어휘와 연관을 맺으면, 자신이 폐허가 된(ruined) 것은 망신(亡身)당하고, 좀 더 구체적으로는 패가망신(敗家亡身)해서 수치심을 느끼게 된 것과 대응하고, 이에 당황스럽고(embarrassed) 굴욕(humiliation. 굴복, 창피, 면목 없음, 자존심이 상함)적인 심리상태를 낳는다고 연결지을 수 있다. 이것이 비교적 항구적인 성격적 특성으로 이전되면, 불명예스러운 수치심(disgrace, dishonored, shameful)으로 이해될 수 있을 것이다.

또한 파괴(破壞)는 『성서』에서, 비슷한 발음으로 옮겨진 패괴(悖壞. 「창세기」 6:12), 패괴(悖乖. 「호세아」 9:9), 패괴(敗壞, 「스바냐」 1:15) 등을 통해서 유사한 맥락이 드러난다. 그런데 이들의 뜻을 보면, 패괴(悖壞)와 패괴(悖乖)는 부패 또는 타락을 뜻하는 코럽트(corrupt)에서 온 것이고, 패괴(敗壞)는 '파괴'의 뜻을 가진 디베스테이드(devastate) 또는 디스트로이(destroy)에서 왔다.

결론적으로 패괴(悖壞)와 패괴(悖乖)는 서로 비슷한 뜻을 가진 것으로서 도덕적인 부패나 타락을 의미하며, 패괴(敗壞)는 파괴나 무너짐을 의미한다. 더욱이 「욥기」(16:7)에 나오는 패괴(敗壞)는 패가망신(敗家亡身)의 패가(敗家)와 유사한 의미를 가지고 있다.

여기에 본래 묘유(卯酉)의 문(門)은 성적인 함의를 가지기 때문에, 성적 문란의 의미를 깔고 있다. 그래서 우리는 패괴의 심리어휘를 수치(dishonored)로 정하려고 한다.

⑤ 12운성: 진(辰) 천간성(天奸星) 영쟁교활(獰猙狡猾)

영쟁(獰猙)은 본래 신화적인 짐승을 가리킨다. 붉은 색을 띠고 그 모양은 표범을 닮았는데, 뿔이 하나이고 구미호(九尾狐)처럼 꼬리가 다섯이다.[14] 날개가 달린 여우라거나, 이 날개를 올빼미가 주었다느니 하는 말이 있는 것을 보면, 전설에서나 볼 수 있는 짐승인 것 같다.[15] 그런데 선한 짐승이라기보다는 요괴(妖怪)에 가까워보인다. 그래서 그런지, 영쟁에는 무서운 뜻이 지배적이다.

영쟁은 쳐다보기조차 끔찍한 흉칙한 모습(惡相難看, hideous)이다. 맹수보다 더 무서운 요괴의 흉악(凶惡)한 눈, 독살(毒殺)스럽고, 독기(毒氣)로 이글거리는 매서운 눈을 가리킨다. 이것은 맹폭(fierce)하고 흉포하며 맹렬한(ferocious) 모습이다. 그래서 이를 심리어휘로 바꾸면 과히 좋지 않는 특성을 가리킨다.

잔혹한, 잔인한, 악랄한, 인정사정 없으며(brutal), 비뚤어진, 곡해된, 왜곡된, 기형적이며(distorted), 잔인한, 포악한, 악랄한, 공격적인, 증오에 찬(vicious), 독을 품은, 앙심에 찬(venomous) 등과 같은 특성을 보인다. 그래서 우리는 대표적으로 영쟁을 잔인(殘忍, brutality)으로 해석한다.

---

14) 『廣韻』. 獸名. 似豹, 一角五尾.

15) 『山海經』. "장아산에 짐승이 사는데 붉은 표범의 모습을 하고 있는데, 꼬리가 다섯이고 뿔이 나 있다(章峨之山有獸焉, 狀如赤豹, 五尾一角)." 그 주(註)에 이르길, "일설에는 날개 달린 여우라고도 한다(註. 一曰似狐有翼)." 『황씨속소경』에서는 "올빼미가 영쟁에게 날개를 주었다"(黃氏續騷經曰, 梟授翼於獰猙)고 했다. 『廣韻』. "여우를 닮은 짐승인데 날개가 있다(獸似狐, 有翼)." 『集韻』. "나르는 여우이다(飛狐也)."

교활(狡猾)도 글자의 부수에 짐승을 가리키는 견(犬, 犭)이 암시하듯이, 원래는 전설에서 등장할 법한 요괴 가운데 한 마리를 가리켰다. 『산해경(山海經)』을 보면, 교활(狡猾)은 교(狡)와 활(猾)을 함께 부르는 이름이다. 교(狡)라는 놈은 개 몸뚱이를 하고, 표범의 무늬를 하고 있으며, 머리에는 소뿔이 나 있는 요괴이다. 그런데 이 교의 친구로 활(猾)이란 놈이 있다. 이 놈은 교란 놈보다 더 간악(奸惡)하다. 생김새는 사람 같은데 온몸에 돼지털이 숭숭 나 있으며 동굴 속에 살면서 겨울잠을 잔다.

교활은 약은 꾀를 쓰는 것이 능하거나, 술수나 행동이 능란할 때 쓰는 말이다. 이는 여우같은 간사(奸邪. cunning, crafty, sneaky, wily, foxy, tricky)함, 백여우 같은 약은 꾀(smartish wiles, 발 빠른 술책)를 가지거나, 약삭빠르고(wily) 음흉하며(sly) 간악(奸惡. wickedness, treacherousness)한 특성을 가리킨다. 그런데 이러한 부정적 특성에 지나친 악마성을 부여할 필요는 없을 것 같다. 세상의 모든 용띠들이나, 명식에 진(辰)의 상징을 가진 이들이 다 요괴일 수는 없다. 그래서 현대어와 관계 지으면서, 교활(crafty) 그대로 해석했다.

⑥ 12운성: 사(巳) 천문성(天文星) 총명안일(聰明安逸)

총명(聰明)은 본래 총(聰)과 명(明)으로 나누어진다. 귀가 밝은 것이 총이고, 눈이 밝은 것이 명이다. 총명예지(聰明叡智)라고 하면 보거나 들은 것을 오래 기억하는 힘이 커지고 쌓여서 이루어진 뛰어난 지혜를 가리킨다.

그래서 총명은 똑똑하고 지성적이며 지능이 있는(intelligent) 등과 같은 일상 언어의 맥락을 따른다. 학력과 큰 상관없이 누군가 영리(怜悧. brightness, cleverness, sagacity, intelligence, wisdom)하고 브라이트(bright)하다면, 그는 총명한 특성을 가지고 있는 것이다.

안일(安逸)은 한자말 그대로 생각하면 '편안하고 한가롭다'는 뜻을 가지고 있다. 그런데 이 말에는 부정적인 의미도 있다. 안일은 편안(便安)만을 누리려는 태도이다. 그래서 무사안일(無事安逸)이라고 하면, 즐거움과 편안함에 머물러서 더 뜻 있는 일을 망각하는 게으름을 가리킨다.

그런데 무사(無事)에는 무언가를 해보려고 억지로 애를 쓰지 않고, 초연하게 관조한다는 긍정적 맥락도 전제되어있다. 무위(無爲)와 통하는 말로서, 매우 높은 수준의 정신 상태를 가리킨다. 그래서 안일에는 무엇을 쉽고 편안하게 생각하여 관심을 적게 둔다(indifferent)는 초연(超然)한 태도가 있다. 이는 세속에서 물러나서 무관심하고 신경 쓰지 않는 자기만족적인 태도(complacent, self-satisfied)를 가리킨다.

안일은 양가적 의미가 섞여 있다. 그래서 초연한 태도라는 긍정과 무사안일의 태평주의자 같은 부정적 뉘앙스가 함께 따라다닌다. 안일의 부정적 맥락을 가리키면서 타조에 비유한 아스트리치라이크(ostrichlike, 무사안일한) 같은 재미있는 영어 표현도 있다. 평소 타조가 머리를 모래에 처박는 습관에서 유래한 말이다. 그래서 타조(ostrich)는 현실도피자이기도 하다.

피안(彼岸)에 머물고 싶은 도피안(到彼岸)적인 태도는 신선의 세계에 살면서 평화롭게(peaceful, calm, restful) 지냈던 이 사람의 특성에 부분적으로 들어맞는 것 같다. 우리는 안일을 영어의 컴플레이슨트(complacent. com은 강조의 의미)으로 해석한다. 컴플레이슨트(complacent)는 프레저(pleasure)나 플리즈(please)의 어근이 되는 플라세레(placere, 기쁘게 하다)에서 온 말이다. 자신에게 너무 만족해서 더 이상의 필요성을 못 느끼는 자족(自足)적 상태를 가리킨다.

⑦ 12운성: 오(午) 천복성(天福星) 영화화후(榮華和厚)

영화(榮華)는 세상에 드러나는 영광(榮光)으로, 권력과 부귀를 마음껏 누리는 것을 뜻하기 때문에, 심리어휘로는 적합하지 않다. 그래서 적합한 심리어휘로 전환되어야 한다.

영(榮)의 뜻은 영화(榮華), 영예(榮譽), 영광(榮光), 명예(名譽) 등과 같은 단어에서 잘 드러나는데, 이것은 영광스러운(glorious), 번창하고 번영한(prosperous), 이어서 편안하고 호화로운(luxurious) 뜻으로 확장될 수 있다.

화(華)는 화(花)이자, 빛나다, 찬란하다(燦爛), 화려하다(華麗), 사치하다(奢侈), 호화롭다(豪華), 번성하다(繁盛) 등의 뜻을 가지므로, 호화로운(sumptuous)으로 확장될 수 있고, 다소 지나치면 부정적인 의미로 낭비나 허영(vanity)과 사치 등으로 전락할 수도 있다. 이때는 과장이나 자만, 더나가 헛됨이나 무의미로 확충될 수도 있을 것이다. 꽃이란 본래 영광이지만 덧없는 것이기도 하니까 말이다.

이런 맥락에서 영화(honorable)는 영광, 고귀, 고결, 정직, 지조, 훌륭함 등의 뜻을 함의하고 있다고 해석할 것이다.

화후(和厚)는 화평(和平)하고 후덕(厚德)하다는 뜻이다. 화(和)는 조화를 추구하고(harmonious) 균형 감각을 가지고 있으며(reconciling), 온화하고 화순하며(mild, gentle) 화목한 특성이라는 맥락이 들어 있다. 후(厚)는 우리말에서 그 뜻을 잘 파악할 수 있다. "저 사람은 후하다"라고 할 때는 저 사람의 마음 씀씀이나 태도가 너그럽고 관대하다는 뜻이다. 그래서 후(厚)는 넉넉하고 도량이 있는 마음과 관련되기 때문에, 이로부터 아량이나 관대(magnanimity)의 특성을 찾을 수 있다.

그래서 화후는 현대어로 따뜻한 봄날 같은 온화(溫和, gentle)로 옮기는 것이 좋아 보인다.

⑧ 12운성: 미(未) 천역성(天驛星) 음청간신(陰晴艱辛)

음청(陰晴)은 날씨를 가리키는 말이다. 흐림과 갬(cloudiness or fairness). 이는 심리어휘로 전환되면, 개이고 궂는 날씨처럼 이랬다 저랬다 변덕스럽고(fickle, capricious), 하나에 충실하지 못하고 비일관되고(inconstant) 신경질적이며(temperamental), 더 부정적으로 나가면 깊은 우울(deep depression)과 극도의 희열(extreme euphoria)을 가리키는 조증(躁症, mania)이 서로 번갈아드나드는 조울증(躁鬱症, manic depressive illness)과 같은 정신 병리로 발전하기도 한다.

우리는 음청을 변덕(caprice)으로 재해석한다.

간신(艱辛)은 간난신고(艱難辛苦)로 잘 쓰인다. 앞의 간난은 지금의 '가난'이라는 말의 한자어이다. 신고는 어렵고 고난에 찬 운명을

'맵고 쓰다'는 미각(味覺)의 구체성을 가지고 잘 표현한 말이다. 이를 심리어휘로 전환하기 위해서 이 말의 뜻을 좀 더 캐보아야 한다.

간난은 다행히도 우리말의 부사어에 고스란히 그 뜻이 남아 있다. '간신히(艱辛-)'는 '겨우' 또는 '가까스로'의 뜻이다. 이러한 부사 속에는 불충분과 결핍(缺乏. lack, want, need)의 개념이 들어 있다. 이 개념을 확장시키면, 굶주리고 허기지며, 그래서 공허하고 비참한 심리적 상태와 관련되어 있다는 심리어휘 층을 발견하게 된다.

귀도에 속하는 미역성은 탐(貪)의 욕망에 사로잡혀 있기 때문에, 이러한 까르마를 염두해 두면, 자연스럽게 고통의 근원인 갈애(渴愛), 채워도 채워지지 않는 욕망, 채우면 다시 비고 채우면 또 다시 결핍이 찾아오는 강박적 반복, 목마르게(thirsty) 갈구(渴求)하는 열정 등이 간신의 개념과 관련되어 있다는 것을 알 수 있다. 그래서 우리는 이러한 여러 맥락을 고려해서, 간난을 채울 수 없는 공허(emptiness)로 옮긴다.

⑨ 12운성: 신(申) 천고성(天孤星) 명달자립(明達自立)

명달(明達)의 명(明)은 총명(聰明)의 명(明)처럼 똑똑하고 영리하다는 뜻이다. 달(達)은 막힘이 없고 구애 받지 않아 트여 있다는 뜻이다. 마음과 관계 지으면, 사물의 이치를 훤하게 알아채고 그것의 운용에도 능숙하다는 의미를 갖는다. 그래서 합리적이고 사리(事理)에 분명하다는 의미에서 사리가 있는(reasonable) 특성으로 해석하기로 한다.

자립(自立)은 타인에게 예속되거나 의존하지 않고 스스로 선다는 뜻이니, 지금의 현대어와 연관성이 분명하다. 독립(independence), 자립(self-reliance) 등으로 해석하고, 더나가 자주적(autonomous)이고 자율적인(self-regulating) 의미로 확충될 수 있다.

더욱이 천고성(天孤星)에서 사용되는 고(孤)는 단지 고독이 아니라, 고고(孤高, arrogant)의 의미를 가지고 있다는 것을 짚어야겠다. 과거 제왕은 스스로를 부를 때 겸사(謙辭)를 해서, 고(孤)라고 했다. "왕은 귀하나 낮은 것으로 근본을 삼고, 높으나 낮은 것으로 기본을 삼는다. 그래서 왕을 고(孤), 과(寡), 불곡(不穀) 등으로 부른 것이다."[16] 과는 덕(德)이 적은 사람이고, 불곡은 자연에 순응하는 곡식보다 못한 사람, 고는 도(道)를 듣고 열심히 행하는 것이라고 하지만, 아마도 덕이 모자란 사람은 자주 고립되어 고독하다고 보는 것이 더 자연스럽다. 어쨌든 명달과 자립은 간혹 오만과 고립을 자초하기도 한다.

⑩ 12운성: 유(酉) 천인성(天刃星) 혼탁각해(昏濁刻害)

혼탁(昏濁)은 마음과 관련지을 때 축도의 어리석음을 연상시킨다. 혼(昏)은 어두움이고 이는 정신의 밝음에 대비되며, 탁(濁)의 흐림은 맑은 것의 반대이다. 그래서 혼탁은 현혹(眩惑), 미혹(迷惑), 혼란(混亂) 등과 연관되어 있다. 이를 심리어휘로 확장하면, 흐리멍텅하거나 멍청하고(vague) 미련하며(stupid), 얼빠지고 모호한 특성을 고려

16) 『戰國策』「齊策」: 雖貴必以賤爲本, 雖高必以下爲基, 是以侯王稱孤寡不穀. 이는 『老子』(42장)의 말을 인용한 것이다. "사람들이 싫어하는 것은 고독, 부족, 착하지 않음인데, 제왕들은 이 말을 자신들의 칭호로 쓴다(人之所惡, 唯孤, 寡, 不穀, 而王公以爲稱).

할 수 있으며, 더나가 둔하고(dull) 따분하며(boring) 재미없는, 좀 모자란 미련곰탱이 같은 특성들까지 확충할 수 있을 것 같다.

이는 오랫동안 짐승으로 살면서 이치 따위는 안중에도 없으며, 도무지 그럴 생각도 없는 자각이 불가능한 삶에서 기인한 탓일 것이다. 우리는 이를 어리버리한 정신의 혼란(confusional)으로 옮긴다.

각해(刻害)는 술수에서 볼 때는 몸에 상처를 입는 운명을 가리킨다. 명식에 천인성이 뜨면 상처를 입어 큰 흉이 있을 수다. 그래서 이를 심리어휘로 만드는 것이 급선무다. 각해는 각박(刻薄)하고 잔인하다는 뜻을 가지고 있다. 비슷한 말로 잔해(残害) 혹은 침해(侵害)를 생각해 볼 수 있는데, 이는 상해를 입히고 손상시키고, 죽이고 살해하는 등 치명적인 해를 끼치는 말들이다.

이와 관련해서 각해는 모질고 무자비하며, 야박하고 삭막하여, 인정머리 없고 잔인한 특성으로 확충될 수 있다. 마치 심장의 온기가 없는 킬러처럼 냉혹하고 잔인하다. 그래서 우리는 각해를 냉혹(冷酷, ruthlessness)으로 해석한다.

⑪ 12운성: 술(戌) 천예성(天藝星) 능위교편(能爲巧便)

능위(能爲)는 낱말 뜻으로 보자면, 능숙하게 어떤 일을 잘하는 능력을 가리킨다. 이로부터 심리어휘를 구성해 보자. 능위는 능수능란(能手能爛)과 유사하다. 솜씨가 좋고 능숙하게 일을 처리하는 재주를 가리킬 때 쓰는 말이다. 능수능란한 것은 긍정적인 면에서는 기술이나 솜씨가 좋고, 대인관계 또한 기술적으로 잘 처리하는 특성으로 이어진다. "저 이는 일 하나는 똑 부러져."

엄밀하게 말해서 능위를 심리어휘로 만들려면 많은 맥락이 존재하게 된다. 능숙해서 눈썰미가 있고, 정확하고 민첩하다든지, 지혜가 있고 사려깊을 수도 있다. 그래서 능위는 기질적 특성을 포함해서 보다 넓게 심리어휘를 구성하는 것이 좋을 것이다.

우리는 능위의 부정적인 측면, 즉 '능위하다'는 것은 무언가 세상을 인간중심으로 개조하거나 조작하려는 모든 기도를 가리키는 유위(有爲)를 바탕으로 하고 있는 기술중심 혹은 공학중심적인 사고방식이 있다는 것을 전제하고, 이를 아수라도의 진(瞋)의 욕망과 결합하고자 한다. 그러면 능수능란함(manoeuvring)은 교묘하고 감쪽같은 속임수(prestidigious)에 능하다는 특성을 띠게 된다. 이것은 다소 부드러운 진(辰)의 특성으로 여겨지기도 한다. 아무려나 같은 까르마를 가지고 있으니 그럴 것이다. 우리는 이를 교묘하다는 뜻을 포함해서 능란(能爛, skillful)이라고 해석한다.

교편은 능위와 매끄럽게 연관된다. 교(巧)는 교묘(巧妙)와 절묘(絶妙)의 뜻을 가지고 있는데, 이는 기발한 재주나 재간(ingenuity) 혹은 독창성으로 이어진다. 편(便)은 편리(便利)와 방편(方便)의 뜻을 가지고 있다. 그래서 교편은 절묘한 재주이지만, 그 안에는 본질적으로 임시적인 함의 즉 무위(無爲)에 대해 유위(有爲)의 세계라는 문명의 인위성(artificiality)이 포함되어 있다. 이로부터 본질주의나 원리주의적인 것과 대비해서 편의(便宜)적이거나 임시방편(臨時方便)적인 심리어휘적 특성이 추출될 수 있을 것이다. 또한 교편은 부자연스러움이나 꾸밈과 장식의 의미에 연관된다. 아수라와 연관해서, 이

것은 부정적인 의미 즉 계교(음모, 흉계, 간계, 계략)를 꾸미는 특성으로 전개될 수 있다

이는 다소 부정적인 뉘앙스를 갖는다. 그러나 이는 그 특성을 소유한 사람의 발달과 성숙의 정도에 따라서, 다시 평가될 수 있을 것이다. 우리는 교편을 재간(ingenuity)으로 옮긴다.

⑫ 12운성: 해(亥) 천수성(天壽星) 청한강건(淸閒康健)

청한(淸閒)은 한가하다, 여유롭다, 한가하고 비어있다 등과 같은 의미이다. 유명한 한산(寒山)의 시(詩) 한 구절에서 그 뜻을 엿볼 수 있다. "걱정 없고 느긋하여 한가로이 지내네(悠悠自淸閒)." 그런데 이 시에서 청한은 유유자적(悠悠自適)을 달리 말한 것이기도 하다. 이를 심리어휘로 전환하면, 고요하고 여유로운(quiet, tranquil, leisured) 기풍(氣風)에서 우러나오는 차분하고 느긋한(relaxed) 특성을 구할 수 있을 것이다.

특히 한(閒)이라는 글자는 달[月]이 보이는 문(門)틈 사이를 뜻하고, 이는 달빛 쏟아지는 문에서 한가하게 지낸다는 의미에서 왔다. 천수성의 분위기가 이렇다.

강건(康健)은 건강(健康)이다. 아프거나 탈이 없고 튼튼하다는 뜻이지만, 신체뿐 아니라 정신에도 잘 쓰이는 말이다. 웰빙(well-being)의 웰(well) 속에 이런 뜻이 배어 있다.

천하를 다스리는 대법을 제시한 동아시아의 천하대계(天下大計) 비전인 홍범구주(洪範九疇) 가운데 오복(五福)이 있다. 오복에는 수

(壽), 부(富), 강녕(康寧), 유호덕(攸好德, 선행을 좋아함), 고종명(考終命, 제명을 다 마침) 등이 있는데, 수부강령(壽富康寧)을 조금 바꿔서 수복강녕(壽福康寧)이라는 말이 유명하다. 장수하고 부유하고 사는 동안 건강하고 편하게 사는 것이 인생 최고의 복이라는 말이다.[17]

인간세의 지존인 왕이 편히 잠들기 위해 지은 침전(寢殿)의 이름이 경복궁(景福宮) 강녕전(康寧殿)이다. 단꿈 꾸고 푹 자고 일어나 천명을 받들어 민복(民福)을 이루라는 뜻일 것이다. 천수성의 강건은 건강과 평안(healthy and peaceful)으로 삼는 것이 좋겠다.

이상과 같이 12성신과 상응하는 사구(四句)로 표현된 각 성신의 특성들의 심리어휘적 층을 현대 언어와 상응하는 표현으로 전환하였다. 이 과정에서 고전을 함께 공유하는 중국과 일본의 언어 사용을 참고하였고, 영어식의 표현을 비교하였다. 여기서 제시된 특성들은 까르마의 업력에 의해서 형성되었기 때문에, 육도와 12성신을 통해 지속적인 일관성을 가지고 있다.

예를 들어, 귀도(鬼道) 미(未)의 천역성(天驛星)이 가진 특성이 음청(陰晴)과 간신(艱辛)인데, 이는 적절한 언어적 변환 과정을 거치면, 변덕(the capricious)으로 드러나는 비일관성(inconstency)과 채울 수 없는(insatiable) 욕망 즉 공허(empty)를 의미한다. 어떤 개인이 귀도 천역성을 가지고 있다면, 이러한 두 특성들을 일관되게 가지고 있는 것으로 해석할 수 있다. 그런데 이는 삼독에서 연유한 부정적

17) 청나라의 적호(翟灝, 1736~1788)가 지은 『통속편(通俗編)』에서 말한 오복(五福)도 유명하다. 즉 장수, 부귀, 영화, 건강, 많은 자손들(壽, 富, 貴, 康寧, 子孫衆多)이다.

인 특성이라고 할 수 있을 것이다.

비유적인 예를 들어 보자. 이 사람은 탐욕으로 인해 이익을 남과 나누는 자리이타(自利利他)의 균형 잡힌 삶을 외면하고, 보시(布施)하지 않는 삶을 살았기 때문에, 아귀도 즉 배고픈 귀신의 삶을 살았다. 그래서 걸식을 위해 이리저리 떠돌면서 한 곳에서 주린 배를 풍족하게 채우지 못하고, 분주하게 이동하며 살았던 경험이 있다. 그 때문에 일관되지 않은 삶의 양식과 채울 수 없는 공허감과 끝 모를 '허기'를 가지고 있다.

또한 천역성은 천액성(天厄星), 천간성(天奸星), 천예성(天藝星) 등을 본인의 명식 구조 속에 함께 가지고 있다면, 이런 부정적 특성은 더욱 커질 것이다. 여기에 어떤 해(year. 丑, 辰, 戌 등의 해)에 이러한 기운을 맞이하게 되면, 설상가상으로 비일관성의 특성이 병리적으로 전환되어, 조울증까지 예견할 수 있을 것이다. 특히 다른 귀도인 천액성(天厄星)과의 만남은 충(沖, crash)의 현상을 겪게 된다. 분리와 이별의 사건 속에서 매우 고통스러운 시간을 보낼 것이다.

그러나 어떤 경우에는 높은 수준의 이해력을 갖춘 지성적 특성 및 독립적인 특성 등의 긍정적인 성향을 보이기도 한다. 여기에는 두 가지가 있다. 천역성에는 어떤 한 가지 일에 대한 집요한 열정의 에너지 즉 까르마가 있다. 비록 부정적인 특성을 가진 에너지이나, 자신의 면모를 자각(自覺)한 뒤에, 스스로가 가지고 있는 긍정적인 다른 까르마의 힘을 빌어서 에너지를 사용한다면, 놀라운 성취를 보일 수 있다. 가령 미역성은 해수성과 친화력을 가지고 있다.

또 다른 한 가지는 어떤 특성이 전혀 반대의 대극적인 상황으로 변할 수 있다. 이는 업력들이 일정한 대칭을 이루고 있기 때문에 가능하다. 그래서 귀도(鬼道) 천역성의 까르마는 인도(人道)의 까르마로 전환될 수 있는 길이 있다. 이를 변형(transformation)이라고 부르고, 전락(downfall, degradation)과 더불어 까르마에토스가 가진 특별한 이론적 특징을 보여준다.

가령, 천역성(天驛星)과 천액성(天厄星)은 각각도 그렇지만 서로 함께 있으면, 불운한 삶이 예견된다. 이러한 예견과 관계없이, 불운에 빠진 고통스러운 삶을 "전환할 수 있는 계기가 있다"라는 것이 까르마에토스의 관점이다. 이는 전적으로 자신의 명 즉 성격을 얼마만큼 자각하는가에 달렸다. 또한 이 변형과 전락은 심리치료 및 치유의 근거가 되는 것이다.[18]

3) 여섯 가지 좋은 덕과 나쁜 덕

육도와 12운성의 특성들이 들어난 옛 언어를 현대 언어로 번역하면서, 심리 어휘로 전환하였다. 그런데 12분야로 구분된 특성들의 집합에서 각 분야를 대표할 수 있는 대표 특성을 정하는 절차가 필요하다. 하나의 대표적인 특성을 기준으로 하여, 은환유적 관계를 맺는 특성들이 하나의 집합을 형성하는 구조가 있어야, 이를 실제적으로 적용할 수 있기 때문이다.

이를 위해 앞으로는 12성신과 12지지를 합해서 부른 새로운 명칭

18) 변형에는 자등명(自燈明)과 법등명(法燈明)이 있다. 자등명은 자신이 가진 업력을 통한 변형의 방식이고, 법등명은 자신이 가지고 있지 않지만, 이미 진리의 이름으로 외재(外在)하고 있는 권위를 신뢰함으로써 변형을 추구하는 것이다. 이것은 초월적 전략이다. 예컨대, 축(丑)의 천액성(天厄星)이 있는 사람은 사문성(巳文星)의 업력을 이용해 더 나은 상태로 변형할 수 있다. 사유축(巳酉丑) 삼합(三合)의 필연적 구조가 부여되어 있기 때문이다. 또한 업력의 대칭성에 따라 귀도(鬼道)는 인도(人道)와 대칭하므로, 인(寅)과 신(申)의 인도(人道)가 없을지라도 외재하는 진리의 힘에 의지할 때 변형이 일어난다. 전자가 자등명이고, 후자가 법등명이다.

이 제시되어야 한다. 성신의 이름만으로는 12지지의 어디에 속하는지 즉각적으로 알기 어렵기 때문이다. 12지지를 모르면 4가지 유형을 파악하기 어렵다.

지지	자子	축丑	인寅	묘卯	진辰	사巳	오午	미未	신申	유酉	술戌	해亥
성신	천귀성	천액성	천권성	천파성	천간성	천문성	천복성	천역성	천고성	천인성	천예성	천수성
새 이름	**子貴星 자귀성**	**丑厄星 축액성**	**寅權星 인권성**	**卯破星 묘파성**	**辰奸星 진간성**	**巳文星 사문성**	**午福星 오복성**	**未驛星 미역성**	**申孤星 신고성**	**酉刃星 유인성**	**戌藝星 술예성**	**亥壽星 해수성**

〈표36〉 12운성의 새로운 명칭

삼선도에 해당하는 성신(星辰, 별)들의 특성을 먼저하고 파악하고, 삼악도에 해당하는 성신들을 뒤이어 살펴보는 순서로 한다.

(1) 불도

● 자귀성(子貴星)-부귀(富貴)와 자비(慈悲)

부귀(富貴)는 심리어휘로 부적합하다. 그래서 넉넉한, 고귀한, 화려한 매력이 넘치는 등의 어휘를 도출했다. 불도의 영향을 고려해서, 관대함과 아량은 부귀라는 조건이 없으면, 이런 긍정적 특징이 발출되기 어렵기 때문이다. 아량(the generous)으로 정했다.

자비(慈悲)는 심리어휘이다. 영어의 심퍼시(sympathy)에 대응하는데, 이는 불쌍하고 딱하게 여기는 측은지심의 발로이다. 그러나 자비는 포괄적이면서 종교적 맥락이 강하기 때문에, 보다 일반적인 어휘인 연민(the sympathetic)을 선택했다.

● 오복성-영화(榮華)와 화후(和厚)

영화(榮華)는 심리어휘로 적합하지 않고, 그 의미도 지나치게 포괄적이다. 그래서 영광스러운, 고귀한, 고결한, 정직한, 신의가 있는 훌륭한 등의 의미를 대표하는 명예(the honorable)로 정했다.

화후(和厚)는 화(和)와 후(厚)에 의미가 걸리는데, 뒤의 말 후(厚)는 후덕(厚德)함으로써 관대함과 아량이 여기에 속하므로 자귀성의 뜻과 부합한다. 그래서 화(和)에 더 의미가 실리는 말로 정하기로 한다. 화(和)는 온화(溫和, the gentle)의 의미가 가장 적합해 보여서, 이것으로 정했다.

(2) 선도

● 사문성-총명(聰明)과 안일(安逸)

총명(聰明)은 의심할 여지없이 지성(the intelligent)이다. 그런데 이 지성은 사변적인 지성이라기보다는 눈과 귀의 감각기관을 통한 경험론적(empirical) 지성의 특징을 가진다. 안일(安逸)은 편안함의 뜻이지만, 무사안일(無事安逸)이라는 부정적인 맥락이 전제되어 있다. 그래서 세속에서 물러나서 무관심하고 신경 쓰지 않는 초연한 태도를 보이는 것도 포함되므로, 자기만족 즉 자족(自足, the complacent)의 뜻이라고 옮겼다.

● 해수성-청한(淸閒)과 강건(康健)

청한(淸閒)은 느긋하고 한가로운 의미가 있으므로 여유(the relaxed)가 적합하다. 강건(康健)은 건강과 건전함이다. 정신적인 의미를 강조해서 건전이 적합해 보이지만, 건강(the healthy)의 의미도 심리적 특성으로 손색이 없어 보인다. 건강(健康)은 강건(康健)의 말 순서를 바꾼 것이며, 고전에 기원을 둔 오래된 말이다.

(3) 인도

● 인권성-지식(知識)과 조지(操持)

지식(知識)은 이해력을 바탕으로 한 포괄적인 지식으로 박식(博識)의 의미가 강한데, 기본적인 것은 이해력이 있다는 것이다. 그래서 이해(the comprehensive)로 정했다.

조지(操持)는 경영, 관리, 장악, 주관 등의 의미이고, 무언가를 붙잡고 끝까지 추진한다는 장악(掌握)의 의미가 있다. 장악력이 있는 사람은 권위를 가지고 일을 추진하는 리더의 모습인데, 인권성(寅權星)의 뜻에 잘 맞는다. 그래서 권위(權威, the authoritative)로 했다.

● 신고성-명달(明達)과 자립(自立)

명달(明達)은 분별력이 있고 사리에 밝은 것이니 합리적인 특성을 가리킨다. 그런데 합리는 이성중심적인 언어적 맥락을 가지고 있다. 그래서 합리보다는 느슨하지만 더 포괄적이라는 의미에서 사리(事理, the reasonable)로 정했다. 영어식 표현은 양자를 공유한다.

자립(自立)은 스스로를 믿고 의지하는(self-reliance) 특성이지만, 유사한 뜻을 가지고 있으며 좀 더 강한 뜻을 전달해서 인상적이게 보이기 위해 독립(the independent)을 선택했다.

(4) 수라도

● 진간성-영쟁(獰猙)과 교활(狡猾)

영쟁(獰猙)은 무섭게 노려보는 요괴(妖怪)의 흉악한 모습이다. 악랄(惡辣)하고 잔악(殘惡)한 뜻이 있다. 문명인에게는 지나치다 싶지만, 모진 특성 때문에 잔인(殘忍, the brutal)이라고 했다.

교활(狡猾) 역시 지나치게 부정적이다. 그러나 남을 속인다는 의미가 더해져서, 교활(the crafty) 그대로 사용했다.

● 술예성-능위(能爲)과 교편(巧便)

능위(能爲)는 어떤 일을 능수능란(能手能爛)하게 잘 해내는 것으로, 능란(the skillful)이라고 했다.

교편(巧便)은 재간이 많은 것인데, 교묘하고 절묘한 재간(the ingenious)의 뜻을 가지고 있다. 진간성(辰奸星)보다 부정적인 의미가 비교적 적다는 특징이 있다.

(5) 귀도

● 축액성-간탐(慳貪)과 질고(疾苦)

간탐(慳貪)은 내 것을 남에게 주지 않는 탐욕으로 매우 인색(吝嗇)한 것이다. 그래서 인색(the avaricious)으로 정했다.

질고(疾苦)는 걱정과 근심이 늘상 있는 모양을 형용하는데 사용하는 말이다. 그러므로 심리적 불안(the anxious)이다.

● 미역성-음청(陰晴)과 간신(艱辛)

음청(陰晴)은 날씨가 불규칙적으로 흐렸다 개었다 하는 모양이다. 기상(氣象, 날씨)은 언제나 기분(氣分)과 관련되었다. 그래서 신경질적인 변덕(the capricious)으로 정했다.

간신(艱辛)은 굶주리고 허기지며, 그래서 공허하고 비참한 심리적 상태와 관련되어 있다. 이것은 불쌍하고 비참한 것인데, 특성언어로 대표하기에는 지나치게 치우쳤다. 간신(艱辛)의 근본 원인은 채울 수 없는 공허(the empty)와 허무(虛無)이다.

(6) 축도

● 묘파성-탐매(貪昧)와 패괴(敗壞)

탐매(貪昧)는 이익에 눈이 멀고, 귀가 먼 탐욕이다. 자기중심적이며 이기적(selfish)이고, 타산적(打算的, calculating)인 특성을 가리킨다.

패괴(敗壞)는 패괴(悖壞)이며 성적인 의미가 다소 많이 담긴 도덕적인 부패나 타락을 의미하고, 이로 인해 내적인 수치심을 가지고 자주 무너지기 쉬운 패가망신(敗家亡身)의 특성을 가리킨다. 그래서 수치(the dishonored)로 옮겼다.

● 유인성-혼탁(昏濁)과 각해(刻害)

혼탁(昏濁)은 낮에 대해 밤, 맑음에 대해 흐림이다. 이는 어리석음에 따른 정신의 혼란(the confusional)을 의미한다.

각해(刻害)는 칼날로 상처를 입히거나 입는 것이다. 각박(刻薄)하고 인정머리 없는 냉혹(冷酷, the ruthless)의 의미이다.

육도	지지	옛 특성 어휘	까르마에토스 특성 어휘. 한글(영어)
불도	자귀성	자비慈悲	연민(the sympathetic)
		부귀富貴	아량(the generous)
	오복성	화후和厚	온화(the gentle)
		영화榮華	명예(the honorable)
선도	사문성	안일安逸	자족(the complacent)
		총명聰明	지성(the intelligent)
	해수성	청한淸閒	여유(the relaxed)
		강건康健	건강(the healthy)
인도	인권성	지식知識	이해(the comprehensive)
		조지操持	권위(the authoritative)
	신고성	명달明達	사리(the reasonable)
		자립自立	독립(the independent)
수라도	진간성	영쟁獰猙	잔인(the brutal)
		교활狡猾	교활(the crafty)
	술예성	능위能爲	능란(the skillful)
		교편巧便	재간(the ingenious)
귀도	축액성	간탐慳貪	인색(the avaricious)
		질고疾苦	불안(the anxious)
	미역성	음청陰晴	변덕(the capricious)
		간신艱辛	공허(the empty)
축도	묘파성	탐매貪昧	타산(the calculating)
		패괴敗壞	수치(the dishonored)
	유인성	혼탁昏濁	혼란(the confusional)
		각해刻害	냉혹(the ruthless)

〈표37〉 까르마에토스 특성언어의 한글과 영문 표기

위의 표는 육도의 업력이 12성신의 12분야로 분화되어도 여전히 구속력을 가지고 있음을 보여준다. 12성신에서 비롯되는 12분야의 욕망은 그 총수가 모두 24가지의 특성으로 표현되지만, 이는 존재론적 욕망과 소유론적 욕망에서 변환되어 나온 것이라고 할 수 있다.

우리말 어법에 맞는 현대어로 전환했으나, 그 의미는 고정된다기보다 탐진치 삼독과 계정혜 삼학의 의미 범주 속에서 자유롭게 기호적 연관을 갖는다고 보는 것이 더 합당할 것이다. 이 표의 24가지 심리 어휘들은 한 개인의 성격의 특성을 기술하는 데 적실하게 사용된다.

그런데 까르마에토스의 현대적 심리어휘들은 가톨릭에서 말하는 칠죄종(七罪宗)을 계승한 오스카 이카조의 「큰 죄(Deadly Sins)」와 외형에서 유사성을 가지고 있는 듯하다.[19] 모두 24가지로 분류된 특성언어는 실제로는 12성신으로부터 비롯된 것이기 때문에 12가지로 축약할 수 있을 것이다. 그리고 이 12가지의 특성들은 3가지의 선한 에토스와 3가지의 악한 에토스에서 연유했기 때문에, 까르마에토스는 특성을 덕으로 여기고서 "여섯 가지 좋은 덕과 나쁜 덕(Six bad virtues and Six good virtues)" 혹은 죄업을 보여주고 있다. 이들은 모두 근원적 욕망의 두 양상인 존재론적 욕망과 소유론적 욕망에 뿌리를 두고 있다.

특정한 시간 속에서 태어난 한 개인은 이 24가지의 욕망 가운데 특정한 몇몇을 소유하고, 그로 인해 고유한 성격의 특성을 가지게 된다. 이 성격은 운명과 같다. 이를 이해하지 못하면 운명에 굴복하는 것이며, 이해한다면 성격의 역설적 · 대극적 비밀을 깨닫고 성장

19) 오스카 이카조의 큰죄는 분노, 자만심, 속임수, 시기심, 탐욕, 두려움, 폭음과 폭식, 욕망, 나태 등이다. 『에니어그램의 지혜』, 36쪽 참고.

할 것이다.

우리의 쉬운 이해와 이를 바탕으로 한 과감하고 절실한 실천과 수행을 위해 12가지 특성언어로 줄여보았다. 이는 선(善)과 악(惡)의 덕인데, 선악(善惡)의 구도는 지나치게 윤리적인 특성이 있으므로, 이를 도덕적인 문제보다 더 깊은 인간 존재의 심리학적인 문제로 전환하려고 한다.

동아시아에서 문명의 3대 가치인 진선미(眞善美) 가운데 선(善)은 종종 미(美)로 수렴된다. 그래서 선(善)의 상대는 악(惡)보다는 오(惡, 발음이 다르다)이다. 오(惡)는 추악(醜惡)이다. 악(惡)한 것은 추(醜)한 것이 일으키는 혐오보다 큰 것이 없다. 이런 뜻에서 탐진치(貪瞋痴)의 삼악도(三惡道)는 실제로 삼오도(三惡道)도 혹은 삼추도(三醜道)이다. 우리는 기존의 용어를 수용하여 삼악도라고 부르지만, 삼악도 그것은 가고 싶지도 생각하고 싶지도 않은 참으로 추악한 세계이다. 그래서 삼오도이며 삼추도이다.

삼선도(三善道) 역시 삼미도(三美道)이다. 착한 것은 아름다움이 주는 깊은 내면의 깊은 울림에 다름이 아니다. 선악보다 더 깊이 인간 존재 혹은 우주의 심층에 내재한 것은 아름다움과 추함이다. 이는 무의식적인 우리의 끌림과 배척이며, 무의식 보다 더 깊은 근원적인 무의식인 까르마의 인력(引力)과 척력(斥力)의 두 에너지에 바탕을 두고 있다.

아름다움: 연민, 온화, 자족, 여유, 권위, 사리

추악함: 교활, 능란, 인색, 변덕, 타산, 냉혹

연민을 가지고 온화하고 자신에 만족하며 여유를 가지고 권위 있게 사리에 맞게 살라.

그리하면 아름다운 세계에 거주하고, 너는 아름다운 사람이 될 것이다.

이런 아름다운 성품을 타고난 너는 아름다운 운명을 마주하게 될 것이다.

그러나 네 자신을 모른다면, 너는 자신에 무지한 탓에 추한 세상에 태어나서 더럽고 추한 삶을 살게 될 것이다.

교활하지 않고 교묘함을 버리고 인색하지 말고 변덕을 부리지 말며 타산하지 말고 냉혹해서는 안 된다.

이런 추한 성품을 타고난 너는 더럽고 추한 삶을 살게 될 것이다. 하루하루에서 지옥을 발견할 것이다.

그러나 네 자신을 알게 되는 그 때부터 너 자신은 향기나고 아름다운 사람으로 변형하게 될 것이다. 무겁고 탁한 광물의 존재로부터 빛나고 고귀한 황금으로 태어날 것이다.

〈그림15〉 여섯 가지 좋은 덕과 나쁜 덕 (Six and Six)

세븐(Seven)이라는 가톨릭의 상징적 표현처럼, 「식스앤드식스(더블에스)」(Six & Six, SS)라 이름을 붙였다. 그 뜻은 "여섯 가지 좋은 덕과 나쁜 덕"이다.

4) 4유형론의 구조와 퍼슨 수트(person suit)

(1) 유형론의 도출 원리

① 본명성(本命星) 사상

까르마에토스의 유형별 형식 구조는 기본 4유형(basic 4-types)과 복합형(combination)으로 구분할 수 있다. 유형을 도출하는 원리를 살펴본 이후에 기본 4유형과 복합형에 대해서 논의한다.

까르마에토스는 그 자체로 무시이래(無始以來) 인간의 무명(無明)에 기인해서 생겨난 업력이 만들어낸 구조이다. 업력은 선악과 미추(美醜)를 가리지 않고 육도를 거주하게 하는 힘이며, 육도의 거주는 새로운 업력을 계속 만들어낸다. 인간은 마치 백대(百代)의 과객(過客)처럼, 때가 다하면 산 곳을 넘기고 살 곳을 찾아간다.

성도(成道)에 이르기 전까지 업력의 영향력에서 벗어날 수 없다. 업의 동력이 사라지지 않는다면, 육도의 윤회는 멈추지 않는다. 그런데 업력은 무명에서 비롯된 삼독과 이를 해독하는 힘 즉 깨달음의 본성, 이 두 근원에서 비롯된 것이다. 삼독이 축적될수록 육도의 계층질서 가운데 가장 낮은 곳으로 추락되고 끝내는 나락(奈落, naraka)에 떨어진다.

나락뿐 아니라 귀도, 아수라도, 축도 역시도 더럽고 추한 곳이다. 더럽고 추한 세계에서 탈출하기 위해서는 깨달음의 본성에서 생겨난 해독의 힘뿐이다. 해독을 위한 욕망과 그 실행이 곧 삼학이다. 이는 비록 육도를 여전히 윤회하는 과객의 신세지만, 선하고 아름다운 세계에 거주하고 그 세계의 아름답고 선한 가치가 내면과 상응해서 일정한 성격을 만든다. 그리고 운명은 성격이므로, 복되고 귀한 삶을 살게 된다. 풍요와 고상한 삶이 그의 한 생애에 이어지고, 내생을 보장해준다.

그런데 업력을 음양오행의 논리로 해석하면서, 특정시점에 배열된 성신(星辰)이 업(業)의 특성을 고스란히 반영한다는 것을 발견한 것이 곧 『달마일장금』이다. 『달마일장금』에서 태어난 연월일시에 따른 성신의 배열 즉 그 사람의 명식이 바로 그 사람의 정체성이다. 정체성을 나타내는 명식의 수는 다른 유형론에 비해 상대적으로 매우 크지만 제한된 수이고, 기본적으로 상징적 상관관계이다. 특정시점에 태어난 사람의 실제적 수는 상징적 상관관계로 구성된 명식과 일대일 대응하지 않는다.

연월일시의 네 기둥에는 12개의 성신이 배열되므로, 12×12×12×12=20,736의 명식이 도출된다. 대략 2만 1천개 정도의 명식에 60억의 인류, 아니면 1억의 한국민족을 대응시키면, 1개 명식은 대략 4,800명의 성격을 대표한다. 이 4,800명은 비슷한 성격을 공유하고 있을 것이다. 만일 그들의 운명을 추리하려고 한다면, 수리적으로만 보아서는 모두 비슷한 삶을 살게 된다는 것을 암시한다. 그러나 그것은 상징적인 표현이기 때문에, 구체적인 실제의 삶은 다시 해석을 통해서 구성해야 한다.

어쨌든 적은 수의 패턴으로 인간의 유형을 분류하는데, 이 정도 2만 1천개의 명식을 통한 분류는 일견 더 자세한 방식이라고 볼 수 있을 것이다. 그러나 유형이 많다면, 유형을 통해서 인간을 이해하려는 노력이 큰 의미가 없을 것이다. 패턴이 너무 방대하다면, 패턴의 존재이유가 사라지는 것처럼 유형이 많다면 유형이 가진 장점이 발휘될 수가 없다. 그래서 좀 더 단순하고 분명한 유형 분류의 기준이 제시되어야 한다.

본명성 즉 태어난 생초를 기준으로 삼을 수 있고, 또 육도에 따라 기준을 삼을 수도 있다. 가령, 유(酉)의 해에 태어나면 생초로 닭띠이고 육도로는 축도이다. 닭띠사람의 특성 혹은 축도인의 특성, 더 구체적으로는 축도 유인성이라는 사람에 대한 특성을 구성할 수 있을 것이다. 그런데 이는 전체 성신의 배열 혹은 사주명식 전체를 반영한 것은 아니다. 다만 태어난 해를 고려했을 뿐이다. 예컨대, 사상의학은 인간을 모두 4가지 유형으로 구분한다. 크레치머나 셸든이 그렇고, 거의 모든 유형론은 특정 부분이 아닌 전체를 고려한다. 다만 명리학에서 일간을 위주로 한다든지, 현대의 혈액형 유형론은 혈액이 한 사람의 정체성을 대표하는 가장 중요한 상징으로 보고, 특정한 부분을 중심으로 유형분류를 시작한다. 까르마에토스는 과연 어떤 기준을 선택하는가? 이를 위해 먼저 까르마에토스의 선하가 되는 『달마일장금』부터 검토하자.

『달마일장금』은 유형 분류의 근거가 되는 것을 명시적이지는 않지만 명궁으로 말하고 있는 것 같다. 태어난 연월일시의 종착점인 시주를 명궁이라고 하고, 그 사람을 대표하는 정체성으로 삼는다. 여기에는 모두 12개가 있다. 2만 1천개의 성격 패턴이 단숨에 12개로 줄어들게 되었다. 그런데 까르마에토스에서는 명궁을 가지고 그 사람의 정체성을 이해하지 않는다. 그 이유는 앞서 말한 것처럼, 시작을 중시하는 관념 때문에 그런 것이다. 그래서 연주를 그 사람의 정체성으로 보고, 이를 분류의 첫 번째 기준으로 삼는다. 이는 동아시아 성학(星學, astrology)의 일반적인 방식을 계승하는 것이다. 성학에서 말하는 본명성(本命星) 사상이다.

본명성이란 태어난 시점 곧 태어난 해의 기준이 되는 별이고, 본명성 사상이란 그 별의 기운이 그 사람의 생명과 삶 전체에 영향을 미친다는 것이다. 곧 태어난 해의 별이 그의 삶을 비춘다. 동양과 서양 모두 인간의 생명은 저 하늘에서 내려온 것이라 생각한다. 별은 생명의 근원이고 죽어서 돌아가는 생명의 고향이다. 현대 우주생물학조차도 인간 생명의 근원을 별에서 찾고 있다.

역사적으로 서역이라고 불린 인도와 페르시아의 문명에서 이러한 관념이 대거 동아시아로 유입되고, 이에 자극을 받아서 기존의 성학적 관념이 서로 혼합되면서, 당나라에서 송나라에 걸치는 시기에 본명성 사상이 꽃을 피운다.

우리 문화에서도 '칠성신앙'이 여기에 해당하고, "끝장을 봐야만 직성이 풀리는 성미"라는 흔한 말 속에 이 사상이 포함되어 있다. 다름 아니라 직성(直星)은 나이대마다 등장해서 운명을 주관하는 별을 가리키기 때문이다.

『달마일장금』이나 우리의 까르마에토스에서는 12성신으로 구체화되었듯이 12지지를 운용해서 본명성 사상을 적용하고 있다. 그러나 하늘의 별들은 참으로 많아서, 별 혹은 별자리에 따라 적용하는 방식이 다르다.

- 북두칠성(北斗七星): 탐랑(貪狼), 거문(巨門), 녹존(祿存), 문곡(文曲), 염정(廉貞), 무곡(武曲), 파군(破軍)
- 칠요(七曜): 일(日), 월(月), 화성(火星), 수성(水星), 목성(木星), 금성(金星), 토성(土星)
- 구요(九曜): 칠요(七曜) + [나후(羅睺), 계도(計都)]
- 십일요(十一曜): 구요(九曜) + [월패(月孛), 자기(紫氣)]
- 십이궁(十二宮): 백양궁(白羊宮), 금우궁(金牛宮), 쌍자궁(雙子宮), 거해궁(巨蟹宮), 사자궁(獅子宮), 실녀궁(室女宮), 천칭궁(天秤宮), 천갈궁(天蝎宮), 천마궁(天馬宮), 마갈궁(摩羯宮), 보병궁(寶瓶宮), 쌍어궁(雙魚宮)
- 이십팔수(二十八宿):

– 동방: 각(角), 항(亢), 저(氐), 방(房), 심(心), 미(尾), 기(箕)

– 서방: 규(奎), 누(累), 위(胃), 묘(昴), 필(畢), 자(觜), 삼(參)

– 남방: 정(井), 귀(鬼), 유(柳), 성(星), 장(張), 익(翼), 진(軫)

– 북방: 두(斗), 우(牛), 여(女), 허(虛), 위(危), 실(室), 벽(壁)

위의 어느 체계에서라도 기본적으로 어떤 별의 영향 아래에서 인간은 태어나고 살면서 죽을 때까지 그 별의 영향을 벗어날 수가 없다는 사상은 동일하다. 천문(天文)을 가리키는 숙(宿, 수)이라는 말을 쓰면, 숙명(宿命)이 이것이다.

까르마에토스는 본명성 사상에 따라, 연주를 명주로 삼는다. 명주는 자신을 대표하는 상징이다. 그런데 아직도 연주만을 대표하고, 월일시의 성신들은 어떻게 취급되는지 알 수 없다. 여기에서 까르마에토스는 동양과 서양에서 지속적으로 등장한 개념을 도입하려고 한다.

12성신의 기저에는 12지지 즉 음양오행론적 사유방식이 있다. 12지지의 내적 논리를 다시 검토해서, 이를 단순화시키면 4가지 유형이 도출된다. 이는 12지지를 네 가지 기로 구분하는 방식 즉 삼합을 뜻한다.

② 삼합의 표층구조와 심층구조

삼합이론은 기원전 동아시아의 고전에서 발견된다(『회남자(淮南子)』「천문훈(天文訓)」). 이것이 동아시아의 고유한 생각인지, 서역으로부터 전래인지, 양자의 융합인지에 대해서는 확실하게 말하기 어렵지만, 동양이든 서양이든 유사한 이론이 전개된 것은 틀림없다.

- 금(金) 사유축(巳酉丑)
- 화(火) 인오술(寅午戌)
- 목(木) 해묘미(亥卯未)
- 수(水) 신자진(申子辰)

위의 금화목수는 토를 제외한 오행의 기와 같다. 이를 보통 사상(四象)이라고 부르기도 하는데, 사상은 글자 뜻 그대로 '넷을 본뜬 것'이라는 의미이다. 넷은 사계절이기 때문에, 여기서 말하는 사상은 네 계절을 상징한 것이며, 『주역』에서 흔히 말하는 사상은 아니다. 어쨌든 위의 사상은 3개의 지지가 연합해 있는 구조를 가지고 있다.

예를 들어, 사유축(巳酉丑)은 금기(金氣)의 연합인데, 이는 가을의 기운을 나타낸다. 그런데 가을의 기운에 여름의 기운인 사화(巳火)가 포함되어 있다는 점이 특이하다. 다른 경우도 마찬가지이다. 인오술(寅午戌)의 연합은 화기(火氣)를 띠고 이는 여름의 기운이지만, 인목(寅木)은 봄의 기운이다.

해묘미(亥卯未)도 그렇고 신자진(申子辰)도 삼합의 제일 앞에 있는 지지는 삼합의 기(氣)에 해당하는 계절의 바로 직전 계절을 나타내고 있는 것이 공통적인 구조라는 것을 발견할 수 있다. 더구나 사유축(巳酉丑)을 가을이라고 한다면, 축(丑)은 겨울에 속한다. 인오술(寅午戌)에서 술(戌)은 여름이 아니라 가을이고, 해묘미(亥卯未)의 미(未)는 봄이 아니라 여름이며, 신자진(申子辰)의 진(辰)은 겨울이 아니라 봄에 속한다.

이런 점들을 살펴보면, 사계절의 기운은 가운데 지지인 자오묘유(子午卯酉)만이 해당하고 나머지는 다른 계절에 속하던 것이 연합해 있는 것이다. 이것은 상식적으로 이해하기 어렵다. 봄은 오행의 상징을 빌면 목(木)이고 이것은 동방에 속한 인묘진(寅卯辰)이고, 여름은 남방의 사오미(巳午未), 가을은 서방의 신유술(申酉戌), 겨울은 북방의 해자축(亥子丑) 등으로 나타낼 수 있다. 그러나 삼합은 이러한 구조로 되어 있지 않다. 단지 사정방(四正方)만이 계절의 기운을 띠고 있는 것이다.

이는 시공간이 함께 기술되어 있는 12지지의 체계에서 네 계절과 방위의 사정(子午卯酉)을 중심으로 해서 오행의 시작과 성장 및 수렴의 과정을 여실하게 들어낸 것이다.[20)]

---

20) 井上 聰, 『古代中國陰陽五行の研究』, 東京: 翰林書房, 1996, 306~309쪽.

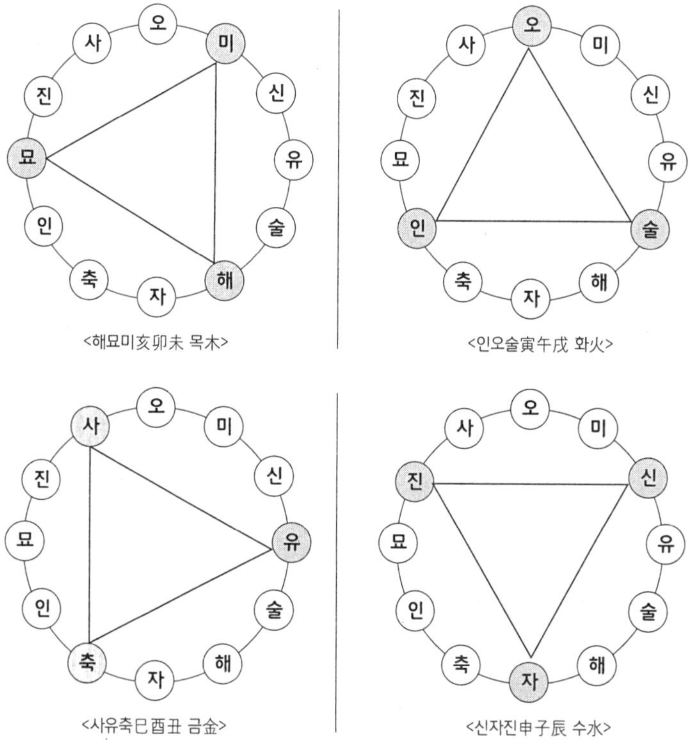

〈그림16〉 삼합

사계절의 기운을 유형으로 구분한 삼합은 각 계절의 기의 흐름을 나타내고 있다. 해묘미(亥卯未)라는 목기(木氣)는 해수(亥水)에서 시작하며, 해(亥)-자(子)-축(丑)-인(寅)-묘(卯)의 순환을 지속하다가 묘목(卯木)에 이르러 목기(木氣)가 정점을 이룬다. 묘(卯)는 봄이라는 계절의 정점이며, 목기(木氣)의 정점이기도 하다.

그리고 순환의 개념에 따라, 묘(卯)의 정점을 이룬 것은 반드시 쇠퇴를 향하는 것이 필연이기 때문에, 묘(卯)-진(辰)-사(巳)-오(午) 등을 거쳐 차츰 목기의 세력이 잦아들다가, 미토(未土)에 이르러 목기는 수축되고 사라진다. 이런 기의 흐름은 다른 삼합의 경우도 동일하다.

그래서 삼합의 구조는 표층구조에 있어서는 계절에 정확하게 대응하지 않는 것처럼 보이지만, 그 심층구조(deep structure)에 있어서는 계절의 기운이 운동하는 순환의 과정을 정확하게 반영하고 있다. 삼합은 본래 하나의 기운이 생겨나서 최고조로 활동하고, 다시 퇴조하는 리듬을 구조화시킨 것이다. 즉 삼합은 12지지의 내적인 흐름을 파악해서 이를 4가지 기(氣)의 구조로 이해하는 방식이다.

그런데 삼합의 특징은 퇴조하는 기운이 완전히 종료되는 것이 아니라, 순환을 위한 한 고리로 존재하는 것이다. 말하자면, 퇴조하지 않으면 다시 활동할 수 없다. 예를 들면, 썰물은 밀물이 없다면 존재할 수 없으며 그 반대도 마찬가지이다. 단지 개념적인 관계로만 파악되는 것이 아니라, 그 실제적 운동 역시도 그러하다. 또한 들이쉬는 숨은 내쉬는 숨이 없다면 존재할 수 없다. 동력은 그 자체로부터 생성되는 것이라기보다는 반대로부터 생겨나는 것이다. 그 반대도 마찬가지이다. 이는 순환론적 사유방식의 일반적인 특징으로서, 실체적인 사유방식과 달리 상호 긴밀히 의존하고 있는 상관적 사유(correlative thinking)의 성격을 잘 보여주는 것이다.

삼합은 하나의 기가 생성하기 위해서는 이전의 갈무리된 기의 퇴조가 없이는 가능하지 않다는 것을 알려준다. 찬란한 아침의 태양은 어두운 밤을 거치지 않을 수 없으며, 갈증이 없이 한 모금의 물이 주는 행복을 기대할 수 없다. 깨달음의 원력(願力)은 고뇌의 강도와 밀접할 수밖에 없는 것처럼 말이다.

삼합의 심층구조에는 12운성이라고 불리는 순환구조가 내재하여 있다. 동지의 자(子)에서부터 하지의 오(午)를 거쳐서 천도를 순환하는 흐름은 일기(一氣)의 순환이라는 측면에서 파악한 것이다. 그런데 일기(一氣)를 구성하는 사계절의 기(氣)는 어떤 상태로 천도를 순환하는가? 다시 말해 봄의 목기는 여름이 지나면 완전히 소멸하고 여름의 화기로 변하는 것인가? 화기 역시 가을에 이르면 절멸하는 것인가? 금기는 화기의 절멸에 따라 갑자기 생겨나는 것인가? 이는 표층구조(surface structure)만을 본다면 전혀 알 수 없는 문제이다.

봄의 목기는 여름에 이르러도 수그러들지 않고 여름의 끝자락까지 유지된다. 그리고 봄의 목기는 봄이 오기 전 겨울의 시작부터 그 기를 시작한다. 또한 목기가 자취를 감추는 여름의 끝에서 다시금 생을 모색한다. 그러므로 일기의 순환 속에서 목기는 사라지거나 절멸한 적이 없다. 다만 세력의 고저(高低)만이 있을 뿐이다. 다른 기운도 마찬가지이다.

우리 눈에 치성하는 더위의 화기는 실제로 정월부터 차츰 드러나기 시작하였던 것이다. 봄날의 따스한 기운이 화기가 아니라면 무엇인가? 이 화기는 여름에 최고조에 이르렀다가, 가을에도 지속하면서 세력을 유지한다. 다만 세력이 꺾였을 뿐이며 사라진 것은 아니다. 막후에 자신의 세력을 발휘하고 있었다. 그러나 가을이 최고조에 이르면 죽은 듯이 보였다가, 가을이 갈무리를 시작하고 겨울로 들어가려고 할 때, 부활을 준비한다. 그리고 해자축(亥子丑) 추운 겨울 동안 시작을 위한 '물 밑'에서의 용의주도한 준비과정을 지속하다가, 봄의 시작인 정월에 자신을 세상에 드러낸다. 그러나 봄의 드러난 세력에 가려 있을 뿐이다. 드러난 세력은 봄 기간에 힘을 키우다가 드디어 제 철을 만난다.

봄의 목기만 그러한 것이 아니라, 여름의 화기, 가을의 금기, 겨울의 수기 모두가 이러한 과정은 구조적으로 동일하다. 다만 실제의 드러난 계절을 기준으로 삼으면, 무언가 혼동된 것처럼 느껴질 뿐이다. 그러나 천도의 비밀을 보는 자가 어찌 겨울 속에서 겨울만 보겠는가? 겨울 속에서 봄을 보고, 가을의 자취, 여름의 예감을 느끼지 않겠는가?

③ 삼합의 심층구조와 12운성

사계절의 기운이 자라고 성장하며 쇠퇴하고 갈무리를 하는 과정은 간략하게 삼합(三合)에 나타나 있다. 이 기운을 상세하게 개념화한 것이 12운성(運星) 또는 포태법(胞胎法)이다. 12운성은 기운의 흐름을 보는 것이기 때문에, 12지지에 맞춰져 있다.

예컨대, 금기(金氣)의 삼합은 사유축(巳酉丑)이며, 사유축(巳酉丑)은 금기가 생(生, 생겨남)하고 왕(旺, 왕성함)하고 묘(墓, 종결됨)하는 것을 각각 나타낸다.

지지(地支)의 순행: 巳 → 酉 → 丑

금기(金氣)의 흐름: 生 → 旺 → 墓

그런데 금기는 자수(子水)에서는 어떤 흐름을 가지고 있을까? 오화(午火)에서는 어떤 흐름이며, 신금(申金)에서는 또 어떤 흐름인가? 삼합을 통해서는 금기의 흐름이 보여주는 큰 그림을 알 수 있지만, 세부적인 그림은 알 수 없다. 이처럼 세부적인 금기의 흐름을 보려면 12운성을 상호 비교해야 한다.

12운성은 수목화금(水木火金)이라는 사계절의 대표적인 기운이 어떤 과정을 통해 왕성과 쇠퇴의 리듬을 갖는지 알 수 있게 해 준다. 12운성은 한 해의 흐름과 관계가 크기 때문에 12지지처럼 12단계로 나눌 수 있다. 금기(金氣)의 흐름에 맞춰보자.

12운성	포胞	태胎	양養	생生	욕浴	대帶	녹祿	왕旺	쇠衰	병病	사死	묘墓
金 삼합				巳				酉				丑

12운성	포胞	태胎	양養	생生	욕浴	대帶	녹祿	왕旺	쇠衰	병病	사死	묘墓
金	寅	卯	辰	巳	午	未	申	酉	戌	亥	子	丑

〈표38〉 금(金)의 12운성

위의 표를 보면 금기의 흐름을 자세하게 알 수 있다. 금의 기운은 자수(子水)에서는 사(死)이며, 오화(午火)에서는 욕(浴)이고, 신금(申金)에서는 녹(祿)이 되며, 이밖에 12지지의 국면에서 어떤 흐름을 갖는지 파악할 수 있다.

12운성은 자연의 사물이나 사건의 추이를 포착하는 이론이다. 그런데 이 이론은 한 개인의 탄생과 성장이라는 생애의 전 과정을 의인화해서 표현하고 있는 것이 큰 특징이다. 자연의 전 과정을 인간의 삶과 동형(同形)이라고 간주한다는 점에서, 이는 자연의 인간동형론(anthropomorphism)에 해당한다고 볼 수 있겠다. 하늘의 번개는 자연현상인데, 이를 인간동형론으로 파악하면 하늘은 노하고 우는 것이다. 자연전체를 의인화하는 이러한 사유는 인간을 자연 속으로 해체하는 것이 아니라, 자연을 적극적으로 인간화하면서 인간의 감정을 투영한다. 이런 뜻에서 용어 자체가 객관성을 상실한 듯이 보인다. 그런데 이것은 삼재(三才)의 우주론에서 왕왕 일어나는 일이기도 하다.

우리는 12운성을 인간의 삶 전체를 간이하게 파악해서 그 특징을 기호론적으로 나타낸 것이라 생각하겠다. 그래서 12운성은 그 자체가 상징적 이해의 대상이 되며, 4가지 기의 흐름을 나타내기 위해서 의도적으로 고안한 기호체계라고 이해하려고 한다.

12운성은 12연기법(緣起法)의 구성과 유사하다. 한 개인이 세상에 태어나서 자라고 왕성한 활동을 하다가, 쇠약해지고 결국 흙으로 돌아가는 과정을 무심하게 그리고 있다.

- 포(胞)는 한 개인이 생겨나기 위한 음양의 교접 직전을 의미한다. 사물의 기운이 맺히려는 직전의 무드를 묘사하고 있다.
- 태(胎)는 씨로서 모친의 자궁에 착상되는 시점을 의미한다.
- 양(養)은 모친의 자궁 속에서 무럭무럭 자라는 시점이다.
- **생(生)은 이제 지상에 태어난 개체의 시작을 알리고 있다.**
- 욕(浴)은 태어난 아이를 목욕시키는 단계이다. 이는 아동기의 성장을 의미한다.
- 대(帶)는 관대로서 의복을 의미하고, 청소년과 청년의 시기를 의미한다.
- 녹(祿)은 사회적 일원이 되어 일정한 봉록(salary)을 지급받는 시기이며, 장년기를 의미한다.
- **왕(旺)은 사회적 성숙이 충분히 이루어져서, 최고의 운기를 맞이하는 성숙한 장년 및 중년기를 의미한다.**

- 쇠(衰)는 최고의 운기를 지나서, 쇠퇴에 접어드는 초입기를 뜻한다. 중년을 지나 노년의 입구에 들어선 시기이다.
- 병(病)은 노년기를 의미하며, 쇠퇴가 더 진행한 시점을 의미한다.
- 사(死)는 육체적 죽음을 의미한다.
- **묘(墓)는 죽음을 지나 무덤에 들어가는 시기이다.**

12운성은 이처럼 한 개인의 일생을 매우 간략하게, 발달시기의 특징을 나타낸 것이다. 12운성은 12지지가 붙박이처럼 순환의 한 지점에 고정되어 있는 정적(靜的)인 것과는 달리, 각 계절의 기운에 따라 동적(動的)이라는 특성이 있다. 그래서 예컨대, 금기에서 생(生)에 해당되는 사화(巳火)는 화기의 입장에서는 녹(祿)이며, 목기의 입장에서는 병(病)이고, 수기의 입장에서는 포(胞)이다. 이 관계는 다음처럼 4가지로 보기 좋게 나타낼 수 있다.

- **금(金)**

12운성	포 胞	태 胎	양 養	생 生	욕 浴	대 帶	녹 祿	왕 旺	쇠 衰	병 病	사 死	묘 墓
金의 지지	寅	卯	辰	巳	午	未	申	酉	戌	亥	子	丑

- **화(火)**

12운성	포 胞	태 胎	양 養	생 生	욕 浴	대 帶	녹 祿	왕 旺	쇠 衰	병 病	사 死	묘 墓
火의 지지	亥	子	丑	寅	卯	辰	巳	午	未	申	酉	戌

• 목(木)

12운성	포 胞	태 胎	양 養	생 生	욕 浴	대 帶	녹 祿	왕 旺	쇠 衰	병 病	사 死	묘 墓
木의 지지	申	酉	戌	亥	子	丑	寅	卯	辰	巳	午	未

• 수(水)

12운성	포 胞	태 胎	양 養	생 生	욕 浴	대 帶	녹 祿	왕 旺	쇠 衰	병 病	사 死	묘 墓
水의 지지	巳	午	未	申	酉	戌	亥	子	丑	寅	卯	辰

〈표39〉 네 명(命)의 포태

12운성이 추가되면 같은 지지라도, 네 가지 기의 관점에서는 다른 의미를 가지고 있음을 보여준다. 이러한 특성은 까르마에토스의 유형론 해석에 다채로운 내용을 만들어 주고, 구체적인 한 개인의 특성을 보다 생생하게 설명할 수 있게 해주는 자원이 된다.

본명성만을 개인의 정체성으로 구성하면, 다른 3가지 기(氣) 혹은 12성신에는 뚜렷한 역할이 없다. 그래서 본명성의 연주를 삼합으로 재해석하여, 본명성과 다른 주의 기들이 맺는 관계를 서로 유기적으로 관련지을 수 있다. 이런 논리는 삼합의 심층구조를 이루는 12운성에 의해서 가능해진다.

(2) 기본 4유형(Basics)의 구조

유형론 구성의 원리는 12생초의 띠를 나타내는 본명성을 기준으로 삼고, 이를 삼합의 기(氣)로 나타내는 것이다. 이러한 원리에 따라 까르마에토스는 기본 4유형(basic 4-types, Basics)을 얻게 된다. 이 기본형을 중심으로 각 개인들의 유형론적 특성이 발현된다. 그런데 명식은 연주만이 아니라, 모두 4개의 자리가 있게 되므로 실제적으로는 단지 본명성만을 기준으로 해서 유형을 정한 것이 되며, 다른 주의 영향이 고려되지 않는다. 만일 그렇게 된다면, 매우 복잡한 유형의 가짓수가 되기 때문에, 유형론의 존재이유가 없게 된다. 그래서 다른 주들의 영향력을 고려한 하위 유형들을 구성할 수 있다. 이를 기본 4유형에 더해서 복합형(combination)으로 정한다. 복합형은 각 기본 4유형을 보다 구체적으로 분류하기 위해 고안된 것이다.

기본 유형은 4가지 유형이 되고, 삼합의 구조를 이루는 3가지 기들의 3가지 양태(mode)를 고려해서, 기본유형과 이로부터 파생된 세부적인 유형을 가리키는 복합형을 구분할 수 있다.

전통적 용어	영어표기	약어	한글표기
金	Metal	M-type	M형
火	Fire	F-type	F형
木	Tree	T-type	T형
水	Aqua	A-type	A형

〈표42〉 까르마에토스 유형 약어표

영어표기와 한글 표기를 함께 제시했다. 이 가운데 수(水)는 영어권 오행 표기에서 보통 Water라는 친근한 단어로 통용되지만, 이니셜의 W 형상이 대문자(W)와 소문자(w)에서 큰 차이가 나지 않기 때문에, Water의 라틴어 표기인 Aqua(아쿠아)로 대체했다. Aqua도 water만큼 친근한 어휘라는 점도 대체의 이유가 되었다.

① 기본 4유형의 3가지 양태

기본 4유형이 성립할 수 있는 기준은 삼합의 결합 여부이다. 삼합의 완전성을 따라, 다시 3가지 양태(mode)를 구분할 수 있다. 이 양태는 삼합의 강도로서, 그 유형의 명확한 개성(특성) 표출의 정도를 의미하는 것이다.

삼합의 온전한 결합은 지지의 부호 3가지가 모두 참여해서 구성된 것이다. 이를 완전결합태 또는 '완전태(perfect)'라고 한다.

삼합의 특성 가운데 지지의 부호가 2가지 존재할 경우도 삼합의 기능이 발휘된다. 이는 전통적으로 반합(半合)이라고 하는데, 완전결합태가 아니며 준완전결합태 혹은 '준완전태(quasi-perfect)'라고 부른다.

삼합이 완전태나 준완전태로 구성되지 않을 때는 잠재결합태 혹은 '잠재태(potential)'라고 부른다. 이는 또한 기본 4유형에만 적용된다.

기본 타입 (basics)	양태(mode)		
	완전태 (perfect)	준완전태 (quasi-perfect)	잠재태 (potential)
M-type	巳酉丑	巳酉	巳
		巳丑	酉
		酉丑	丑
F-type	寅午戌	寅午	寅
		寅戌	午
		午戌	戌
T-type	亥卯未	亥卯	亥
		亥未	卯
		卯未	未

A-type	申子辰	申子	申
		申辰	子
		子辰	辰

〈표43〉 기본4유형의 3가지 양태

위의 표는 기본 4유형에 대한 각각의 3양태를 나타낸 것이다. M형(M-type)의 예를 들어보면, 사유축(巳酉丑)은 M형의 삼합으로써 완전한 결합 양태를 나타낸다. 그런데 사유축(巳酉丑)의 순서는 M형의 완전태가 보여주는 전형적인 결합 순서이며, 여기에는 다시 각각 7가지 방식의 결합 순서가 고려될 수 있다.

- 뱀띠(巳)의 경우 : 사유축(巳酉丑), 사축유(巳丑酉), 사유유(巳酉酉), 사축축(巳丑丑),사사축(巳巳丑), 사사유(巳巳酉), 사사사(巳巳巳)
- 닭띠(酉)의 경우: 유사축(酉巳丑), 유축사(酉丑巳), 유사사(酉巳巳), 유축축(酉丑丑),유유사(酉酉巳), 유유축(酉酉丑), 유유유(酉酉酉)
- 소띠(丑)의 경우: 축유사(丑酉巳), 축사유(丑巳酉), 축유유(丑酉酉), 축사사(丑巳巳), 축축사(丑丑巳), 축축유(丑丑酉), 축축축(丑丑丑)

이는 본명성 즉 탄생의 띠를 중심으로 삼게 될 경우 생겨나는 M형의 기본형의 양태들을 총망라한 것이다.

준완전태의 경우도 양태들의 순서가 다시 고려될 수 있다. M형의 준완전태는 표에서처럼 기본적으로 3가지인데, 이는 순서를 고려하지 않은 것이다. 예를 들어, 사유(巳酉)는 유사(酉巳)로 순서가 바뀔 수 있다. 이렇게 순서를 고려하면, 각각 3 경우가 성립된다.

- 뱀띠(巳)의 경우 : 사유(巳酉), 사축(巳丑), 사사(巳巳)

- 닭띠(酉)의 경우 : 유사(酉巳), 유축(酉丑), 유유(酉酉)
- 소띠(丑)의 경우 : 축유(丑酉), 축사(丑巳), 축축(丑丑)

잠재태는 완전결합과 준완전결합이 성립되지 않는 것으로 사(巳), 유(酉), 축(丑)이 각각 독립적으로 존재하고 있는 형태이다. 잠재태는 완전결합을 할 수는 없고, 준완전결합이 잠재적으로 가능하기 때문에 붙인 이름이다. 잠재태가 준완전결합태로 되는 것은 특정한 시기이다. 예를 들어, 사(巳)라는 잠재태는 유(酉)년이나 축(丑)년 혹은 사(巳)년이 오면, 각기 '사유'와 '사축', '사사' 등의 준완전결합태를 한시적으로 유지하여 성립된다.

잠재태의 경우 삼합의 지지가 연월일시에서 보충될 때, 성격의 강도가 더해진다. 유(酉)의 잠재태인 한 개인이, 계사년(癸巳年, 2013년)이 되면, 사(巳)라는 기(氣)가 도래하여 자신이 가진 유(酉)의 기운과 합해진다. 즉 사유(酉巳)가 결합해서 금(金)의 강도가 커진다. 그러나 성격의 유형이 변하는 것은 아니므로, 이러한 관점은 성격유형론에서 적극적으로 다루지 않겠다. 이것은 까르마에토스 오구리의 영역에 해당한다. 이른바 운명을 예측하는 미묘한 기술이다.

② 복합형 I, II, III

복합형(combination)은 기본적인 4유형과 대립되는 것은 아니다. 까르마에토스의 구조가 4개의 지지 부호가 결합하여 생겨났기 때문에, 연주의 본명성만을 유형론의 기준으로 삼게 되면 다른 주들의 성신 혹은 기(氣)들이 소외되는 결과를 낳는다. 이는 온전한 성격유형을 구성하는데 장애가 되므로, 연주뿐 아니라 다른 주들을 모두 고려해 넣어 유형을 구성하기 위해 고안한 것이다.

기본적인 개념은 연주를 구성하는 삼합의 기 이외의 기 혹은 12성신에서도 삼합의 양태를 구분해서 이를 기본형의 하위로 배치하려는 것이다.

예를 들어 M타입은 명주가 '사유축'이 되거나, 반합이 되거나 혹은 하나의 지지로만 구성되는 양태를 가질 수 있다. 이 경우 비어 있는 다른 주들에 어떠한 양태들이 결합하느냐에 따라서 유형론의 특성이 디테일하게 구분될 수 있을 것이다. M타입의 명주가 준완전태일 경우를 보자.

酉	丑	寅	午
M-type(quasi-perfect)		f	

〈표44〉 복합유형의 예시

위는 M타입의 준완전태이다. 유축(酉丑)이 결합되어 있기 때문이다. 여기에 인오(寅午戌)의 준완전태는 불완전하지만 F타입이 개입되어 있는 것을 보여준다. 이 경우 F타입은 기본형이 아니라, M타입의 하위에 개입해 있는 관계로 소문자로 표기한다. 즉, f의 양태가 개입해 있는 것이다.

삼합	기본형	복합형을 나타내기 위한 부호적 규약
사유축	M타입	m
인오술	F타입	f
해묘미	T타입	t
신자진	A타입	a

〈표45〉 복합형의 부호적 규약

위 개인은 M타입의 특성이 유지되지만, f타입의 양태가 제법 큰 세력으로 개입하고 있기 때문에, f의 특성 역시 유의미하게 발현된다. 이 의미에 대해서는 해석 부분에서 다루기로 하겠다. 이러한 특수성 때문에, 기본형에 개입한 다른 유형의 특징은 대문자가 아닌 소문자로 표기하여, 복합유형을 나타내기로 하겠다.

이러한 부호적 규약에 따라 기본형에서 확장된 복합형의 구조를 다음처럼 도해할 수 있다. 그러나 이 도해는 모든 경우의 수를 망라한 것은 아니며, 대체적인 결합 구조를 나타낸 것이다. 복합형은 명주 즉 본명성을 기준으로 한 기본유형에 다른 유형들이 개입해서 성립한 것이다.

복합형은 3가지로 구분할 수 있다. 가짓수는 유형으로 부르기에는 지나치게 많기 때문에 대체적인 경향을 구조적으로 파악하는 것이 좋을 것 같다.

복합형(combination)은 (I), (II), (III) 등 세 가지 구조를 띤다. 예를 들어 보자. 같은 도형은 같은 삼합의 기(氣)를 가지고 있으며, 순서는 고려하지 않았다. 각 자리에는 12가지의 다른 경우의 수가 올 수 있다. ●은 타입을 구성하는 같은 기, ○는 빈자리, ⑫는 빈자리에 12가지의 지지가 올 수 있는 가능성 등을 뜻한다.

복합형	기본형	경우의 수
I	잠재태 ●○○○	●×⑫×⑫×⑫=1,728
II	준완전태 ●●○○	●●×⑫×⑫=144
III	완전태 ●●●○	●●●×⑫=12

M타입을 예로 들어 복합형의 사례를 생각해보자.

가. 복합형 (I)

유	인	오	술
M-type (잠재태)	f (완전태)		

M-f형 : M형(金)이며, 사유축(巳酉丑) 가운데 하나의 기(氣)만 존재하고 있는 유형에 결합한 한 가지 양태이다. 여기에 가령, 인오술(寅午戌)의 완전태 f가 개입하고 있다. 이런 형태는 명주에 삼합의 구조 가운데 단 하나의 지지만 있을 때에 가능하다. 다른 유형이 압도적으로 개입해서, 그 양태가 지배하는 경우이다.

나. 복합형 (II)

유	사	오	해
M-type(준완전태)		f	t

M-f-t 형 : M형(金)이며 준완전태 즉 반합으로 구성된 명주에 두 가지 기의 양태가 결합한 복합형의 하나이다. 위의 경우는 인오술(寅午戌, f) 가운데 하나의 기만 존재하고, 해묘미(亥卯未, t) 가운데 하나의 기만 있는 형태이다.

다. 복합형 (III)

유	사	축	오
M-type (완전태)			f

M-f형 : 복합형(III)는 명식을 구성하는 4자리 가운데 다만 1자리에 다른 양태가 개입하며, 그것도 잠재태에 한정한다.

이상 기본 4가지 유형에 다른 기가 첨가된 복합형의 3가지 구조형식에 대해서 살펴보았다. 그런데 기본형과 복합형의 관계는 대등한 것이 아니라, 모든 성격유형은 4가지 기본형으로 구분될 수 있다는 점에서, 복합형은 기본형의 확장 또는 변형이라고 할 수 있다. 이때 복합형의 의미는 기본형의 확장 즉 기본형을 보다 상세하게 파악하기 위해 구성된 형태에 불과하다. 기본형이 완전태이든 준완전태 혹은 잠재태이든, 그 어떤 양태의 경우를 막론하고 기본형은 4가지로서 불변하는 구조를 갖는다.

복합형의 다양성은 오직 기본형에서 비롯된 것이라 할 수 있다. 그런데 실제 개인들의 명식은 구조적으로 복합형이 압도적으로 많을 수밖에 없다. 그래서 기본형은 복합형을 통해서 구현된다. 한 개인의 정체성을 나타내는 연주는 본명성이기도 하며, 생초 즉 띠이다. 여기에 삼합을 제시한 것은 다름 아닌, 명식을 이루는 나머지 월주, 일주, 시주 등과 연관을 짓기 위한 것이다.

삼합은 비록 연주의 기를 나타내는 것이지만, 그 심층구조에는 12운성이 작용하고 있기 때문에, 연주만을 대상으로 정체성을 구성했을 때 나머지 주들이 소외되는 것을 방지하고, 모든 주들의 기가 성격구성에 유기적으로 참여할 수 있게 하는 것이 필요하다.

연주를 중심으로 한 개인의 정체성, 즉 명주를 정할 때 등장하는 부분적인 정체성 파악의 약점이 삼합의 심층구조인 12운성으로 인해 보완된다. 이런 점에서 까르마에토스는 어떤 유형론보다도 유형의 수를 증가시키지 않고 최소화하여, 단순함 속에 다양한 특성을 포섭하는 비교할 수 없는 장점을 가지고 있다고 할 수 있다.

③ 유형의 해석 사례와 퍼슨 수트

아래는 까르마에토스의 명식이다. 본명성 사상에 따라 연주(年柱)는 한 개인의 정체성을 나타내는 기준이 되고, 다른 나머지 4개의 주(柱)에도 태어난 월일시(月日時)에 따른 지지가 배열된다. 이들은 모두 삼합의 원리와 12운성의 원리가 적용되고 있다. 앞서 예시를 든 "닭띠 남자"를 상기하자.

1969년 7월 17일 축(丑)시 (남)

연주	월주	일주	시주
酉(기준)	卯	未	申
M	t		a
畜道	畜道	鬼道	人道
天刃	天破	天驛	天孤
旺	胎	帶	祿

〈표40〉 까르마에토스 명식

이 남자는 닭띠 유(酉)로서, 금(金)에 속하며, 메탈타입(M-type)이다. 연주의 유(酉)는 삼합으로 구성되어 있지 않다. 다른 주들에서 묘미(卯未)의 반합 즉 준완전태가 발견되며, 시주에는 다른 기(氣)가 개입되어 있다. 이들을 12운성으로 파악하면, 연주는 금기의 왕지(旺地)를 가지고 있고, 월주는 묘목(卯木)으로써 금기를 기준으로 하면 태지(胎地)이다. 일주는 대지(帶地)이고, 시주(時柱)는 녹지(祿地)이다.

M타입에 속하지만, 이 사람은 이러한 기운의 흐름들을 구조적으로 가지고 있다. 여기에 연주와 월주의 축도를 체험한 업력, 일주의 귀도를 체험한 업력, 시주의 인도를 체험한 업력 등이 첨가되어 이 닭띠 남자의 성격을 형성한다.

이와 같은 상징적 상관관계를 해석하면, 이 닭띠 남자의 특성이 도출될 것이다. 까르마에토스는 일상적인 자아를 퍼슨 수트(person suit)로 생각한다.

퍼슨 수트 개념은 까르마에토스 체계에서 매우 중요한 부분을 차지한다. 여기에는 옷의 상징적 의미, 트랜스퍼스널 심리학에서 말하는 자아(ego), 분석심리학의 원형(archetype) 가운데 하나인 페르소나(persona) 등과 긴밀하게 연관되어 있다. 먼저 옷의 상징 즉 수트에서부터 시작하자.

수트는 사전적인 의미로는 반드시 같은 직물로 이루어져서 2~3가지의 옷이 한 벌을 이루는 옷이다. 보통 잘 차려 입은 정식 복장인 정장(正裝)이라고 알고 있다. 일반적으로 남자의 경우는 상의(코트 또는 재킷), 조끼, 바지의 3가지로 조합된 신사복이고, 여자의 경우는 재킷, 스커트, 블라우스의 한 벌을 말한다. 그런데 최근에는 반드시 같은 직물이 아니라, 조화를 이루는 한 벌을 수트라고 부른다. 그래서 넓은 의미로 보자면, 굳이 정장이 아니라도 '잘 어울리게 입은 옷 한 벌'을 가리킨다고 볼 수 있다.[21)]

까르마에토스는 자신의 정체성을 3가지 기의 결합 즉 3가지 별의 결합으로 이해하고 있다. 예컨대, 사유축의 금기는 사문성과 유인성과 축액성의 서로 다른 기가 결합해서 하나의 기 즉 '3개 들이 한 벌'처럼 하나의 단위로 이해된다. 수트가 2~3의 옷들이 결합한 것이라는 개념과 잘 대응되고 있다.

그리고 모든 옷이 그렇듯이 천연이든 인공이든 어떤 재질의 옷감(textile)을 제조하여, 이를 재단하고 꿰매는 재봉을 거쳐, 미학적으로 장식하는 디자인이 가해져서 생겨난다. 수트도 예외일 수 없다. 이 가운데 옷감은 옷의 바탕이고 시작이다. 한 인간의 성격을 수트에 비유했을 때, 까르마는 옷감 즉 바탕에 해당한다. 옷에 있어서 옷감이 불변적인 것이듯이, 성격에 있어서 까르마 역시 불변한다. 여기에 포인트를 두면 숙명론에 기울기 쉽다.

하지만 옷감이 옷은 아니다. 주어진 옷감을 재단하고 재봉하여 디자인을 입혀서 멋을 더해 만들어 온 것이 옷의 역사이듯이, 성격 또한 까르마라는 재질 위에 다양한 절차와 요인들이 가미되어 생겨난 복잡하고 중층적인 것이다. 옷감이 좋으면 좋은 옷이 되기 쉽다. 그러나 옷감이 아까운 옷도 너무 많다. 좋은 별을 타고난 좋은 까르마를 가진 사람은 좋은 성격을 가지고 좋은 삶을 누리기 쉽다. 그러나 좋은 별이 참으로 안타까운 경우도 매우 많다.

---

21) 이미숙, 「샤넬 수트의 디자인 특성에 관한 연구」, 『복식』 48호, 1999, 199~200쪽 참고.

이와 반대로 나쁜 옷감이지만 재단과 재봉이 뛰어나고, 디자인이 잘 가미되면 멋진 옷이 될 수 있다. 그처럼 한 개인의 까르마가 저열하다고 해도 반드시 그 사람이 저열한 인간이 되지는 않는다. 이런 의미에서 퍼슨 수트는 같은 까르마를 가지고 있어도 천변만화로 연출될 수 있다. 4유형은 불멸의 축이고, 퍼슨 수트는 가변의 축이다. 두 축의 교차점이 그의 성격에 구체성을 부여한다.

예컨대, 까르마에토스에서는 한 타입의 사람이 오직 하나의 수트만을 입는 것이 아니라, 최소한 5벌의 퍼슨 수트를 입을 수 있다고 본다. 이 퍼슨 수트는 그 사람의 성격이면서도 옷의 퀄리티 차이처럼, 성격 혹은 인격의 차이가 되며, 궁극적으로는 아름다운 운명이나 불미스러운 운명까지 결정한다는 개념이 들어 있다.

이것은 까르마에토스가 선천과 후천, 숙명과 자유의지를 한데 묘하게 혼합하고 있는 체계라는 것을 보여준다. 과거 옛 지혜의 전통에서 말하는 어법을 따르자면, 두 상반된 개념들은 하나이지만 하나가 아니고 둘이지만 둘이 아니다! 불일이불이(不一而不二).

두 번째로 퍼스낼리티 심리학의 관점을 가지고 앨런 와츠(Alan Watts, 1915~1973)가 한 말이다. 그는 일상적인 자아(ego)란 "피부라는 캡슐에 싸인(skin-encapsulated)" 안쪽에 있는 것이라고 했다.[22] 캡슐로서의 자아란 일상적인 의식 상태에서 우리는 자신을 몇 리터 부피의 물리적인 몸뚱아리와 그 안에서 작동하는 의식의 합으로 보는 것을 지적한 것이다. 그런데 우리의 의식이나 마음이 내 몸 안에 갇혀서 존재하는 것은 아니다.

---

22) 부어스테인(S. Boorstein), 정석덕 외 역, 『자아초월 정신치료』, 서울: 중앙문화사, 2006, 69~70쪽 참고.

음악을 듣거나 펜이나 붓을 들어 그림이나 글씨를 쓸 때, 가족이나 친구 혹은 연인들과 강렬한 동일시를 느끼거나, 더나가 휘날리는 태극기, 피부색이나 종족을 구별하지 않고 나와 타인을 같은 인류로 느낄 때가 있다. 앞 쪽은 쉬운 듯하지만 뒤쪽으로 갈수록 좀 어려움에도 불구하고 그렇다.

또한 키우던 개나 고양이, 심지어는 뱀이나 곤충, 무정한 화초들과 유대감을 갖거나, 아무런 연고도 없는데 불쌍한 그 사람을 돕는 즉각적인 행위 등은 우리의 피부를 넘어가는 초월적 행위이다.

더 초월적인 경우는 변성의식이나 종교적이고 예술적인 체험의 영역을 들 수 있으며, 초상현상도 여기에 들어올 수 있을 것이다. 이런 것들이 기괴하다면, 원수를 용서하고, 정의를 실천하기 위해 초개처럼 목숨을 던지는 경우를 보라. 단지 개체의 보존을 위한 유전자의 명령만으로는 해결하기 힘든 우리의 참 모습이다.

까르마에토스에서 각 타입에는 퀄리티가 다른 5종의 퍼슨 수트가 있기 때문에, 피부 안쪽에 집착할 때는 퀄리티가 좀 떨어지는 퍼슨 수트를 입는다. 즉 저급한 성격 특성을 가지게 된다. 그러나 피부를 초월하는 움직임이 생겨나면 그의 퍼슨 수트는 빛난다. 본래 불도, 선도, 인도의 퍼슨 수트는 상대적으로 더 빛난다. 그러나 이러한 퍼슨 수트가 없더라도, 고(高) 퀄리티의 퍼슨 수트를 입으려는 의지 즉 자신의 까르마를 벗어나려는 성장과 발달을 향한 초월적 욕망을 일깨우는 자각과 실천을 통해서 빛나고 고귀한 퍼슨 수트를 입을 수 있다.

그런데 피부를 벗어나는 초월도 중요하지만 일상을 사는 우리 대다수는 평균 수준의 퍼슨 수트를 입고 삶을 영위한다. 이런 의미에서 세 번째로 퍼슨 수트는 페르소나(persona)와 같은 측면이 있다. 융이 페르소나가 인간의 혼(魂)을 이루는 영원의 형상 가운데 하나라고 생각한 이유가 여기에 있다. 사회생활에 적응하기 위해 타인의 요구와 사회적 압력에 적합하게 맞추어서 발달시킨 것이 페르소나이듯이, 잘 차려 입은 옷이란 대인관계와 문명생활을 위해서 필요하다.

그런데 불교의 입장 혹은 트랜스퍼스널 심리학의 관점에서 보자면, 자아는 참된 나라고 보기 어려운 임시적 존재, 말하자면 더 높은 위상을 가진 참된 나를 찾기 위해 잠시 거쳐야 하는 단계에 지나지 않는다. 그래서 자아는 캡슐에 담긴 어떤 것이거나 페르소나지만, 실제로는 당의정(糖衣錠)과 같은 이중적이거나 기만적인 속성을 가지고 있다. 설탕으로 옷을 입힌 거죽 아래로 쓰디쓴 약이 있는 것처럼, 인두겁 아래 인간의 내면에는 쓰디쓴 고(苦)의 까르마가 있다.

우리는 이것을 숨기기 위해서 잘 차려 입어야 한다. 잘 차려입을수록 고(苦)의 까르마로 멀리 벗어날 수 있다는 미련하지만 절박한 환상이 필요하다. 이런 의미에서 까르마에토스의 퍼슨 수트는 실존적 상황을 무의식적으로 회피하는 인간의 비(非)본래적 상태를 가리킨다. 하지만 까르마에토스는 퍼슨 수트의 기만적이고 비본래적인 성격을 반드시 부정적으로 평가하지 않는다.

퍼슨 수트가 어떻게 정비되었는가에 따라, 말하자면 자신을 얼마나 자각하고 있는가에 따라, 자신의 흉측한 내면을 감쪽같이 속일 수 있고, 사회적 맥락에서 보자면 실제로 멋진 외면을 가질 수 있다. 그래서 퍼슨 수트는 다채롭다. 예를 들어 진간성의 흉의를 가진 이는 병리적인 특성에서부터 평균수준을 지나 더 상위의 수준인

신선과 같은 관조의 특성을 퍼슨 수트를 통해서 연출해 낼 수 있다. 그러다가 궁극적으로 성도(成道)에 이르면 퍼슨 수트가 사라진다. 그는 더 이상 인간이 아니다. 불(佛)이 본래 그런 글자이다. 弗+人(non+human).

사례에서 들고 있는 위 남자의 경우, 순간순간 축도와 귀도의 업력이 '거의 무의식적으로' 개입된 결과로 구성된 일상적 자아의 특성 즉 개성적인 퍼슨 수트를 입고 있다. 이 사람의 수트를 만드는 기본적인 옷감은 유인성의 냉혹함과 묘파성의 타산적인 특성이 있으며, 미역성의 변덕스러움과 신고성의 사리에 밝은 모습 등으로 구성된 상대적으로 퀄리티가 떨어지는 재질이다. 그러나 실제로 그는 냉혹한 사람일 수도 있고, 의심이 많은 사람이거나, 함부로 속단하지 않고 증거를 중시하는 합리주의자나, 냉혹한 옷감의 재질과는 사뭇 다르게 온화한 사람일 수도 있다. 그의 퍼슨 수트는 옷감대로만 만들어지는 것은 아니기 때문이다. 여기에는 재단, 봉제, 디자인 등의 의도 즉 자각의 강도와 깊이가 개입한다. 예컨대, 자신을 아는 정도만큼 그는 근사한 수트를 입던지 조악한 수트를 걸치게 된다.

명확한 것은 만일 이 남자가 스스로에 대한 자각이 없다면, 악업(惡業)에 의한 병리적 경향성을 보일 것이며, 자각을 한다면 선업(善業)의 행위를 의식적으로 선택하여 자신을 실현하고 초월할 수 있게 된다는 것이다. 내 앞에는 순종해야 하는 운명의 행로가 놓여 있으나, 그 운명에 예속(enslavement)되던지 해방(emancipation)되던지, 어떤 길을 가든지 온전히 그의 몫이 되는 것이다.

5) 4유형론의 해석

4유형론의 해석은 까르마에토스를 성립시킨, 불교와 음양오행의 통합적 성격에 기인해서 진행되어야 할 것이다. 첫째, 4유형론의 기본적 특성에 대해서 살펴본다. 4유형론의 기본적 특성은 기본형의 3가지 양태나 복합형으로 분화되기 이전에 성립된 가장 고유한 부분이다. 둘째, 해석의 수준은 「더블에스(식스 앤드 식스)」를 토대로, ① 기본 4유형의 3가지 양태(완전태, 준완전태, 잠재태)에 적용하며, 복합형에 대한 것은 ② 기본 4유형을 기준으로 다른 우세한 세력이 있을 경우 ③ 우세한 세력과 육도의 특성이 결합할 경우 나타나는 특성 ④ 기본유형과 우세한 세력의 12운성이 만날 경우 등으로 구분할 수 있다.

3가지 양태는 지지의 삼합 여부에 따라 다르다. 삼합의 지지가 결합하면, 각 별(星辰)들이 가지고 있는 성향이 두드러지게 드러난다. 결합이 불완전한 경우는 그 강도가 상대적으로 떨어진다.

(1) 삼합의 의미와 기본형의 특성

① 삼합의 의미

기본 4유형은 3개의 지지가 모여서 연합해 있는 구조적 특성을 가지고 있다. 이 구조는 12운성에 따르면, 생지(生地)-왕지(旺地)-묘지(墓地)로서 기본4유형에 공통적인 형식적 구조라고 할 수 있다. 이 형식적 구조가 함의하는 내용을 짚어보면서, 그 의미를 해석해 보자.

삼합의 특성은 왕지의 기운으로 생지와 묘지의 기운이 모두 변형된다는 데 있다. 예를 들면, M형의 삼합은 사유축(巳酉丑)이다. 이를 오행으로 보면, 사(巳)는 화(火)이고 유(酉)는 금(金)이며 축(丑)은 토(土)이다. 삼합을 이루게 되면 사화(巳火)와 축토(丑土)는 자신의 오행을 상실하고, 금(金)의 기운으로 변화한다. 이는 비유하자면, 통일국가의 형성과 같은 것이다. 금(金)이라는 통일국가가 형성되면서, 이전 국가의 정체성은 사라지거나 흡수되었기 때문이다.

삼합의 연합관계는 하나의 기(氣)를 계속적으로 순환시키기 위해서 가지고 있는 기능적 역할이 있다. 이 기능적 역할을 해석하면 다음과 같은 의미를 도출할 수 있을 것이다.

- 생지(生地): 추동과 전진
- 왕지(旺地): 지속과 유지
- 묘지(墓地): 변화와 재생

생지(生地)는 새로운 기(氣)를 만들어 내는 기능을 가지고 있다. 각 기(氣)의 시작은 계절의 시작이기도 하다. 결단을 촉구하는 역할을 한다. 육도의 선도(仙道)와 인도(人道)는 이러한 생생(生生)하는 기운과 연결되어 있다.

12지지로는 봄의 인(寅) 또는 화(火)의 삼합 가운데 인(寅), 여름의 사(巳) 또는 금(金)의 삼합 가운데 사(巳), 가을의 신(申) 또는 수(水)의 삼합 가운데 신(申), 겨울의 해(亥) 또는 목(木)의 삼합 가운데 해(亥)가 해당한다.

왕지(旺地)는 생성된 기(氣)의 정점 상태이다. 이 때문에 이 기운을 지속시키고 유지하려는 경향이 강하다. 변하지 않고 보호하고 지키려는 속성이 강하다. 불도(佛道)와 축도(畜道)가 여기에 해당한다.

12지지로는 봄의 묘(卯) 또는 목(木)의 삼합 가운데 묘(卯), 여름의 오(午) 또는 화(火)의 삼합 가운데 오(午), 가을의 유(酉) 또는 금(金)의 삼합 가운데 유(酉), 겨울의 자(子) 또는 수(水)의 삼합 가운데 자(子)가 여기에 해당한다.

묘지(墓地)는 생성된 기운을 억제하거나 저하시키며, 궁극적으로 해체를 통해 변화를 꾀하려는 역할을 가지고 있다. 그러나 기운의 종결 부분을 담당하지만 그 이면에는 재생(再生)의 목표가 있다. 원점으로 회귀하려는 힘이 강하다. 귀도(鬼道)와 수라도(修羅道)에 연결되어 있다.

12지지로는 봄의 진(辰) 또는 수(水)의 삼합 가운데 진(辰), 여름의 미(未) 또는 목(木)의 삼합 가운데 미(未), 가을의 술(戌) 또는 화(火)의 삼합 가운데 술(戌), 겨울의 축(丑) 또는 금(金)의 삼합 가운데 축(丑)이 여기에 해당한다.

삼합이론은 실제 동아시아에서만 발견되는 고유한 관념은 아니다. 천체(heavenly body)의 동향을 살피는 여타 문명에서도 이를 확인할 수 있기 때문이다. 특히 서양의 점성술(astrology)은 이를 활동궁, 고정궁, 변통궁(mutable) 등으로 이해하고 있다. 이런 맥락에서 양자의 구조는 정확하게 일치한다.

생지(生地)=활동궁, 왕지(旺地)=고정궁, 묘지(墓地)=변통궁

까르마에토스의 기본 4유형이 가진 대표적인 특성을 구성하기 위

해서는 삼합의 구조이외로 매우 단순한 사실에 주목해야 한다. 곧 각 유형은 사계절로 대표되는 네 가지 기(氣) 가운데 한 가지 기(氣)를 가지고 있다는 것이다. 그러므로 어떤 양태(완전태, 준완전태, 잠재태)를 갖더라도 대표적인 기는 변하지 않는다. 이는 전경(前景)에 대한 배경(背景)으로 작용하며, 까르마에토스 성격의 가장 밑바탕이 되는 것이다.

그런데 여기서 더 나가 사계절의 기운과 서양의 4원소 및 불교의 사대(四大)와 비교하여 그 상관관계를 더 확장하는 과정이 필요하다. 그리스의 사원소는 인도(불교)의 사대와 유사한 체계를 가지고 있다. 이에 대해서 인도의 사대가 보다 이른 시기에 성립되었기 때문에, 인도 문명이 유입되어 발전되었다고 보기도 한다.

그리스 사상(『플라톤』)에서는 "나는 신적인 일들에서도 아주 지혜로웠던 남녀들을 통해서 뭔가 들어 알고 있다(「메논(Menon)」)" "오래된 하나의 설" "인간적 영혼이 짐승의 생으로 넘어가기도 하고, 이전에 인간이었던 짐승이 다시 인간이 되기도 한다"(「파이드로스(Phaidros)」) 등과 같은 인도(불교)의 윤회사상에 대한 설명이 매우 많고 상세하게 설명되어 있는 것을 보면 이러한 가정이 부당한 것은 아니다. 어쨌든 역사적인 영향관계를 굳이 따지지 않더라도, 서로의 생각이 매우 유사하기 때문에, 까르마에토스의 내용을 보다 풍성하게 할 수 있다.

4원소와 사대는 지수화풍(地水火風)의 공통성이 있다. 이는 까르마에토스의 기본4유형을 형성하는 네 가지 기운과 서로 통한다. 곧 수(水)와 화(火)의 경우는 서로가 일치하며, 지(地)의 경우는 금(金)에 상응하고 풍(風)은 목(木)에 해당한다.

지(地)는 광물을 대표하는 금(金)과 구분되지 않는다. 또한 풍(風)이 목(木)인 것은 『주역』의 괘상(卦象)하고도 통한다. 동남방(東南方)의 손괘(巽卦, ☴)는 바람(風)을 상징하며, 그 오행은 목(木)이기 때문이다.

4원소와 활동궁, 고정궁, 변통궁 등을 교차하여 인간의 선천적 기질과 성격적 특성을 도출하는 방식은 서양 점성술의 오래된 이론체계이다. "황도12궁은 그 속에 음양의 2대 극성, 활동, 고정, 변통의 3대 특질, 지수화풍의 4대 원소를 포함하고 있어서, 이 세상에 존재하는 열두 가지 기질의 원형이 되어준다."[23] 이는 까르마에토스가 계승하고 있는 전통 가운데 하나이다. 실제 서양의 점성술과 이와 관련된 동아시아의 역술체계는 거의 유사하며, 동아시아가 고대 서양의 점성술 즉 천문학적 지식에 큰 영향을 입고 있다고 볼 수 있다.

오행의 용어를 빌어 나타낸 동아시아의 사계절의 기(氣), 서양 점성술의 토대가 되는 4원소와 사대, 그리고 이로부터 추론되는 심리적 기능 등을 상호 연관시켜서 까르마에토스 기본4유형이 가진 특성의 한 축을 다음처럼 나타낼 수 있다.

심리적기능	특성	4원소	4行(4象)	4시(時)	4象(周易)	까르마에토스
지각	결단	地	金	秋	태(兌,☱)	M형
직관(영감)	열정	火	火	夏	리(離,☲)	F형
사고	전진	風	木	春	손(巽,☴)	T형
감정(느낌)	수용	水	水	冬	감(坎,☵)	A형

〈표47〉 동아시아 자연학과 점성술의 상관관계

23) 『점성학이란 무엇인가』, 111쪽.

심리적 기능은 4원소의 특성과 상관적 상관관계를 맺은 것이다. 이는 점성술과 융 심리학에서 왔다.

4행(사상)은 5행의 언어를 빌어서 사계절(사시)의 기를 나타내고, 그 상응관계를 맺은 것이다. 이 역시 점성술의 논리와 대응하고 있다.

주역의 사상(四象)은 사시(四時)에 대응하는 것이고 사시는 사행(四行) 즉 네 가지 기(氣)에 대응하므로, 위와 같이 상관관계를 논의할 수 있다.[24]

우리는 여기서 동아시아의 사시(四時)의 기(氣)에 비교할 수 있는 서양의 4원소에 주목한다. 이들을 연결시키는 고리는 사시(四時)의 대응이 서로 같기 때문이다. 그리고 전통적으로 유럽의 지식인 점성술에서 인간의 심리적 기능과 4원소의 대응은 유구한 것이기 때문에 이를 동아시아의 도식에 상응시켰다. 그리고 이를 『주역』의 팔괘 상징에도 대응시켰다. 위의 표는 까르마에토스의 기본유형들의 특징을 구성하는데 중요한 개념적 도식이 된다.

까르마에토스는 위와 같은 상관관계적 특성을 가지고 있지만, 불교의 육도 관념과 융합되어 있기 때문에, 위에서 제시된 것을 넘어

24) 융의 심리적 기능과 사상(四象)의 상관성을 비교한 것은 중국의 하건충(何建忠)과 국내의 박주현이 제창한 것인데, 이 대응관계는 논리가 부실한 것으로 파악된다. 예를 들면, 주역(周易)의 태극(太極), 양의(兩儀), 사상(四象)의 이진법적 전개에 따라, 양의(兩儀)를 C. G. 융의 내향과 외향의 관계로 상응시키고, 이로부터 심리적 기능을 도출하고 있다. 그러나 이는 융의 유형론을 곡해하면서 비롯된 것이다. 굳이 『주역』의 이진법적 전개와 상응시키려고 한다면, 양의(兩儀)의 단계는 합리와 비합리로 나누어야 할 것이다. 합리적 기능이 사고와 감정이고, 비합리적 기능이 직관과 감각이기 때문이다. 이러한 초보적인 실수에 입각한 이른바 사주심리학의 논의는 애초 심리학적이지 않으며, 단순한 인상론적 비교에 불과하다는 비판을 피할 수 없을 것이다. 이들이 명리(命理)와 심리(心理)를 연결시키려는 문제의식은 충분히 공감하고, 그 이론적 전개에도 긍정적인 평가를 보내지만, 이는 융 심리학의 성격유형론이 아니다. 그러므로 명리(命理)와 융의 심리적 기능의 상관관계는 사실과 다르다고 할 수 있다. 『사주심리학(I)~(III)』 참고.

서는 체계와 내용이 더해져 있다. 앞서 「명도」에서 살펴본 것처럼, 12지지의 체계는 「명도」의 심층에 존재하는 일종의 형식을 조직하는 문법적 체계이며, 이 문법적 논리를 따라 육도와 12성신이 배열되어 있는 것을 검토했다.

기존 불교의 육도가 12지지의 자연학과 조우하면서, 새로운 배열과 연관관계를 가지게 된다. 아마도 이러한 체계는 『달마일장금』이 거의 유일한 것이 아닐까한다. 말하자면, 반야지혜(般若智慧)의 불도는 그 자체로 존재하는 것이 아니라, 인도 및 수라도와 함께 결합되어 있다. 또한 어리석은 무명(無名)과 우치(愚癡)의 축도는 선도와 귀도가 함께 따라다닌다. 이로부터 까르마에토스 기본형의 특성을 도출할 수 있을 것이다.

이것은 본명성을 중심으로 해서 이를 삼합의 결합양태를 중심으로 전개한 것이다. 그러나 본명성을 명주에 적용하는 이러한 논리가 연주(年柱) 밖의 다른 주(柱)에서도 적용될 수 있는 유기적인 구조가 12운성의 논리로 존재하고 있기 때문에, 기본형의 특성으로부터 복합형을 해석하는데 기준으로 삼을 수 있을 것이다.

② 까르마에토스 기본 4유형의 특성

기본 4형은 삼합의 형식적 구조가 모두 동일하고, 육도의 배열에 있어서는 2가지 형식적 구조 곧 "선도-축도-귀도"(M형, T형)와 "인도-불도-수라도"(F형, A형) 등을 가지고 있다. 불도와 축도를 중심으로, M형과 T형이 동일하며, F형과 A형이 동일한 구조로 대별되고 있음을 발견할 수 있다. 즉 M형과 T형은 "선도-축도-귀도"의 구조이고, F형과 A형은 "인도-불도-수라도"의 구조를 가진다.

까르마에토스 기본 4유형의 특성은 6개의 계층적인 수준에 따라 존재하며, 각 수준에 따른 '퍼슨 수트' 또한 구별된다. 아래 수준에서부터 병리수준, 비통합(통합실패)수준, 평균수준, 통합수준, 최상수준, 궁극(수준) 등의 6개 계층으로 구성된 퍼슨 수트가 있다.

평균수준을 중심으로 위의 2수준은 긍정적 까르마의 실현과 자각을 통한 성장전략이 유효한 경우에 달성되는 퍼슨 수트의 특성이다.

통합수준은 긍정적 까르마의 실현을 의미하며, 내적 자원을 통한 자등명의 성장전략이 효과를 거두었을 때 달성되는 퍼슨 수트이다. 최상수준은 자등명의 통합전략과 법등명의 초월적 성장전략이 유효했을 때 도달하는 단계이다. 특히 법등명에 강조를 둔다.

평균수준 아래의 2수준은 부정적 까르마가 실현되거나, 자각에 따른 통합전략이 부재했을 때를 가리킨다. 비통합수준은 부정적 까르마의 실현과 성장전략의 부재에 따라 통합이 실패한 퍼슨 수트의 특징이다. 가장 아래의 병리수준은 비통합의 심화 단계이며, 특히 자신에 대해 자포자기(自暴自棄)한 퍼슨 수트의 특성이다.

거의 대부분의 일반 사람들은 평균수준이나 비통합수준에 머무는 경향이 많지만, 관찰 결과 대다수는 비통합수준에 있는 것 같다. 비통합수준에는 전형적으로 전(前)개인(프리퍼슨)과 개인(퍼슨)의 갈등이 존재하고 있기 때문인 것으로 보인다. 이는 신경증적 불안(neurotic anxiety) 상태가 일반 사람들의 심리상태라는 것을 강력하게 암시한다.

까르마에토스에서는 비통합수준의 단계를 특별하게 취급하고 있다. 대다수 인간들의 심리 상태이기 때문이다. 그래서 이 단계는 인간이 사물의 참다운 실상을 볼 수 없는 환경 혹은 일종의 지대(地帶, zone)라고 생각해서, 이를 '마야 콤플렉스 존(maya complex zone)' 혹은 '환영(幻影, 거짓 그림자)지대'라고 부르고 있다.[25] 이 콤플렉스는 통합을 위한 자각을 방해하는 일종의 마(魔, 수련을 방해하는 심리적 환영)에 의해서 정신이 사로잡혀 있는 상태로서, 이로 인해 다양한 신경증이 유발된다.

이 마(魔)들이 곧 마야이며 비록 본질적으로는 환영에 불과하나, 프리퍼슨 단계를 극복하지 못하면 실제적인 힘을 갖는 존재들이다. 프리퍼슨 단계의 특징은 기본적으로 시야가 좁고 자기중심적인 이기심에 의해서 지배받고 있다. 삼독에 중독되어 있는 상태가 프리퍼슨 단계이다. 그런데 문제가 되는 것은 대다수 인간들은 자발적으로 중독에 헌신하고 있다는 불행한 사실에 있다.

이 지대는 대부분의 심리치료가 집중하고 있는 인간 정신의 현 주소를 가리킨다. 일차적으로 이 거짓 그림자의 지대를 벗어나야 성장의 길에 접어들 수 있다. 안개가 자욱하여 사물을 분간하지 못하고 방향상실의 위험이 항시 존재하는 위험한 지대이다. 그러나 산해진미의 다디단 감미로운 음식과 성(性)의 쾌락을 구하고 즐기는 관능적 향락(享樂)에 나른하게 취할 수 있는 곳이기도 하다.

마지막으로 궁극(궁극의 수준)은 실제로 정점에 있는 수준이지만, 퍼슨 수트가 아니다. 궁극은 니르바나(nirvana) 즉 열반(涅槃)을 가리키고 있기 때문이다. 니르바나는 생사윤회를 움직이는 탐진치의

---

25) 이 용어는 『금강경(金剛經)』과 『장자(莊子)』에서 등장하는 논의를 배경으로 하고 있다. "모든 지은 법이여! 꿈과 같고 환영과 같고 거품과 같고 그림자 같네. 이슬과 같고 또 번개와 같아라. 그대들이여 이같이 볼지니(一切有爲法, 如夢幻泡影, 如露亦如電, 應作如是觀)." 『金剛經』「知見不生分」. "또한 큰 깨어남이 있은 뒤에야 이 삶이 대몽임을 안다(且有大覺, 而後知此大夢)." 『莊子』「齊物論」.

업력이 사라진 상태를 말한다.

> "열반은 탐욕을 영원히 다 소진하고, 성냄을 영원히 다 소진하고, 어리석음을 영원히 다 소진하고, 일체 모든 번뇌를 영원히 다 소진하는 것이다. 이를 열반이라고 이른다."[26]

수준의 차이를 만드는 힘이나 퍼슨 수트를 짓는 바탕이 곧 까르마이기 때문에, 그러한 까르마의 힘이 사라지면 수준도 사라지고 퍼슨 수트도 성립될 수 없다. 옷감 없이 옷을 지을 수는 없기 때문이다. 니르바나에 들면, 탄생의 과정이 없으므로 하늘의 별과 상응할 수 있는 순간이란 애초 존재할 수 없다. 그래서 인간의 유형론적 구별 근거가 사라지고, 이에 따라 까르마에토스의 체계도 완전히 부정된다.

이러한 궁극의 단계를 굳이 설정한 것은 까르마에토스의 체계는 깨달음의 도정과 상응하고 있으며, 깨달음이 실현 불가능한 이상이 아니라, 바로 여기에서 실현할 수 있는 인간의 고귀한 목표라는 옛 지혜에 귀를 기울이기 때문이다. 더욱이 우리가 사는 이 세상에는 지금도 깨달음을 위해 수행을 하는 사람들이 엄연히 존재하고 있으며, 트랜스퍼스널 심리학이란 새로 만들어진 것이 아니라, 옛 지혜의 전통을 재음미하면서 시작하기 때문에, 이러한 지혜 전통의 문화적 자산을 반영하고 있다.

이 궁극의 수준은 해당하는 퍼슨 수트가 없지만, 굳이 말하자면 천의무봉(天衣無縫, 꿰맨 없는 천상의 옷)으로 표현할 수 있겠다. 니르

26) 『雜阿含經』 권18(『대정장』2, 126b2~4). 涅槃者, 貪欲永盡, 瞋恚永盡, 愚癡永盡, 一切諸煩惱永盡, 是名涅槃. 니르바나(nirvana)는 본래 '불이 꺼진' 상태를 가리키는 말이다. 이와 관련해서 불전들은 흔히 탐친치 삼독을 불에 비유하고 있기 때문에, 니르바나와 자연스럽게 연관된다. 즉 니르바나는 '번뇌의 불이 다 타서 없어진' 즉 소진(燒盡)한 상태를 의미하게 되었다. 이런 맥락에서 니르바나의 음역인 涅槃과 동의어는 寂滅, 寂縣, 滅, 安穩 등이다.

바나(열반)는 삼독의 독성을 완전히 해독한 상태이다. 비록 불교의 용어지만, 심리학이나 심리치료 분야에서 널리 사용될 수 있다. 그것은 뭇 마음의 병들의 뿌리가 되는 불안과 죄의식 즉 신경증적 불안, 실존적 불안, 초월적 불안 등이 완전히 사라진 상태이기 때문이다.

• M형

전통적으로 금(金)의 기운이 있는 사람은 가을을 닮아 숙살지기(肅殺之氣)가 있다고 보았다. 이것은 쌀쌀하고 매서운 기운으로서, 결실을 맺는 기운이다. 그래서 동서양을 막론하고 냉정, 확실, 믿음, 의리, 원칙, 결단, 실행 등의 특성을 부여했다. 심리기능으로는 감각(sensing)에 해당하고, 기질로는 우울질(melancholia)에 해당한다.

감각이 뛰어나기 때문에 쾌락주의자에서부터 심미주의자까지 발전될 가능성이 크다. 감각 기관에 전해지는 것 즉 보고 먹고 하는 대상에 대한 평가가 발달해 있다. 사물의 외형이 주는 인상을 잘 판단하고, 내적인 이미지를 잘 이해하는 경향이 있다.

선도 사문성, 축도 유인성, 귀도 축액성이 결합해 있는 구조이다. 이 구조는 일정한 기(氣)의 흐름을 형식으로 하고 있다. 생지는 이전 것으로부터 새롭게 기를 만들어 상승하는 활동력을 가지고 있으며, 왕지는 기의 정점에서 기를 고수하는 동시에 하강하는 흐름이고, 묘지는 기의 종점이면서 새로운 기운을 모색한다.

선도 사문성의 '지성과 자족'의 긍정적 특성이 있으나, 귀도 축액성의 '불안과 인색'의 부정적 특성, 축도 유인성의 '혼란과 냉혹' 등이 있다. 유인성이 왕지이므로 어리석음의 업력이 크다.

사문성에 기인한 지성적 태도와 현실의 여러 사안들에 대해서 초연한 자기만족의 특성이 강한 힘을 띠고 있으나, 유인성과 축액성의 부정적 영향은 사물과 사태에 대해 근본적으로 지성적이지 않으며 그에 대한 확신이 없고, 불안한 심사 탓에 불신하는 태도를 강요한다. 일반적으로 감각적 지식에 대해 의존하지만, 충분한 증거가 없다면 인정하지 않는 회의주의적 태도를 보인다.

[평균수준]은 "건전한 회의주의자" 혹은 "비판가"이다. 의심할 만한 합당한 이유가 있을 때 의심하고 비판하기 때문에 건전하다.

[통합수준]은 경험주의적 태도를 가지고 사물을 냉철(冷徹)하게 파악하는 "과학자" 타입의 회의주의자다. 주어진 객관적 자료들을 검토하여 가설을 세우고 판단하며 행동하기 때문이다.

[최상수준]은 업력의 대칭에 따라, 불도 오복성과 인도 인권성의 특징을 얻게 된다.[27] 온화하고 이해심이 많은 사람이다. 과학자이면서도 감각을 넘어선 세계 전체에 대한 비전을 추구한다. 과학자와 철학자를 겸한 인물이다.

[비통합수준]은 매사에 자신의 눈으로 확인하지 않으면, 신경질적으로 믿지 않는 의심이 많은 사람이다. 자신의 주관에 집중되어 있기 때문에, 이를 벗어난 증거에 대해 예민하게 반응하고 부정하고 의심할 수 있는 반대 증거들에 집착하며, 이런 상황에 불평하는 "투덜이"이고 "의심쟁이"이다.

27) 법등명의 대칭구조는 동기상응(同氣相應)의 상응율(synchronicity)을 따른다. 즉 사유축 M형에서 선도 사문성은 오복성과 이웃하고 있는 같은 기(氣)의 방합(方合) 구조에 속한다. 그래서 불도 가운데 오복성과 대칭적이 되며, 축액성은 인권성과 대칭적이 된다. T형도 같은 논리구조이다.

[병리수준][28]은 의심증(疑心症)이 기본이다.

타인의 동기가 악의에 차 있는 것이라고 해석하는 등, 타인에 대한 불신과 의심이 생활 전반에 광범위하게 퍼져 있는 특징을 보여주는 망상성(paranoid) 성격장애(personality disorder),[29] 생활 전반에 걸쳐서 타인의 권리를 무시하거나 침해하는 것이며, 주로 공감능력이 결여되어 있고, 냉담하며, 냉소적이고, 타인의 감정이나 권리, 고통을 무시하는 경향이 있으며, 자신에 대한 평가가 과도하고 오만하며, 지나치게 자기 말만 하거나 자기주장을 하며 잘난 체하고, 감정이입의 결여, 과도한 자기주장, 피상적인 겉치레 등의 전형적인 특징을 보이는 반사회성(antisocial) 성격장애,[30]

위와 비슷하게 자신의 중요성에 대한 과장된 지각, 성공 및 권력, 탁월함, 아름다움, 이상적 사랑에 대한 공상, 자신이 특별하고 독특하다고 믿음, 과도한 찬사의 요구, 특권의식, 착취적 대인관계, 감정이입 능력의 결여, 타인들에 대한 질투와 질시, 거만하고 방자한 행동 등의 특성을 보이는 자기애성(narcissistic) 성격장애[31] 등이 우려된다.

• T형

목(木)의 기운이 있는 사람은 봄의 기운을 닮아서 생동(生動)의 기

28) 성격장애 혹은 인격장애로 분류되는 20개의 특정 장애들을 대상으로 한다. 여기에는 편집성 성격장애, 분열성 성격장애, 분열형 성격장애, 반사회성 성격장애, 경계성 성격장애, 히스테리성 성격장애, 자기애성 성격장애, 회피성 성격장애, 의존성 성격장애, 강박성 인격장애 등이 있다. 「인격장애」, 『정신장애의 진단 및 통계 편람-제4판(Diagnostic and Statistical Manual of Mental Disorders-4th edition)』(서울: 하나의학사, 1997) 참고.

29) 위의 책, 818쪽 참고.

30) 위의 책, 829쪽 참고.

31) 위의 책, 847쪽 참고.

운이 있다. 이것은 청춘(靑春)의 시작처럼 꿈과 희망을 가지고 준비하고 출발하는 기운이다. 동서양 모두 솔직, 담백, 호기심, 긍정적, 천진난만(天眞爛漫), 단순, 낙관, 진취 등의 특성을 강조한다. 심리기능으로는 사고(thinking)에 해당하고, 기질로는 다혈질(sanguine)에 해당한다.

사고에 중심을 두고 있기 때문에 현실적인 합리주의자에서부터 꿈꾸는 몽상가까지 분포되어 있다. 현실 분야에서 능숙하게 손익을 잘 따지나, 공상적인 쪽으로 잘 발달되기도 해서 현실이 아닌 자신의 "머리 속"을 더 신뢰하는 까닭에 세속을 떠나거나 공상적인 이론을 만들어내기 쉽다. 사고는 자신의 주관성에 토대를 두기 때문에, 극단적으로는 이를 위해 목숨도 걸 수 있는 사람이다.

선도 해수성, 축도 묘파성, 귀도 미역성이 결합해 있는 구조이다. 해수성이 가진 심신(心身)의 '여유와 건강'이라는 긍정적 특징이 있으나, 묘파성의 타산과 수치 및 미역성의 공허와 변덕 등과 같은 부정적 특성이 혼재해 있다. 묘파성이 왕지이므로 어리석음의 업력이 강하다.

해수성의 건전한 성분이 있지만, 타산을 위주로 머리를 쓰는 탓에 자기본위로 빠져서, 결국 현실과 동떨어진 관념적 · 이론적 특성으로 변질되기 쉬우며, 미역성이 가진 변덕은 현실과 공상을 구분하지 못하고, 양자를 오가기 쉽고, 공허감은 공상의 강도를 더욱 깊이 만들어 주관적 공상을 심화시키기 쉽다. 따라서 근거가 없는 관념주의자이자 공허한 공상주의자 혹은 자주 현실과 동떨어진 이론가의 태도를 보인다.

[평균수준]은 “이론가”이다. 손발을 먼저 쓰는 행동파이기 보다는 먼저 준비하고 계획해서 대비하는 준비파이다.

[통합수준]은 대담한 가설을 세우고 이를 치밀하게 논증해가는 이론 의존적 타입의 사람이다. 경험주의적 탐구보다는 합리주의적 태도를 선호하는 논리주의자이다. 세계의 논리적 구조를 신뢰하기 때문이다.

[최상수준]은 업력의 대칭에 따라, 불도 자귀성과 인도 신고성의 특징을 얻게 된다. 타 존재를 연민하고 사리에 밝은 사람이다. 세계에 대한 지성적인 탐구를 넘어서 깊은 수준에서 느끼고 공감하는 인물이다.

[비통합수준]은 현실보다 머리 속 주관의 세계에 친숙해서, 자주 공상으로 빠지는 사람이다. 자신의 생각만으로 사물의 실상에 접근하면서, “다 잘 될 것”이라는 근거 없는 낙천적 태도를 가진다. 무모한 공상가이자, 게으르고 나태하다. “게으름뱅이”이다.

[병리수준]은 망상(妄想)이 기본이다.

친해지고자 하는 욕구가 없으며 친밀한 관계에 대한 기회에 무관심, 고독을 선택하고 타인과 상호작용하지 않음, 타인의 시선에 대해 무관심, 얼빠진 사람처럼 보이고, 무감정하고 냉담해 보이며, 감정이 메마르고 동떨어져 보이는 특징을 갖는 망상성(schizoid) 성격장애,[32] 만성적인 공허감, 분노조절 장애, 망상적 사고, 극적인 이상화와 평가 절하가 반복되는 불안정하고 강렬한 대인관계, 심각하고 지속적인 불안정한 자아상, 손상이 동반되는 충동성, 반복적

32) 위의 책, 821~822쪽 참고.

자살행동, 자해행위, 감정의 불안정성 등의 특징을 보이는 경계성(borderline) 성격장애,[33] 비난, 꾸중, 거절에 대한 두려움, 대인관계 회피, 친밀한 관계를 스스로 제한, 버림받을 것에 대한 강박적 사고, 스스로를 부적절하고 무능하며 매력이 없고 열등하다고 느낌, 새로운 일에 대한 거부감 등의 특징을 보이는 회피성(avoidant) 성격장애,[34] 보호 받고 싶은 욕구로 복종적이 되고, 의지하고 매달리며, 지지와 칭찬의 상실에 대한 두려움, 판단과 능력에 대한 자신감 부족, 타인의 보살핌을 위해 어떤 행동이라도 함, 혼자 있는 것에 대한 두려움과 무기력증 호소 등의 특징을 보이는 의존성(dependent) 성격장애[35] 등이 우려스럽다.

• **F형**

화(火)의 기운이 있는 사람은 여름철과 유사하므로 폭발하고 타오르는 기운이 있다. 이것은 정점에 이른 에너지가 발산하는 기운이다. 동서양의 전통은 이런 특징을 열정, 발산, 폭발, 희생, 봉사, 배려, 동정, 자기주장, 충동, 분주 등으로 보았다. 심리기능으로는 직관(intuition)에 해당하고, 기질로는 담즙질(choleric)에 해당한다.

직관이 중심을 차지하므로, 사건의 이면과 사물의 내면에 숨은 모종의 질서를 포착할 수 있다. 망상에서부터 통찰력까지 너른 범위에 걸친다. 직관은 무의식과 관련된 기능이기 때문에, 무의식의 내용에 대한 이해와 외부 사건이 무의식적 내용과 상응하는 질서에 대해서

33) 위의 책, 838쪽 참고.
34) 위의 책, 851~852쪽 참고.
35) 위의 책, 856쪽 참고.

비상한 감각을 가지고 있다. 아직 오지 않는 미래를 보는 사람들이므로 이상주의(理想主義)적인 특성이 다분하다.

인도 인권성, 불도 오복성, 수라도 술예성이 결합해 있는 구조이다. 인권성의 이해와 권위, 오복성의 온화와 명예 등과 같은 긍정적 특성, 비록 수라도이나 술예성의 능란과 재간 등의 비교적 긍정적인 특성이 어우러져 있다. 오복성이 왕지이므로 지혜를 추구하려는 업의 힘이 강하다.

오복성의 온화는 자칫 현실과 유리될 수 있는 이상적인 특성이 될 수 있으나, 인권성의 현실적 태도에 의해서 실현가능한 이상을 추구하는 면모를 가지므로, 고상(高尙)한 자이다. 여기에 이상(理想)을 실현할 수 있는 수단을 갖추고 있기 때문에, 특별한 장애가 없다면 이상의 실현을 성취할 수 있는 적합성을 가지고 있다.

[평균수준]은 "고상한 자"이다. 머리보다는 손발을 써서 이상의 실현을 위해 힘쓰는 고상한 실천주의자이다.

[통합수준]은 이상을 제시하고 이를 담대하게 실현해가는 실력을 갖춘 이상주의자이다. 단지 이상만을 내세우지 않고, 통찰력에 의존해 그를 실현할 수 있는 의지와 힘이 있다. "통찰력을 갖춘 이상주의자"이다.

[최상수준]은 자신이 가진 불도 오복성과 인도 인권성의 특징과 업의 대칭인 선도 사문성의 특징을 실현한 사람이다.[36] 이 세계를 변화시켜서 대동(大同)의 이데아(idea)를 구현하는 지성적인 인물이다.

---

36) 동기상응(同氣相應)의 상응율(synchronicity)에 따라, F형에서 수라도 술예성은 오복성과 같은 기의 방합 구조에 속하는 선도 사문성과 대칭이 된다. A형도 같은 논리에 따른다.

[비통합수준]은 이상을 실현할 수 있는 실력을 과신해서 결과를 앞당기기 위해 인위적인 개입을 하거나, 지나치게 정교한 결과물을 획득하려는 강박적 태도를 보인다. 저돌적인 이상주의자의 모습은 권위에 순응하거나 권위를 내세우는 "권의주의자"로 보일 수 있고, 번번이 실현이 좌절될 때 주변으로부터 몽상가 혹은 "허풍선이"로 매도될 수 있다.

[병리수준]은 허세와 사치스러움이 기본이다.

완벽주의, 사소한 세부사항, 규칙, 목록, 순서, 시간계획이나 형식에 집착, 지나치게 일과 생산성에 몰두하거나 자신을 희생함, 지나치게 양심적이고 고지식하며 융통성이 없으며, 어떤 것을 쉽게 버리지 못하고, 경직성과 완고함 등의 특성을 보이는 강박성(obsessive-compulsive) 성격장애, 괴이한 믿음이나 마술적 사고, 유별난 지각 경험, 괴이한 사고와 언어, 의심이나 편집증적 사고, 친밀한 대인관계에 대한 고통 등의 특징을 보이는 분열형(schizotypal) 성격장애 등이 우려된다.

• **A형**

수(水)의 기운을 가진 사람은 겨울을 닮아서 저장하고 내려가는 기운이 있다. 이것은 종결에 이른 에너지가 멈추어 잠재하고 있는 기운이다. 이른 시기 동서양은 수용, 심사숙고, 잠복, 정지, 처세, 융통, 포용, 유연 등과 같은 특성을 발견했다. 심리기능으로는 감정(feeling)에 해당하고, 기질로는 점액질(phlegma)에 해당한다.

감정 기능이 발달했기 때문에 사물과 사건의 느낌을 중시하고 이에 대한 가치 판단에 능하다. 미추(美醜)와 오호(惡好)에 대한 평가를 기준으로 극단적인 배척에서부터 유연한 포용까지 배열되어 있다. 신중하고 격정적이지 않은 차분한 모습을 보이지만, 내적으로는 격랑(激浪)이 이는 경우도 흔하다. 감정은 사고와 더불어 합리적 기능이므로, 사물의 미학적이고 도덕적인 질서에 대해 예민하다. 상식적인 세계를 존중하며, 대립이나 반목을 중재하여 포용하려는 심사를 보여준다.

인도 신고성, 불도 자귀성, 수라도 진간성이 결합해 있는 구조이다. 신고성의 독립과 사리, 자귀성의 아량과 연민 등과 같은 긍정적 특성이 있지만, 수라도 진간성의 잔인과 교활 같은 매우 부정적인 특성이 침입해 있다. 그러나 자귀성이 왕지이므로 반야지혜를 추동하는 업의 힘이 있다.

자귀성의 연민과 아량은 대립적인 사물을 하나로 포용하려는 특성이며, 신고성의 독립과 사리는 의존이나 편향되지 않는 균형적 현실감을 부여한다. 그러나 진간성의 잔인은 자귀성의 특성을 무력하게 하고 교활은 신고성의 합리적인 태도를 비웃는다. 비록 불도의 이념을 실현하는데 방해가 있지만, "포용하는 자"의 면모를 가지고 있다.

[평균수준]은 "포용하는 자"이다. 가급적 차별하지 않고 포용하려는 의도를 가지고 실천하기 때문이다.

[통합수준]은 타협을 통해서 적대적인 분야를 하나로 포용하고, 차별을 두지 않는 "박애주의자"이다.

[최상수준]은 자신이 가진 불도 자귀성과 인도 신고성의 특성 및 업의 대칭인 선도 해수성의 특성을 실현한 사람이다. 박시제중(博

施濟衆)의 이념을 가지고 정력적으로 박애(博愛)를 실천하는 구원자(saviour)이다.

[비통합수준]은 포용보다 대립을 조장하고 수단과 방법을 가리지 않고 상대를 조종하는 계략을 쓴다. 불의에 개의치 않고 처세에 능하며, 양두구육(羊頭狗肉)의 선(善)을 가장하거나 청산유수(靑山流水)의 기만적 행태를 보인다. 전형적인 "위선자"이다.

[병리수준]은 밥 먹듯이 하는 습관적 거짓말이 기본이다.

관심을 초점을 받으면 지나치게 불편해하고, 상황에 어울리지 않게 성적으로 유혹적이거나 도발적인 행동을 하며, 천박한 감정표현, 육체를 이용한 관심 끌기, 내용 없는 뻔지르르한 말, 연극적인 과장된 표현, 피암시성이 높으며 대인관계의 친밀성을 과도하게 조장하는 등의 특성을 보이는 히스테리성(histrionic) 성격장애, 반사회성 성격장애 등이 우려된다.

(2) 기본 4유형의 개별적 양태 해석

아래부터는 기본 4유형을 기조로 하면서, 결합의 양태에 따른 개별 해석을「여섯 가지 좋은 덕과 여섯 가지 나쁜 덕(더블에스)」에 주안을 두고 살펴본다.

① M형(금, 사유축)

• 지성과 자족(巳), 혼란과 냉혹(酉), 불안과 인색(丑)의 결합

사문성은 지성적인 사람이며, 세태에서 물러나 초연하게 자기만족적인 특성을 보이는 사람이다.

유인성은 냉혹한 사람이며, 내적인 혼란과 지성적인 회의를 겪고 있는 사람이다.

축액성은 불안과 걱정이 많은 인색한 사람이다.

사(巳) ⊕ 유(酉): 두 별(성신星辰)이 긍정과 부정으로 대별될 경우에는 긍정이 부정에 종속되거나, 그 반대의 경우가 발생한다. 긍정적인 경우 냉혹하고 내적 혼란을 갖는 특성이 지성적 성분과 사태에서 멀리 떨어져 초연한 태도를 취하는 특성과 혼합된다. 사문성의 영향을 입지만, 냉혹하거나 내적 혼란의 특성이 완전히 사라지는 것은 아니다. 지성적인 성분과 초연한 성분이 위협받을 경우 부정적 특성이 부각된다. 부정적인 경우는 냉혹하고 내적인 혼란이 사문성의 긍정적인 성향을 오염시킨다. 냉혹한 지성인이나 내적인 확신이 없는 혼란한 상태에서 세상과 떨어져서 자기만족적인 삶을 산다.

사(巳) ⊕ 축(丑): 지성적이고 자기만족적인 특성과 불안하고 인색한 특성이 혼합된다. 지성적 성분과 초연한 성분이 축액성의 특성을 제어하는 경우는 불안한 마음이나 인색한 특성이 현저히 드러나지 않지만, 인색하고 불안한 특성이 가미되어 이기적이고 회피하는 태도를 보인다.

유(酉) ⊕ 축(丑): 냉정하고 인색하며, 내적인 혼란을 겪으면서 불안해하는 사람이다. 사문성의 긍정적 영향이 없기 때문에 지성적 성분이나 초연한 태도 등에 대한 결핍을 느끼지만, 구체적인 결실이 없다. 심리적으로 불건강한 상태이다.

선도(仙道)의 역할이 중요한 명은 사유축(巳酉丑) M형과 해묘미

(亥卯未) T형이다. 선도(仙道)의 긍정적 특성에 주의를 기울이지 않으면, M형은 유인성과 축액성의 부정적 영향 아래 선도의 특성이 왜곡되기 쉽다. T형 역시 묘파성과 미역성의 부정적 영향 아래 선도의 특성이 오염된다.

냉혹한 지성, 인색한 지성, 불안한 지성, 모호한 지성, 스스로 자기 만족하여 세상에서 물러나는 특성을 보이거나, 내적 확신의 부재를 안고 세상을 떠나 은둔하거나 도피한다.

금명은 유인성과 축액성의 힘으로부터 선도의 힘을 지키거나, 선도의 힘이 강해지는 것이 관건이 된다. 선도를 의식하면 "지성"과 "세상에서 초연하게 거리를 유지하며 자족하는" 특성의 성분이 주도적이 되어야 한다.

② T형(목, 해묘미)

- 여유와 건강(亥), 타산과 수치(卯), 변덕과 공허(未)

해수성은 느긋하게 여유가 있고 건전하고 건강한 사고방식과 육체를 가진 사람이다.

묘파성은 타산적이고 자신의 숨은 욕망에 수치심을 느끼고 있는 사람이다.

미역성은 변덕이 심하고 채울 수 없는 욕망으로 인한 공허감을 느끼는 사람이다.

해(亥) ⊕ 묘(卯): 타산적인 욕심으로 인해 결국 여유와 건강을 손상한다. 목마른 탐욕에 지배되고 있다. 해수성의 특성이 우세하면,

타산적인 욕심을 줄이고 심신의 건강을 돌아본다. 수치 역시 심신의 평안에 위배되기 때문에 이를 돌본다. 그러나 이러한 특성은 묘파성이 상대적으로 강한 힘을 가지고 있기 때문에 안정적이지 않고 불안한 지반 위에서 유지되고 있다.

해(亥) ⊕ 미(未): 변덕과 허기진 욕망으로 건전하지 않은 특성을 보인다. 심신의 건강과 평안의 성분이 변덕과 허기진 욕망을 제어한다. 그러나 변덕과 공허한 욕망이 내적으로 잠복해 있다.

묘(卯) ⊕ 미(未): 타산과 수치심이 있으며, 변덕스럽고 허기진 욕망 탓에 고통을 받는다. 해수성의 영향이 없기 때문에, 심신의 불건강이 초래된다.

③ F형(화, 인오술)

• 이해와 권위(寅), 온화와 명예(午), 능란과 재간(戌)

인권성은 폭넓은 이해력과 권위를 중시하는 태도를 가진 사람이다.

오복성은 온화하며 명예와 신의를 지키는 사람이다.

술예성은 사태에 능숙하게 적응하고, 사태를 조정할 수 있는 재간을 가진 사람이다.

인(寅) ⊕ 오(午): 사물에 두루 폭넓은 이해력의 소유자이자 통솔력이 있으며, 온화하고 명예로운 것을 중시한다.

인(寅) ⊕ 술(戌): 통솔력과 이해심이 많으며, 능란하게 일을 처리하며 세부사항들을 잘 다루는 재간이 있다. 그러나 술예성은 교묘하게 조종하는 능력이 있으므로, 이를 긍정적인 방향으로 유도할 수 있는 힘이 필요하다.

오(午) ⊕ 술(戌): 온화하고 명예를 중시하는 사람이면서 사물이나 사태를 능수능란하게 다루는 재간이 있는 사람이다. 이 역시 술예성의 능수능란(能手能爛)과 재간으로 인해 온화를 잃거나 명예를 실추하는 특성으로 전화될 수 있다.

④ A형(수, 신자진)

• 합리와 독립(申), 연민과 아량(子), 잔인과 교활(辰)

신고성은 사리에 밝고 독립적인 특성을 가진다. 그러나 고(孤)에는 그 자체로 부정적인 성향 또한 잠복해 있다.[37] 나쁜 별들(귀도, 축도, 수라도에 속하는 성신들)과 합작하면, 이러한 잠복 성향이 드러난다.

자귀성은 다른 존재에 대한 연민과 타인을 포용하는 아량이 있는 사람이다.

진간성은 잔인하고 교활한 특성을 보이는 사람이다.

37) "이 신고성이 명주를 비추면 일생동안 고독하다. 남자가 신고성을 얻으면 육친이 갈라지는 일이 없지만 여자는 자식을 극하고 남편을 방해한다. 신고성이 범중(같은 글자가 겹침)하면 오히려 고독하지 않게 되고 반드시 반은 승려고 반은 속인으로 살리니, 몸은 세속에 있지만 마음은 불문에 있는 사람이 된다. 만일 인권성, 오복성, 자귀성, 해수성 등이 도우면 곧 상급의 명이지만, 또한 어린 시절의 형극을 면하지 못한다. 만일 묘파성, 미역성, 진간성, 축액성, 유인성 등을 만나면, 반드시 구름이나 물이 흘러가는 것처럼 떠돌아다니는 하급의 명이다. 무릇 고가(故家, 여러 대를 두고 행세한 집안)의 명을 가릴 때는 신고성을 위주로 보아야 한다(此星照命主, 一生孤獨. 男人得之, 六親無分, 女人得之, 尅子妨夫. 孤星犯重者, 反不爲孤, 必爲半僧半俗, 身在俗門, 心在空門之人. 若得權福貴壽星助乃上命也, 亦不免少年刑尅. 若逢破驛奸厄刃星, 必爲雲水漂流, 下命也. 凡選故家之命, 要看孤星爲主)." 「人道 天孤星」.

신(申) ⊕ 자(子): 사리에 밝고 독립적인 특성은 연민과 아량의 특성을 합리적인 범위에서 발휘할 수 있도록 잘 드러내준다. 그러나 신고성의 합리적 독립성은 간혹 연민과 아량의 무조건적인 특성과 배치되는 경우가 생길 수 있다.

자(子) ⊕ 진(辰): 연민과 아량의 특성은 잔인하고 교활한 특성에 방해를 받아서 온전히 발휘되기 어려운 경우가 발생한다. 그러나 자귀성이 진간성을 제어하면, 연민과 아량의 특성이 제한되지만 발휘된다. 진간성이 우세할 경우, 흑심(黑心)을 감추고 위선적인 태도를 보이는데 위장의 수법이 매우 뛰어나서 분간하기 어려울 정도이다.

신(申) ⊕ 진(辰): 교활하고 잔인한 특성이 합리(사리)적이고 독립적인 성분과 만나면, 부정적인 특성이 발휘될 수 있다. 신고성은 진간성에 비해 상대적으로 긍정적인 특성을 가지고 있지만, 신고성의 합리와 독립적 성분은 진간성의 부정적 속성과 친화를 이루기 쉬운 특성을 보여준다. 이는 신고성이 온전한 긍정적 성분으로 되어 있지 않기 때문이다.

신고성은 고(孤)에 핵심적 의미가 있다. 즉 고고(孤高)하고 고상(高尙)하나 "외롭다(孤獨)"는 의미에서 관계의 문제를 암시하고 있다. 따라서 진간성과 결합하면 부정적 특성이 부정적 방향으로 상승작용을 한다. 교활한 합리성은 이익을 앞세우는 잔꾀의 속성을 갖는다.

4가지 기본 유형은 각 개인의 특성에 가치론적인 의미를 부여한다. M형과 T형은 "좋지 않은" 특성을 보이는 사람들이며, F형과 A형은 선의를 가진 "좋은 사람들"로 보인다. 특히 F형은 상대적으로 가장 좋은 사람의 특성을 보여주는 것 같다. 이는 M형과 T형이 축도와 귀도의 업력이 지배적인 사람들이기 때문이다. 묘파성과 유인성, 축액성과 미역성 등이 전체 반 이상을 지배하고 있다. 이들은 선도 사문성이나 해수성과 합작되어야 부정적인 특성에서 벗어날 수 있으며, 이런 별들이 없는 사람은 축도와 귀도의 부정적인 업력에 의한 직접적 영향과 병리적 경향성을 잠재적으로 가지고 있다고 볼 수 있을 것이다.

F형과 A형은 수라도의 진간성과 술예성에 주의를 기울여야 한다. 특히 진간성이 있을 경우에는 반드시 각별한 주의를 기울여야만 긍정적 특성을 유지할 수 있을 것이다. 그러나 어찌되었건 이 두 유형에 속하는 사람들은 병리적 경향성이 적고, 성장을 위한 내적인 자원이 풍부한 사람이라고 할 수 있다. 특히 F형은 가장 긍정적인 그룹이다. 대표적인 별이름조차 오복성이다. 복(福)을 타고난 사람들이라는 뜻이다.

그런데 개별적으로 "나쁜 별"이 있는 사람들인데도 전체적인 특성에 있어서, 상식적인 의미로 쓸 수 있는 이른바 "성품(성격)"이 좋아 보이는 이유는 무엇일까? 그가 멋진 수트를 입은 것은 어떻게 한 것일까?

좋은 특성을 만들어내는 인도, 선도, 불도에 속하는 별을 가진 사람 즉 삼선도의 역할을 자각하고 있는 경우, 잘 만들어진 퍼슨 수트를 입을 수 있다. 즉 자신에 대해서 잘 알게 된다면, 자신이 미처 통합하지 못한 성격의 내적 구조를 통합하고, 결여된 특성을 밖으로부터 가져와서 초월의 전략을 취하는 등의 발달을 위한 자기성장의 길을 걸을 수 있다. 옷감의 퀄리티가 좀 떨어져도, 재단과 봉제, 그리고 디자인이 더해지면 퀄리티 높은 옷을 만들 수 있기 때문이다.

여기서 자각이 뜻하는 바에 대해서 다시금 짚고 넘어가야 할 것 같다.

자각은 자신이 누구라는 것을 분명하게 아는 것이다. 이것은 자신을 구성하는 보이지 않는 힘에 대한 투철한 이해를 의미한다. 보이지 않는 힘은 주로 무의식적인 것이라서, 야속하지만 자신에게만 보이지 않는 특성을 가지고 있다. 남들은 알지만 스스로는 자신을 잘 모른다는 것은 하나의 아이러니이며 역설이다. 자신을 잘 알지 못하는 사람은 다음과 같은 심리적 특징을 보여준다.

그/그녀는 어린아이처럼 유치하다. 학력을 포함한 지적인 수준을 불문하고 특정한 상황에 처했을 때, 그/그녀의 즉각적이고 자동적인 반응은 어린아이가 하는 전형적인 행동을 서슴지 않고 하는 것이다. 그런데 그/그녀는 이것이 미성숙한 어린아이의 행동방식이라는 것을 잘 모른다. 놀라운 일이 아닐 수 없다.

어린 아이가 그렇듯이 자신에 집착한다. 집착은 여러 양상들을 통해서 드러나는데, 그 중 가장 알아채기 쉬운 것은 상처 받기 쉽다는 것이다. 마치 깊은 상처가 이미 있었는데 그 위에 다시금 상처를 받은 것처럼, 자신에 대해서 지나치게 과민하고, 과장된 반응을 보인다. 문제는 과잉(過剩)이다. 넘치는 것은 모자란 것만 못하다. 그/그녀가 자신을 이해하는 수준이 그만큼 얕기 때문에 과잉반응이 생겨난다.

이처럼 자각을 하지 못하는 사람은 어느 틈엔가 사고와 행동이 한쪽으로 편향되고, 급기야는 견고한 구조를 이루게 된다. 이를 쉐마

(schema, 도식)라고 부르는데, 까르마에토스는 이러한 쉐마가 우연히 생겨나는 것이 아니라 타고난 까르마와 자신에 대한 무지가 연합한 것으로 본다. 그래서 쉐마는 까르마를 상징적 기호로 표현한 명식에 반영되어 있다고 생각하는 것이다.[38]

상징적 기호를 되짚어가면 그의 견고한 편견의 구조에 이르게 되고, 쉐마의 밑 바탕에는 태어나서 한 번도 의심해보지 않았던 더욱 견고한 쉐마를 발견하게 된다. 그런데 이러한 쉐마는 거대한 우주론, 말하자면 옛 지혜의 전통에서 제기하는 별스러운 우주를 배경으로 하고 있는 특별한 인식을 통해서 통찰할 수 있다. 즉 삼계육도의 세계와 이를 만드는 까르마의 힘에 대한 앎이다.

삶은 일회적이라는 인식의 불명확함에 대한 근원적인 회의, 말하자면 이 생이 아닌 저 생의 존재, 그리고 저 생의 생 너머에서부터 유전되어 온 집요한 쉐마의 존재를 구성하는 것이 바로 까르마의 힘이라는 발견이 자각의 단서이다. 이로부터 그/그녀는 "나"라는 존재는 까르마가 단지 거주하는 장소 즉 까르마에토스, 아직 주인(主人)이 아닌 잠깐 형성된 객(客)의 형태에 불과하다는 인식이 생겨난다. 특정한 인연의 조건이 다하면 다시 다른 인연에 의해서 구성되는 가합(假合)에 지나지 않는 것이 니라는 자각 말이다.

> 당신이 스스로를 알지 못하는 한에 있어서 당신의 주인은 당신이 아니다. 당신은 단지 해결을 보지 못한 채 남아 있는 까르마의 구조에 불과하기 때문이다. 너는 누구냐? 너의 본래면목(本來面目)은 뭐냐?

---

38) 십이연기의 단계 중, 어떤 것에 대한 모종의 느낌을 받는데(受), 이것에 대해 맹목적인 관심(愛)과 좋고 싫은 것의 분별(取), 그리고 이 분별의 고착구조(有) 등의 연기 과정에 상응시킬 수 있다.

자각은 까르마에토스를 자신 속에서 발견하는 것을 말한다. 대우주의 대변자인 성신들이 규칙적으로 모이고 흩어지며 순환하는 영원한 흐름 속에 잠시 몸을 의탁하고 있는 존재가 자신이라는 것을 발견하고, 그 의미에 대해서 깊이 생각하고 해야 할 일을 담담하게 해 나가는 것이 자각이다. 저 도도한 영원의 흐름 속에 기꺼이 몸을 싣는 것이 자각이다.

이러한 언어는 추상적이고 사변적인 것 같지만, 무엇을 하든지 간에 참된 사실, 참된 앎이 있어야 한다는 너무도 흔한 우리네 삶의 진실을 말하는 것에 불과하다. 뭘 알아야 뭐라도 하지 않겠는가? 그래서 세존은 이 모든 소란의 진원지가 무명(無明) 즉 밝지 않음, 뭘 몰라서 어두컴컴한 그런 것으로 이름 붙였던 것이다. 까르마에토스는 이러한 우리네 일상을 거짓 그림자 지대, 밝은 빛이 오면 사라질 거짓 실체인 그림자로 이루어진 곳이라 한 것이다. 어둑한 그림자 지대는 가짜라서 믿을 수 없다. 오직 자신의 내면에서 빛나고 있는 등불을 들어 올려서 진짜 세상으로 나갈 수 있는 길을 비추어야 할 것이다.

(3) 복합유형의 해석: 우세한 세력의 개입과 충돌

복합유형에 대한 해석은 위에서 그 구조를 살폈듯이 다양한 경우의 수가 존재하지만, 해석은 의외로 간단하다. 기본 4유형이 성립(M, F, T, A)하고, 다시 명식 내에서 다른 결합이 발생할 경우(m, f, t, a)에는 기본유형과 우세유형 간의 세력을 비교하여 해석을 한다.

상대적으로 부정적 특성이 보다 현저한 M형과 T형의 경우는 f형이나 a형이 성립되면, 주체가 되는 유형보다 긍정적인 특성이 유입되는 결과를 초래하기 때문에, 전체적으로 긍정적 특성이 주를 이룬다. 문제가 되는 것은 반대의 경우이다.

F형과 A형에게 유입되는 세력이란, m형이나 t형이 되기 때문에, 이 경우는 기본 유형의 해석에서처럼 긍정적 특성이 발현되지 못하고, 왜곡되는 사태가 발생한다. 그리고 가장 좋지 않은 경우는 M형에게 t형이 우세하게 성립하거나, T형에게 m형이 우세하게 성립되는 경우이다. 이 두 경우는 부정적인 특성이 중첩되어 나타나기 때문이다.

그런데 여기서 12지지의 상충에 대해서 기본적인 이해가 있어야 한다. 12지지의 상충이란 특정한 12지지의 기(氣)가 서로 만날 경우, 삼합처럼 결합하는 것보다는 충돌을 통해 서로 손상을 입는 경우를 말한다. 이런 상충의 대표적인 것이 형(刑)과 충(沖)이다. 형(刑)과 충(沖)을 고려하면, 보다 복잡한 상황이 전개되므로 이를 해석에 반영해야 한다.[39)]

충(沖)은 별(別)의 뜻으로, 충이 일어나면 분리, 이별의 현상이 드러난다. 이는 삼합의 결합력이 파괴되는 것으로, 그에 해당하는 별의 특성에 변화가 생겨난다. 대략 좋은 별은 좋지 않고, 나쁜 별은 더욱 나쁘게 된다. 충은 앞서 살핀 것처럼, 서로 마주보는 지지들로 구성되어 있다. 까르마에토스에서 마주보는 지지는 본래 같은 육도에 속하지만, 일단 충(沖)은 순수하게 기(氣)의 이론에 따른 것이다.

39) 이하 형충(刑沖)에 대한 논의는 안태옥, 「간지합충」, 『자평명리학』, 서울: 좋은땅, 2014 참고.

자오충子午沖, 축미충丑未沖, 인신충寅申沖, 묘유충卯酉沖, 진술충辰戌沖, 사해충巳亥沖

형(刑)은 상충하는 두 지지의 기운이 증폭되어서 생겨나는 무질서와 혼란 등의 교란 상태를 의미한다. 충보다는 강하지 않지만, 형의 강도를 무시할 수 없다. 충은 분리이지만, 형은 분리하지 않고, 지속적으로 교란 상태를 유발한다. 형에는 다음의 세 종류가 있다.

<table>
<tr><th>상형相刑</th><th>자형自刑</th><th>삼형三刑</th></tr>
<tr><td rowspan="4">자묘子卯</td><td rowspan="4">진진辰辰
오오午午
유유酉酉
해해亥亥</td><td>인신사寅申巳</td></tr>
<tr><td>인사寅巳 사신巳申 인신寅申</td></tr>
<tr><td>축술미丑戌未</td></tr>
<tr><td>축술丑戌 축미丑未 술미戌未</td></tr>
</table>

〈표48〉 지지(地支)의 형(刑)

충(沖)은 육도의 관점에서 보면 같은 육도끼리 충돌하는 경우다. 가령, 자(子)와 오(午)는 불도인데 이들이 충을 일으키면, 심리학적으로 과잉을 의미한다. 지나친 연민, 아량, 온화, 명예는 좋지 않은 결과를 가져오며, 심리적인 장애를 유발할 가능성이 크다. 업의 대칭에 따라 불도는 축도로 전락하는 위험이 있다.

불도의 타락 형태는 제 새끼 챙기기처럼, 부분적이고 이기적인 방향으로 불도의 에너지를 고착하는데서 생겨난다. 이 가운데 진술(辰戌)의 수라도와 축미(丑未)의 귀도의 충은 더욱 좋지 않다. 굶주린 귀신과 전화(戰禍)를 부르는 아수라가 싸우는 격이라 흉하기 때문이다.

충을 고려하면, 비록 좋은 특성을 가지고 있는 F형이라 하더라도, a형이 우세하면(F-a) 수라도 진술(辰戌)의 충은 별도로 하더라도, 불도 자오(子午)의 충이나, 선도 인신(寅申)의 충이 발생하지 않을 수 없다. 이 경우는 불도나 선도 같은 좋은 특성을 가진 별들은 하나만 존재해야 한다는 결론이 나온다. 그래서 기본 4유형의 긍정적 특성들은 실제로 대다수의 명식들이 가지고 있는 복합형에 비해, 온전히 일관되게 발휘될 수 없다. 불교식으로 말하자면, 일체개고(一切皆苦)가 인간도에서 펼쳐지는 것이다.

더욱이 M형과 T형이 복합된 경우는 상황이 더욱 좋지 않다. 축도 묘유(卯酉)의 충과 선도 사해(巳亥)의 충, 귀도 축미(丑未)의 충 등은 긍정적인 특성을 가진 선도마저 충에 의해 특성들이 왜곡될뿐더러, 부정적인 축도와 귀도의 충에 의해 매우 좋지 않은 상황이 전개되는 것이다. 이 역시 부정적인 특성을 가진 별은 하나만 존재하는 것이 이롭다. 그러나 삼합의 자리수는 최대 3개이고, 태어난 연월일시는 이 보다 많은 4개의 자리수이기 때문에, 거의 모든 경우 충이 발생할 가능성이 매우 크다.

여기에 형(刑)까지 개입하면 인간 세상에서 긍정적인 특성들은 거의 자취를 감추고 말아야 할 것 같은 절망감을 느낀다. 형충(刑沖) 가운데 가장 파괴적인 힘이 큰 것은 인도 인신의 충과 귀도 축미의 충이다. 이들 조합은 위에서 보듯이 충도 되고 형도 된다. 그래서 인도는 긍정적 특징이 왜곡되고, 축미의 부정적 특성들이 기승을 부리

게 된다.[40)]

인생(人生)이 힘들다는 것은 거의 모든 중생(衆生, 생명체)들의 동의를 구하지 않아도 체험을 통해서 공감할 수 있는 사실이다. 부정적인 특성은 한 개인의 심신에 상처를 주고, 타인과 관계를 맺고 있는 한에서 타인들과 어려운 상황을 유발하는 원인이 된다. 성격은 사회적 관계를 도외시하고는 생각할 수 없는 개념이기 때문이다. 그래서 치료뿐 아니라 치유의 상황이 요청된다고 할 것이다. 치유는 자신의 성격에 대한 자각에서 시작된다. 이 자각이 깊고 오래 갈수록 한 개인은 성장하고, 점차 심신의 고통에서 벗어날 수 있는 길이 보이기 때문이다.

(4) 복합유형의 해석: 『달마일장금』의 사례

까르마에토스는 『달마일장금』을 토대로 구성된 성격유형론이다. 그런데 여러 해석을 보았을 때, 부정적 업력이 있거나, 이들의 세력과 충돌을 하는 경우는 대부분 좋지 않은 해석이 많았다. 이에 대해 『달마일장금』에서 한 개인의 일생의 길흉화복을 추명하면서, 이들 흉성들이 어떤 영향을 미치는지 살펴본다. "성격은 운명"이기 때문에, 까르마에토스 해석에 적용할 수 있을 것이다.

까르마에토스는 아래의 문장에서 "명을 비춘다" "명에 있다" 등의 표현이 시주를 가리키는 명궁이나 본명성의 연주만을 특별히 지칭

40) 형충 이외에 파(破)는 「불수장도(佛手掌圖)」의 특정한 궁(宮)에서 전후로 4번째 위치한 궁(宮)들과 맺는 구조적 관계에서 발생하며, 그 의미는 형(刑)에 상당하기 때문에 형파(刑破)로 합쳐서 불리기도 한다. 예컨대, 자귀성의 앞 4번째 자리는 묘파성이고, 뒤 4번째 자리는 유인성이다. 자(子)와 묘(卯)의 파(破)와 자(子)와 유(酉)의 파(破)이다. 이런 구조적 특징은 모든 지지에 공통적이다. 이런 관점은 서양점성술의 부조화 좌상 개념과 동일하다.

하는 것이 아니라, 4자리 어디에든 존재하고 있는 별에 대한 것이라 일반화해서 이해한다.

축도, 귀도, 수라도 진간성, 인도 신고성 등은 대표적인 흉성으로 거의 절대적으로 부정적이다.

> 만일 신고성, 축액성, 묘파성, 유인성이 명을 비추면, 반드시 관직에 올라도 좌절하는 사람이 되니, 귀함을 보더라도 온전하게 길하지는 못하게 된다.[41)]

귀도 축액성이 흉성과 함께 하면,

> (축액성이) 만일 신고성이나 미역성, 진간성을 만나면 명주는 일이 더디어지고 의혹에 빠지게 되어, 일생동안 지난날을 후회(啾唧)하고, 반드시 기반이 흔들리고(蹭蹬) 선조와 이별하게 되니, 중간 아래 급의 명이다.[42)]

인권성 같은 대표적인 길성들 조차도 흉성의 부정적 업력에는 당할 재주가 없다. 우리의 분석처럼, 부정적인 영향이 가시지 않는다.

> (인권성이) 만일 축액성, 묘파성, 신고성, 미역성 등이 명식에 있는 사람은 일을 도모하고 노력을 하여도 재물이 모이지 않고, 아직 할 수 없는 것을 먼저 할 수 있다하고 채 알지 못하는 것을 먼저 알려고 해서 경박하고 방탕하니, 중간급 명이다.[43)]

흉성끼리의 만남은 절망적이다.

---

41) 「十二星」. 若逢孤厄破刃照命者, 必爲朝堂折挫之人, 見貴而未爲全吉也.
42) 「鬼道 丑厄星」. 若逢孤驛奸星, 主作事遲疑, 一生啾唧, 定主蹭蹬離祖, 乃中下命也.
43) 「人道 寅權星」. 若逢厄破孤驛在命者, 作事勞力, 財帛不聚, 未能先能, 未會先會, 浮浪中命也.

(진간성이) 만일 신고성, 축액성, 묘파성, 미역성 등을 만나면, 반드시 쩨쩨하게 굴며 탐욕스럽고 질투와 시기가 심한 소인이니 곧 하급의 명이다.[44]

불도의 자비조차 흉성의 업력은 삶을 파괴한다.

(오복성이) 만일 미역성, 신고성, 진간성, 묘파성 등을 만나면, 반드시 쩨쩨하게 굴고 탐욕스러우며 질투와 시기를 잘 하게 되며, 먹고 입는 의록을 구하지 못하는 가난한 명이 될 것이다.[45]

귀도 미역성은 귀도의 부정적 업력이 한 개인을 어떻게 파멸시킬 수 있는지 보여준다. 귀신의 음산함이 느껴진다.

(미역성이) 만일 신고성, 묘파성, 축액성 등을 만나면, 마치 바람이 나뭇가지에 불어닥치고 물 위에 부평초가 떠다니는 것 같고, 번뇌와 욕정이 타는 듯하며, 설치고 다니고 안정을 못하여, 저 세상으로 구름을 쫓아 노닐고 산수강산을 돌아다니는 하급의 명이다.

만일 범중(같은 글자가 겹침)하거나 유인성과 축액성의 형을 맞으면, 반드시 도류(徒流, 백수처럼 할 일없이 흘러 다니는 인간)가 된다.[46]

귀도만 그런 것이 아니다. 축도 유인성은 불의의 죽음을 말하고 있을 지경이다.

(유인성이) 만일 신고성, 묘파성, 진간성, 축액성 등을 만나면 대담하나 마음

44)「修羅道 辰奸星」. 若逢孤厄破驛, 定爲慳貪嫉妒之小人, 乃下命也.

45)「佛道 午福星」. 若逢驛孤奸破星者, 必主慳貪嫉妒, 衣祿艱難之命也.

46)「鬼道 未驛星」. 若逢孤破厄星. 猶如風吹樹葉, 水上浮萍, 心猿意馬, 奔馳不定, 方外雲遊, 江湖跋涉之下命也. 若犯重而刃厄相刑者, 必爲徒流之類.

은 조잡하고, 신체에 상처가 나고 병이 생기며, 머리가 잘리고 죽임을 당하는 일을 면할 수 없으니 곧 하급의 명이다. 악성(흉성)이 적고 길성이 많은 사람도 역시 중급의 명이다. 범중한 사람은 반드시 상처를 입고 병을 얻는 일이 많다.[47)]

『달마일장금』의 위와 같은 언급들은 부정적인 업력의 힘이 한 개인의 심리적 특성뿐 아니라, 삶의 모든 부분을 어떻게 지배하고 있는지 알려준다. 그야 말로 운명의 피할 수 없는 힘을 보여주고 있다. 이는 일종의 경험론적 증거가 되는 기록이므로 신뢰할 수 있는 진술일 것이다. 이 진술들은 별의 힘인 업력이 거주하는 우리의 심신 즉 까르마에토스의 존재를 실감나게 전해주고 있다.

과연 업력에서 벗어날 수 있는 방법은 없는 것인가? 태어난 대로 이 삶은 맹목적인 행로를 이어가야 하는가? 금첩첩(金疊疊)의 부(富)와 고관대작(高官大爵)의 귀(貴)를 타고나, 넓고 큰 고대광실(高臺廣室)에서 살며, 한 평생 시리고 배고픈 줄 꿈에도 모르고, 아랫사람의 시봉을 받고서, 고상한 부모, 아름다운 처, 반듯한 남편, 총명한 자식들에 둘러싸여 오래오래 장수를 누리고, 가진 것을 자손대대로 물려주는 일생이 있으니, 이는 특정한 업력을 가지고 태어난 사람만 해당되는 것인가? 진정 부귀빈천의 갈림길은 무정한 저 성신의 별빛에 있는 것일까? 나란 존재는 남의 부림을 당하지 않고서는 먹고 살 것을 구할 수조차 없는 예속(隸屬)의 인생인가? 나도 무언가 태어난 이유가 있지 않을까? 행복하고 의미 있는 삶은 허락되지 않는 것일까?

---

47) 「畜道 酉刃星」. 若逢孤破奸厄, 膽大心粗, 形體殘疾, 不免斷髮身死, 乃下命也. 惡星少而吉星多者, 亦爲中命. 犯重者, 必主殘疾.

제6장

심리치료의 이론적 근거와 사례

1) 삼독과 삼학의 대칭

까르마에토스 기본 4유형은 12운성의 흐름에서 분석하면, 생지(生地)-왕지(旺地)-묘지(墓地) 등이 연합한 삼합의 구조로 되어 있다. 이 구조는 어떤 특정한 시점에 태어난 개인이 기본적으로 가지고 있는 기(氣)의 구조라고 할 수 있다. 그런데 각 유형의 선두에 있는 인신사해(寅申巳亥)의 생지(生地)들은 육도의 관점에서 모두 인도(人道)와 선도(仙道)의 업력으로 구성되어 있다. 또한 각 유형의 마지막에는 묘지(墓地)가 있으며, 이는 모두 귀도(鬼道)와 수라도(修羅道)의 업력으로 구성되어 있다. 가운데 있는 왕지(旺地)에는 M형과 T형의 경우 묘유(卯酉)의 축도(畜道)가 있으며, F형과 A형에는 자오(子午)의 불도(佛道)가 구성되어 있다. 삼합에서 힘이 가장 강한 왕지에 축도와 불도가 있는 것은 각 유형들이 가치론적인 차이가 있다는 것을 의미한다.

부정적인 업력은 삼독(三毒)이며, 삼독은 삼학(三學)이라는 약(藥)을 통해 해독(解毒)할 수밖에 없다. 삼독의 업력이 지속된다면 부정적인 특성에 따른 개인의 삶은 고통을 받게 될 것이다. 또한 이 업력은 인식작용 속에서 미세한 순간에 찰라적으로 일어나는 자동적인 과정이므로 대부분 무의식적으로 작용한다. 따라서 업력을 이해한다는 것은 참으로 어려운 일이다. 그런데 까르마에토스는 일행선사에 의해서 주창된 한 개인의 탄생시점에 부여되는 특정한 시공간의 운기(運氣, 연월일시)에 업이 반영된다는 관점, 또는 운기 그 자체가 업력이라는 관점을 가지고 있기 때문에, 명식을 통해 업력을 파악할 수 있다. 따라서 업력을 이해하는 것은 지지의 상징적 관계를 통해서 드러난 자신의 특성과 성향을 이해하는 것이며, 이러한 이해를 통해서 부정적 업력에 대처하게 된다. 이러한 대처 방법이 곧 심리치료 및 치유의 이론적 근거라고 할 수 있을 것이다. 요컨대, 심리치료는 삼독을 부수는 매우 적극적이고 능동적인 전략이다.

까르마에토스는 삼독과 함께 삼학을 제시하고 있다. 「더블에스(식스앤드식스)」를 통해 알 수 있듯이, 삼독은 귀도, 축도, 수라도 등과 관련이 깊으며, 삼학은 불도, 선도, 인도 등과 밀접하게 연결되어 있다. 그런데 삼독과 선도는 내적인 대칭성(symmetry)을 가지고 있다. 먼저 삼독과 삼학의 관련성을 살피면 다음과 같다.

1) 탐(貪, 탐욕) → 계(戒, 계율): 철저한 계율 실천 → 인도

2) 진(瞋, 분노) → 정(定, 선정): 분노를 누그러뜨림 → 선도

3) 치(癡, 어리석음) → 혜(慧, 지혜): 참다운 견해를 확립 → 불도

앞서 『천수경(千手經)』은 아귀(餓鬼)와 포만(飽滿), 아수라(阿修羅)와 조복(調伏), 축생(畜生)과 지혜(智慧) 등을 상호 연결시키고 있다. 이는 세존부터 시작된 불교의 오랜 공식적 교의이다. 따라서 귀도는 허기진 탐욕의 업에 지배되고 있고, 이는 인도의 계율(윤리)을 통해 탐욕의 업을 누그러트리거나 소멸시켜야 한다. 그렇지 않으면 공허한 "귀신같은 삶"을 살아야 한다. 수라도의 분노와 증오는 선도의 선정(명상)으로 다스려야 한다. 그렇지 않다면, 투쟁적인 "전쟁같은 삶"을 살아야 한다. 축도의 어리석음은 불도의 지혜(인식)로 비춰야 한다. 그렇지 않다면 자각 없는 자동기계(automaton)적인 "금수같은 삶"을 살아야 할 것이다.

불교 전통에서 삼학은 세존이래 성도(成道)를 위한 가장 기본적인 수행론에 해당한다. 나는 아래의 글을 읽다가 살아있는 세존의 육성을 듣는 것 같아서, 참으로 감격스러웠다.

> 내 나이 스물아홉에 집을 떠나 선도(善道)를 구했다. 수밧다야, 내가 도를 이룬지 이제 50년이 지났다. 이 세월동안 계(戒)와 정(定)과 혜(慧)를 수행하면서 홀로 깊이 생각에 잠겼더랬다. 지금 생각해 보아도, 설법의 요점이란 이 외로 수도자에게는 아무 것도 없는 것이다.[1)]

삼학은 본래부터 불교의 수행론에 속한다. 그런데 불교의 수행론은 여러 종파에 따라 다양하기 때문에, 이를 통일적으로 체계화하는 것은 어렵다. 그러나 초기 불교시대부터 이미 있던 수행법이자, 여

1) 『大正藏』1, 25. 我年二十九, 出家求善道. 須拔我, 成佛今已五十年, 戒定智慧行, 獨處而思惟, 今說法之要, 此外無沙門.

러 종파의 수행법을 통괄할 수 있는 것이 계정혜 삼학이다.[2)]

삼학의 특징은 삼위일체(三位一體)적으로 상관관계를 맺고 있다는 것이다. 가령, "탐욕(貪)은 본성상 결코 충족될 수 없기에 혐오와 성냄(瞋)을 수반하고, 탐욕에 뿌리를 두고 있는 혐오와 성냄은 어리석음(癡)을 유발한다. 그리고 어리석음(癡)은 다시 탐욕(貪)을 유발한다. 탐진치는 직선적 관계라기보다는 원(圓)의 모습을 한 관계 속에서 연쇄적이다. 그래서 함께 뭉뚱그려서 언급된다."[3)] 이 때문에 불교전통은 후대로 내려올수록 탐진치를 분명히 구분하지 않고 있는 편이다. 그러나 우리는 탐진치를 명료하게 구분하려고 노력한다. 그 이유는 개인의 성격적 특성을 보다 분명히 구분하기 위해서이다. 불교적 의미에서 자아란 업력의 구성으로 나타나기 때문에, 우리는 업력의 정체를 보다 구체적으로 파악할 필요가 있다.

사성제(四聖諦, 苦集滅道) 가운데 도제(道諦)에 속하는 팔정도(八正道)와 후대 대승불교의 육바라밀(六波羅蜜, pāramitā, 완성) 등의 불교 수행의 기본적 구조는 삼학을 기준으로 형성되어 있다. 팔정도 및 육바라밀과 삼학의 관련성을 살펴보면, 삼학이 소기하는 목적에 대해서 분명하게 알 수 있을 것이다.[4)]

---

2) 김동화, 『불교학개론』, 서울: 불교시대사, 2001, 376쪽.

3) 안옥선, 「부처님의 근본 가르침: 욕망의 지멸, 자유, 자비」, 『불교평론』, 14호, 2003.

4) 조성택, 「불교의 계율에 대한 새로운 이해」, 『불교학연구』, 제8호, 2004, 253쪽. 삼학과 팔정도의 관련은 대체적인 것이며, 항목이 추가되거나 옮겨지는 경우도 있다. 또한 육바라밀의 성립에 삼학과 팔정도의 필연적 연관성에 회의하는 연구도 있다. 권기종, 「Pāramitā의 成立에 대한 考察」, 『東國思想』, 4권, 1968 참고.

삼학(三學)	팔정도(八正道)	육바라밀(六波羅蜜)
계(戒)	정어(正語), 정업(正業), 정명(正命)	보시(布施), 지계(持戒)
정(定)	정정진(正精進), 정념(正念), 정정(正定)	인욕(忍辱), 선정(禪定), 정진(精進)
혜(慧)	정견(正見), 정사유(正思惟)	지혜(智慧)

〈표50〉 삼학(三學)과 팔정도(八正道) 및 육바라밀(六波羅蜜) 대응관계

삼학의 계(戒)에는 팔정도 가운데 정어(正語), 정업(正業), 정명(正命) 등이 속한다. 정어는 바른 말이지만, 구체적으로는 10악(惡) 참회(懺悔)의 대상이 되는 망어(妄語, 거짓말), 악구(惡口, 욕지거리), 기어(綺語, 뻔지르르한 말), 양설(兩舌, 한입으로 두 말함) 등이다.

정업(正業)은 올바른 행위이며, 구체적으로는 도둑질, 음란한 행동, 술에 취하는 것 같은 신업(身業)을 짓지 않기 위해 단속하는 것이다. 정명(正命)은 올바른 생활이며, 건전한 생활과 올바른 사회 활동 즉 건전하고 올바른 직업을 가지는 것이다. 구체적으로 보면, 규칙적인 생활 습관과 절제된 일상생활, 타인에게 피해를 주거나 사회의 윤리적 규범을 해치는 직업(예, 도박, 마약, 매춘 등 사행심을 조장하고, 사회질서를 교란하는 직업군)을 갖지 않는 것이다.

삼학의 계(戒)와 상응하는 육바라밀은 보시(布施)와 지계(持戒)이다. 보시는 세존이 "인색한 마음을 떠나 대중 속에 머물면서 해탈의 보시를 행하라. 그리고 그 보시한 마음을 버려라. 그러면 거룩한 계율을 성취하리라"[5]에서 알 수 있듯이, 타인에게 자신의 소유물을 나

5) 『雜阿含經』, 제41, 1133경.

누는 것이다. 이는 모든 존재와의 연대감과 일체감을 느낄 수 있는 더불어 사는 삶의 기본적 자세라고 할 수 있다.[6)]

지계는 계율을 준수하는 것이다. 여기에는 다양한 계율의 덕목을 고려할 수 있지만,[7)] 보다 중요한 것으로 전인습적(pre-conventional)이거나 인습적(conventional)인 것을 넘어서 후인습적인(post-conventional) 도덕 발달 수준에 해당하는 인식을 지향한다. 곧 자각에 의한 자율적 선택과 책임감을 통해 계율을 이해하고 실천하는 것이라 해석할 수 있다.

삼학의 정(定)과 대응하는 팔정도는 정정진(正精進), 정념(正念), 정정(正定) 등을 들 수 있다. 정정진(正精進)은 바른 노력으로서 불방일(不放逸, 게으르지 않고 부지런함)하는 삶의 자세이다. 정념(正念)은 바른 것만을 잊지 않고 일념으로 행하는 것이다. 정정(正定)은 바른 선정이다.[8)] 이에 대해서 불교 전통의 수행법은 방대하고도 세세한 방식들을 제시하고 있다.[9)] 육바라밀 가운데 삼학의 정(定)에 해당하는 것은 인욕(忍辱), 선정(禪定), 정진(精進) 등이다. 선정과 정진은 말이 가리키는 의미대로, 고요한 마음을 지키고 어떤 사안에 대해 바른 주의와 노력을 기울이는 것이다. 또한 인욕은 자신의 욕망을 절제하는 것이며, 분노와 증오를 참는다는 일차적인 의미에서

6) 미산, 「대념처경을 중심으로본 초기불교 수행법」, 『불교평론』, 14호, 2003.
7) 가장 기본적인 계로서 불살생(不殺生), 불투도(不偸盜), 불사음(不邪淫), 불망어(不妄語), 불음주(不飮酒)의 오계(五戒)가 있고, 출가한 비구와 비구니에게는 각각 250계, 348계라는 구족계(具足戒)가 있다. 목정배, 『계율학』, 서울: 법사원, 1996, 93~97쪽 참고.
8) 목정배, 「재가인의 세제불교(世諦佛敎) 원리」, 『불교평론』, 53호, 2013.
9) 초기불교의 37보살법(三十七菩薩法, 四念處, 四正斷, 四神足, 五根, 五力, 七覺分, 八正道), 팔선정(八禪定, 四禪定, 四無色定), 부파불교의 사정려(四靜慮), 사무색정(四無色定), 팔등지(八等至), 대승불교의 바라밀 실천, 지관(止觀) 등을 대체로 들 수 있다. 성환기, 「인도불교의 삼학 연구」, 동국대 불교학과 박사논문, 1997 참고.

정(定)에 대응되는 것을 알 수 있다.

> 수보리야! 그것은 내(세존)가 옛날에 가리왕에게 신체가 낱낱이 버힘을 당한 것과도 같다. 나는 그 때 아상(我相)이 없었고, 인상(人相)이 없었고, 중생상(衆生相)도 없었고, 수자상(壽者相)도 없었다. … 그 옛날에 마디 마디 잘림을 당했던 그 때에, 내가 만일 아상(我相), 인상(人相), 중생상(衆生相), 수자상(壽者相)이 있었더라면, 나는 분명코 분노와 미움을 냈으리라.[10]

> 성냄을 죽이면 편히 잘 수 있고 성냄을 죽이면 마음에 근심 걱정 없노라. 성냄은 독의 근본이 되어 깨달음의 씨앗을 해치나니, 성내는 마음을 죽이는 사람, 세상의 지혜로운 이 칭찬하노라.[11]

삼학의 혜(慧)는 팔정도의 바른 견해를 의미하는 정견(正見)과 바른 생각의 정사유(正思惟)이다. 불교 전통에서 바른 생각은 사성제(四聖諦)와 연기(緣起) 및 공(空) 등을 잘 이해하는 것을 의미한다. 이는 육바라밀의 입장에서, 앞선 5가지 바라밀을 실천하며 보살의 완성을 추구하는 삶의 양식은 모든 존재가 나와 떨어질 수 없는 관계성을 가지고 있다는 인식[12] 즉 무분별지(無分別智)의 체득을 의미한다.

만일 이러한 삼학(팔정도, 육바라밀)을 추구하려는 내적인 추동력이 부재하거나, 실천하는 삶을 살지 않는다면, 삼악도(三惡道)에 유전하게 된다.

---

10) 『金剛經』「離相寂滅分」. 김용옥, 『금강경강해』, 서울: 통나무, 2012, 282~283쪽 참고.
11) 『雜阿含經』, 제42, 1158경.
12) 「대념처경을 중심으로본 초기불교 수행법」 참고.

(아귀도의 험악한 업은) 탐하고 질투하는 마음으로 말미암아 사람을 속이면서 재물을 탐하고 아껴 쌓아두며, 늘 부자가 되기를 바라 온갖 악을 널리 쌓고 나쁜 탐욕에 덮이어 보시를 행하지 않기 때문이다. … 인색한 마음으로 보시하지 않으며, 공덕을 짓지 않고, 계율을 가지지 않아 이 세상이나 다른 세상에서 이익이 없이 쇠하고 고민하고 질투하여 스스로 속이기 때문이다.[13]

위는 축미(丑未)의 귀도(鬼道)가 가진 특성들이 집약될 수 있는 경전적 증거가 되며, 삼독과 삼학 즉 탐(貪)과 계(戒)의 상응성을 잘 보여주고 있다. 분노의 아수라는 어떤가?

천상은 … 탐욕, 분노, 우치와 갖가지 방일(게으름)로 여색을 밝히고, … 유희하고 쾌락을 즐기며 하늘의 온갖 꽃의 향기와 갖가지의 맛난 음식을 먹고 춤추며 돌아다니면서 쾌락을 탐하고 집착한다.[14]

왜 아수라는 천인들과 싸우려드는 것일까? 아수라는 본래 천상에 살던 신적 존재로 알려져 있다. 초기 경전에서는 세존조차 아수라의 공을 높이고 있다. 그러나 아수라는 천상의 쾌락을 향유하는 천인들과 자주 전쟁을 일으킨다. 이들은 쾌락을 스스로 얻거나 누리지 못하고, 천상의 존재들이 누리는 쾌락을 질투하고 증오하면서, 이를 폭압적인 수단 즉 전쟁을 통해 빼앗으려는 존재들이다. 쾌락을 얻기 위해 거쳐야 하는 오랜 선업(善業)을 닦는 인과과정을 무시하고, 이를 곧바로 획득하기 위해 타(他)의 것을 겁탈하려고 한다. 그래서 이들은 겁탈의 얼굴을 가진 매우 무섭고 사나운 존재들이다.

13) 『正法念處經①』, 제16권, 「餓鬼品」, 337쪽.
14) 『正法念處經①』, 제4권, 「生死品」, 83쪽.

저 아수라는 이길 사람이 없고 죽일 수 없으며, 두렵게 할 수도 없고 또 사람을 두려워하지 않는다.[15)]

바르게 생각하지 않으며 항상 싸우기를 좋아하고 바른 법을 믿지 않았다.[16)]

이로부터 선도의 정(定)과 수라도의 진(瞋)이 맺고 있는 대응이 어떤 것인지 알 수 있다. 선정과 분노의 대칭은 은유적으로 거울상(mirror image)을 가지고 있다. 분노는 증오와 배척에서 생겨난다. 평화를 원하지만 평화를 위해 스스로를 돌아보지 않고, 스스로부터 소외되어 폭력으로 타인의 평화를 훼방하고 파괴시킨다.

불도의 혜(慧)와 축도의 치(癡)는 앞서도 짚어보았듯이, 서로 죽고 죽이며 죽음이라는 개체의 소멸 앞에서 불안에 떠는 삶의 행태와 번식의 맹목성에서 대응관계를 추적할 수 있었다.

축생들은 서로 잡아먹으며 무리한 음욕(淫慾)으로 제어할 줄을 모른다. … 굶주리며 항상 잡아먹힐까 두려워하며 … 칼에 죽기도 하고 병들고 늙어 죽기도 하며, 서로 괴롭히고 해치면서 수백수천의 고뇌가 있다.[17)]

인간들은 가깝게 거주하는 축도의 행태를 잘 알고 있지만, 이들의 의식은 여전히 무의식적이다. 식물이 감정을 가지고 있다는 보고가 있을 정도로 그 보다 훨씬 복잡한 조직을 가지고 있는 축생이지만,

15) 『正法念處經①』, 제2권, 「十善道品」, 47쪽.
16) 『正法念處經①』, 제18권, 「畜生品」, 396쪽.
17) 『正法念處經①』, 제4권, 「生死品」, 83~84쪽.

이들은 여전히 무의식적이라고 하지 않을 수 없다. 자각의 정도가 미약하기 때문이다. 이들은 결국 암매(暗昧)한 존재들이다.

이것은 생명의 탄생에서 볼 수 있는 기적과 신비를 부정하는 관점이라기보다는, 축생들은 그러한 탄생을 자각하지 못하는 자연적 상태에 매몰되어 있다는 생태에 주목하는 관점이라고 이해할 수 있을 것이다. 의식의 발달이라는 관점에서, 이 상태는 물질적 혹은 프리퍼슨의 전(前)개인적 상태를 가리킨다. 사실 탄생의 기적과 신비에 대한 자각과 찬미는 지극히 트랜스퍼슨 즉 초(超)개인적 인식 상태에서 볼 수 있는 특성이라고 할 수 있을 것이다.

지금까지 살펴본 삼독과 삼학의 대칭 관계는 『달마일장금』에 명시적으로 제시되지 않았지만, 이를 현대적으로 해석하는 까르마에토스 체계는 이 같은 대칭체계가 불전(佛典)의 사례를 통해 반드시 존재하는 것으로 보고 있다.

2) 변형과 전략: 법등명과 자등명

불교의 윤회설에 따르면 전생에 지은 업은 이번 생에 전달된다. 이를 좀 더 구체적으로 이해하기 위해서는 12연기법을 음미해야 한다. 무명(無明, ①)에 따른 맹목적인 행위(행行, ②)가 지속되는 윤회의 삶 속에서, 생명(인간)으로 탄생되기 위한 3가지 조건은 부모의 성적인 화합, 모체(母體)의 가임(可姙) 조건, 간다르바(gandharva, 중음신)의 임재 등이다. 앞의 두 가지는 수태를 위해 지극히 상식적인 것이라 한다면, 뒤의 것은 지극히 신비적이고 불교적이다. 그런데 간다르바가 무엇인지 알기 이전에, 그것의 역할이 전생의 업을 이번 생에 전달하는 윤회의 매개체라는 것을 먼저 이해하는 것이 필요하다.

현재의 삶이란 그 보다 더 거대한 삶의 흐름 속에 존재하는 하나의 계기이자, 일회적이지 않고 삶과 죽음이 중층적으로 명멸하는 연속의 과정이라고 이해하게 되면, 이전의 삶과 지금의 삶을 연결하는, 예컨대 일종의 매듭이나 정거장과 같은 중간의 계기나 단계가 있어야 할 것이다. 이것을 보통 죽음이라고 하지만, 죽음은 소멸이 아니며 다만 이전과 이후의 생을 연결하는 중간지대로 이해된다. 이 중간지대에 존재하는 것이 간다르바이며, 식(識, ③)의 형태로 존재한다.[18] 간다르바는 업과 인연의 연기법칙에 따라 수태하는 순간 개입하여, 비로소 영육(靈肉) 즉 명색(名色, ④)이 형성되는 계기가 된다.

이처럼 업은 식에 보존되어서 우리의 영육에 깊이 새겨지고 저장된다. 까르마에토스는 이 때 영육에 새겨진 업의 흔적을 12지지의 상징적 부호로 파악하면서 성립된다. 12연기법의 과정에서 명색이 태내에서 발달과 성장(육입六入, ⑤) 과정을 거치고서 태어나는(촉觸, ⑥) 바로 그 시점에, 하늘과 상응하는 특정한 기운 즉 성신의 배열이 그의 본명성을 중심으로 연월일시 순으로 배열된다. 특히 시주의 명궁은 현생의 총론적 성격이나 운명을 상징적으로 나타낸다.

앞서 까르마에토스는 본명성을 명주로 정하는 관점을 확립했다. 그런데 12지지의 순환에서 명궁의 이전 위치는 상징적으로 중음신을 통해서 전달된 이전의 업, 다시 말해 명궁으로 대표되는 현생의 성격이나 운명의 총론과 짝을 이루는 이전 생의 명궁이 된다.

18) 간다르바는 결생식(結生識)이라고도 한다. 생(生)을 결정(結晶)짓는 식(識)이라는 의미이다.

까르마에토스에 상징적 부호로 반영된 업의 내용은 이전 생에서부터 전달되어 온 것이다. 그것은 우리의 영육이라는 밭에 뿌려진 씨처럼 발아의 시기를 기다리고 있다. 이것이 성격이고 운명이지만, 일종의 숙명론적 교설로 미끌어져 들어가기 쉽다. 그러나 이러한 이전 생에서 전달된 업의 씨는 발아되지 못하거나 발아되어도 성장할 수 없게 만들 수 있는 '길'이 있기 때문에, 숙명론의 늪에서 벗어날 수 있다. 그리고 그것이 불교나 동아시아 사상의 일치된 귀결점이다.

까르마에토스에서는 자신을 더 나은 존재로 만들어가는 '길' 즉 전생부터 집요하게 내려 온 업의 씨를 제거하는 방법을 키트(KEAT)로 체계화시켜 놓고 있다.[19] 이 방법에는 두 가지 방향이 있다. 첫 번째는 숙업을 제거하는 길이다. 두 번째는 새롭게 만들어지는 나쁜 업을 처음부터 방지하는 길이다. 과거 옛 지혜에서는 숙업을 제거하기 위해 염불이나 만트라를 염송하라고 가르쳤다. 우리 문화에서도 「신묘장구대다라니」나 「능엄주」는 지금도 애용되고 있다.

그런데 까르마에토스는 새로 지은 업은 이미 숙업의 바탕 위에서 시작되기 때문에, 새로 업을 짓는 과정에 대해서 잘 이해하면 숙업의 문제를 다룰 수 있으리라 생각한다. 12연기법을 다시 살펴보자.

12지 연기에 따르면, 우리의 인식활동을 통해 즐거움과 괴로움, 즐겁지도 괴롭지도 않은 느낌을 갖는 단계가 7번째 수(受)의 단계이다. 그런데 여기서부터 애(愛, ⑧)와 취(取, ⑨)의 단계와 유(有, ⑩)의 단계가 업력이 작용하는 구간이다.

19) 다음 장에서 더 세부적으로 논의한다.

느낌(受, ⑦)은 즐거운 느낌을 일으킨 것을 좋아하고 괴로움을 일으킨 것을 싫어하는 애(愛, ⑧)의 단계로 이어지고, 애(愛)로 인해 집착이 생겨나는 취(取, ⑨)의 단계로 이어진다. 애취(愛取)의 단계에 삼독(三毒)이 개입한다. 유(有, ⑩)는 애취(愛取)의 단계에서 성숙이 진행된 생각의 틀로서, 일종의 가치관이나 세계관에 해당하는 것으로 이해할 수 있다. 그러나 이러한 과정은 순식간에 일어나는 찰나적인 것으로 특별한 훈련(전통적으로 정혜쌍수定慧雙修 등)을 하지 않고는 전체 과정을 분석적으로 이해하기 어렵다. 만일 이 과정에 충분한 주의를 기울인다면, 적어도 새로운 업을 짓지 않는 것이다.

느낌(受, ⑦)의 단계를 지나자마자 좋아하고 싫어하며 선택하고 결정하는 분별의 과정은 비록 찰나의 시간이지만, 순전히 한 개인의 자유의지에서 결정되는 것이다. 이러한 행위로부터 업이 생겨난다. 따라서 자업(自業)이다. 그런데 이러한 자유의지는 애석하게도 특정한 식(識)과 무관하게 이루어질 수 없다는 데서 인간의 비극이 있다. 다시 말해 미세한 찰라의 순간에 대한 자각이 없다면, 선택에는 항상 지향성이 개입해 있다. 까르마에토스에서는 지향성이 숙업의 무게만큼 강도가 정해진다고 보고 있다. 다시 말해 별의 상징적 기호로 나타난 그의 업력이 분별의 방향과 강도를 지시한다고 보는 것이다.

가령, 진간성(辰奸星)의 악랄하고 교활한 특성은 일거수일투족이 애취(愛取)에 포함된 분노와 증오에서 생겨난 것이다. 만일 분노와 증오를 잠재울 수 있다면, 그의 악랄하고 교활한 특성은 누그러지거나 소멸될 것이다. 그러나 이 같은 특성은 이미 주어져 있다는 의미에서 변경하기 어렵다. 또한 대다수는 이러한 특성만 가지고 태어나지 않는다. 명식의 자리 수는 네 곳이기 때문이다. 나쁜 별이 있다면 좋은 별이 있을 수도 있다.

옛 지혜의 전통에서는 미세한 분별의 순간을 관조하기 위한 여러 수행 방법을 개발했고, 이는 지관(止觀, 사맛디와 위빠사나)으로 집대성되었다. 지관의 현대 심리학적 변용은 환호와 의혹의 논란 속에서 모색을 거듭하고 있다. 그런데 까르마에토스에서는 지관의 방법보다 일차적으로 명식의 의미를 먼저 파악하는 것을 강조하는 체계이다. 삼독이 매 순간 개입하는 찰라의 순간을 어찌 범용한 인간들이 알 수 있겠는가? 그러나 저 하늘의 별 덕분에 진간성이 있는 것을 알게 되었다.

그래서 별과 별을 잇는 법칙을 통해서 자신을 다스려 나간다. 우선 진간성은 불도의 자귀성(子貴星)과 친화를 가지고 있기 때문에, 이러한 긍정적 특성이 우세할 경우 진간성은 분노와 증오에 뿌리를 둔 '교활'과 '잔인'의 특성으로 재단된 퍼슨 수트가 아니라, 다른 퍼슨 수트를 입게 된다. 누더기도 상의와 하의가 있고, 정장도 상의와 하의가 있다. 그러나 그 퀄리티는 천양지차이다. 즉 진간성의 재질로 이루어졌다고 하나, 자귀성의 재질에 공들인 재단과 봉제 및 디자인이 더해지면, 나쁜 퍼슨 수트에서 상대적으로 더 좋은 퍼슨 수트를 입게 된다.

이것은 구체적으로 병리수준이나 비통합수준에서 평균수준 이상의 퍼슨 수트를 입게 된다는 것을 말한다. 진간성의 특성(재질)을 이루는 '교활'과 '잔인'은 다른 수준으로 옮겨져서, 상황을 잘 파악하거나 판을 잘 읽는 '수완가'의 특성으로 전환될 수 있다. 그러나 반대로 자귀성이 진간성의 영향을 강하게 입으면, 좋은 재질을 가지고 있어도 형편 없는 싸구려 퍼슨 수트를 입게 될 것이다.

이처럼 까르마에토스는 주어진 재질을 벗어날 수 없다는 의미에서 숙명을 받아들이는 것 같지만, 그것을 변화시킬 수 있다는 의미에서 숙명을 거부하는 체계이다. 철저하게 자신의 의지 즉 더 나은 존재로 살아가고픈 근원적인 욕망에서 시작하는 의지에 따라 자신의 삶을 스스로 개척한다. 그런데 과연 이러한 의지는 어디에서 온 것인가? 이 역시 자신이 타고난 것일 수밖에 없다. 다만 까르마에토스에서는 보이지 않는 근원적 욕망 즉 존재론적 욕망으로 인간에게 자리하고 있다고 말할 수 있을 뿐이다. 더 나아지려는 욕망, 무지로부터 벗어나려는 욕망, 무명의 어두움을 이겨내려는 욕망, 이러한 욕망은 불성(佛性) 혹은 선악의 대립을 벗어난 성선(性善)의 이름으로 말할 수 있다.

까르마에토스는 스스로의 삶을 더 나은 상태로 옮기려는 욕망 혹은 의지는 우선은 자신의 내적 자원으로부터 가능한 것으로 보고 있다. 그러나 자귀성과 같이 나쁜 업을 제어할 수 있는 좋은 업을 가지고 태어나지 못한 사람은 상징적 부호로는 나타나지 않지만, 본원적으로 가지고 있는 욕망을 뿌리로 하는 불가사의한 의지, 자신의 내적 자원을 넘어선다는 의미에서 초월적인 의지에 의한 결단과 인력에 따르면서 자신의 운명을 초극해 나간다. 까르마에토스에서 제시하는 키트는 이러한 두 가지 '길'을 통해서, 더 나은 나를 발견하고, 그로부터 펼쳐지는 삶의 더 나은 가능성을 실현하고 향유하려는 목적을 가진 것이다.

세존은 『대열반경(大涅槃經)』에서 육도윤회를 더 이상 하지 않는 열반 직전에 다음과 같은 말을 남겼다.

"이제 스승께서 저희들 곁을 떠나시면 저희들은 누구에게 의지해야 합니까?"

부처님께서는 제자 아난다에게 다음과 같이 말씀하셨다.

"아난다야. 그 어느 누구에게도 의지하지 말아라.

내가 이 세상을 떠나면 나에게 의지할 수도 없는 일이니라.

그러므로 오직 스스로를 등불로 삼아 의지할 것이며(자등명自燈明),

나의 가르침인 법의 진리를 등불로 삼아 의지할 것이니라(법등명法燈明)."

이 자등명과 법등명의 교의를 까르마에토스에서는 적극적인 의미로 해석하여, 심리치료(KEAT)의 중요한 개념과 방향을 제시하고 있다. 자등명(自燈明)은 자기의 내적 자원을 전적으로 활용하는 것이다. 이것은 삼합의 결합관계에서 연유한다. 예컨대, 진간성(辰奸星)은 자귀성(子貴星)과 결합의 관계에 있으므로, 서로 친화적이다. 그러므로 자귀성이 있으면 자귀성의 불도 행위 즉 지혜를 추구한다. 그런데 만일 자귀성이 자신의 명식에 없다면, 자귀성을 밖에서 구한다. 비록 자신의 특성으로 구비한 것은 아니지만, 결합력이 존재하고 있기 때문에 자귀성을 구하게 되면 결합에 대신하는 효과를 구할 수 있다고 생각한다. 밖에 있지만 자귀성을 유인하는 삼합의 힘이 내적으로 구비되어 있기 때문에 이러한 효과를 기대할 수 있다.

자귀성의 불도 행위의 특성은 연민과 아량이다. 내게 없는 자귀성이지만, 삼합의 관계에 의해서 잠재적인 연결이 형성되어 있기 때문에 내적 동기는 진간성의 업력에 움직이지만, 연민과 아량의 특성(재질)으로 퍼슨 수트를 형성할 수 있다. 비록 가장(假裝)된 퍼슨 수트이지만, 불도 자귀성의 업력을 오랜 시간 지속한다면, 불도의 힘으로 진간성의 부정적인 업력에 영향을 미칠 수 있다.

그리고 여기에 진간성의 분노를 누그러뜨릴 수 있는 선도의 선정 수행을 지속한다. 그러면 놀라운 변형이 약속된다. 즉 대칭의 원리에 따라 선도의 특성을 획득할 수가 있는 것이다. 이는 법등명(法燈明)에 따른 것이다.

법등명(法燈明)은 사랑과 자비와 같은 덕이 인간에 내면에 선천적으로 부여된 것이라 생각하고 있다. 그래서 옛 지혜는 자신의 마음을 수신(修身)하고 세심(洗心)하여 청정한 본래 면목을 회복하려는 전략을 제시한다. 그러나 또한 법등명은 그 같은 고귀한 덕을 오랜 시간 실천하여 도달하는 과정을 나타내고 있다. 이런 이해 방식은 고귀한 덕을 성취하고자 하는 실천적 노력의 극치에서 사랑과 자비와 같은 고귀함을 획득할 수 있다는 생각에 바탕하고 있다. 그래서 비록 악인이라도 고귀한 덕의 실천을 지속하게 되면, 선인으로 변형될 수 있는 것이다.

법등명의 두 가지 이해는 서로 방향을 달리하는 것처럼 보인다. 전자는 내면에 침잠하면서 자신을 재발견하는 것이고, 후자는 외부로 실천하면서 자신을 형성시켜 나가는 것이다. 그러나 양자는 하나로 합해 있다. 까르마에토스에서는 두 방향이 모두 초월적인 움직임이라 파악한다. 그 움직임의 끝에서 진실한 자신을 발견할 수 있다.

삼독의 부정적 업력에 의해 성격이 형성되어 있다면, 부정적 특성이 발현될 수 밖에 없다. 그는 그가 가진 성격의 완전한 예속 상태에 머물러 있게 되는 것이다. 이는 숙명론의 교의이다. 그러나 이것은 불교와 동아시아의 사상이 지향하는 바가 결코 아니다. 업력에 의해 구성된 것이 성격이라고 할지라도, 법(法)에 의지하게 되면 부정적 성격을 벗어날 수 있다. 이것이 초월적 움직임이다.

초월적 움직임은 까르마에토스에 가정되어 있는 불교와 동아시아 사상의 최종적 결론인 초월적 본성 즉 "자기를 이해하려는 자각의 충동"으로부터 자연스럽게 도출된 것이다. 초월적 성격 특성이 비교적 잘 드러나 있는 불도와 선도가 내 성격 구조에 들어 있지 않다고 하여도, 업력의 대칭성이 있는 한 불도와 선도의 특성을 획득할 수 있는 것이다.

이러한 이해 방식이 곧 법등명에 의지하는 것이다. 자등명보다 법등명은 더욱 놀라운 효과를 가져 온다. 불도의 업이 없는 자가 불도의 행위를 함으로써, 불도의 특성인 연민과 아량, 온화와 명예를 성취하기 때문이다. 그래서 퍼슨 수트의 최상수준은 어떤 수준보다도 법등명에 따라서 도달되는 경지라고 할 수 있다. 법등명의 초월적 움직임이 곧 숙업을 제거하는 직접적인 길이 된다. 법등명은 어떤 의미에서 나쁜 별들의 영향을 무시하는 도도한 행위이다. 나쁜 명식을 근원에서 거부하기 때문이다.

삼독을 가진 경우에는 이를 자등명과 법등명에 의거하여 변형시켜야 한다. 그런데 삼학의 결과로 생겨난 선업 역시 지속적인 수행을 하지 않는다면, 비본래적(inauthentic)인 지위로 전락하게 된다. 전락은 개인의 성장과 진화를 돌보지 않는데서, 좋은 업력이 긍정적인 특성으로 실현되지 않고, 오히려 반대의 대극으로 퇴보하는 것을 가리킨다. 본래의 제 지위가 아닌 곳에 거주하는 상태이다. 그 전락의 과정은 삼독과 삼학의 대칭에 따라 다음과 같다.

1) 계(戒, 계율) (인도) → 자율적 책임과 행동이 부족하면 → 탐(貪, 탐욕) (귀도)
2) 정(定, 선정) (선도) → 평정한 마음을 유지하지 못하면 → 진(瞋, 분노) (수라도)

3) 혜(慧, 지혜) (불도) → 참다운 견해를 확립하지 않으면 → 치(癡, 어리석음) (축도)

따라서 까르마에토스의 치유전략은 기본적으로 삼악도나 삼선도를 불문하고, 삼학을 추구한다. 삼악도의 독(毒)에서 벗어나기 위해서는 삼학의 약(藥)이 필요하고, 삼선도의 업력을 지속하기 위해서도 삼학의 약(藥)이 필요하다.

부정적인 특성의 출현은 세 가지로 나누어 설명할 수 있다.

첫째, 나쁜 육도인 귀도, 축도, 아수라도 등이 본래의 특성을 발휘할 때이다.

둘째, 좋은 육도인 불도, 인도, 선도 등의 기(氣)가 건전하지 않은 상황에 처할 때이다. 기(氣)들이 충돌과 부조화를 보이는 상황이다.

셋째, 부정적인 육도의 기(氣)가 서로 충돌하고 부조화를 이룰 경우이다.

이는 까르마에토스 논리 체계를 습득한 치료사의 해석과 진단을 통해 파악할 수 있다. 또한 해석과 진단이 올바르다면, 치료와 치유를 위한 전략을 수립할 수 있다. 전략과 변형의 두 과정을 조절하는 것이 까르마에토스의 기본적 치유과정이다. 그런데 치유는 주로 자신에 대한 자각에 초점이 맞추어져 있다. 그러나 예컨대, 모든 심신의 인식과 행위 즉 느낌(受, ⑦), 애(愛, ⑧), 취(取, ⑨), 유(有, ⑩) 등의 단계에 진간성의 업력 즉 분노와 증오에서 기인한 강한 욕망이 작용하고 있는 것을 알아채야 한다.

대체적으로 이는 전통적인 지관(止觀)의 수행에 해당하지만, 까르마에토스는 보다 유연하다. 즉 교활한 특성에 따라 타인을 속이고 수단시한다는 성격적 특성은 반드시 자각을 통해서만 파악할 수 있는 미세한 것이기 보다는 명식의 상징적 기호들은 그의 머리 속에서 늘 행해지고 있는 욕망이라는 것을 명확하게 지시하고 있다. 그래서 이에 대한 자각은 수련의 특정 상황을 기다릴 필요는 없다.

까르마에토스의 퍼슨 수트 즉 성격유형에 대한 지식은 일상적인 상황에서 수행이나 수련의 공들인 훈련 상황을 고안하지 않고도, 전락을 막고 변형을 추구할 수 있는 손쉬운 가능성이 있다는 것을 시사한다. 자신의 업력을 파악하는 것 즉 퍼슨 수트를 이해하는 것이 선행되어야 한다. 얼마만큼의 업력이 어떤 방식으로 자신의 성격을 구성하고 있는지는 안다면, 개선을 위해 곧바로 행동할 수 있기 때문이다.

숙업(宿業)을 이해하는 특별한 인식은 불교전통의 수행에서 매우 높은 의식의 단계 즉 색계(色界) 제4선천(第四禪天)에 이르러야 개시되는 것이다. 그러나 『달마일장금』의 밀교적 인식에 따르면, 제4선천의 의식에 이르지 않고도 이 업력의 정체를 알 수가 있다. 이것이 가능한 이유는 누차 살핀 것처럼, 탄생이라는 매우 특별한 우주사적인 상황에 대한 인식의 심화에 있다. 즉 어떤 것의 존재는 반드시 그 자체의 사건만으로 고립되어 존재하지 않고, 우주론적 사건으로서 존재한다는 것이다.

그래서 생명의 탄생은 우주와 교감하기 때문에, 생명의 영혼에 실려 있는 혹은 깊이 잠재해 있는 특별한 힘의 존재는 성신의 존재와 상응한다. 이 상응은 특별한 배열의 규칙성을 가지고 있으며, 이를 음양오행의 상징적 상관관계로 포착할 수 있다.

다시 말해 불교와 음양오행의 결합 즉 12지지의 상징적 상관관계의 배열이 정해지는 것과 동시에 업력 또한 함께 배열되고 구성되면서, 업력의 구체적인 확인이 가능하다는 것이 『달마일장금』의 가르침이다. 이를 재해석한 까르마에토스는 색계 제4선천은 물론이며 더 높은 의식에 이르러야만 파악할 수 있는 자신의 업력과 타인의 업력을 선명하게 보여주는 매우 특별한 방법이 아닐 수 없다. 이는 참으로 수용하기 어려운 생각이다. 어떻게 저러한 경지를 삼독에 찌든 범용하고 가련한 우리네가 넘볼 수 있을 텐가! 그래서 『달마일장금』은 인연이 없다면 만날 수 없는 비전(祕傳)의 지식인 것이다.

불전에 따르면, 색계 제4선천을 포함한 더 상위의 단계들에서 획득된 특별한 의식은 한 개인의 이전 생의 모습과 생애의 사건들을 즉각적이고 구체적인 체험의 형태로 파악할 수 있는데 비해, 우리의 까르마에토스는 이를 상징적으로 알려주고 있다는 데서 큰 차이가 있다.

예컨대, 상위의 의식(숙명통宿命通)은 어떤 개인이 이전 생에서 "개"의 삶을 영위하면서 특정한 선업을 쌓은 원인에 따른 과보(果報)로서, 이생에서는 인간도에 태어났다는 것을 즉각적이고 구체적으로 알아챌 수 있다. 그리고 더 나가 윤회를 하면서 체험한 자신이나 타 존재가 겪은 그 이전의 여러 생들에 대해서도 마찬가지로 구체적인 이야기를 할 수 있을 것이다. 그러나 까르마에토스는 그가 수많은 윤회의 현장 가운데 축도에 거주했으며, 축도의 세계에서 삶을 영위했다는 표지를 12지지의 상징언어로 파악할 수 있고, 그 시기 미해결되거나 관성적으로 습득한 축도의 어리석음 곧 "축도의 성격적 특성을 지닌" 묘파성이나 유인성의 특성들을 가지고, 어떤 인두겁(퍼슨 수트)을 쓰고 사는지 그/그녀의 정체성을 파악할 수 있다. 그리고 성장을 향한 지침을 제공하거나, 전락으로 인한 심리적 장애에 대해서 적절한 치료적 개입을 할 수 있다.

트랜스퍼스널 심리학이나 통합심리학의 출현 이래, 병리는 개인의 발달 수준에 따라 다양한 형태로 드러나고, 치료의 전략도 그 수준에 맞춰야 하는 것이 상식이 되었다. 앞선 엡스타인의 분류 역시 이러한 수준별 치료 전략을 제시했다. 불교의 삼계육도는 트랜스퍼스널 심리학이나 통합심리학이 추구하는 발달의 위계수준을 인류역사상 처음으로 가장 체계적으로 제시한 선구적인 도식일 것이다.

까르마에토스는 『달마일장금』의 도식에 따라 육도의 수준을 발달의 세 가지 단계, 즉 전(前)개인(프리퍼슨), 개인(퍼슨), 초(超)개인(트랜스퍼슨) 등과 밀접한 관련이 있다고 생각한다. 전개인 단계는 아귀, 축생, 아수라의 일부 등이 해당하며, 개인 단계는 아수라의 일부, 인도, 선도의 일부, 초개인 단계는 선도의 일부와 불도에 상응하는 것으로 보인다. 「더블에스(식스앤드식스)」에 나오는 특성언어들은 개인의 발달 수준에 따른 기본적인 특징을 나타낸 것이다.

선도와 불도에 속하는 업력을 가진 개인들은 초개인 단계에 속하거나 이 단계로 성장을 진행할 때 용이하게 목적을 이룰 수 있다. 그러나 반드시 그런 것은 아니다. 업력의 대칭성에 의해 선도는 수라도로, 불도는 축도로 '전락'할 수도 있을 것이다. 또는 귀도에 속하는 개인이 반드시 전개인적인 단계에만 속하는 것은 아니다. 업력의 대칭성에 따라 자등명과 법등명의 초월적 움직임을 시작하면, 나쁜 육도의 힘은 점차 귀도를 초월하여 인도에 도달하는 '변형'의 길로 들어서게 된다.

그러므로 문제가 되는 것은 적어도 까르마에토스의 육도는 성장의 경우에 있어서, 퍼슨 수트가 제시하는 모든 수준들에 변형과 전락을 통해 출현할 수 있으며, 고정된 자리에 머물러 있지 않을 것이다.

자등명과 법등명의 사상은 비근한 삶의 한 장소에서도 적용될 수 있는 상식적인 "존재의 가벼운 가르침"이기도 하지만, 육도윤회의 사슬을 끊는다는 "존재의 무거운 가르침"이기도 하다. 고정된 정물(靜物)처럼 존재하고 있는 「여섯 가지 좋은 덕과 여섯 가지 나쁜 덕」은 만일 좋은 세 곳(삼선도)의 특성을 가지고 태어났다면 심신의 건강과 행복을 성취할 것처럼 보인다. 그러나 이는 바퀴처럼 구르는 동적(動的)인 것이다. 불도와 선도가 제자리에 머물 수 없고, 다행히도 귀도와 축도가 고정적일 수는 없다. 또한 불도와 불도가 겹치거나 할 경우 불도의 가치는 과잉으로 인해 전락하기도 한다.

이러한 전락과 변형의 역전 가능성들은 한 개인의 삶이 멈춰진 것이 아니라, 더 나가야 하는 것 곧 성장과 발전을 위한 것이라는 의미를 가지고 있다. 자신을 안다는 본원적이고 시급한 욕망을 멈춘다면 그는 자신이 가진 것도 발휘하지 못하고 전락할 것이다. 그러나 지금의 자리에서 더 나아간다면 납에서 금으로 변형되는 기회를 갖게 될 것이다.

3) 까르마에토스 기본 4유형의 전락과 변형에 따는 특성

기본 4유형은 통합(integration)의 성취와 실패에 따라 3가지 발달수준을 가지게 된다. '통합의 성취'란 자신에 대한 이해를 통해 부정적 특성의 원인이 되는 독성(毒性)을 명료하게 인지하고, 독성을 해독(解毒)하기 위한 일련의 성장 전략을 수행하여 소기의 성과를 달성하는 것을 뜻한다. 이와 연관해서 '통합의 실패'란 자신에 대한 이해가 부족하거나 전무하고, 특히 스스로의 행위에 핵심으로 자리하고 있는 불순한 욕망의 관성에 저항하지 못하여, 중독(中毒)된 것을 의미한다. 이는 본래 가지고 있던 좋은 자산도 모두 유실하여, 초기의 상황조차도 회복할 수 없는 전락의 처지에 놓인 것이라 이해할 수 있을 것이다.

그러나 본래 궁핍한 자산을 가지고 있더라도, 성장을 위한 여러 자각적 움직임을 지속적으로 취한다면, 눈덩이가 불 듯 어느 순간 초기 조건으로부터 벗어나 변형되어 있는 자신을 발견하게 될 것이다.

구조적으로 M형과 T형은 유사한 통합의 방향 즉 성장 전략을 가지고 있으며, 그 역전상(逆轉像)으로 전락의 과정도 형식적으로 동일하다. 마찬가지로 F형과 A형에서도 구조적인 유사성이 발견된다. 이를 도해하여 분명하게 살펴보자.

(1) M형과 T형

〈그림〉은 M형과 T형의 변형과 전락의 두 과정을 나타낸 것이다. 변형의 과정은 자등명과 법등명으로 구분될 수 있으며, 자등명은 삼합(三合)의 구조에서 연유한 필연적 업력의 관계에 따른 성장 전략이다. 자등명은 화살표로 나타나 있는 것인데, 이는 긍정적 업력의 내적 자원을 적극적으로 이용하는 것을 의미한다. 또한 초월적 움직임으로 이해할 수 있는 법등명의 성장 전략이 있다. 이는 삼합의 구조에서 연유하지 않는 '좋은 업력'을 외부에서 구하는 것을 의미한다.

자신의 내적 자원이 아닌 자신을 초월하여 있는 가치를 구현하는 것은 진정한 의미의 초(超)개인적 성장 전략이라고 할 수 있다. 이는 인간을 선하고 악한 업력에 매어 있는 결정론적 존재가 아닌, 근본적으로 깨달음의 존재론적 욕망을 가진 자유와 결단의 존재로 이해하는 불교를 포함한 옛 지혜의 전통들을 수용한 것이다. 이는 또한 천인합일(天人合一)을 최종 결구로 가지고 있는 동아시아 자연학의 결론이기도 하다.

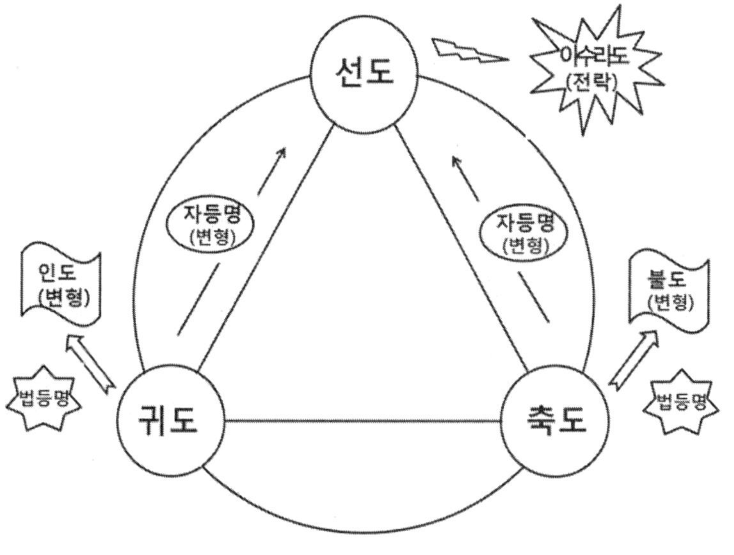

〈그림24〉 M타입과 T타입의 변형과 전략

커다란 원 밖에 있는 좌우의 작은 깃발 모양의 네모들은 법등명을 통한 변형을 나타내고, 선도의 옆에 위치한 폭발하는 모양은 삼독과 삼학의 대칭에 의거하여, 좋은 자원을 가지고 있어도 변형을 위한 성장 전략에 등한시한다면, "역(逆)의 법등명"의 사태 즉 삼학과 삼독의 대칭성에 의거하여, 삼선도에서 삼악도로 전락하게 된다는 것을 보여주고 있다.

M형과 T형은 유형론적으로 볼 때 상대적으로 불리한 위치에 있다. 적극적인 성장 전략을 추진하지 않는다면, 심신의 문제가 야기되기 쉬운 유형이다.

(2) F형과 A형

F형과 A형은 유형론적으로 보아 상대적으로 성장 전략에 적합한 좋은 상태에 있다. 내적 자원이 풍부하기 때문에 변형을 위한 계기가 많다. M형과 T형에는 좋은 내적 자원이 선도 하나밖에 없지만, F형과 A형은 불도와 인도가 중심 세력이며, 오직 수라도의 부정적 특성만이 문제이다. 그러나 수라도 역시 진간성은 부정적인 반면, 술예성은 상대적으로 덜 부정적이다.

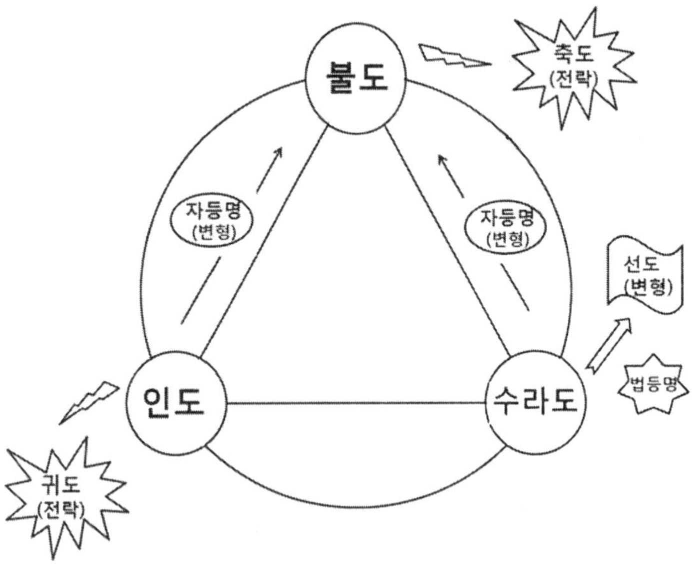

〈그림25〉 F타입과 A타입의 변형과 전략

따라서 F형과 A형은 변형보다는 전락에 이르지 않기 위한 방지가 더 성장을 위한 주된 방향이 될 것이다. 이는 자신이 가진 것을 더 잘 이해하는 것이 관건임을 시사하고 있다.

(3) 통합의 성공과 실패에 따른 5가지 수준: 퍼슨 수트

기본 4유형은 통합의 성취와 실패 즉 변형과 전락에 따라 크게 5가지 수준의 특성을 보여준다. 원칙적으로 궁극(수준)을 포함해서 6가지이지만, 궁극(수준)은 까르마가 부재하기 때문에, 실제로 까르마에토스는 5가지로 구분된다. 까르마에토스에서는 이를 수준별 퍼슨 수트로 정리하고 있다.

보통의 평균수준(average level)을 중심으로 자등명과 법등명을 통해 통합을 성취한 2개의 상위수준(high level)이 있고, 평균수준 아래로 통합에 실패하여 전락한 2개의 하위수준(low level) 등 모두 5가지의 수준으로 구별된다.

상위수준은 통합수준(integral level)과 최상수준(highest level)으로 구분되며, 하위수준은 비통합수준(non-integral level)과 병리수준(pathological level)으로 구분된다. 그러므로 모두 5가지의 수준이 있으며, 그에 따른 퍼슨 수트가 있다.

M형의 퍼슨 수트는 평균수준에서 냉담한 비판가이다. 통합수준에서는 실용적이고 비판적인 회의주의자를 거쳐, 최상수준에서는 보편적 회의주의자가 된다. 비통합수준은 냉소적이고 불평이 많은 염세주의자, 불평과 불만이 많은 "투덜이"가 되거나, 자신이 믿은 협소한 증거만을 들이대는 "의심쟁이"가 된다. 병리수준은 자기애성 ·

반사회성 · 망상성 성격장애가 우려된다.

T형의 퍼슨 수트는 평균수준에서 근거 없는 낙관론을 머릿속에만 골똘하게 품은 "관념주의자"이다. 통합수준에서는 세계의 논리구조를 신뢰하는 논리주의자 또는 이론가이며, 최상수준에서는 지성적 탐구와 더불어 세계를 느끼고 공감하는 비전 논리(vision logic)를 가진 자가 된다. 비통합수준은 자기 확신이 없으며 변덕스럽고 공허한 공상가로, 손발이 쉬고 있는 관념주의자가 된다. "게으름뱅이"가 되기 쉽다. 병리수준은 경계성 · 의존성 · 분열성 · 회피성 성격장애가 우려된다.

F형은 평균수준에서 이상에 뜻을 두고 실천하는 "고상한 자(refined man)"이다. 통합수준에서는 통찰력을 가진 이상주의자이며, 최상수준에서는 보편적 조망을 갖추고 대동(大同)의 이데아를 실현하려는 이상주의자가 된다. 비통합수준은 원칙을 상실한 이상주의자, 단순한 명분주의자, 실익 없이 명예만을 추구하거나, 권위를 내세우거나 순종하는 자가 된다. "허영심이 많은 사람" "허풍선이"가 되기 쉽다. 병리수준은 강박성 · 분열형 성격장애가 우려된다.

A형은 평균수준에서 "포용하는 자(embracing person)"이다. 통합수준에서는 분별력을 갖춘 박애주의자를 거쳐, 최상수준에서는 박시제중(博施濟衆)의 이념을 실천하는 구원자(救援者)가 된다. 비통합수준은 처세주의자, 완고하고 협소한 합리주의자, 편협한 동정론자나 온정주의자, 양두구육(羊頭狗肉)의 위선자나, 청산유수(靑山流水)의 "사기꾼"이 되기 쉽다. 병리수준은 히스테리성 · 반사회성 성격장애가 우려된다.

아래의 5가지 퍼슨 수트는 대체적인 그림이며, 이는 성신들의 상징적 상관관계의 분화와 결합을 통해서 더욱 다채로운 특성을 빚어낸다. 마치 삼원색으로부터 천변만화의 색상들이 연출되듯이, 까르마에토스라는 프리즘을 통해서 셀 수 없고 종잡을 수 없는 퍼슨 수트가 만들어지는 것이다.

수준/유형	M(metal, 金)	T(tree, 木)	F(fire, 火)	A(aqua, 水)
최상	보편적 회의주의	비전 논리	대동의 이데아	박시제중의 구원자
통합	회의주의자	논리주의자	이상주의자	박애주의자
평균	비판가	이론가	고상한 자	포용하는 자
비통합	의심쟁이	게으름뱅이	권위주의	위선자
병리	"의심증" 자기애성, 망상성반사회성	"망상" 경계성, 의존형, 분열성, 회피성	"허세" 강박성, 분열형	"거짓말" 히스테리성, 반사회성

〈표67〉 까르마에토스 성격유형론: 퍼슨 수트

좋은 퍼슨 수트를 만들기 위해서는 나쁜 별의 힘보다 좋은 별의 힘을 강화하고, 좋은 별과 연합하려고 노력하고, 그렇지 못할 경우에는 초월적 움직임을 통해서 좋은 별을 끌어들이는 것이 관건이다. 그런데 여기서 부정적인 별과 긍정적인 별이 있을 때, 긍정과 부정 가운데 하나를 선택하는 동인(動因)은 무엇인가에 대한 의문이 없을 수 없다.

이는 두 가지 점에서 해석될 수 있는데, 첫 번째는 미세한 마음의 과정이 진행되는 가운데, 마음의 안녕을 구하려는 동기에서 긍정적인 방향으로 선택과 결단을 내린 것이다. 곧 마음의 연기적 과정에서 갈애(愛)와 집착(取)에 삼독(三毒)이 가세하지 않았기 때문이다. 그러나 이는 자발적인 자각에 의한 것이며, 이러한 힘은 자신의 명식에 긍정적인 별의 업력이 있었기 때문이다. 어디에선가 긍정적인 성신(별)들의 작용에 의한 것이다. 이 작용이 동기로 개입한 결과이다.

둘째는, 의식적으로 미세한 연기적 과정에 대한 주의를 통해서 선택하고 결단한 것이다. 비록 긍정적인 별들이 없다고 하더라도, 삼선도(三善道)는 삼악도(三惡道)와 대칭을 이루고 있기 때문에, 내게 없는 것을 바깥에서 구하기 위해 외부로 향한 초월적 움직임이 가능하다. 예컨대, 축도(畜道)의 업력은 불도(佛道)와 대칭을 이루고 있다. 만일 한 개인의 명식 안에 불도가 없다고 하더라도, 불도가 표방하는 특징적 가치를 삶 속에서 실천하고자 하는 의지가 있는 경우, 이는 자신의 명식을 떠나있다는 의미에서 초월적인 선택에 따른 변화가 가능한 것이다.

초월적인 선택에 따른 변화는 불교나 동아시아의 사상이 인간의 내면에 살아 있는 불성(佛性)이나 천지와 함께 참여하는 인도의 위상과 같은 초월적 특성을 가정하고 있는데서 자연스럽게 추론할 수 있다. 만일 이러한 초월적 움직임이 없다면, 진리에 대한 귀의와 신뢰가 무용할 것이며, 그 결과 한 개인은 정해진 운명 혹은 부정적 업력의 결정론적 틀을 전혀 벗어날 수 없을 것이다. 이것은 불교와 동아시아 사상의 일반적 가르침과 사뭇 다른 것이다. 이른바 역술의 여러 조류들은 이러한 상위의 전제들을 자신의 체계 속에 수용하지 못하거나 쉽게 포기하기 때문에 학문의 이름을 얻지 못하고 경우가 많다. 이러한 의미에서 까르마에토스는 트랜스퍼스널의 가장 핵심적인 관점을 가지고 있다. 즉 개인은 진리에 대한 자각을 통해 더 나은 존재로 성장하고 발전할 수 있다는 것이다.

두 번째 해석과 관련해서 까르마에토스가 가진 또 하나의 특이한 점을 생각해 볼 수 있다. 이것은 음양오행론 즉 기(氣)의 사유방식에서 연유한 것으로 한 개인의 명식은 고정된 실체가 아닌 관계론적 산물이라는 관점이다. 곧 한 개인의 명식을 구성하는 음양오행론의 상징적 기호들인 간지(干支)들은 실제 자연세계의 사물과 사태를 상징적으로 나타낸 간지와 동일한 기(氣)를 가지고 있다. 예컨대, M형의 사람에게 사문성이라는 좋은 별의 긍정적 힘이 없다면, 사문성은 사화(巳火)라는 지지의 형태로 구현되는 사년(巳年) 혹은 사월(巳月), 사일(巳日), 사시(巳時) 등의 기운에서 사문성을 구할 수 있다.

M형이란 사문성뿐 아니라, 유인성이나 축액성을 반드시 가지고 있는 유형이기 때문에, 사문성이라는 기(氣)가 없더라도, 이것과 결합할 수 있는 구조를 갖추고 있다. 즉 사문성이라는 상징적 기호를 가진 연월일시(巳年, 巳月, 巳日, 巳時 등)와 같은 기(氣)들은 항상 한 개인의 주변에서 유행하고 있다. 이처럼 사문성이 반영된 특정한 연월일시가 되면, M형에게는 긍정적인 기운으로 작용하게 되며, 특정한 시기에 결합이 발생할 경우, 한 개인에게는 성장의 기회가 된다.

이러한 음양오행론적 상징 관계는 동아시아 자연학에서 상징치료(symbolic healing)의 한 양상으로 액(厄)을 막는 행위와 연관될 수 있다. 예를 들면, 비보풍수(裨補風水)나 인상(人相)의 교정, 개명(改名), 부적, 주문기도 등과 같은 주술적 활동을 꼽을 수 있다.[20] 까

20) 巳文星은 干支로 巳火이다. 巳火는 시간은 물론 공간, 특정한 사물이나 사태를 광범위하게 상징하고 있기 때문에 이러한 상징치료적 행위가 원론적으로 가능하다.

르마에토스는 이러한 상징치료를 포함한 치료체계인 키트(KEAT, Karma Ethos Art Therapy)를 개발하여, 성장과 발전을 위한 전략을 제시하고 있다.

키트는 각 수준의 퍼슨 수트를 참고하여 그 퍼슨 수트에 맞는 자기성장을 돕는 까르마에토스의 성장발전 프로그램이라고 할 수 있다. 이것은 전통적으로 나를 찾아가는 하나의 길에 비유할 수 있다. 멀 수도 가까울 수도 있는 자신을 찾아가는 길이 그 자체로 키트이고, 최종목적지에 이르기 위해 반드시 챙겨야 할 필수도구가 키트이다.

4) 퍼슨 수트와 키트(KEAT)의 체계

(1) 예술과 삶의 전체성

까르마에토스 예술치료(Karm Ethos Art Therapy)는 줄임말로 키트(KEAT)라고 부른다. 까르마에토스에 따른 성격유형은 수평적으로는 4가지 유형(M, F, T, A)이 있으며, 각 유형에는 까르마의 결합구조와 자신에 대한 이해도에 따라 수직적으로 놓인 5가지의 수준(최상, 통합, 평균, 비통합, 병리) 즉 퍼슨 수트들이 있다. 예컨대, M타입에 속했어도 5벌의 옷이 있기 때문에 독특한 성격으로 분화되는 것이다. 그런데 수평적인 4가지 타입은 변하지 않지만, 수직적인 퍼슨 수트들은 변할 수 있다. M타입의 사람은 태어나서 죽을 때까지 변하지 않지만, '선택'에 의해 높은 수준의 퍼슨 수트에 도달할 수 있고, 낮은 수준에 머물 수도 있는 것이다.

5가지 수준은 계층적으로 놓여 있으며, 아래에서 위로, 낮은 수준에서 높은 수준으로 변형할 수 있고, 혹은 위에서 아래로, 높은 수준에서 낮은 수준으로 전락할 수도 있는 변화가능성을 가지고 있다. 변형한다면 맵시 나는 더 좋은 옷을 입는 것이고, 전락하면 좋은 옷을 벗고 형편이 좋지 않는 칙칙한 옷을 입게 된다. 이런 의미에서 키트는 변형을 유도하고 전락을 방지하는 자기성장과 발전을 위한 특수한 목적을 가진 체계이다. 그래서 키트는 성장과 발전을 위한 심리학의 실천 체계 혹은 심리치료, 옛스러운 언어로 말하자면 수신(修身) 혹은 수양(修養)을 위한 길이라고 할 수 있다. 말하자면 키트는 우리가 삶을 어떻게 변화시킬 수 있는지, 툭 터놓고 말하면, 어떻게 '더러운 팔자'를 고칠 수 있는지에 대한 하나의 대답이다. 그래서 따라 가야하는 길, 곧 도(道)이다. 자기 자신을 닦는 길(the way of self-cultivating), 수신지도(修身之道)가 키트라 할 수 있다.

더 나은 존재로 살아가고픈 존재의 내부에서 고동치는 욕망을 꿈이 아닌 현실로 만드는 방법(길)이 키트이다. 그런데 대부분 우리는 결핍되어 있고 부족하고 불완전하다는 의미에서 고통(suffering)을 받고 있는 존재이기 때문에, 이 고통을 겪는다(patient)는 의미에서 심리치료의 범주로 키트를 이해할 수 있겠다. 키트는 수신이라는 자기성장의 개념을 포함하고 있기 때문에, 심적 고통과 상관성을 가진 심리치료의 개념만으로는 온전히 해결할 수 없는 너른 의미를 가지고 있지만 말이다. 키트가 심리치료의 하나로 생각되는 것은 잠정적이고 방편적인 것이라 할 수 있다.

키트에서 말하는 예술(art)이란 기존 심리치료의 하나인 예술치료의 예술 개념과 같고도 다른 점이 있다. 같은 점이란 예술의 본성에 치료의 핵심이 담겨 있다는 사실을 강조하는 것이고, 다른 점은 기존의 예술치료는 키트와 달리 예술을 테크닉의 측면에 한정하고 집중해서 이해하고 있다는 점이다.

예술에 대한 우리의 기본적인 선입견을 검토하면, 그것은 근대세계의 3대 가치인 진선미(眞善美) 가운데 미(美)에 속하는 것이며, 특히나 기술이나 공예와는 차원을 달리하는 미 그 자체를 탐색하는 독자적 영역으로 인식하고 있다. 그러나 '아트'에는 본래부터 예술과 기술의 구분이 정해져 있지 않다.

우리가 쓰는 예술이라는 말은 영어의 아트(art)를 옮긴 것이고, 이는 그 이전 시기의 라틴어 아르스(ars)에서 온 것이다. 그리고 아르스는 더 이전 시기 그리스어 테크네(τέχνη, techne)에서 온 것이다. 테크네는 지금 쓰는 테크닉(technic, 기술)이라는 말의 어원이기도 하지만, 그 뜻에는 기술과 아트(art)의 뜻이 합해져 있다. 시인이 시를 짓거나 장인이 베틀로 옷감을 짜는 것이 모두 테크네이며, 아르스이고 아트이다. 시는 예술의 산물이고 옷감은 기술의 산물로 나누어지는 것이 아니다.

본래적 의미에서 테크네는 일종의 작업 기술이며, 이 작업은 사물을 있는 그대로 드러내는 작업을 가리킨다. 그래서 테크네의 의미를 온전히 계승했을 때, 아트란 말은 일상의 눈에 가려져서 드러나지 못한 사물 그 자체가 가진 참된 모습을 볼 수 있게 해주는 작업, 즉 참된 무언가를 만드는 행위가 된다.

그런데 왜 일상의 눈은 있는 그대로를 보지 못하는가? 왜 일상은 사물의 실상을 가리는가? 일상은 우리의 삶이 영위되는 안정과 평화의 토대라는 점에서는 위대하지만, 일상은 참신(斬新)함보다는 진부(陳腐)와 식상(食傷)이 만연한 장소이기도 하다. 우리의 삶은 일상과 이를 벗어나는 모험, 질서와 혼돈의 두 극을 주기적으로 오가는 근원적 상관성으로 이루어져 있다.

예술은 일상의 안정과 질서에 대해서 변화와 혼돈의 편에 더 가깝게 서 있다. 그래서 예술은 진부와 식상으로 변질되어 가는 삶의 맛(멋, 흥미, 재미)을 거부하고, 삶을 새로운 흥미(interesting)와 관심(interest)으로 다시 채우고자 한다. 이 때문에 예술이 자주 일상의 틀을 부수는 파격과 기이함을 동반하는 이유이다. 하지만 예술은 일상을 떠나지만 일상으로 복귀한다. 앞의 일상은 새로움을 상실한 죽은 듯한 일상이고, 뒤의 일상은 새로 태어난 일상이다. 낮에서 밤으로, 다시 밤에서 낮으로 가듯이, 예술과 일상의 관계는 근원적인 상관성을 가지고 있다.

삶이 일상의 안정과 질서만을 고수하고 예술의 파격과 혼돈을 거절하면, 삶은 전체가 아닌 부분이 되기 쉽다. 부분은 왜곡이며 편파이다. 삶은 전체인데 부분으로 보려들기 때문에, 삶을 채우는 있는 그대로의 사건과 사물을 보지 못한다. 예술은 부분이 아닌 전체를 위해 기여한다. 테크네의 전통 속에서, 일상이 빠지기 쉬운 편견과 왜곡, 은폐의 전략을 비판하고, 진부와 식상으로 시들어가는 삶에 풍미(風味)를 더해 준다. 풍미가 있는 일상이 전체를 획득하는 삶이다. 키트 안에 포함된 아트의 의미가 이렇다.

(2) 고(苦): '참을 수 없는 존재의 지겨움', 이고득락(離苦得樂)

휴먼 에토스 즉 인간은 생래부터 무명(無明) 탓에 사물과 사건을 있는 그대로 보지 못한다. 무명의 바람(無明風)은 맹목적인 업력을 낳고 업력에 대한 무자각은 업력의 무자비한 힘에 이곳저곳 정처 없이 날리는 검불과 같은 삶을 만든다. 검불의 삶은 고통이며, 근원적으로는 무명의 삶이 고통이다. 키트에 담긴 아트의 의미에는 세존의 가르침이 확고하게 녹아들어 있다. 그것은 고(苦)로 옮겨지는 산스크리트어 두카(duḥkha)로부터 시작된다.

두카의 뜻은 고통(suffering), 불안(anxiety), 불만족스러움(unsatisfactoriness) 또는 스트레스(stress) 등으로 옮길 수 있다. 그런데 동아시아는 그것을 미각에서 온 고(苦)로 옮겼다. 이것은 매우 깊은 생각이 담긴 번역어이다.

고(苦)는 씀바귀나 오이꼭지처럼 쓴 맛을 가리킨다. 쓴 맛은 신고(辛苦)처럼, 매운 맛과 짝을 잘 맺는 불쾌한 맛이다. 그런데 이 맛은 삶의 맛이다. 그 삶이 맵고 쓰다면, 이것은 달고 좋은 맛이 가리키는 삶과는 다른 삶을 말한다.

고란 조직의 쓴 맛이 아닌 삶의 쓴 맛이다. 삶의 쓴 맛은 살고 싶은 의욕이 생겨나지 않는다는 것을 의미한다. 의미(意味)조차 맛이다. 삶의 쓴 맛은 의미 없는 삶이다. 살맛이 안 나고, 폼(멋)도 안 나고, 흥미가 없고 재미도 없다. 단지 죽지 못해서 하루하루를 연명하는 재미없고 무의미한 뼈저린 삶의 실존을 구체적인 미각의 언어로 옮긴 것이 고이다.

통합심리학의 창시자 켄 윌버는 고를 사우어(sour)로 생각했다.[21] 사우어는 삶이 지겹고, 시큰둥하고, 생기를 상실해서 시들한 상황을 가리키는 말이다. 싯달타 태자의 출가가 고(一切皆苦)를 자각한 뒤

21) K. Wilber, Odyssey, Collected works of Ken Wilber, Vol.II, Boston: Shambhala, 1999, p.18.

에 시작된 사건이라면, 고는 무겁고 진중한 말이기는 하나 우리네들의 보통 삶에서도 알아챌 수 있는 '참을 수 없는 존재의 지겨움'으로 이해할 수 있을 것이다. 태자는 이 지겨움으로부터 벗어나자 세존이 되었다. 이고득락(離苦得樂)한 것이다.

이처럼 키트에 담긴 아트는 존재의 지겨움을 벗어나는 것이며, 한편으로는 삶에 다시 재미와 흥미를 불러일으키는 것이라는 이고득락의 맥락을 가지고 있다. 그래서 키트는 존재의 지겨움에 깊이 침윤되어 있을수록 그의 퍼슨 수트가 성장의 아래쪽에 위치하고, 존재의 지겨움을 벗어날수록 성장의 위쪽에 위치한다고 보고, 지겨움과 고통과 재미없음과 시들음에서 그 반대의 방향으로 달아날 수 있는 길을 제시한다.

키트는 불건강의 언덕에서 건강의 언덕으로, 불건전의 언덕에서 건전의 언덕으로 건너가는 배와 같은 것이다. 무엇보다 쓰디 쓴 지겨운 삶에서 재미가 있는 감칠 맛 나는 삶으로 변화하는 영약(靈藥) 같은 것이다. 존재의 지겨움에서 존재의 환희로 가는 비밀의 길이다. 키트를 만남은 본래부터 가지고 있었으나, 한 번도 울려본 적이 없는 내 안의 깊은 곳에 있던 현(絃)을 건드리는 절호의 기회이다. 날아 본 적도 울어 본 적도 없던 새가 새장을 벗어나 천상의 울음을 울게 만드는 일대 사건이다.

(3) 키트의 목표와 K-콘텐츠

키트의 목표는 5가지 퍼슨 수트의 수준을 향상시키는데 있으며, 모두 4단계로 설정되어 있다. 아래 수준에서부터 위의 수준으로 각각 키트-1("키트 일" 또는 "키트 원"으로 읽는다. 이하 마찬 가지), 키트-2, 키트-3, 키트-4 등이 있다. 줄임 표현으로 K-1, K-2, K-3, K-4로 나타낸다. 각 단계의 키트에는 다양한 치료적 개입이 존재한다. 이를 '키트 콘텐츠(KEAT Contents)' 또는 K-콘텐츠라고 부른다.

수준	퍼슨수트
초(超)개인	최상
초(超)개인 +개인	통합
개인+ 전(前)개인	평균
전(前)개인	비통합
전(前)개인	병리

키트의 목표	K-콘텐츠
K-4. 자기+세계=무아 (無我)	좌선, 명상, 기도 독경, 챈트, 정신통합
K-3. 자아+신체=자기 (self)	심리치료, 실존치료 표현예술치료, 철학치료
K-2. 페르소나+그림자 =자아(ego)	심리치료, 인지치료, 그림자작업, 놀이치료
K-1. 페르소나/그림자: 약한 자아	인지행동치료 신경생리적, 약물요법

〈표68〉 키트 콘텐츠(KEAT Contents) 또는 K-콘텐츠

키트는 퍼슨 수트의 수준을 높이는 방법이기 때문에, 아래의 수준에서부터 위로 향하는 4가지 목표를 가지고 있다. 대다수 사람들이 가진 퍼슨 수트는 비통합과 평균 수준의 사이에 걸쳐 있는데, 여기에서는 자아(ego)의 건전성 여부가 중요하다.

K-1의 목표는 아직은 자아강도(ego strength)가 충분하지 않기 때문에 약한 수준에서 자아를 구축하는 것이다. 자아강도란 내적인 충동에 압도되지 않고, 외부 세계의 이해나 지각이 객관적이고, 갈등

을 관리할 수 있으며, 어떤 일을 계획하고 관리하며 선택을 통해 실행하는 능력을 갖춘 상태를 말한다. 까르마에토스의 관점에서 보자면, 자아를 중심으로 한 그의 퍼슨 수트가 기본적으로 사회적 상호작용이 가능한 수준을 말한다.

그런데 병리 수준의 퍼슨 수트는 자아강도가 현저히 낮아서, 어린이와 같은 미성숙 혹은 유치한 자아를 가진 것에 비유할 수 있다. 그래서 자아를 약한 수준에서나마 구축하는 것이 K-1의 목표가 된다. 사회적인 가치를 내면화하여 형성하는 페르소나를 구축하는 것이 일차적으로 필요하다. 이는 삼독의 독성이 현저한 상태이기 때문에, 심리치료적인 개입은 약물요법이나 신경생리적 접근을 고려할 수 있고, 인지행동치료가 효율적이다.

K-2는 이른바 거짓 자아라고 할 수 있는 페르소나와 의식의 주변부로 밀려나거나 억압되어 소외된 그림자(shadow)의 통합을 통해 자아를 강화하는 목표를 가지고 있다. 퍼슨 수트로는 통합에 실패한 비통합 수준과 평균 수준에 걸쳐 있다. 특히 여기는 '마야 콤플렉스존(환영 지대)'으로 불리는 곳인 만큼, 대부분의 사람들이 이에 관련된 만성적인 심리 문제들을 가지고 있다.

그림자는 본래 정당한 나의 에너지였으나, 억압이나 회피로 인해서 나로부터 소외되어 마치 타자가 되어버린 에너지이다. 이 에너지가 커지면 일상의 의식은 부분적으로 변하고, 특히 타인의 시선에 영향을 받고, 사회적으로 용인되는 성격인 페르소나와 갈등이 커지게 된다. 보통의 신경증은 이러한 상태에서 빈번해진다. 페르소나와 그림자가 통합되면 건강한 자아를 회복할 수 있다. 치료적 개입은 정신분석적 심리치료, 분석심리학의 그림자 작업 등이 대표적이다.

삼독의 기가 차츰 자등명과 법등명의 방식으로 변형되는 지점이다. 그러나 아직 이러한 전략이 완전히 유효하지는 않다.

K-3은 자아의 성장과 발전이라는 뚜렷한 목표를 가지고 있다. 자아는 실제로 내면을 가리키는데, 이는 내면과 대응하는 외면을 고려하지 않은 개념이기도 하다. 철학적으로 이는 인간 존재를 가리키는 마음과 몸, 정신과 신체의 이원론적 실체에 대응한다. 자아는 마음이며, 마음은 신체를 가치적으로 저급하고 더 하위적인 것으로 취급하기 쉽다. 이것은 흔히 마음이 신체를 억압하는 병리적 구조를 만들어 낸다. 마음은 신체의 기호(嗜好)인 욕망을 자주 부정하는 경향이 있다. 그러나 신체의 기호는 하늘이 부여한 자연스러운 욕구이며 욕망이라고 할 수 있다.

성욕은 식욕처럼 자연스러운 것이고, 그 반대도 마찬가지이다. 또한 식욕은 오관(五官)의 감각적 욕구처럼 자연스러운 것이다. 그 반대도 마찬가지이다. 본래 존재의 위계나 인간의 발달에 있어서 물질에서 신체가 나오고 신체에서 욕구와 감정, 생각하는 마음이 출현했다. 물질은 신체보다 더 오래되고 신체는 욕구와 감정, 마음 보다 더 오래되었다.

자아는 자신이 깃들어 있는 신체와 싸우기를 멈추고, 신체는 자아로는 완전히 제어되지 않는 자율적인 본성을 가진 존재라는 것을 인정하는 것이 중요하다. 새것과 오랜된 것이 다투지 않고 공존하는 것이다. 이렇게 해서 내면의 자아와 그것이 깃든 외면의 신체가 서로를 수용하고 조화를 이루는 것은 심신일여(心身一如)의 가치를 달성하는 것이다. 이를 자기(self)의 구축이라고 할 수 있을 것이다.

K-3은 흔히 자연과 조화를 이루고 사는 생활양식으로 나타나기

쉽다. 통합수준의 퍼슨수트는 몸과 마음의 조화를 목표로 한다. 치료적 개입은 실존주의적, 인본주의적인 접근이 유효하고, 최근 등장한 철학치료 등을 꼽을 수 있다. 자기자신의 의미가 모호한 채로 있다가 비로소 분명하게 느껴지고 인식되는 의미 있는 기점이다.

자등명과 법등명의 전략이 차츰 빛을 발하는 시기이다. 좋은 별의 기운이 나쁜 별의 기운을 제어하는 힘이 더 커지는 단계라고 할 수 있다.

K-4는 자연과 조화를 이룬 심신일여의 인간 즉 자기가 스스로의 한계를 더욱 벗어나서, 자연과 하나가 되는 천인합일(天人合一)을 목표로 하고 있다. 천인합일이라는 신비주의적인 표현이 문제라면, 자기의 경계가 더욱 넓어져서 외계의 사물을 내 몸과 마음처럼 수용하는 단계를 가리킨다. 자아와 자기를 이루는 아(我)의 경계가 없어졌다는 의미에서 무아(無我)라고 할 수 있을 것이다. 트랜스휴먼, 트랜스퍼슨 등의 개념과 상응한다.

삼독을 충분히 제어하고, 이를 변형할 수 있는 단계이다. 비록 나쁜 별들이 있지만 더 이상 힘을 발휘할 수 없고, 좋은 별들이 힘을 발휘한다. 퍼슨 수트의 최상 수준이다.

치료적 개입은 좌선, 기도와 명상 등이다. 타율보다 자율의 힘이 더 크기 때문에, 개성적인 접근이 가능하다.

K-4를 넘어서는 퍼슨 수트가 없다. 퍼슨 수트가 없으면 더 이상 인간이라 불리지 않는다. 불인(弗人)이다. 까르마의 업력을 소진하였기 때문에, 윤회의 삶이 더 이상은 없다. 나는 더 이상 세상과 경계를 짓지 않으므로, 결국은 나도 없으며 세상도 없다(고 한다).

퍼슨 수트의 입장에서 본다면, 성장과 발전이란 삼독의 힘으로부터 벗어나서 삼독을 제어하고 변형하는 것이다. 이것은 삼학의 힘을 개입시키는 것을 의미하며, 변형과 전략의 문제가 결국은 여기에 있다.

K-1부터 K-4까지 삼독의 존재는 사라지지 않는다. 더불어 삼선도의 업도 사라지지 않는다. 그것들은 옷감 즉 에너지이기 때문이다. 에너지는 변형되는 것이 바람직하다. 키트의 4단계에서 탐진치의 에너지를 변형시키는 것이 중요하다.

(4) 에너지의 변형과 K-콘텐츠

탐진치를 까르마의 에너지로 이해하면, 탐(貪)은 인력처럼 대상을 끌어당겨 자기화하려는 힘이다. 진(瞋)은 척력처럼 대상을 밀어내고 파괴하는 힘이다. 그리고 치(痴)는 목적이나 의도를 모르는 무의식적이고 맹목적인 힘을 가리키고 있다. 탐의 대칭은 계(戒)이며, 계는 사회적 상호작용의 근저가 되는 타인과 건전한 관계를 맺는 힘이다. 진의 대칭은 정(定)이며, 정은 바른 주의와 절제를 통해 내면과 외면의 조화를 이루는 힘이다. 치의 대칭은 혜(慧)이며, 혜는 관계지어진 즉 연기된 세계를 파악하는 힘이다.

모든 키트의 단계는 자등명과 법등명의 전략을 취하는 것이 원칙이다. 그래서 추하고 악한 에너지가 발휘되는 통로를 차단하는 것이다. 에너지는 사라지지 않지만, 차단 그 자체가 추한 에너지의 변형을 가리킨다. 추하고 악한 에너지는 아름답고 선한 에너지의 지배 아래에 있을수록 변형된다. 이를 이해하기 위해 경전의 이야기에 귀 기울여 보자(앞서 『밀린다팡하』의 예).

추하고 악한 까르마의 에너지는 돌과 같아서 그것은 모래처럼 작을지라도 물속으로 가라앉는 무게를 가지고 있다. 우리의 내면은 아무리 미세한 까르마라도 사라지지 않고 작동하고 있다. 모래가 그러할진대 돌이나 바위는 더 말할 것도 없을 것이다. 그러나 모래보다 큰 돌이나 그보다 더 큰 바위인데도 물속으로 가라앉지 않는 경우가 있다. 탱크를 싣고도 끄떡없는 배를 보라! 관건은 아름답고 선한 에너지가 내면에 확고한 구조로 자리잡을 때, 추하고 악한 까르마는 힘을 쓸 수 없다는 사실이다. 그래서 삼선도(삼미도)는 피안(彼岸)을 건너는 반야선(般若船)의 모양을 하고 있다.

예컨대 진간성의 추한 에너지는 아무런 제어가 없을 때가 가장 강하다. 모래만큼 작은 형태라도 성격과 운명에 큰 영향을 미친다. 그러나 자등명과 법등명에 따라 불도의 자귀성이나 선도의 에너지에 의해서 변형될 수 있다. 즉 선도의 에너지가 그의 성격에 구조로 자리잡는다면 진간성의 흉의는 변형된다. 진간성은 아무런 제어가 없는 상태 즉 퍼슨 수트의 아래 단계에서는 교활한 특성을 보이지만, 삼선도가 개입되어 구조화되는 퍼슨 수트 윗 단계에서는 융통성으로 변형된다. 이러한 변형을 위해서 진간성은 수라도가 인도 및 불도와 맺는 구조적 관계와 선도의 힘을 이용해야 한다. 즉 계(인도), 정(선도), 혜(불도) 등의 에너지를 유입시켜야 하는 것이다.

귀도는 자등명 전략에 따라 선도의 주의와 유희를 중심으로 하는 키트, 법등명의 전략에 따라 인도의 이해를 중심으로 하는 키트 등을 개입시킴으로써, 변형되고 전락을 방지한다.

수라도의 경우는 자등명의 전략에 따라 인도의 이해를 중심으로 하는 키트와 불도의 공감 중심의 키트를 개입시키고, 법등명의 전략에 따른 선도의 주의와 유희를 중심으로 하는 키트를 개입시킨다.

축도의 경우는 자등명 전략에 따라 선도의 주의와 유희를 중심으로 하는 키트, 법등명의 전략에 따라 불도의 공감을 중심으로 하는 키트 등을 개입시킨다.

탐의 에너지는 상대를 고려하지 않는 자기중심적인 방향으로 흐르기 때문에, 인도의 합리적 이해를 증진시키는 K-콘텐츠를 이용한다. 가장 중요한 것은 대화(對話)이다. 대화는 상대와 연대를 통한 일체감을 느끼지 않으면 불가능하다. 대화는 말을 걸고 말을 들으며 글을 쓰고 글을 읽는 행위를 상징적으로 포함한다. 이러한 대화중심의 K-콘텐츠는 만들고 그리는 기본적 표현 행위에서부터, 정신분석학의 본래 이름인 대화치료(talking cure), 글을 써서 생각을 정돈하고 불후의 경전(經傳)을 읽는 것까지, 너른 분포에 걸쳐 있다. 특히 언어의 연마가 더욱 중요하다. 같은 대상이지만 이를 달리 표현하는 언어의 세계를 접할수록 아(我)와 비아(非我)의 경계를 무너트리게 된다. 경계가 없어질 때 자유를 얻는다. 경계가 있는 곳에는 항상 분쟁이 생겨나기 때문이다.

선도의 주의는 선정(禪定)의 전통에서 온 것이다. 그런데 여기에는 유희의 영역도 포함되어 있다. 아수라는 전쟁의 신이지만, 그의 내면이 수렴되고 평안을 찾을수록 천상의 신과 같아진다. 천상의 신이 누리는 평온과 환희를 자기로부터 소외시키자 아수라가 되었기 때문이다. 타락천사가 아수라이다. 그런데 경전을 가득 메운 천상의 유희란 오관을 즐겁게 만드는 향락이다. 소리, 향기, 맛, 촉감 등이 최고조로 만족스러운 곳이 천상이다. 그래서 유희적 활동과 유희에 바탕을 둔 K-콘텐츠가 여기에 속한다. 진의 거친 에너지를 변형시킬 수 있는 영약이다.

근육을 사용하는 스포츠처럼 신체의 활동을 통해 기쁨을 맛보는 콘텐츠나 동작치료에서부터, 감각의 퀄리티를 최고조로 유지하는 여러 예술 활동과 한 가닥의 호흡이라도 놓치지 않는 명징한 명상, 범사에 감사하는 고요와 겸허 속의 기도와 우레 같은 침묵의 좌선(坐禪)에 이르는 너른 분포를 가지고 있다.

불도의 공감은 자비에 기반을 둔다. 공감을 다루는 K-콘텐츠가 여기에 속한다. 또한 불도는 "관계되지 않는 우주란 없다"라는 사실을 체득하는 것이기 때문에, 인도의 합리적 이해와 다르고, 그것의 심층적인 기반이 되는 공감적 이해를 가리킨다. 내면과 외면을 일치시키는 실천, 언행일치의 습관에서부터, 관계되어 있는 삶 전체에 대한 이해와 구체적인 증거 모으기, 절정경험이나 고원 경험을 포함한 신비주의 체험과 이를 이끄는 여러 기법들까지 너른 분야가 있다. 그런데 이들로부터 생겨난 아름답고 선한 에너지를 구조화하기 위해서는 옛 전통의 방식이 적절하고 유효하다. 자각을 위한 명상과 기도, 이에 바탕을 둔 현대의 여러 심리치료적 명상 수련 등이 K-콘텐츠로 구성된다.

K-콘텐츠의 구체적인 내용은 그 세세한 면모를 살피기 위해서 다시금 방대한 영역을 다루어야하기 때문에, 여기서는 대체적인 방향만을 제시했다. 이 정도만이라도 기존에 성립되어 있는 치료적 개입들을 어떻게 효과적으로 적용할 수 있는지에 대한 윤곽이 제시되는 기회가 될 것이다.

키트는 자비의 화신인 아발로키테슈바라(觀世音菩薩, avalokiteśvara)의 소원이자 중생의 소원인 "원아속승반야선(願我速

乘般若船, 원컨대 빨리 지혜의 배를 타게 하소서), 원아조득월고해(願我早得越苦海, 원컨대 빨리 고해의 바다를 건너게 하소서)"라는 서원(誓願)을 계승하고 있다. 비록 무거운 숙업을 지고 있더라도, 아름답고 선한 에너지가 모여서 고인다면, 멋진 퍼슨 수트를 입고 유감없는 삶을 살 수 있다.

칠흑 같은 어두움일수록 저 먼 우주 한 곳에서 내리는 한 줄기 별빛은 나가야 할 방향을 더욱 잘 안내해준다. 한 번씩 다시 한 번씩 더하고, 한 줄기에 보태진 또 한 줄기의 빛을 소홀하게 여기지 말고 귀하게 여겨서 내면에 축적해 가다보면 이윽고 '쓴 바다'를 건널 수 있다. 이는 수 천년 전, 우주의 정원에 매달린 과실을 맛본 자들이 앞을 다투어 전하던 복음이며, 두드려도 깨지지 않는 약속이고, 사라지지 않는 불멸의 증언이다.

5) 키트 적용 사례분석

다음은 까르마에토스의 유형에 입각해서 진행한 상담과 키트(심리치료)를 적용한 4가지 실제 사례이다.

(1) M타입의 사례

내담자는 50대 중반을 지난 남성이며, 부인과 이혼하고 슬하에 아들을 키우면서 신발을 수출하는 해외 무역 사업을 하고 있다. 아들의 대학 진학 문제로 심한 갈등을 겪은 후, "아들과 어떻게 관계를 가져야 하는지, 정말 고통스럽다"라며 분명한 스트레스 요인을 전달하면서 상담이 성립되었다.

(男) 1969년 12월 29일 오전 8시(辰時)

태어난 연월일시를 간지(干支)의 부호로 전환하면 다음과 같은 명식이 성립된다.

酉 申 子 辰

본명성(本命星)은 유(酉)이고, 이는 생초로 닭띠이다. 까르마에토스의 M타입에 속한다. 완전태가 아니라 불완전태(잠재태)이고, 하위로는 신(申)과 자(子)와 진(辰)의 A타입이 결합되어 있기 때문에, M-a의 복합형을 이루고 있다. 이는 M과 A(a)의 특성이 혼합되어 있다는 의미이다.

M타입은 감각이 뛰어나기 때문에 사물의 외형이 주는 인상을 잘 파악하고 이해하는 경향이 있다. 여기에 A타입의 감정 기능이 결합해 있기 때문에 파악과 이해에 더해서 가치 평가도 강하게 한다. 보고 듣는 것의 내용을 잘 이해하고, 여기에 좋고 싫은 것을 분명하게 구분한다. 유인성의 무관심한듯한 겉모습과 A타입의 특징인 신중하고 차분한 모습이 결합되어, 약간은 차가운 인상을 가지고 있다.

별(성신)의 구조를 보면, 유인성은 자귀성과 갈등하고 있다. 유인성과 신고성 및 진간성은 부정적 에너지의 근원이며, 자귀성이 홀로 긍정적 에너지를 발산한다. 다행히 불도 자귀성이 있지만, 유인성의 기운과 충돌하고 있으며, 더구나 진간성의 파괴적인 에너지가 있기 때문에, 불도의 기운이 온전하게 발휘되지 못하고 있다. 인도 신고성도 유인성에게 도움을 크게 주지 못하는 탓에 온전한 에너지를 발출하기 어려운 구조이다. 유인성과 진간성 같은 부정적인 기운이 세력을 가지고 있고, 인권성과 자귀성 같은 긍정적 기운이 상대적으로 눌려 있다.

이러한 구조에서는 주로 유인성의 냉정한 특성이 드러나고, 여기에 진간성의 교활한 특성이 가세를 한다. 더욱이 유인성과 진간성은 합(合)의 관계이기 때문에 부정적 기운이 배가되어 있다. 진간성의 영향으로 인해 내면의 분노와 공격적 태도가 항상 잠복해 있으나, 이를 감추고 위장하는데 뛰어나기 때문에, 이러한 특성은 표면적으로 잘 드러나지 않는다. 신고성의 합리적인 성분은 부정적으로 발휘되어 다소 위선적인 태도가 몸에 배기 쉽다. 유인성의 냉정한 태도는 공감이 결여된 축도의 특성을 드러내기 때문에 비록 침착한 태도를 보이고 있지만, 타인을 '가슴'으로 수용하지는 않는다.

실제 대화 과정은 상대와 상호작용을 하는 것처럼 보이지만, 상대의 말에 작은 실수나, 근거가 부족한 것을 단서로 삼아서, 상대의 대화를 무시하고 대화의 주도권을 쥐려한다. 그러나 이러한 전략은 잘 위장되어 있어서 심층적으로 분석하지 않고는 파악하기 어렵다. 상대에 대한 이해와 관심의 제스처를 잘 보이기 때문에 호인(好人)으로 보이나, 자신의 주장을 관철하기 위해 상대를 무력화시키는 다양한 전략을 구사한다. 아수라도 진간성의 특징이 발휘되는 것이다. 그래서 대화는 피상적이 되기 쉽고, 내담자는 자신의 내면을 돌아보는 자각의 기회를 스스로 박탈하게 된다.

자녀와 진학 문제로 갈등을 겪으면서 심적 고통을 느낀다는 호소는 우연한 일상의 계기로 인해 자신의 부정적인 특성이 증폭되어 드러난 것일 뿐, 퍼스낼리티 특성 구조가 변하지 않으면 언제든 생겨날 수 있다. 비즈니스 상황이나 피상적인 만남일 경우에는 상대에게 좋은 인상을 주는 것에 자주 성공하지만, 진솔한 대화가 필요한 상대와 친밀한 관계를 맺는 것은 취약하다.

상담의 주제였던 아들과의 갈등상황은 성적이 부진해서 대학진학이 어렵게 된 곤경을 벗어나기 위해, 외국 유학을 결정했다는데서 생겨났다. 유학 결정은 외국어 성취에 대한 자신감이 없고 의지도 강하지 않은 아들의 실제 상황과 의사를 충분히 고려하지 않고 이루어진 것이다. 단지 아빠의 의견이 달콤했고, 아들은 그것을 눈치채지 못했을 뿐이라, 일방적이지 않은 것처럼 보였을 뿐이다. 아빠 역시도 상황에 대한 객관적 판단을 가지고 있었지만, 마치 이를 망각한 채 자신의 주장을 관철시켰다. 이는 아들의 입장을 공감하지 못하는 축도 유인성의 부정적 에너지와 진간성의 임전불퇴(臨戰不退)의 특성이 낳은 결과였다.

이러한 상황은 자신의 심리적 자원인 신고성과 자귀성을 돌아보지 않았기 때문에 생겨난 것이다. 비록 부정적 에너지로 인해 충분한 힘을 가지지 못했지만, 좋은 별의 에너지는 없어지지 않는다. 썩어도 준치이다.

본인의 사업에서는 인도 신고성의 합리적 이해가 힘을 발휘해서 사회의 트렌드와 사업의 장기적 전망을 잘 파악하고 있다. 또한 외국어 구사 능력이 뛰어난 것은 사업 발전에 큰 장점이 되고 있다. 자신의 가족과 지인에 대한 애틋한 공감이 적지 않고, 익명으로 종교기관에 자선을 베푸는 선행을 하고 있다. 평소 아들의 마음을 공감하고 잘 돌보는데 소홀하지 않는 자귀성의 특성이 있었음에도, '특정한 상황'이 닥치자 자귀성이 무력화되었기 때문에, 이러한 문제가 생겨난 것이다.

바로 이 '특정한 상황'을 견디어 내는 힘은 부정적 까르마를 싣고 삶이라는 고해를 건너갈 수 있는 튼튼한 배를 건조하는 것에서 나온다. 지금까지 고해를 잘 건너왔지만, 견고하게 배를 만들지 않는다면, 작은 변화에도 배는 흔들리고 물에 가라앉고 좌초할 수도 있는 것이다. 고해는 모든 것을 삼키는 부정적인 무의식의 바다이다.

만일 긍정적 에너지를 만들지 못하면 즉 자신에 대한 자각이 부족하다면, 특정한 상황은 어느 곳에서든지 빈번하게 출현할 것이다. 잔잔한 바다라면 그럭저럭 배는 항해를 하겠지만, 폭우와 노도가 밀려드는 비상 상황이 생기면, 취약한 구조는 당장에 문제를 드러내지 않을 수 없을 것이다. 아들과 마주친 갈등은 비상 상황이었다. 비상 상황을 견지지 못하고 난파 직전까지 이르렀다.

내담자의 퍼슨 수트는 평균 수준과 비통합 수준을 출몰하고 있었으나, 비상 상황에는 비통합 수준으로 떨어지고 말았다. M타입 '비통합 수준'의 퍼슨 수트는 '의심쟁이'의 특성을 보인다. 자신의 눈에 있는 들보는 보지 못하고 타인을 탓하기 쉽다. 매사 투덜거리며 자신의 주관에 벗어나는 증거는 모두 부정하게 된다. 자신에게 과도하게 집중하면서 점차 경계가 축소되고, 설 자리가 적어지게 되는 것이다.

키트는 취약한 구조를 개선하여 견고한 구조로 변형시키는 것이 목적이다. 그래야 유인성과 진간성 및 신고성의 에너지가 기승을 부릴 수 없을 것이며, 나쁜 에너지가 좋은 에너지에 실리면서 놀라운 변형이 일어난다.

먼저 부정적 에너지가 제 힘을 발휘할 수 없도록 자등명과 법등명의 전략을 실시한다. 비유하자면, 부정적 업은 고해를 건너는 배에 실린 무거운 바위인 셈이다. 바위는 자업자득의 결과이므로 제거할 수 없다. 다만 배를 견고하고 튼튼하게 만드는 수밖에 없는 것이다. 그래야 풍우와 노도의 비상 상황에서도 침몰하지 않고 견딜 수 있다. 업이 두터우면 그만큼 크고 많은 바위를 지고 가야하는 것이다.

그러나 다행히 이 남성은 자귀성의 자원을 갖추고 있다. 그래서 키트의 개입 이전에도 이미 20여 년간 단전호흡을 하고, 스포츠(골프)에도 오랜 시간 공을 들였다. 이러한 무의식적 움직임은 좋은 별의 에너지가 발출되면서 생겨난 일상의 변화이다. 아직 자신에 대해 자각하지 못했으므로 무의식적이고 우연한 것으로만 여겼을 뿐이다.

키트의 개입은 유인성과 진간성의 부정적 에너지를 제어하기 위해 선도에 주목한다. 비록 신고성도 부정적인 에너지를 갖고 있지만, 여기서는 그 힘이 크지 않았다. 평소 비지니스에 집중하면서 인도의 합리성을 많이 개발했기 때문인 것으로 보인다. 유인성은 삼합관계의 사문성의 에너지가 필요하고, 수라도의 진간성은 선도가 영약이기 때문이다. 선도를 중심으로 하는 K-콘텐츠는 낮은 수준에서는 몸을 쓰는 스포츠, 동작치료에서부터 오관을 즐겁게 만드는 유희, 예술, 명상, 좌선 등으로 전개될 수 있다.

먼저 현재 하고 있는 스포츠가 좋은 치료가 될 수 있다는 충분한 설명을 통해서 이해시킨다. 자신에 대한 자각 위에서 진행하는 스포츠는 이전의 맹목적인 활동과 천양지차의 차이가 있다. 이어서 소리, 향기, 맛, 촉감 등에 대한 미감을 발달시켜야 했다. 여기서 말하는 미감은 달고 맛있으며, 외관이 화려하고 사치스러운 것과는 큰 관련이 없다. 미감은 사물의 있는 그대로의 모습을 파악하면서 생겨나는 깊은 감수성과 이에 수반되는 사물에 대한 깊은 이해를 가리킨다. 곧 깊은 감수성과 이해를 말한다. 인간관계에 있어서도 그 사람에게서 풍기는 있는 그대로의 향기를 맡는 미감을 발달시켜야 한다. 표현예술치료가 효과적이다. 이 가운데 적극적 명상(AI: Active Imagination)에 기반을 둔 '움직임'을 주제로 한 K-콘텐츠를 제시했다. 오랜 시간 무릎을 꿇는 고된 동작들을 마치 수행처럼 잘 견디고, 오히려 재미를 느끼게 되었다.

AI의 경험이 좋은 기회가 되었다. 이에 대해 충분한 설명을 하고, 차츰 명상을 통한 미세하고 섬세한 감각을 체험하는 키트를 실시했다. 수개월간 진행되면서, 처음에는 보이지 않았던 아들과의 관계에 대한 실마리를 발견하기 시작했고, 현재는 원만한 관계로 발전되었다.

내담자는 자신에 대한 자각이 중요하다는 것을 상담의 대화 속에서 이해하기 시작했다. 자신이 얼마나 취약한 구조로 이루어진 존재라는 것을 알아가면서, 차츰 겸허하고 온화한 태도를 지니고 있는 스스로를 대견하게 생각했다. 불도가 힘을 발휘하기 시작한 것이다.

"제 자신을 아는 것이 마치 더 좋은 배로 다시 태어나는 것 같습니다. 무거운 짐을 싣고 있어도, 고해를 건널 수 있는 방법이 있다는 것에 큰 위안을 삼고 있어요."

(2) F타입의 사례

내담자는 50대 중반의 여성이며, 연상의 남편과 사이에 딸을 두고 있고, 광고회사 관련 기업에서 일하고 있다. 남편과 최근 갈등이 깊어지면서, "부부 관계 전반에 대한 회의가 들며, 인생이 허무해진다"라고 명확한 스트레스 요인을 밝히고 상담을 희망했다.

(女) 1966년 3월 17일 새벽 4시(寅時)

태어난 연월일시를 간지(干支)의 부호로 전환해서 아래와 같은 명식을 얻었다.

午辰子戌

본명성(本命星)은 오(午)이고, 이는 생초로 말띠이다. 까르마에토스의 F타입에 속한다. 하위로는 진(辰)과 자(子)의 A타입이 결합되어 있기 때문에, F-a의 복합형을 이루고 있다. F와 A(a)의 특성이 혼합되어 있다.

F타입은 직관이 주요한 기능이기 때문에 사물의 이면에 숨은 질서를 잘 포착한다. 그러나 종종 근거 없는 추론이나 상상에 그치기도 하며, 특이하고 괴상한 행동이나 취향을 보이기도 한다. A타입이 결합해 있어서 평가 기능이 발달했고, 오호(惡好)에 대한 분명한 태도를 보인다. 불과 물의 특성을 가지고 있지만, 진(辰)과 술(戌)은 창고의 역할이기 때문에 이런 특성이 잘 드러나지 않는다. 명랑하고 쾌활하지만 동시에 차분하고 신중한 모습이 번갈아 등장하든지, 둘이 섞이면 두렷한 특징이 보이지 않는다.

성신(별)의 구조는 술에성과 진간성이 충돌하고, 자귀성과 오복성이 부딪치고 있다. 또한 오(午)와 술(戌)의 결합이 있고, 진(辰)과 자(子)의 결합이 있다. 그래서 충돌과 결합의 중층적인 구조로 되어 있다. 진간성은 부정적인 에너지인데, 상대적으로 부정적이지 않는 술예성과 충돌하면서, 술예성을 부정적인 방향으로 몰고 있다. 수라도의 부정적 힘이 지배하고 있는 것이 특징이다.

오복성과 자귀성은 불도인데, 여기서는 과잉의 의미를 더 띠고 있다. 불도의 과잉은 과유불급(過猶不及)이다. 그래서 업의 대칭에 따라 축도로 전락하기 쉽다. 과잉과 더불어 충돌이 있기 때문이다. 좋은 별들은 자체적으로 힘을 빼고 있으며, 더해서 수라도의 힘에 눌려 있다.

진간성과 술예성이 있기 때문에 교활하고 능수능란한 재간이 많으나, 부정적인 에너지이기 때문에, 불필요한 잔재주나 잡기(雜技) 등에 머무르기 쉽다. 상대를 이용하거나 수단으로 삼는 술수에 능하며, 거짓말을 잘 하고, 사기와 같은 범법 행위로 타락하기도 한다. 그러나 불도가 각각 진간성과 술예성에 결합되어 있는 구조 때문에, 부정적이지만 타인을 해치거나 범법의 해로운 상황에 이르지는 않는다. 불도는 삼독의 해독제이기 때문이다. 다만 여기서는 힘이 약할 뿐이다.

온화와 명예를 중시하는 오복성, 연민과 아량의 특성을 보이는 자귀성 등이 제 힘을 쓰지 못하는 것이 문제이다. 그리고 자칫 비상 상황에서는 업의 대칭을 이루는 축도의 특성으로 전락하기가 쉽다. 그래서 내담자는 냉혹하고 타산적이며 이기적인 축도의 어리석음에 빠지기 쉽고, 현재는 이러한 부정적인 힘 때문에 부부관계가 파탄에 이를 수 있다는 위기의식을 가지고 있는 것이다.

남편을 포함한 대인관계에서는 재간이 있고 겉으로는 융통성이 있으며 말을 잘하고 재미있는 사람으로 인식되는 편이다. 그러나 내면이 드러나지 않을 수 없는 친밀한 관계나 스트레스 상황에서는 긍정적 에너지의 내적 구조가 취약할 경우, 상대를 속이고 뻰지르르한 말로 사태를 넘기거나, 명예나 자존심 등을 돌보지 않고, 교활한 행태를 보이기 쉽다. 그래서 상대로부터 실망스러운 사람이라는 평가를 받으며, 이는 스트레스를 가중하는 피드백으로 돌아오는 악순환에 빠진다.

수라도가 기승을 부리면 "심술쟁이"이다. 파괴를 원하는 거친 에너지의 특성 때문에 질투와 시기를 부리기 쉽다. 남편과 전쟁을 벌이는 것을 내심 원한다. 사사건건 심술을 부린다. 상대는 생글생글하고 미소를 잘 짓는 사람이 돌변해서 심술을 부리면, 얼굴 반반이 서로 제 각각인 아수라가 생각나면서 배신감을 느낄 것이다.

그런데 내담자는 지역의 자전거 동호회를 오랜 동안 지속했고, 고교 시절부터 교회에서 성가대의 피아노 반주를 담당하기도 했다. 무의식은 수라도의 대칭 방향인 선도로 달려가고 있었던 것이다. 이러한 행위는 심리적 건강을 가져다준다. 최근 동호회 모임을 통해 재즈 연주를 하면서 즐거웠는데, 과도한 지출과 소홀한 가정생활 탓에 남편과 마찰을 빚었다. 하지만 어떤 의미에서 이는 남편 쪽에서 부인의 본성에 어두웠기 때문이다. 부인은 선도의 예술을 할수록 건강해지고, 여유를 되찾기 때문이다. 하지만 내담자의 방향은 건전한 것이 아니었다.

또한 최근에 체중을 줄이기 위해 큰 노력을 해서 소기의 목적을 달성했고, 다시 젊음을 되찾은 것 같은 느낌이 들었다. 그런데 고가의 장비를 굳이 고집해서 지출이 늘어났기 때문에 남편과 충돌한 것이 문제였다. 선도의 방향은 올바른 것이었으나, 건전하지 못했다. 분란의 여지를 남기는 것이 심술쟁이 수라도의 특징이기도 하다.

내담자는 직장에서 능력을 인정받아서 젊은 나이 때부터 승진이 수월하게 진행되었고, 여성이라는 제약을 넘어서 남녀 모두에게 일 잘하고 재주 있는 사람으로 평판이 좋다. 이는 수라도의 에너지에 힘입은 것이다. 그러나 온전히 수라도의 힘이 아니라, 불도가 개입해서 그렇게 된 것이다.

내담자의 퍼슨 수트는 '마야 존'에 걸려 있다. 비상 상황에서는 역시 비통합 수준으로 떨어져서, 직장을 그만 두고 세계 여행을 하면서 친구들과 재즈 연주단을 꾸리겠다느니 하며 허풍을 떠는 사람이 되거나, 원하는 것을 얻기 위해 수단과 방법을 가리지 않는 위선자로 행동하기 쉽다. 남편과 상의없이 앞뒤 가리지 않고 과도한 지출을 한 원인이기도 하다.

키트의 개입은 수라도를 제어하기 위해 내적 자원인 불도에 주목한다. 불도는 다른 존재와 공감을 통해서 하나 되는 일체감을 기반으로 하는 작고 큰 행위들이 포함된다. 키트에는 명상을 통한 콘텐츠들이 있으나, 이는 평균 수준 이상이 되어야 실효성이 크며, 비통합 수준에서는 오히려 장애를 가져오고, 효과적이지 못하다. 흔히 명상에 기반 한 심리치료를 그가 처한 퍼슨 수트의 수준을 고려하지 않고 실시하는데, 이는 단순히 오류이다. 심리에는 높고 낮은 수준이 있기 때문에, 그에 따르는 개입이 반드시 필요하다.

그래서 불도보다는 선도에 주목하기로 했다. 선도는 낮은 수준에서 이용할 수 있는 신체를 이용한 스포츠나 예술치료의 장르들이 많이 있기 때문이다. 그리고 현재 지속하는 여러 운동들이 가지는 의미에 대해서 충분히 이해시켜 주는 것이 필요했다. 내담자는 설명을 잘 이해하고, 장거리를 달리는 자전거에 보다 집중했는데 이전보다 더 상쾌한 기분이 들고, 남편에게 공연히 짜증을 내는 자신을 점차 발견하기 시작했다.

수 주 뒤에 내담자에게 현재 취미로 활동하는 재즈 밴드 멤버들과 연주회나 발표회의 목적을 가지고 모임을 지속하자는 제안을 하도록 권유했다. 내담자는 이를 수용했고, 그가 가진 실무적인 재주는 지역의 주민들과 함께 하는 음악 콘서트를 만들어내었다. 수라도의 심술쟁이는 장난꾸러기가 된다.

자신을 자각하면서 직장에서의 스트레스를 견디고, 남편과 소모적인 대화를 중지하게 되었다. 운동과 음악이 자신의 삶에서 차지하는 긍정적인 에너지를 이해하면서, 이전의 자기와 같은 불행에 빠진 이들에게 무언가 도움이 되어야겠다는 생각이 들었다. 그리고 행동했다. 직장의 동료들과 퇴근 후 술자리 대신에 여가를 이용하는 모임을 제안하고, 인테넷과 SNS를 활용해서 리더 역할을 하면서, 타인을 더 잘 이해하게 되었다. 불도의 힘이 미친 것이다.

"누구나 다 비슷하다거나 '사람은 나 거기서 거기다'라고 생각했지만, 그 사람이 정말 나와 같은 생각과 느낌을 가지고 있다는 것을 안 지는 최근이에요. 무언가를 사람과 나누고 싶어요. 삶을 즐겁게 할 수 있는 것을 말이죠."

(3) A타입의 사례

내담자는 50대 초반의 여성이며, 남편과 자녀가 있는 주부이다. "짜증이 많이 나고, 분노가 치밀며, 우울하고, 사는 맛이 없다"며 스트레스 요인을 밝히고 상담을 희망했다.

(女) 1968년 8월 28일 아침 7시(卯時)

태어난 연월일시를 간지(干支)의 부호로 전환하고, 명식을 구성했다.

申 丑 戊 未

본명성(本命星)은 신(申)이고, 이는 생초로 잔나비띠이다. 까르마에토스의 A타입에 속한다. 하위의 타입은 없다. 각기 개별적으로 이루어졌기 때문에 우세한 유형이 없다.

A타입은 감정이 주요한 기능이기 때문에 가치 평가에 능하다. 좋고 싫음, 아름답고 추한 느낌을 잘 분별하기 때문에 사물의 내적인 질서에 대해 신뢰하고 있다. 나쁜 별들의 영향에 따라서 이러한 분별의 느낌은 차별적 감정으로 확대되고, 격렬한 배척으로 이어지기도 한다. 신중하지만 노도(怒濤)와 같은 측면이 항상 따라 다닌다. 관건은 좋은 에너지의 구조이다.

성신(별)의 구조는 눈에 띄게 좋은 별의 에너지가 없다는 것이다. 사리에 밝은 신고성의 기운만이 홀로 있으며, 나머지는 귀도와 수라도로 채워져 있다. 귀도와 수라도는 필연적으로 충돌하는 부정적 에너지이다. 특히 귀도는 축귀(丑鬼)와 미귀(未鬼)가 함께 있다. 삼형(三刑)으로 이루어져 있기 때문에, 삶의 신고(辛苦)가 보통이 아니었다는 것을 짐작할 수 있다.

내담자는 현재 주부이지만, 젊어서부터 부동산 사업을 해서 성공과 실패를 겪었다. 지금은 다행히 큰 실패를 벗어나서 경제적으로 어려움은 없다고 한다. 이런 부침(浮沈)의 인생은 단면에 해당하고, 숨겨진 인생사의 굴곡(屈曲)이 무척 많을 수밖에 없다. 내담자가 현재 느끼는 심리적 고통은 전형적으로 귀도와 수라도의 에너지에 영향을 입은 것이다.

축액성은 불안과 인색의 특성, 미역성은 변덕과 공허의 특성을 가지고 있다. 술예성은 상대적으로 부정적인 특성은 아니지만, 수라도에 속하기 때문에 거친 에너지를 기반으로 한다. 그래서 나쁜 별들과 어울리게 되면, 서로 간에 부정적 시너지가 발생한다. 여기에 신고성은 인도에 속하는 별이기는 하지만, 고독이라는 성분이 내재하고 있기 때문에, 이 역시도 나쁜 별들과 배합되면 부정적 에너지로 작용하게 된다. 내담자의 에너지 구조는 손쓰기 어렵다.

내담자의 퍼슨 수트는 비통합 수준과 병리 수준에 걸쳐 있다. 병리적 성격장애로까지 진전되지는 않았지만, 매우 위태롭다. 매사에 짜증, 분노, 우울이 발생한다면, 그야 말로 고해에 침몰되기 직전의 배라고 할 수 있을 것이다. 지고 있는 까르마의 무게가 너무 크고, 그것을 떠받칠 수 있는 구조가 너무 취약하다.

이러한 퍼슨 수트는 소설이나 영화에 등장하는 '거친 여성'의 전형적인 캐릭터에서 볼 수 있다. 자연스럽지 못한 행동과 말, 천박한 감정 표현, 내용 없는 뻰지르르한 말, 과장된 표정, 피암시성이 높으며, 대인관계의 친밀성을 과도하게 조장하는 등의 히스테리성 성격장애, 혹은 타인에게 위해를 끼치고, 과도한 자기주장, 공감과 감정이입의 결여 등과 같은 반사회성 성격장애가 고려된다. 그러나 실제 내담자는 병리적 퍼슨 수트에 해당하지는 않았다. 이미 자신에게 문제가 있다고 생각하고, 해결하려 하고 있기 때문에, 미약하나마 사태를 객관화할 수 있었다.

귀도는 탐(貪)의 에너지이기 때문에 무언가를 먹어치우고 삼키려는 욕망으로 가득 차 있다. 이는 상대를 홀려서 모든 것을 앗아가 버리는 '귀신'의 마음이다. 그러나 귀도의 에너지를 다스릴 수 있다면, 이는 매력(魅力)으로 작용할 수 있다. 상대를 끌어당기는 힘은 부정적 맥락을 제거한다면, 누구나 좋아하고 따르는 사람으로 만들 수 있는 힘으로 변형된다.

바로 이러한 반전 즉 까르마에토스에서 말하는 변형이 자각하지 못하지만 일어났던 것이다. 그래서 사업을 하면서 나름의 성공을 거둘 수도 있었다. 남들이 좋아할 수 있게끔 만드는 능력이 있었던 것이다. 그러나 자신에 대한 자각이 없다면, 그 에너지는 언제나 병리적으로 타인에게 해를 끼치고, 그리하여 대인관계가 파괴될 수 있는 부정적 에너지일 뿐이다.

내담자는 매력을 이용해서 사업에 성공을 거두었지만, 또한 그 매력의 에너지는 타인 것을 내 것으로 만들고, 내 것을 타인과 나누지 않는 특성 탓에, 사업 실패의 요인이 되었다. 인간사의 배신에 치를 떨고, 다시금 더욱 교묘한 술수를 써서 매력을 이용해 사업을 하고, 그런 뒤 다시 인간사의 고뇌를 맛보게 되었다. 교묘한 것은 술예성의 작용에 기인한다. 남을 꾀는 매력이 세련되고 어색하지 않게 만드는 부정적인 힘이다. 여기서 사기꾼까지 가는 것은 한 걸음이다.

키트는 우선 귀도에 집중하기로 했다. 귀도의 힘이 크기 때문이다. 내적인 자원이 결여되어 있는 것이 문제였다. 대화가 관건이다.

내담자는 대화를 할 줄 몰랐다. 상대의 말을 들으려 하지 않았기 때문에, 시소처럼 오고 가야할 대화는 이어지지 않았다. 더구나 저항이 심했기 때문에 중요한 이야기들은 소란스럽고 산란하며 허접한 말의 홍류(洪流) 속에 떠내려갔다. 그래서 귀도를 다스리는 K-콘텐츠 가운데 미술치료를 통해서 이야기를 불러내었다.

저항이 최소화 된 탓에 천천히 그러나 명확하게 자신의 이야기가 나오기 시작했다. 그림의 주제, 구성 방식, 표현 매체에 실린 내담자의 이야기에 스스로 귀를 기울여갔다.

미술치료 키트가 어느 정도 진행되고 난 뒤에, K-콘텐츠 가운데 치료와 자기 성장에 도움을 주는 좋은 글을 모아 놓은 일종의 '어록집'을 필사(筆寫)하는 기법을 시행했다. 학교를 졸업한 후 이런 철학적이고 서정적인 글은 처음 읽고, 더구나 펜을 들어 직접 써 본다고 했다. 처음 노트를 준비할 때 설레던 내담자의 모습에서 치료의 에너지가 느껴졌다.

귀도는 인도로 다스린다. 인도는 대화(對話)이다. 대화는 상대(相對)의 존재를 수용해야 이루어질 수 있다. 상대가 나와 같다는 것을 혹은 다르다는 것을 확인하는 것이 대화이다. 상대를 이해하지 않으면 대화할 수 없다. 나의 말은 너를 이해해야 할 수 있는 것이고, 너의 말을 이해할 준비가 되어야 비로소 너의 말을 들을 수 있는 것이다. 너를 수용하지 않는다면 대화는 없다. 짝[對]을 이루는 음양이 분리된 것이 귀신이므로, 귀신은 독백(獨白)한다.

내담자는 어록집을 직접 펜으로 쓰면서 차츰 대화가 가능해져 갔다. 내담자의 퍼슨 수트는 비통합에서 평균으로 옮겨가기 시작했다. 내담자는 어록집의 필사에 이어서, 독서치료 키트에서 권유하는 책을 일정한 분량을 정해 매일매일 읽어나갔다. 그러던 중에 이윽고 인터넷 블로그를 만들어서 좋은 글귀를 적어 올리고, 동영상을 제작해서 시적인 가요를 배경으로 만들어 꾸미는 등, 자신의 개성을 발휘하는데 열성적이 되었다.

대화는 말의 차원과 글의 차원으로 이루어져 있다. 말이 글보다 우선이다. 내담자는 말 중심의 키트를 체험한 뒤로는, 스스로 글을 써서 표현하고, 타인의 글을 읽고, 그 느낌을 대화하는 그룹 형식의 키트에 참여했다. 상대를 이해하는 힘이 커지자, 매력의 에너지 또한 긍정적인 방향으로 변화되었다. 내담자의 매력은 이제 상대를 이용하거나 수단으로 삼아 파괴에 이르게 하는 힘이 아니라, 대화의 힘이 되었다.

내담자는 이제 짜증을 낼 때나, 분노가 아닌 화를 낼 때, 우울한 상황일 때, 살맛이 나지 않는 것이 아니라, 이것이 삶의 풍경(風景)이라는 것을 이해하고 있다. 살맛이 나는 삶이란 어떤 것일까라는 의문이 드는 것은 고뇌이지만, 그것은 자신의 성장을 위한 고뇌이다. 다만 살풍경(殺風景)한 곳에서는 이러한 고뇌가 생겨나지 않는다. 내담자는 어느 정도 사다리를 올라와서 더 멀리 더 넓게 삶의 풍경을 바라볼 수 있게 되었다. 그녀가 쉬지 않는다면, 멋진 풍경이 계속 펼쳐질 것이다.

"모르면 모른다고 하고, 알면 안다고 하고, 고마우면 고맙다고 하고, 미안하면 미안하다고 하고. 이렇게 말할수록 마음이 후련해지고, 정말 고맙고, 정말 미안하더라고요."

(4) T타입의 사례

내담자는 50대 후반의 여성이며, 남편과 사이에 20대 자녀를 둘 두고 있다. 정신위생 관련 교육기관에서 교과를 가르치는 일을 하고 있다. "나이도 들었는데 왜 이제 와서, 일에 대한 회의가 생기는지, 더욱이 종사하는 일에 능력이 없다는 것을 절감한다"며 상담을 희망했다.

(女) 1959년 6월 28일 새벽 3시(丑時)

태어난 연월일시를 간지(干支)의 부호로 바꾸면, 아래와 같다.

亥 午 卯 寅

본명성(本命星)은 해(亥)이고, 이는 생초로 돼지띠이다. 까르마에토스의 T타입에 속한다. 하위로는 오(午)와 인(寅)의 F타입이 결합되어 있기 때문에, T-f의 복합형을 이루고 있다. T와 F(f)의 특성이 혼합되어 있다.

T타입은 사고가 주요 기능이다. 경험적인 것보다 '머리 속'의 논리과정에 능숙하고, 추론에 신뢰를 가지고 있다. 이론가 스타일이지만, 연역적 사고 때문에 사실과 동떨어진 가공적인 것에 집착할 수 있다. 이 때문에 공상이나 몽상이 많다. F타입의 인과 오가 결합해

있어서, 이해력이 좋고 권위와 명예를 중시한다. T-f로 형성되면, 논리적 사고 과정을 신뢰하고 권위와 명예를 중시하며 고상한 것을 좋아한다. 그러나 자신을 잘 돌보지 않으면, 다만 몽상 속에서 허망한 느낌을 가지기 쉽다.

별의 구조는 해수성과 인권성이 조화를 이루나 결국 충돌하는 관계이며, 오복성과 묘파성이 조화롭지 못하다. 모두 긍정적 에너지를 가진 별인데, 갈등관계로 맺어져 있다. 그리고 해수성과 묘파성이 합을 이루고, 오복성과 인권성이 합의 관계에 있다. 전반적으로 좋은 기운이 위축되어 있고, 대표적인 흉성인 묘파성이 작용하고 있다는 점이 특징이다.

해수성, 오복성, 인권성은 좋은 에너지를 가진 별이다. 이러한 별의 기운을 타고 태어났다는 것은 자신의 성장과 발전을 위한 든든한 배경이 있다는 것이다. 그래서 큰 어려움이 없는 삶을 살아가는 듯이 보이지만, 내면은 반드시 그렇지만은 않다. 좋은 별은 전락의 상황을 경계해야 한다.

해수성은 인권성과 갈등한다. 선도 해수성의 느긋하고 편안한 특성은 인도 인권성의 합리적 특성과 갈등하고 있다. 갈등의 구조에 있기 때문에 좋은 에너지들이 서로 시너지를 얻지 못하고 있다. 이는 곧바로 전락의 부정적 상황을 낳는다. 해수성이 전락하면 안이함과 나태의 특성이 되고, 이는 인권성의 합리주의로 용납하기 어렵다. 한편 인권성이 전락하자, 권위주의적 태도는 해수성의 느긋한 심사와 빈번한 마찰을 빚는다. 이런 불협화음이 스트레스를 유발시키고 외부로 투사되어서, 상대의 조그만 실수나 흠도 용서하지 않고, 농담이나 해학을 꺼리는 특성을 보이게 된다. 항상 좋은 말만 하는 사람이 되니, 주변의 호응이나 인기를 기대하기 어렵다.

이어서 문제는 묘파성의 존재이다. 축도를 다스릴 수 있는 것은 불도이지만, 묘파성은 불도 오복성과 충돌하고 있다. 이 때문에 오복성의 온화한 특성이 자주 가려지게 되고, 대신에 타산적인 특성이 부각된다.

아이러니하게도 좋은 별을 가진 사람들은 작은 갈등에도 쉽게 고통을 받는다. 고요한 연못일수록 작은 돌에도 파문은 더 크고, 오래, 멀리 간다. 아름다운 옥의 작은 티가 아름다움 전체를 가려버린다. 그래서 좋은 별의 에너지가 위축되거나 제한되면, 실제보다 더 크게 느껴진다. 내면의 고통은 양으로 환원되지 않고 순수하게 주관적이라서, 타인의 고통과 비교하기 어려우며, 공감하기도 쉽지 않다. 내 손톱 밑의 가시가 오존층의 파괴보다 더 현실적인 고통이다.

내담자의 고통은 자신의 이상적 기준에 비춰보았을 때 바라는 수준에 도달하지 못해서 생겨난 것이다. 현재의 성취는 사회의 평균 수준을 넘는 것이지만, 만족하지 못한다. 지도하는 학생들에게 존경받지 못해서 느끼는 괴로움은 더 미묘한 것이다. 실제 자기 능력보다 더 상회하는 것을 바라는 것은 안분지족을 모르는 묘파성의 타산적인 태도 때문이다.

내담자는 더 상위의 수준에 대한 일종의 갈망 때문에 고통을 받고 있다. 그러나 이것은 정당한 것은 아니다. 왜냐하면 그 수준에 이르기 위해서 투여되어야 할 삶의 에너지를 너무 조금씩, 타산적으로 배분하고 있기 때문이다. 해수성은 나태하고, 오복성은 온화를 잃고, 인권성은 권위적이고, 묘파성은 이런 저런 이익에 눈이 멀어 있다. 가짜 열망은 '공상가'를 만든다.

자신은 좋은 사람이라고 믿지만, 스스로가 만족하는 이상에 도달하지 못했기 때문에, 그런 어두운 심사를 투사한 크기만큼, 남들을 깔본다. 그리고 자신보다 더 낫다고 생각하는 사람 즉 스스로가 정한 이상에 도달했다고 보이는 사람들에게는 필요이상으로 아첨하는 태도를 보인다.

내담자는 스스로가 좋은 사람이고 생각하지만, 정작 자신은 남들에게 좋지 않은 사람으로 보인다는 사실에 너무도 철저히 무지하다. 이는 자신의 성장이라는 과업에서 실패는 아니나 미완성이며 미결이라고 할 수 있다. 미결이 주는 아픔은 실패가 주는 아픔보다 더 크다. 오르지 못한 산에 대한 그리움은 산을 신화적으로 만들고, 먹지 못하는 남의 떡은 항상 커 보인다.

좋은 별의 에너지가 많지만 그것의 상호 관계가 건전하기 않기 때문에, 유명무실한 상황이 되었다. 내면의 고통은 여기서 발견된다. 내담자는 공상 속의 자신이 실제의 자신이 될 수 있는 유리한 위치에 있다. 내적 자원이 많기 때문이다. 하지만 아직 스스로에 대해 무지하다.

내담자의 퍼슨 수트는 역시 '마야 존'에 머물러 있다. 현재와 같은 심적 고통의 상황에서는 비통합 수준에 머물러서, 이루지 못하는 목표, 진정으로 이루겠다는 의지도 없는 그러한 이상을 꿈꾸고, 특별한 지위와 사건을 기대하며, 타인들의 저열함에 대해 비난을 퍼붓는다. 자신이 종사한 일을 시시하게 여기고, 공연하게 사표를 쓰느니 마느니 허세를 피우며, 자신의 진실한 능력보다 남의 더 좋은 능력을 질투한다. 그 결과 공허한 것은 늘 자신이다.

키트의 개입은 자신이 가진 자산에 대한 자각에서부터 시작한다.

그리고 내적 자원들을 돌보는 것이 중요하기 때문에, 먼저 섬세한 느낌을 회복하는 선도의 키트와 인도의 합리성을 찾기 위한 키트를 적용한다. 명상과 예술치료를 실시하고, 여기에 꿈 작업을 병행하였다. 특히 자신을 가리고 있는 작은 흠들이 투사가 많이 진행되었기 때문에 꿈 분석에서 이를 짚어나가는 것이 유효했다.

키트가 개입한 여러 날이 지나자, 자신이 되고 싶고 바라는 이상이 실은 자신의 것이 아닌 '신기루'라는 것을 발견하게 되었다. 무언가 이루려면 머리가 아닌 손발을 써서 일하고, 특히 마음을 다 하는 열정이 필요하다는, 누구나 다 알지만 또 잘 모르는 그런 '진리'를 새삼 확인했다.

이어서 묘파성에 공격당하는 오복성을 회복하기 위해, 기독교를 종교로 가지고 있는 내담자의 배경을 고려해서, 기도와 명상을 위주로 하는 키트를 실시했다. 내담자가 '범사(凡事)에 감사하라'는 말을 수차례 상담의 도약을 가져오는 중요한 국면에 반복하는 것은 그녀의 삶에 열정의 에너지가 공급되고 있는 증거였다. 오복성이 빛을 발한 것이다.

까르마에토스에서 불도는 불교에만 국한된 것이 아니다. 그것은 기독교뿐 아니라, 심지어는 무속에 이르기까지 여러 종교들에 모두 통용되는 보편성을 가지고 있는 개념이다. 이는 심리학 즉 '옛 지혜의 과학'의 언어이기 때문이다.

다니던 교회에서 이전에는 돌아보지 않았던 '궂은 일'에 참여하고, 불우한 이웃을 돌보는 자원봉사에 자발적으로 참여하였다. '사회적 신분이 높은 아줌마'가 이른바 '동네 아줌마'들과 함께 웃고 떠들면서 친분을 나눈다는 것은 전혀 상상도 하지 못한 일이었다. 그러나 내담자는 차츰 아줌마들과 친해지고, 자연스럽게 '잘난' 내담자를 아줌마들은 다투어 칭찬하고 친구가 되기를 원했다.

내담자는 자기가 얼마나 많은 것을 가지고 살고 있었던지, 그 행운의 삶을 알게 되었다. 그리고 낮은 곳으로 내려가자, 내면은 더욱 기쁘고, 이유 없이 쑤시고 아프던 어깨와 팔다리가 젊음을 찾은 듯이 가볍고 상쾌해졌다. 더불어 직장의 학생들이 사랑스럽고, 이런 저런 무례함도 애교로 보여지고, 요즘 아이들의 수수께끼같은 은어를 익히는데 재미를 느끼게 되었다.

"자신이 바라고 원하는 것이 정말, 정말이지 자기가 원하고 바라는 것인지 생각해 볼 일인 것 같아요. 인생은 '답정너'가 아니잖아요."

위에서 든 4가지 사례는 4가지 타입(M, F, T, A)을 다룬 것인데, 주로 퍼슨 수트의 중간 단계 즉 '마야 존'에 있는 내담자들에 대한 것이다. 그런데 이들은 키트를 삶 속에서 지속적으로 적용할 경우, 더 성장하여 평균을 지나 통합의 퍼슨 수트를 입을 수 있다.

키트를 접한 내담자들은 일상인이 되어서도 이 아트(art, ars, techne)를 멈추어서는 안 된다. 당신의 호흡과 맥박은 쉬지 않고 움직이는데, 왜 당신은 멈추려하는가? 본래 인간은 존재의 사다리를 올라가도록 만들어졌다. 우리의 고향은 무기물이 아니고 저 하늘이기 때문이다.

알 수 없는 미지의 힘에 좌우되어, 바람에 날리는 검불처럼 사는 것이 아니라, 제 힘으로 사는 것이 키트의 최종 목표이다. 먼저 저 자신이 되어야 한다. 태어난 있는 그대로 자신을 이루고 있는 힘과 에너지의 갈래를 파악해서, 이들을 하나로 통합하고 조화의 질서를 부여하는 것이 키트이다. 키트를 통해서 검불이 아니라 바람이 되는 자유를 얻게 된다. 알 수 없는 미지의 힘에 의해서 더 이상 이리저리 끌려가는 존재가 아니라, 자신을 사는 존재가 되는 것이다.

나가며

지금까지 숨 가쁘게 달려온 과정을 간략하게 요약하고 되짚어보면서, 글을 마치려고 한다. 까르마에토스 성격유형론의 원 재료인 『달마일장금』은 본래 승가에서 승려를 선발하기 위해, 전생의 업식(業識)을 측정하는 방법이 담겨 있는 밀교 계열의 비전(祕傳)이다. 이 문헌은 선종을 창시한 달마대사의 가르침인데, 이를 밀교의 개창자이자 역학에 밝았던 당나라의 일행선사가 저술의 형태로 드러낸 것이다. 실제로 유능하고 신심이 있는 승려를 선발하기 위해 이 특별한 지식이 실행되었으며, 밀교적 전통 속에서 승려들 사이에서만 비밀리에 전수되다가, 세속으로 전해지게 되었다.

『달마일장금』의 핵심 내용은 연기법칙에 따라 전생의 업식이 현생의 특정한 탄생시점에 12지지의 상징적 부호를 빌어 구성되었다는 것이다. 이 상징적 부호의 상관관계를 해석하면 한 개인의 성격과 빈부귀천수요(貧富貴賤壽夭)에 관한 미래의 사건들 및 길흉화복의 시점 등을 예언할 수가 있다. 이러한 특징을 가진 『달마일장금』

은 불교의 업 및 윤회의 사상과 동아시아의 자연학이 융합해 있는 매우 독특한 문헌이 아닐 수 없다.

우리는 『달마일장금』에서 제시된 업력의 유형에 따라 구성된 한 개인의 특성을 트랜스퍼스널 심리학의 해석을 통해 성격 유형론으로 재구성하고, 유형에 따른 심리치료의 원칙과 방법을 제시하려는 목적을 가지고 출발했다. 그러나 업과 윤회는 세존의 공식적 교의이지만, 일반적으로 불교계에서는 그것의 존재에 관한 논란이 있는 "공식 교리"이기도 하다. 이러한 아이러니한 상황은 부지불식간에 불교를 과학적 세계관의 합리적 관점으로 이해한 데서 촉발된 것이다.

실제 업과 윤회의 교리는 정당한 것으로 간주되지 않으면, 세존의 성도를 설명하기 어려울 정도로 불교의 핵심적 내용이라고 할 수 있지만, 합리주의는 이를 해석하면서 신화나 은유의 폐용된 언어로 환원하거나 혹은 치지도외하는 회피의 전략을 사용하고 있는 것 같다. 그러므로 과학적 세계관을 하나의 가능한 특정한 수준의 관점으로 상대화시켜서 바라보는 트랜스퍼스널 심리학의 조망에 따른다면, 업과 윤회를 기반으로 하고 있는 『달마일장금』의 논의를 재구성하는 것이 의미 있는 탐구가 될 수 있다. 또한 과학적 세계관에 의해서 비판받는 동아시아 자연학의 중심 이론인 음양오행론 역시도 『달마일장금』의 한 축을 이루는 충분히 정당한 지식이라고 생각하여, 트랜스퍼스널 심리학의 관점으로 해석하는 것이 적합하다.

심리학적 유형론에 대한 관심은 동서의 고대로부터 유구한 역사를 가지고 있다. 이에 대해서 동양과 서양의 전통을 개관하여, 성격 유형론의 요건들에 대해 탐색했다. 서양의 유형론은 엠페도클레스의 4원소설을 토대로 전개된 4기질론의 부연과 확장이 주요한 흐름이었기 때문에 이를 살펴보고, 비유럽적 전통에서 기원한 유형론과 이를 계승한 현대적 논의를 짚어보았다. 동양의 유형론은 술수(術數)를 포함한 역술 및 한의학의 분야에서 자주 접하게 되는 내용이라서, 이에 대해서도 개략적인 흐름을 살펴보았다.

『달마일장금』의 유형론은 표면적으로 드러난 것이 아니며, 그 내용은 미래예언적인 술수학의 특성을 가지고 있기 때문에, 술수적인 부분을 해체하고, 심리학적인 내용을 부각하는 논의를 전개했다. 이를 위해 『달마일장금』의 이론적 부분이 집약된 「명도(命圖)」의 체계를 분석하였고, 이 점에서 불교적 사상과 동아시아의 자연학이 융합하는 지점에 대한 해석을 시도했다. 이 과정에서 업과 윤회의 개념에 대한 정당화를 위해, 윤회의 시간적 조망인 연기설과 공간적 조망인 삼계육도설을 검토했다.

그에 따라 윤회의 동력이 되는 업력이 무명(無明)으로부터 비롯되는 탐진치(貪瞋癡)의 삼독(三毒)이라는 교의를 바탕으로, 업력의 결과가 탄생시점에 한 개인의 성격에 거주한다는 결과를 도출했다. 이런 의미에서 업과 윤회에 기반을 둔 성격 이론에 까르마에토스(Karma ethos)라는 명칭을 부여했다. 까르마(業)가 거주(에토스, dwelling in)하는 장소가 곧 개인(person)이며, 그의 성격(personality) 전체라는 의미이다. 까르마에토스는 업력의 차별에 의해서 천상, 아수라, 인간, 축생, 아귀 등의 장소에 태어나는 존재(중생)의 고유성을 파악하는데 적합한 개념으로 보인다.

업과 윤회에 대한 현대심리학의 조명은 그 수가 적으나 업과 윤회를 신경증적 고통의 은유로 본 정신분석에 기반을 둔 정신의학적 해석을 소개하였고, 심리학적으로 조망한 육도윤회의 실상에 대한 밀교의 영적 지도자의 해석을 살펴보았다. 이들의 관점에서 전자는 부분적이기는 하지만, 넓은 의미에서 트랜스퍼스널 심리학의 관점에 용해될 수 있을 것이다.

까르마에토스의 구체적인 실제를 드러내기 위하여, 『달마일장금』에 혼재된 미래예언적인 표현과 특성언어적인 표현을 구분하였다. 이어서 전자의 내용을 심리어휘로 전환하기 위해 구조언어학에 입각한 해석학적 방법을 적용했다. 이 결과 12지지를 2개조로 묶어 구성되어 있는 「명도」의 육도와 그로부터 파생한 12운성(별)의 특성언어를 도출할 수 있었다. 이를 가톨릭의 「세븐(Seven)」처럼, 「여섯 개의 좋은 덕과 여섯 개의 나쁜 덕」이라는 「더블에스(Six & Six)」로 구성했다. 이것은 특정한 시점에 태어난 한 개인에게 포함되어 있는 업력이 구체적으로 발현된 일반적인 특성(traits)을 가리킨다.

업력이 한 개인에게 내재하는 시점은 탄생시점이고, 이는 12지지의 순환체계를 활용하는 동아시아 자연학의 지식으로 표시할 수 있기 때문에, 결과적으로 업력의 구성성분에 대한 일목요연한 파악이 가능할 수가 있었다. 이러한 파악은 전통적으로 수행을 통한 의식의 성장과 진화에 의해서 획득될 수 있는 초개인적 인식의 산물이지만, 까르마에토스에 의거한다면 쉽게 파악할 수 있다.

한 개인의 운명 즉 성격은 이를 지배하는 별이 있다는 본명성(本命星)의 관념에 따라 태어난 해의 12지지를 중심으로 하고, 해 아래의 하위 시점(태어난 월, 일, 시)과 유기적 연결을 위해 삼합이라는 기(氣)의 논리를 이용해서, 4가지 인간 유형을 도출하였다. 이는 사계절을 표상하는 네 가지 기운(木火金水)으로 구체화되었는데, M형(Metal type, 金), F형(Fire type, 火), T형(Tree type, 木), A형(Aqua type, 水) 등의 기본 4유형(basic 4 types)이 그것이다. 4유형론의 도출원리에 대해 검토하고, 4유형론의 형식적 구조를 탐색하여, 이를 기본 4유형의 3가지 양태(mode)와 이 유형들이 복합적으로 포함된 복합유형(combination)의 형식적 구조를 살펴보았다. 그리고 이를 4유형론의 해석에 적용하여, 4유형론의 기본적인 특성을 파악하고, 복합유형의 해석에도 적용했다.

4유형론은 불교의 업과 윤회에 입각하고 있기 때문에, 통상 숙명론이나 정명론 같은 결정론적 체계로 이해되기 쉽다. 그러나 불교와 동아시아의 사상은 인간의 내부에 자유의지에 따른 선택과 결단의 힘이 있으며, 이를 자각하고 확충하면 성장하고 발전할 수 있다는 교설을 버리게 되면 그 존재이유가 사라진다. 이러한 가르침을 받아들여서 까르마에토스는 운명과 자유의지의 두 대립항을 하나로 융합하여, 입체적인 성격유형론이 될 수 있었다.

말하자면, 기본 4유형은 불변하는 축이 되고(이는 운명의 축이다), 여기에 가변적인 축(이는 자유의지의 축이다)을 교차하는 것이다. 가변적인 축은 자신에 대한 이해 즉 자각의 정도에 따라서, 가장 하위의 병리수준에서부터, 비통합수준, 평균수준, 통합수준, 최상수준 등의 5가지 수준으로 구별되어 있다. 이 축을 퍼슨 수트(person suit)로 명명했다. 퍼슨 수트는 일종의 옷이다. 옷은 옷감과 여기에 부여되는 재단, 재봉, 디자인이 가미되어 성립된다. 옷감이 불변이듯이 인간에게 까르마의 에너지는 불변이다. 운명에 매인 것처럼 그렇다. 그러나 재단, 재봉, 디자인이 부여되면 옷은 옷감을 초월한다. 운명을 초월하는 것처럼 그렇다.

인간의 성격은 비록 업에 의해 고정된 형태의 특성을 부여받았지만, 자신의 성격에 대한 자각은 자신의 특성을 '변형'시킬 수 있으며, 자신의 자각이 동반되지 않은 성장과 발전을 도외시한 삶은 상대적으로 긍정적인 특성이 본래 보다 못한 수준으로 '전락'할 수 있다. 이를 세존의 자등명과 법등명의 가르침으로 설명하여, 심리치료와 성장을 위한 이론적 근거로 삼았다.

기본 4유형은 통합의 성취와 실패 즉 변형과 전락에 따라 5가지 수준의 특성 즉 퍼슨수트를 가지고 있다.

보통의 평균수준(average level) 아래로 비통합(non-integral) 수준과 병리(pathological) 수준이 있고, 평균수준 위로 통합(integral) 수준과 최상(highest) 수준이 있다.

M형의 퍼슨 수트는 평균수준에서 냉담한 비판가이다. 통합수준에서는 실용적이고 비판적인 회의주의자이며, 최상수준에서는 보편적 회의주의자이다. 비통합수준은 냉소적인 염세주의자, "투덜이"가 되거나 "의심쟁이"가 된다. 병리수준은 자기애성 · 반사회성 · 망상성 성격장애가 염려된다.

T형은 평균수준에서 "관념주의자"이다. 통합수준에서는 논리를 신뢰하는 논리주의자 또는 이론가이며, 최상수준에서는 비전 논리(vision logic)를 가진 자가 된다. 비통합수준은 공상가나 "게으름뱅이"가 되기 쉽다. 병리수준은 경계성 · 의존성 · 분열성 · 회피성 성격장애가 우려된다.

F형은 평균수준에서 "고상한 자"이다. 통합수준에서는 통찰력있는 이상주의자이며, 최상수준에서는 이데아를 실현하려는 이상주의

자가 된다. 비통합수준은 단순한 명분주의자, 권위주의자, "허영심이 많은 사람" "허풍선이"가 되기 쉽다. 병리수준은 강박성 · 분열형 성격장애가 우려된다.

A형은 평균수준에서 "포용하는 자(embracing person)"이다. 통합수준에서는 박애주의자이고, 최상수준에서는 사랑의 구원자가 된다. 비통합수준은 처세주의자, 양두구육(羊頭狗肉)의 위선자나, 청산유수(青山流水)의 "사기꾼"이 되기 쉽다. 병리수준은 히스테리성 · 반사회성 성격장애가 우려된다.

이는 각 기본유형에 속하는 구체적인 성격 특성을 용이하게 이해하기 위한 기본적 퍼슨 수트이다. 멋진 옷이 반드시 불변의 요소인 옷감만으로 가능할 수 없는 것처럼, 자신에 대한 자각에 따라 멋진 옷을 만들고 입으려는 의지가 필요하다. 자기이해와 성장을 촉진하는 치료적 개입을 까르마에토스 예술치료 즉 키트(KEAT, Karma Ethos Art Therapy)라고 부른다. 키트는 동서고금의 다양한 심리치료 자산들을 'K-콘텐츠'로 집약해서, 각 수준의 퍼슨 수트에 합당한 치료적 개입을 하여, 성장과 발달의 길 즉 전통적인 용어로 깨달음을 향한 길 혹은 자유와 평화의 길, 행복의 길로 가는 방향을 제시하고 있다.

마지막 장은 까르마에토스를 통한 상담과 심리치료의 구체적인 사례를 들어보았다. 우리네 삶의 현상에서 우리가 어떤 퍼슨 수트(옷)을 입고 살며, 이런 저런 이유 때문에 생겨난 마음의 고통을 어떻게 치유하면서, 삶의 의미를 발견하고 성장해 나가는지를 음미해 보았다.

에필로그

왜 이렇게 살까? 그냥 어찌하다보니 이렇게 있다. 내가 사는 것이 분명하지만, 내 뜻대로 사는 것이 아니라 이해할 수 없는 힘에 이끌려 사는 것 같다. 어디에서 와, 어떻게 있다가, 어디로 갈지 짐작도 못한다. 하루도 끝이 있고, 한 주도 끝이 있는 것을 보니, 긴 생(生)인 것 같아도 끝이 올 것이다. 왜 사는지, 생의 뜻도 못 찾고, 허무하기가 "풀끝에 이슬이고 바람 속에 등불" 같다.

옛 사람은 부지런히 공부해서 생의 비밀을 풀라했는데, 공부가 생의 비밀을 풀 수 있다는 것인가? 더 좀 가르쳐주면 좋겠는데, 무심하다. "돌장승이 아기 낳으면 그 때에 말할테요."

까르마에토스는 내 속에서 나를 움직이고 있는 힘의 존재를 알려준다. 사람의 몸을 가지고 있어도, 그 속에는 짐승도 있고, 귀신도 있고, 심술궂은 요괴도 있으며, 천상의 사람이나 어진 존재들도 있다. 까르마에토스를 알면, 사람의 모습을 하고 있어도 저 이는 귀신이오, 이 이는 요괴라는 것을 알 수 있다. 인두겁을 쓰고 있으나, 짐승 같은 자들이 있다는 것을 우린 알고 있다. 이는 표현의 문제가 아니다. 실제 짐승의 힘이 그 자를 지배하고 있다.

내 속의 이 힘들은 하늘의 별들과 항상 감응하고 있다. 행운의 별이 뜨면 복을 받고, 불운의 별이 뜨면 화를 입는다. 행운의 별이 비추면 축복(祝福)의 퍼스낼리티를 얻고, 불운의 별이 비추면 재앙(災殃)의 퍼스낼리티를 가지게 된다. 나와 별은 우주의 상응율에 따르는 것이다.

별이 영원하듯이 이 힘들은 그 시작을 알 수 없을 정도로 오래 전부터 가지고 있던 것이다. 우리의 생은 탄생 이전부터 전해져 온 이 힘들이 범벅이 되어서 생겨난 것이다. 이 힘들이 한데 모이면 생명이 만들어진다. 그래서 뭇 생명들은 이 힘이 모여 있는 일종의 장소이다. 까르마에토스가 이런 의미를 가지고 있다. 사람은 상대적으로 좋은 힘들이 모여 있는 장소일 뿐이다. 사람보다 못한 짐승이나 귀신과 요괴는 더 나쁜 힘들이 모여들어 생겨난 장소이다.

나쁜 힘은 나쁜 품성(성격)을 만들고 나쁜 환경, 나쁜 인간관계를 형성시키며, 나쁜 사건들을 만나게끔 유인한다. 화를 부르는 힘은 이미 내 속에 있다. 그런데 충격적이게도, 옛 사람들은 이것이 오래 전에 너 스스로가 예비한 것이라 한다. 반대로 좋은 힘은 좋은 품성을 만들고 좋은 환경, 좋은 인간관계를 형성시키고, 좋은 사건들을 만나게 주선해 준다. 어느새 우리의 운명은 정해진 것이고, 우리의 품성도 정해진 것이라는 악명 높은 교설에 이르렀다.

그러나 옛 사람들은 이 불가항력적인 힘이 바로 너 자신의 힘이었다는 역설을 말하고 있다. 그래서 운명을 정하는 자가 운명에 메어 있다는 것은 어불성설이라 가르친다. 운명의 노예가 아니라 운명의 주인이라는 가르침이다.

자신의 힘을 주체하지 못하고 포기하게 되자, 나로부터 소외되고, 급기야 내 것이 아닌 다른 것이 되자, 주객(主客)이 전도되어 나를 지배하는 힘, 나를 자포(自暴)하고 자기(自棄)하게 해서 운명의 노예로 만든 힘이 탄생하게 되었다.

옛 사람은 이 역설의 가르침이 미묘한 것이라, 이를 전하는데 어려움을 겪었다. 에둘러서 말해야 하는 이유 때문에 비유가 등장했고, 어떤 사람들은 예언의 형식으로 안개를 피우거나 으름장을 놓기도 했다.

우리가 삶의 실상에 눈이 멀고, 삶을 고통으로 느끼는 이유는 내 속에 나쁜 힘들이 있기 때문이다. 이들은 주어진 운명처럼 혹은 폭력처럼 부여된 것이지만, 실은 내가 만든 힘들이다. 그래서 옛 사람들은 힘의 본질을 밝히고 우리가 어려움에 빠져든 과정을 거꾸로 되짚어 갔다. 그것은 매우 간단한 것이었다. 지금부터 시작하라!

내가 만든 것이기 때문에 내가 할 수 있다. 나는 앞서 이런 비유를 들었다. 생의 목적은 항해하는 배와 같다. 배와 그 위에 실은 짐이 나의 몸과 마음과 혼이다. 배와 짐은 하나라서 짐을 버리고 갈수 없다는 비극적인 조건이 있을 뿐이다. 이 비극에서 헤어나지 못하면, 숙명의 교설에 떨어진다.

까르마의 힘은 뗏목에서부터 크루즈까지 질적으로 다양한 배를 만들었다. 그리고 그 위에 실린 모래알처럼 작은 것에서부터 집채만 한 바위도 만들었다. 뗏목이 모래알을 싣지 못할 이유는 없다. 그러나 뗏목에 바위를 실으면 오래가지 않아 배는 가라앉겠지만, 크루즈는 바위를 싣고서도 항해를 계속할 것이다.

뗏목도 사정은 어렵겠지만, 앞니만을 써서 댐을 만드는 비버처럼, 나무를 더 엮어 바위를 감당할 수 있다. 그러나 바다는 항상 고요하지 않다. 폭우와 바람이 배를 흔들 때, 큰 짐을 싣고 바다를 건너려면, 배를 튼튼하게 건조하는 수밖에 없다. 짐은 버릴 수 없기 때문이다. 항해를 마주한 배가 무사히 바다를 건너가기 위해서 가장 중요한 것은 무엇일까?

말할 것도 없이 자신의 처지를 명료하게 아는 것이다. 자신을 아는 때가 되면, 나와 무관하게 움직이는 운명이 방향을 바꾸기 시작된다. 나를 아는 것은 내면의 거친 힘들 사이에서 숨죽여 말하는 목소리를 듣는 것이다. 매슬로는 맹렬(猛烈)하게 달려가는 운명이 주춤하는 이 순간을 멋지게 표현했다.

> 자신을 부르는 소리에 귀를 기울이지 않는 사람, 그런 소리를 전혀 들을 수 없게 된 사람은 어떻게 될까? 이 경우에는 틀림없이 내재적인 죄책감, 내재적인 부적합성이 발생할 것이다. 이것은 뒷다리로 걸으려는 개와도 같고, 사업가가 되려는 시인 또는 시인이 되려는 사업가와도 같다. 이것은 한마디로 어울리지 않는 것이다. 적합하지도 않고 내 것도 아닌 것이다. 우리는 자신의 운명에 응답해야 한다. 그렇지 않으면 가혹한 대가를 치르게 된다. 우리는 자신의 운명에 복종하고 그것에 항복해야 한다. 우리는 자기 자신에게 우리 자신이 선택될 기회를 주어야만 한다.(『Eupsychian Management』)[1)]

매슬로는 존재의 위쪽 소식을 전하고 있기 때문에 낙관적인 이야

---

1) 매슬로, 왕수민 옮김, 『인간 욕구를 경영하라』, 서울: 리더스북, 2012, 57쪽 참고.

기를 들려주었다. 그가 말하는 운명이란 우리를 존재의 아래쪽에 잡아매어 놓고 우리를 압살하는 운명이 아니다. 우리가 자신의 목소리를 듣거나 스스로를 자각하자, 도도한 운명의 방향이 바뀌면서 스스로가 운명의 주인이 될 때 바라보게 되는 운명이다. 내 안의 힘을 명료하게 파악하여 내 운명을 알게 되었을 때, 내가 선택하여 만들어 나가는 운명이 매슬로가 말하는 운명이다.

이러한 시적인 낙관주의는 우리에게 용기를 주지만, 허망한 말이기도 하다. 사정은 더 복잡하고 참담하기 때문이다. 세상에는 크루즈보다 뗏목이나 카누, 보트가 더 많다. 보디사트바(bodhisattva)의 반야용선은 자신뿐 아니라 수억만의 뭇 존재를 싣고 가지만, 대부분은 표풍(漂風)에 갈 곳을 잃은 조각배 신세이다.

철학과 심리학은 본래 소울 힐러(soul healer)들의 지식이다. 이 지식은 우리의 몸과 마음과 혼에 대한 지식이다. 나라는 배와 짐 전체가 처한 상황을 진단하고, 부서진 곳을 수리하고, 약한 곳을 강하게 만들고, 비범한 기술로 곤혹스런 짐을 떨어내거나 아예 부셔버린다. 그리하여 바다를 건널 수 있는 강건한 배를 만든다. 까르마에토스 예술치료란 소울 힐러들의 지식을 계승한 것이다.

왜 사는지 혼란에 빠져 있거나, 사는 것이 고통스럽거나, 운명의 힘 앞에 주눅이 든 자들이여. 본래 운명의 힘이란 네 자신의 힘이었다. 너로부터 멀어져서 낯설고 다른 힘이 되어 버린 것이다. 네가 네 자신을 살 때 운명을 제어한다. 운명의 수레에 깔려 압사하지 않고, 수레를 타고 길을 달린다.

지금 시작하라! 아름다운 운명을 만들어라. 비록 지난 까르마로 인해 고통을 받는다 해도, 어두움을 쫓아내는 등불을 들어 올리고,

마음에 촛불을 밝혀라. 내면 깊은 곳에는 알아주기를 바라는 힘들의 얼굴이 보일 것이다. 그들의 합이 운명이고 너 자신이다. 힘에 전락되지 말고 힘을 변형시켜라. 그들 운명을 적으로 만들어 싸우지 말고, 친구가 되어 정을 나누라. 그들을 사랑하라. 바다를 건너 항해를 마치는 그날까지.

까르마에토스를 이해하고 상담과 심리치료에서 성과를 거두고 있는 여러 상담사와 심리치료사 분들에게 심심한 감사의 말씀을 전합니다. 그리고 원고를 읽고 의견을 제시해준 블루로터스(BL) 심리상담의 박사님들에게도 감사의 말씀드립니다. 책을 묶고 다듬는데 성의를 다해 주신 출판사의 관계자 분들께도 감사드립니다. 모두 돌장승이 아기 낳는다는 귀한 소식을 전해 들으시길 빕니다.

청계산 국사봉 아래에서

이창일 삼가 지음

용어 해설

까르마에토스(Karma Ethos)

까르마에토스는 두 가지 의미가 있다. 첫째는 특별히 성격유형론만을 가리키는 것이며, 둘째는 성격유형론과 이에 기반 한 상담 및 심리치료 즉 키트(KEAT)를 모두 포함한 체계이다. 본문에서는 두 번째 용어로 사용하는 빈도가 높다.

까르마에토스의 어원은 불교의 업론(theory of Karma)과 헤라클레이토스(Heraclitus of Ephesus, −540~−480)의 어록 가운데 하나인 "에토스 안쓰로포 다이몬(Ethos anthropo daimon)"에서 쓰인 에토스 개념을 합해서 만든 말이다. 이 때 에토스는 거주하다, 살다, 머물다, 깃들다, 내재하다 등의 의미를 가진다.

헤라클레이토스의 이 어록은 흔히 영어로 Character is destiny(성격은 운명이다)라고 해석되고 있다. '까르마와 윤회'의 한 축과 영혼불멸과 윤회의 관념을 표명한 그리스의 고대철학을 한 축으로 하여,

까르마에토스(Karma Ethos)라는 명칭을 만들었다. 까르마에토스는 문자 그대로 '까르마가 거주한다'이며, 구체적으로는 '업의 힘이 거주하는 장소'라는 의미이다. 여기서 '장소'는 인간이다.

까르마에토스는 숙명론이 아니다. 까르마에토스의 가장 큰 특징은 숙명론과 이를 초극하는 자유의지가 묘합(妙合)되어 있는 구조에 있다. 자각을 통해서 까르마를 변형시켜 나갈 수 있으며, 혹은 반대로 전락할 수도 있다. 전자는 성장이고 후자는 병리이다.

까르마에토스의 뜻을 살려서 육도를 해석하는 하위 용어들이 있다. 불도는 붓다에토스(Buddha Ethos), 선도는 르쉬에토스(Rsi Ethos), 인도는 휴먼에토스(Human Ethos), 축도는 애니멀에토스(Animal Ethos), 귀도는 고스트에토스(Ghost Ethos), 수라도는 아수라에토스(Asura Ethos) 등으로 부른다. 한자어 선(仙)은 산스크리트어의 르쉬(rsi)를 번역한 말이다. 이는 '앞날을 내다보는 자(seer)'의 뜻이다.

까르마에토스 오구리(Karma Ethos Augury)

까르마에토스 오구리는 까르마에토스를 이용한 일종의 점법(占法)으로서, 까르마에토스의 비전(祕傳)적 성격을 드러내는 용어이다. 까르마에토스의 전신이 되는 『달마일장금』은 개인의 명운을 논하는 술수서이고, 옛 지혜에서 성격이란 그의 운명과 밀접한 관련을 가지고 있기 때문에, 이러한 개인의 미래에 대한 예언의 내용이 없을 수 없다.

까르마에토스는 트랜스퍼스널 심리학의 해석을 거쳐서 운명에 대한 과도한 관심을 지우고 있다. 그러나 자각하지 않는 개인의 삶이란 앞날을 예견할 수 있을 정도로 까르마의 힘에 의해서 향방이 정해져 있기 때문에, 그 운명은 정해져 있다고 볼 수 있다. 이 때문에 개인의 길흉화복을 파악할 수 있는 것이다.

오구리(augury)는 미래에 일어날 일의 상징이다(An augury is a sign of what will happen in the future). 오구리의 어원은 고대 로마의 종교에서 나르는 새를 보고 점을 친 것에서 연유한다. 아우구르(augur)는 라틴어의 아우스피시움(auspicium)에서 왔는데, 이는 '새를 보는 자(one who looks at birds)'라는 뜻이다.

까르마에토스 오구리는 이추(二推)와 삼추(三推)의 방법으로 소개되어 있다. 이추는 '특정한 때를 고려하지 않은 전반적인 상황에 대한 점'이다. 삼추는 대운(大運)을 이용한 점법이다. 까르마에토스의 명식에서 네 번째 자리는 명궁(命宮)이라고 부르며, 이는 현생의 총운을 가리킨다. 그래서 현생의 총운 바로 이전의 운위는 탄생 직전 중음신에 의해서 전달된 전생의 총운을 상징적으로 나타낸다. 이로부터 대운이 시작되고, 장결의 순서에 따라서 7년의 주기로 세어간다.

예컨대, 남자이고 명궁이 신(申)이면 대운의 시작은 신(申) 이전의 운위인 미(未)가 된다. 미(未)로부터 7년을 주기로 세어간다. 미(未, 1~7세), 신(申, 8~14세), 유(酉, 15~21세), 술(戌, 22~28세) … 등이다.

까르마에토스 오구리는 이외에도 기존 역술의 기법을 이용해서 점을 치는 방식이 존재한다. 가령 어떤 해의 간지(干支)와 명식의 간지가 합해형충파(合害刑沖破)를 일으키면서, 육신(六神)의 동향을 살피는 것이다.

식스앤드식스(Six and Six), 더블에스(SS)

육도의 업력(까르마)은 탄생과 함께 인간에게 전해진다. 이때 하늘의 별과 상응을 하게 되면서, 12성신(별)의 법칙 즉 12지지의 음양오행 법칙에 따라서 육도의 업력과 12성신이 상관적 관계를 맺게 된다. 하나의 성신에는 제 각각 특성언어가 성립되어 있다.

12성신에서 비롯되는 12분야의 특성언어는 짝을 이루어 총 24가지로 표현된다. 여기에서 미래예언적인 표현들을 정비하여, 순수하게 24가지 심리 어휘들로 전환해서 한 개인의 성격의 특성을 파악하는데 사용한다.

24가지로 분류된 특성언어는 실제로는 12성신으로부터 비롯된 것이기 때문에 12가지로 축약할 수 있다. 또한 12가지의 특성들은 3가지의 선한 에토스(삼선도)와 3가지의 악한 에토스(삼악도)에서 연유했기 때문에, 이 특성들을 덕(德, virtue)으로 보면 '여섯 가지 좋은 덕과 여섯 가지 나쁜 덕(Six bad virtues and Six good virtues)'이 성립될 수 있다. 이를 '식스앤드식스(Six & Six)' 혹은 '더블에스(SS)'로 부른다.

더블에스는 카톨릭의 칠죄종(七罪宗) 즉 잘 알려진 세븐(Seven)과 이를 계승한 오스카 이카조의 「큰 죄(Deadly Sins)」와 외형에서 유사성을 가지고 있는 듯하다.

더블에스는 상담과 심리치료에서 개인의 특성을 파악하는데 중요하다. 자기자신에 대한 이해는 이 특성언어가 함의하는 욕망을 이해한다는 것이다. 특성언어는 탄생부터 전해진 것이라서 정해진 것이지만, 자각을 통해서 변형될 수 있다. 그러나 좋은 특성이 전락될 수도 있다는 역방향도 존재한다.

퍼슨 수트(person suit)

퍼슨 수트는 기존의 자아(ego), 자기(self), 페르소나(persona) 등을 포괄하는 개념으로서, 까르마에토스 체계에서 매우 중요한 부분을 차지한다. 여기에는 옷의 상징적 의미, 트랜스퍼스널 심리학에서 말하는 자아(ego), 분석심리학의 원형(archetype) 가운데 하나인 페르소나 등과 긴밀하게 연관되어 있다.

수트는 2~3개의 옷들이 결합하여 조화로운 한 벌을 이룬 것이다. 옷은 옷감과 여기에 부여되는 재단, 재봉, 디자인이 가미되어 성립된다. 옷감이 불변이듯이 인간에게 까르마의 에너지는 불변이다. 그러나 재단, 재봉, 디자인이 부여되면 옷은 옷감을 초월한다.

인간의 성격은 비록 까르마(業)에 의해 고정된 형태의 특성을 부여받았지만, 자신의 성격에 대한 자각은 자신의 특성을 '변형'시킬 수 있으며, 반대로 자각이 동반되지 않은 성장과 발전을 도외시한 삶은 상대적으로 긍정적인 특성이 본래 보다 못한 수준으로 '전락'할 수 있다.

본명성으로부터 시작된 기본 4유형(M, F, T, A)은 불변하는 축이 되고(이는 운명의 축이다), 여기에 퍼슨 수트의 가변적인 축(이는 자유의지의 축이다)을 교차하는 것이다. 가변적인 축은 자신에 대한 이해 즉 자각의 정도에 따라서, 가장 하위의 병리 수준에서부터, 비통합 수준, 평균 수준, 통합 수준, 최상 수준 등의 5가지 수준으로 구별되어 있다.

나쁜 까르마를 가지고 태어난 것은 변할 수 없지만, 이를 변형해서 퍼슨 수트를 높은 수준으로 유지하는 것이 성장과 발달이다. 퍼슨 수트는 자각에 의해서 퀄리티가 높거나 낮을 수 있다.

발달의 수준에 따라, 최상수준 퍼슨 수트, 통합 수준 퍼슨 수트, 평균 수준 퍼슨 수트, 비통합 수준 퍼순 수트, 병리 수준 퍼슨 수트 등으로 구분되고, 그에 해당하는 성격적 특징이 뚜렷하게 구분된다.

마야 콤플렉스 존(maya complex zone), 마야 존, 환영지대, 거짓 그림자 지대

본명성으로부터 시작된 불변하는 기본 4유형에 대해, 가변하는 퍼슨 수트는 자기이해 즉 자각의 정도에 따라서, 가장 하위의 병리 수준에서부터, 비통합 수준, 평균 수준, 통합 수준, 최상 수준 등의 5가지 수준으로 나누어져 있다.

까르마에토스에서는 비통합수준의 단계를 특별하게 취급하고 있다. 대다수 인간들의 심리 상태이기 때문이다. 그래서 이 단계는 인간이 사물의 참다운 실상을 볼 수 없는 환경 혹은 일종의 지대(地帶, zone)라고 생각해서, 이를 '마야 콤플렉스 존(maya complex zone)' 혹은 '환영(幻影, 거짓 그림자)지대'라고 부르고 있다.

이 콤플렉스는 통합을 위한 자각을 방해하는 일종의 마(魔, 수련을 방해하는 심리적 환형)에 의해서 정신이 사로잡혀 있는 상태로서, 이로 인해 다양한 신경증이 유발된다.

이 마(魔)들이 곧 마야이며 비록 본질적으로는 환영에 불과하나, 프리퍼슨 단계를 극복하지 못하면 실제적인 힘을 갖는 존재들이다. 프리퍼슨 단계의 특징은 기본적으로 시야가 좁고 자기중심적인 이기심에 의해서 지배받고 있다. 삼독에 중독되어 있는 상태가 프리퍼슨 단계이다. 그런데 문제가 되는 것은 대다수 인간들은 자발적으로 중독에 헌신하고 있다는 불행한 사실이다.

이 지대는 대부분의 심리치료가 집중하고 있는 인간 정신의 현 주소를 가리킨다. 일차적으로 이 지대를 벗어나야 성장의 길에 접어들 수 있다.

키트(KEAT)

키트(KEAT)는 까르마에토스 예술치료(Karm Ethos Art Therapy)의 줄임말이다. 까르마에토스에서는 자신을 더 나은 존재로 만들어 가는 '길' 즉 전생부터 집요하게 내려 온 업의 씨를 제거하는 방법을 키트(KEAT)로 체계화시켜 놓고 있다. 이 방법에는 두 가지 방향이 있다. 첫 번째는 숙업(宿業)을 제거하는 길이다. 두 번째는 새롭게 만들어지는 나쁜 업을 처음부터 방지하는 길이다.

키트는 각 수준의 퍼슨 수트를 참고하여 그 퍼슨 수트에 맞는 자기성장을 돕는 까르마에토스의 성장발전 프로그램이다. 까르마에토스에 따른 성격유형은 수평적으로는 4가지 유형(M, F, T, A)이 있으며, 각 유형에는 까르마의 결합 구조와 자신에 대한 이해도에 따라 수직적으로 놓인 5가지의 수준(최상, 통합, 평균, 비통합, 병리) 즉 퍼슨 수트들이 있다. 예컨대, M타입에 속했어도 5벌의 옷이 있기 때문에 독특한 성격으로 분화되는 것이다. 그런데 수평적인 4가지 타입은 변하지 않지만, 수직적인 퍼슨 수트들은 변할 수 있다. 이런 의미에서 키트는 변형을 유도하고 전락을 방지하는 자기성장과 발전을 위한 특수한 목적을 가진 체계이다.

키트에 담긴 아트(art)의 의미는 '존재의 지겨움' 즉 고(苦)를 벗어나는 것이며, 한편으로는 삶에 다시 재미와 흥미를 불러일으키는 것이라는 이고득락(離苦得樂)의 맥락을 가지고 있다. 그래서 키트는 존재의 지겨움과 고통과 재미없음과 시들음에서 그 반대의 방향으로 달아날 수 있는 길을 제시한다. 이는 옛 지혜의 전통에서 수신(修身) 혹은 '수양(修養)을 위한 길'(the way of self-cultivating)에 상당한다.

키트의 목표는 5가지 퍼슨 수트의 수준을 향상시키는데 있으며, 모두 4단계로 설정되어 있다. 아래 수준에서부터 위의 수준으로 각각 K-1, K-2, K-3, K-4 등으로 나타낸다.

(병리→비통합) K-1의 목표는 아직은 자아강도(ego strength)가 충분하지 않기 때문에 약한 수준에서 자아를 구축하는 것이다.

(비통합→평균) K-2의 목표는 이른바 거짓 자아라고 할 수 있는 페르소나와 의식의 주변부로 밀려나거나 억압되어 소외된 그림자(shadow)의 통합을 통해 자아(ego)를 강화하는 것이다.

(평균→통합) K-3의 목표는 내면의 자아와 그것이 깃든 외면의 신

체가 서로를 수용하고 조화를 이루는 자기(self)의 구축에 있다.

(통합→최상) K-4는 자기(self)의 경계가 더욱 넓어져서 외계의 사물을 내 몸과 마음처럼 수용하는 단계를 가리킨다. 자아와 자기를 이루는 아(我)의 경계가 없어졌다는 의미에서 무아(無我)라고 할 수 있을 것이다. 트랜스휴먼, 트랜스퍼슨 등의 개념과 상응한다.

모든 키트의 단계는 자등명과 법등명의 전략을 취하는 것이 원칙이다. 추하고 악한 에너지는 아름답고 선한 에너지의 지배 아래에 있을수록 변형된다.

귀도는 자등명 전략에 따라 선도의 주의(attention)와 유희를 중심으로 하는 키트, 법등명의 전략에 따라 인도의 이해를 중심으로 하는 키트 등을 개입시킴으로써, 변형을 추구하고 전락을 방지한다.

수라도의 경우는 자등명의 전략에 따라 인도의 이해를 중심으로 하는 키트와 불도의 공감 중심의 키트를 개입시키고, 법등명의 전략에 따른 선도의 주의와 유희를 중심으로 하는 키트를 개입시킨다.

축도의 경우는 자등명 전략에 따라 선도의 주의와 유희를 중심으로 하는 키트, 법등명의 전략에 따라 불도의 공감을 중심으로 하는 키트 등을 개입시킨다.

키트 콘텐츠(KEAT Contents) K-콘텐츠

각 단계의 키트에는 다양한 치료적 개입이 존재한다. 이를 '키트 콘텐츠(KEAT Contents)' 또는 K-콘텐츠라고 부른다. K-콘텐츠는 탐진치(貪瞋痴) 삼독(三毒)의 까르마 에너지를 제어하는 기법들의 집합이다. 이 기법은 기존의 다양한 심리치료에서 온 것도 있지만, 까르마에토스 체계에 입각해서 새롭게 제작된 것도 포함된다.

K-콘텐츠는 기본적으로 에너지 개념에 전제를 두고, 나쁜 에너지를 변형하여 좋은 에너지로 전환시키고, 좋은 에너지를 확충하고 나쁜 에너지로 전락하는 것을 방지하는 기본 원칙과 방향을 가지고 있다.

탐(貪)의 에너지는 인도의 합리적 이해를 증진시키는 K-콘텐츠를 이용해서 제어한다. 대부분의 K-콘텐츠들은 대화(對話) 개념을 중심으로 구성되어 있는 것이 특징이다.

진(瞋)의 에너지를 변형시키기 위해 유희에 바탕을 둔 K-콘텐츠, 주의 향상을 위한 전통적 명상과 좌선(坐禪) 및 이에 기반을 둔 심리치료 등이 포함된다.

치(痴)의 에너지는 공감(共感)을 다루는 K-콘텐츠가 개입한다. 내면과 외면을 일치시키는 실천, 언행일치의 습관에서부터, 관계되어 있는 삶 전체에 대한 이해와 구체적인 증거 모으기, 절정경험이나 고원 경험을 포함한 신비주의 체험과 이를 이끄는 여러 기법들까지 너른 분포를 이루고 있다.

참고문헌

• 원전

– 일반

『看命一掌金和解』(馬場氏信武 譯), 浪花書肆, 1787(天明七年).

『論語』(성백효 역), 서울: 전통문화연구원, 1994.

『東醫寶鑑』(許浚, 東醫寶鑑國譯委員會 譯), 서울: 법인문화사, 1999

『東醫壽世保元』(李濟馬, 추만호 강의), 서울: 장해, 2008.

『밀린다팡하(Milindapanha, 那先比丘經)』(동봉 번역), 서울: 홍법원, 1992.

『三命通會』(萬民英, 박일우 저), 서울: 명문당, 1978.

『新譯看命一掌金』(池田天龍子 譯), 廣文堂書店, 1907(明治40年).

『아비달마구사론(1~4)』(권오민 옮김), 서울: 동국역경원, 2002.

『淵海子平』(오청식 번역), 서울: 대유학당, 2008.

『列子』「湯問」(『漢文大系』)
『五行大義』(蕭吉, 윤상철 역), 서울: 대유학당, 1998.
『五行精紀』(故宮藏本術數叢刊), 華齡出版社, 2010.
『유가심인정본수능엄경환해산보개정(瑜伽心印正本首楞嚴經環解刪補改正)』(김두재 번역), 일일사, 2005.
『李虛中命書』(李虛中 저, 김정혜 외 역), 파주: 이담, 2012.
『赤松子章曆』, 『正統道藏』, 洞玄部, 表奏類.
『朱子語類』, 中華書局, 1983.
『滴天髓徵義』(任鐵樵, 徐樂吾 編著), 武陵出版社, 2006.
『正法念處經(1)』(반야류지 한역, 김월운 역), 東國譯經院 編, 한글대장경 59, 서울: 東國大學校附設 東國譯經院, 1999.
『修習止觀坐禪法要』(智顗, 金無得 譯註), 서울: 經書院, 1990.
『청정도론(淸淨道論, Visuddhimagga)』(붓다고사Buddhaghosa 스님 저, 대림스님 역), 서울: 초기불전연구원, 2004.
『淮南子』「天文訓」(『漢文大系』)
『黃帝內經』(홍원식 역), 서울: 전통문화연구원, 1998.
동국대학교 전자불전문화콘텐츠연구소(http://ebtc.dongguk.ac.kr/)
–『大涅槃經』, 『楞嚴經』(권8), 『增阿含』「癡慧地經」, 『長阿含』, 『世記經』「戰鬪品」, 『增一阿含經』(「地主品」; 「聲聞品」), 『宿曜經』.
中華電子佛典協會(http://www.cbeta.org)
–『般若燈論』

• 국내

가산지관, 『한국고승비문』, 서울: 대한불교조계종출판부, 2011.

강동수 외, 「초기 르네상스 철학의 상상력 이론」, 『철학연구』, 제87집, 대한철학회, 2003.

고토 벤, 일지 역, 『까르마의 열쇠』, 서울: 불일출판사, 1991.

구백운, 『十界緣起解』, 서울: 불교문화사, 1980.

구중회, 「당사주 또는 당결 연구」, 동방논집』 3(2), 2010.

권기종, 「Pāramitā의 成立에 대한 考察」, 『東國思想』, 4권, 1968.

그레이엄(A. C, Graham), 이창일 역, 『음양과 상관적 사유』, 성남: 청계, 2001.

김동화, 『俱舍學』, 서울: 불교시대사, 2001.

김동화, 『불교학개론』, 서울: 불교시대사, 2001.

김대은, 『三世因果』, 서울: 삼장원, 1978.

김만태, 『한국 사주명리 연구』, 서울: 민속원, 2011.

김만태, 「간지기년(干支紀年)의 형성과정과 세수(歲首) 역원(曆元) 문제」, 『정신문화연구』38-3, 성남: 한국학중앙연구원, 2015.

김미옥, 「인지양식을 고려한 한국어 교수 학습-장 독립성과 장 의존성을 중심으로」, 『한국어교육』 9-1, 국제한국어교육학회, 1998.

김상일, 「동학의 영성과 서학의 영성 비교」, 『동학과 신서학』, 서울: 지식산업사, 2000.

김선영 외, 「노인에서 한국판 성격 5요인 척도의 표준화 및 타당도」, 『생물정신의학』, 17권, 2010.

김성철, 「선(禪)의 깨달음, 그 정체와 문제점」, 『불교평론』, 18호, 2004. http://www.budreview.com/news/articleView.html?idxno=506
김성철, 『김성철 교수의 체계 불학: 100문 100답』, 서울: 불광출판사, 2011.
김성철, 『중론, 논리로부터의 해탈 논리에 의한 해탈』, 서울: 불교시대사, 2010.
김성철, 「윤회, 사실인가 믿음인가: 윤회의 공간적 시간적 조망」, 『불교평론』, 가을호 제20호, 2004. http://www.budreview.com/news/articleView.html?idxno=735
김시덕, 「당사주(唐四柱)」의 문헌학적 접근: 중 · 일 문헌과의 비교를 통하여」, 『서지학보』, 37권, 한국서지학회, 2011.
김용섭, 「Personality의 본질-그 기본개념과 형성을 중심으로」, 『論文集』, 5권, 高神大學校, 1977.
김용옥, 『금강경강해』, 서울: 통나무, 2012.
김일권, 『동양천문사상: 하늘의 역사』, 서울: 예문서원, 2007.
김중묵, 『因果의 世界』, 원불교출판사, 1979.
김정희, 『지의 〈마하지관〉』(『철학사상』 별책 제7권 제1호), 서울대 철학사상연구소, 2006.
김재성, 「심리치료로서의 불교」, 『불교와 심리』, 서울불교대학원대학교, 2006.
김재성, 「초기불교의 번뇌」, 『인도철학』, 제29집, 2010.
김진열, 「능엄경연구」, 동국대 불교학과 박사학위논문, 1991.
김진일, 「보리달마의 안심법문에 대한 일고」, 『보조사상』, 34권,

2010.
김형준, 「고대문명사회와 인도에서의 윤회」, 『불교평론』, 가을호 제20호, 2004. http://www.budreview.com/news/articleView.html?idxno=430
김형효, 『물학 심학 실학』, 성남: 청계, 2003.
김형효, 『원효의 대승철학』, 소나무, 2006
나병술, 「성격의 이론과 형성에 관한 고찰」, 『덕성여대논문집』, 1권, 덕성여대, 1972.
남회근, 신원봉 역, 『불교수행법강의』, 서울: 씨앗을 뿌리는 사람, 2003.
남회근, 송찬문 옮김, 『생과 사 그 비밀을 말한다』, 남양주: 마하연, 2014.
노영준, 『역학의 비결』, 서울: 경덕출판사, 2004.
라즈니쉬, 이윤기 옮김, 『반야심경』, 서울: 학원사, 1988.
류성일, 손영우, 「혈액형 유형학 연구에 대한 개관」, 『한국심리학회지: 사회 및 성격』21(3), 한국심리학회, 2007.
류정훈, 『업』, 서울: 보림사, 서울: 1978.
리버트(Liebert, R. M. and Liebert, L.L.), 조현춘 외 공역, 『성격심리학』, 서울: 시그마프레스, 2002.
리소(D. R. Riso & R. Hudson), 주혜명 역, 『에니어그램의 지혜(The Wisdom of The Enneagram)』, 서울: 한문화, 2000.
매슬로(A. H. Maslow), 왕수민 옮김, 『인간 욕구를 경영하라(eupsychian Management)』, 서울: 리더스북, 2012.
모스(R. Moss), 정연희 역, 『드림 시크릿』, 휴먼앤북스, 2008.

목정배, 『계율학』, 서울: 법사원, 1996.
목정배, 「재가인의 세제불교(世諦佛敎) 원리」, 『불교평론』, 53호, 2013. http://www.budreview.com/news/articleView.html?idxno=1251
몬딘, 허재윤 옮김, 『인간: 철학적 인간학 입문』, 서울: 서광사, 1996.
미산, 「대념처경을 중심으로본 초기불교 수행법」, 『불교평론』, 14호, 2003. http://www.budreview.com/news/articleView.html?idxno=640
미첼(W. Mischel) 외, 손정락 옮김, 『성격심리학』, 서울: 시그마프레스, 2006.
맹성렬, 『과학은 없다』, 파주: 샘앤파커스, 2012.
박아청, 『성격은 변하지 않는 것인가』, 서울: 교육과학사, 2002.
박아청, 『성격심리학의 이해』, 서울: 교육과학사, 2004.
박이문, 『문명의 미래와 생태학적 세계관』, 당대, 1998.
박주현, 『사주심리학(I)~(II)』, 논산: 삼명, 2008.
브라이언 리틀(Breian Little), 이창신 옮김, 『성격이란 무엇인가』 파주: 김영사, 2015.
사사끼 겐준, 이태영 외 옮김, 『업사상』, 서울: 대원정사, 1990.
서정형, 「밀린다팡하 해제」, 『밀린다팡하』(『철학사상』, 별책 제2권 제2호), 서울대학교 철학사상연구소, 2006.
성환기, 「인도불교의 삼학 연구」, 동국대 불교학과 박사논문, 1997.
소광섭, 「오행의 수리물리학적 모델」, 『과학과 철학』, 4집, 서울: 통나무, 1993.

송지영, 『정신증상』, 서울: 집문당, 2010.
수잔 델리저(Susan Dellinger), 김세정 역, 『도형심리학을 알면 대화가 즐겁다(Communicating beyond our differences)』, 서울: W미디어, 2007.
수잔 로즈(Susan Rhodes) 저, 이은하 외 공역, 『통합에니어그램』, 서울: 학지사, 2016.
슐츠(Schultz, Duane), 이혜성 옮김, 『성장심리학-건강한 성격의 모형(Growth Psychology: Models of the Healthy Personality)』, 서울: 이화여자대학교 출판부, 2012.
스코튼(Bruce W. Scotton, Allan B. Chinen, John R. Battista), 김명권 외 역, 『자아초월 심리학과 정신의학』, 서울: 학지사, 2008.
스페리(L. Sperry), 최영민 외 옮김, 『영성지향 심리치료』, 하나의학사, 2008.
신진, 김경찬, 『기질과 인간이해』, 대구: 계명대학교출판부, 2010.
안옥선, 「부처님의 근본 가르침: 욕망의 지멸, 자유, 자비」, 『불교평론』, 14호, 2003. http://www.budreview.com/news/articleView.html?idxno=642
안옥선, 「초기 불교에서 본 무아의 윤회」, 『불교평론』, 가을호 제20호, 2004. http://www.budreview.com/news/articleView.html?idxno=429
안태옥, 『신살명리학』, 서울: 좋은땅, 2012.
안태옥, 『합충형해파』, 서울: 좋은땅, 2014.
안태옥, 『자평명리학』, 서울: 좋은땅, 2014.

안태옥, 『일주분석』, 서울: 좋은땅, 2015.
안희영, 조효남 공역, 켄 윌버, 테리 패튼(Terry Patten), 『켄 윌버의 ILP(Integral Life Practice)』, 서울: 학지사, 2014.
에리히 프롬(Erich Fromm), 김병익 역, 『건전한 사회(The Sane Society)』, 서울: 범우사, 1984.
엡스타인(Epstein, Mark), 전현수 외 옮김, 『붓다의 심리학(Thoughts without a Thinker: Psychotherapy from a Buddhist Perspective)』, 서울: 학지사, 2006.
오태석, 「은유와 유동의 기호학」, 『중국어문학지』, 37집, 중국어문학회, 2011.
오형근, 『불교의 영혼과 윤회관』, 서울: 새터, 1995.
올드햄(Oldham), 모리스(Morris) 공저, 김진영, 안창일 공역, 『성격의 자화상』, 학지사, 2016.
울거(G. Woolger), 「전생퇴행 치료」, 『자아초월 정신치료』(부어스테인S. Boorstein), 정성덕 외 역), 서울: 중앙문화사, 2006.
유기천, 『점성학이란 무엇인가』, 서울: 정신세계사, 1995.
유동식, 「한국인의 영성과 종교문화」, 『풍류도와 한국의 종교사상』, 연세대학교출판부, 1997.
유주열, 『새로 쓴 사상의학』, 일산: 대성의학사, 2007.
융(Jung), 이창일 옮김, 『자연의 해석과 정신』, 파주: 연암서가, 2015.
원진랑, 『일장금 명리학』, 서울: 고려역학출판사, 2010.
이미숙, 「샤넬 수트의 디자인 특성에 관한 연구」, 『복식』 48호, 1999.

이상오, 「대화의 근거로서 슈프랑어의 유형학에 대한 일 고찰-삶과 교육의 본질 규명을 위하여」, 『교육철학』 33권, 한국교육철학학회, 2005.

이선일, 「하이데거 『이정표』」, 『철학사상』, 별책 제5권 제10호, 서울대철학사상연구소, 2005.

이숙균, 송찬문 번역, 『사람은 어떻게 태어나는가』, 남양주:마하여, 2014.

이성환, 「역경, 프랙탈과 심신의학」, 『한국정신과학회 학술대회 논문집』, 한국정신과학회, 15권, 2001.

이용성, 「-ity와 -ness의 생산성 소고」, 『언어과학』, 제19권 3호, 2012.

이용준, 「四柱學의 歷史와 格局用神論의 變遷科程 硏究」, 경기대 동양철학과 석사학위논문, 2004.

이창일, 『소강절의 철학』, 서울: 심산, 2007.

이창일, 『사상의학, 몸의 철학 마음의 건강』, 서울: 책세상, 2003..

이창일, 『황제내경』, 서울: 책세상, 2004.

이창일, 「기의 불멸과 귀신」, 『정신문화연구』, 통권110호, 성남: 한국학중앙연구, 2008.

이창일, 「주역과 자아초월 심리학」, 한국동서정신과학회 제19차 춘계학술대회 워크숍 자료, 한국정신과학회, 2009.

이창일, 「철학상담과 운명상담-비전통적 상담의 자리매김」, 한국동서정신과학회 제22차 추계학술대회. 한국동서정신과학회, 2010.

이창일, 「철학상담과 운명상담의 특성과 영역에 대한 철학적 검토」, 『동양문화연구』, 제8집, 동양문화연구원, 2011.
이창일, 「동아시아 우주론의 해체와 통합: 동아시아 전통 우주론의 구성 원리인 상관적 사유를 계승한 대안적 우주론의 모색」, 『東洋古典硏究』, 44권, 東洋古典學會, 2011.
이창일, 『주역, 인간의 법칙』, 서울: 위즈덤하우스, 2011.
이택용, 「중국 先秦시대의 命論 연구-맹자와 장자를 중심으로」, 성균관대 동양철학과 박사학위논문, 2012.
일 타, 『윤회와 인과응보의 이야기』, 서울: 효림, 2011.
전용원, 『마의상법 역주』, 서울: 진산, 2004.
정 각, 『천수경연구』, 서울: 운주사, 2011.
『정신장애의 진단 및 통계 편람-제4판(Diagnostic and Statistical Manual of Mental Disorders-4th edition)』, 서울: 하나의학사, 1997.
정인석, 『트랜스퍼스널 심리학』(2판), 서울: 대왕사, 2003.
정하용, 「卦氣易學과 命理學의 원류에 관한 연구」, 공주대학교 동양학과 박사학위논문, 2013.
정혜진 외, 「근육형 남성의 체형특성에 관한 연구」, 『한국생활과학회지』, 제17권 2호, 2008.
제롬 케이건(J. Kagan), 김병화 옮김, 『성격의 발견』, 서울: 시공사, 2011.
조강원, 「菩提達摩의 禪思想 硏究」, 동국대학교 불교학과 석사논문, 2011.
조섭제, 「성격학연구」, 『東亞論叢』, 1권, 東亞大學校, 1963.
조효남, 「윌버의 AQAL 매트릭스 메타이론에 의거한 氣스펙트럼적

통합기론의 기초: 의식의 스펙트럼과 氣스펙트럼의 관계에 기초한 氣에 대한 통합적 접근」, 『한국정신과학』, 제10권 제2호, 2006.
존 로저스, 유기천 편역, 『점성학 첫걸음』, 서울: 정신세계사, 1995.
주석원, 『8체질의학의 원리』, 서울: 통나무, 2007.
지나 서미나라(Gina Germinara), 강태헌 옮김, 『윤회(Many Mansions)』, 서울: 파피에, 2012.
진 열, 『업연구』, 서울: 경서원, 1988.
쫑카파(Tsongkhapa), 청전 옮김, 『깨달음에 이르는 길: 람림(Lam Rim Chen Mo)』, 서울: 청전, 2013.
초감 트룽파(Chögyam Trungpa), 박윤정 옮김, 「원숭이에게 감옥은 없다」, 『정신세계』, 통권17호, 2001.
최태진, 『한국인의 성격특성 요인』, 파주: 한국학술정보, 2005.
카이저(E. Keiser), 강영계 옮김, 『파라켈수스』, 서울: 한길사, 1997.
코시니(Raymond J. Corsini & Danny Wedding), 김정희 역, 『현대 심리치료』, 서울: 학지사, 2008.
켄 윌버(Ken Wilber), 조옥경 외 옮김, 『에덴을 넘어』, 서울: 한언, 2009.
켄 윌버, 조옥경 역, 『통합심리학(Integral Psychology: Consciousness, Spirit, Psychology, Therapy)』, 서울: 학지사, 2009.
켄 윌버, 조효남 옮김, 『감각과 영혼의 만남』, 서울: 범양사, 2007.
프로렌스 리타우어(Florence Littauer), 정숙희 외 번역, 『기질플러스』, 에스라서원, 1998.
하이데거(M. Heidegger), 최재희 역, 『하이데거의 휴머니즘론』, 박영문고, 1961.
한자경, 「욕망 세계의 실상과 그 너머로의 해탈」, 『욕망: 삶의 동력인가 괴로움의 뿌리인가』, 서울: 운주사, 2010.
한자경, 「불교의 생명론: 욕망과 자유」, 『한국여성학』, 제2호, 2002.
황태연, 『사상체질과 리더십』, 서울: 들녘, 2003.
허쉬(S. Hirsh & J. Kummerow), 심혜숙 외 옮김, 『성격유형과 삶의 양식』, 서울: 어세스타, 2009.
홀(Hall, Calvin S. & Lindzey, Gardner), 이상노 외 역, 『성격의 이론』, 서울: 중앙적성출판사, 1980.

• 국외

– 서양

Allan Combs, Tony Arcari, Stanley Krippner, All of The Myriad Worlds: Life in the Akashic Plenum, *World Futures–The Journal of Global Education,* Volume 62, 2007, pp.75~85.
Allport, Gordon W., *Personality: A Psychological Interpretation,* NY: H. Holt and Company, 1961. (first edition, 1937)
Brian J. Zinnbauer and Kenneth I. Pargament, *Working With the Sacred: Four Approaches to Religious and Spiritual Issues in Counseling.* Journal of Counseling & Development, Vol. 78, 2000, pp.162~171.
Charles Morris, *The Open Self,* NY: Prentice–Hall, 1948.

D. K. Nauriyal, Michael S. Drummond, and Y. B. Lal, *Buddhist Thought and Applied Psychological Research,* Routledge, 2006.

Eduard Spranger, *Types of Men,* Tran. P. J. W. Pigers, Tubingen: Niemeyer, 1928.

Edward Conze, *Buddhism: Its Essence and Development,* NY: Harper and Row Publishers, 1970.

Frances Vaughan, Spiritual Issues in Psychotherapy, *The Journal of Transpersonal Psychology,* Vol. 23, No.2, 1991, pp.105~119.

Gibson, James L. etc., *Organization: behaviors, structures, processes,* Texas: Business Publication, 1988, pp.56~57.

Goldberg, L. R., An alternative description of personality: The Big Five factor structure, *Journal of Personality and Social Psychology,* 59, 1990, pp.1216~1229.

Graham, A. C., *Yin-Yang and the nature of correlative thinking.* Singapore: Institute of East Asian Philosophies, 1986.

Guilford, J. P., *Personality,* NY: McGraw-Hill, 1959.

Hallesby, Ole., *Temperament and the Christian Faith.* *Minneapolis:* Augsburg Publishing House, 1962.

Harold H. Wilson, *Charles Morris' Maitreyan Path as Via positiva-Towards a Semiotic of Religious Symbolism,* Montreal: McGill University, 1994.

Harris, William., HERACLITUS, The Complete Fragments, Translation and Commentary and The Greek text. *http://*

community.middlebury.edu/~harris/Philosophy/heraclitus.pdf

Hilgard, Ernest R., *Introduction to Psychology,* NY: Harcourt, Brace & World, 1962, p.398.

Hutt, M. L. and Blum, M. L., *Psychology: The Science of Interpersonal Behavior,* NY: Harper & Row, 1967, p.86.

Jack J. Bauer & Dan P. McAdams, *Growth Goals, Maturity, and Well-Being.* American Psychological Association, Vol.40, No.1, 2004, pp.114~127.

Janette Graetz Simmonds, The Oceanic Feeling and A Sea Change: Historical Challenges to Reductionist Attitudes to Religion and Spirit From Within Psychoanalysis, *Psychoanalytic Psychology,* Vol. 23, No. 1, 2012, pp. 128~142.

John E. Grant, Apocalypse in Blake's "Auguries of Innocence", *Texas Studies in Literature and Language,* 5:4 (1964:Winter)

Len Sperry and Edward P.l Shafranske, Spiritually *Oriented Psychotherapy,* American Psychological Association, 2005.

Lisa Guenther, Towards a Phenomenology of Dwelling, *Canadian Journal of Environmental Education,* 7(2), Spring, 2002.

Livia Kohn, Mirror of Auras-Chen Tuan on Physiognomy, *Asian Folklore Studies,* Vol.47, 1988, pp.215~256.

Marco Morelli, Adam Leonard, Terry Patten, Jeff Salzman, and Ken Wilber, *Welcome to Integral Life Practice: Your Guide to the ILP Starter Kit,* Integral Institute, 2006.

Maslow, A. H., *Toward a Psychology of Being*(2nd ed), Princeton: D.

Wan Nostrand, 1968.

Mark C. Kasprow & Bruce W. Scotton, A Review of Transpersonal Theory and Its Application to the Practice of Psychotherapy, *Joural of Psychotherapy Practice and Research,* Vol.8, 1999, pp.12~23.

Metzner, R., The Buddhist six-world model of consciousness and reality, *Journal of Transpersonal Psychology,* 28(2), 1996, pp.155~166.

Morris, Jones, value scales and dimensions, *Journal of abnormal social psychology* 51 , 1955.

P. Scott Richards & Allen E. Bergin, *Case Book for A Spiritual Strategy in Counseling and Psychotherapy.* American Psychological Association, 2004.

Paracelsus, *Four Treatises,* ed., with a Preface, by Henry E. Sigerist, trans., with Introducton Essays, by C. Lilian Temkin, George Rosen, George Zilboorg, and Henry E. Sigerist, Baltimore: The Johns Hopkins Press, 1941.

Phares. E. J., *Locus of control in personality,* NJ: General Learning Press, 1976.

Rizzolatti, Giacomo., *Mirrors in the brain: How our Minds Share Actions Emotions & Experience,* Oxford Univ. Press, 2007.

Stanislav Grof, Theoretical and Empirical Basis of Transpersonal Psychology and Psychotherapy: Observations From LSD Research, *Journal of Transpersonal Psychology,* 5(1), 1973.

Tim LaHaye, *Spirit-Controlled Temperament,* Wheaton, IL: Tyndale House, 1966.

Tim LaHaye, *Transformed Temperaments,* Wheaton, IL: Tyndale House Publishers, 1971.

Vernon, P. E., Personality Assessment: A Critical Survey, NY: Wile, 1964.

Wilber, Ken., Sex, Ecology, *Spirituality: The Spirit of Evolution.* Boston: Shambhala Publications, 1995.

Yuasa Yasuo, *The Body, Self-Cultuvation, and Ki-Energy,* NY: State Univ. of New York, 1993.

- 동양

南懷瑾, 「三界天人表」, 『如何修證佛法』, 上海: 復旦大學出版社, 2009.

小見山榮一, 敎育心理學要說』, 東京: 金子書房, 1969.

羽田守快, 『密教占星術大全』, 東京: 學研, 2011.

任鐵樵(徐樂吾 編著), 『滴天髓徵義』, 武陵出版社, 2006.

井上 聰, 『古代中國陰陽五行の硏究』, 東京: 翰林書房, 1996.

芝蘭, 『達磨一掌經』, 台北: 知靑頻圖出版, 2006.

陳遵嬀, 『中國天文學史』, 第二冊, 「星象編」, 明文書局出版, 1985.

- 사전류

石塚正英 외, 『哲學思想飜譯語事典』, 東京: 論創社, 2004.

김승동, 『역사상사전』, 부산: 부산대학교출판부, 2006.

佛光電子大辭典(http://etext.fgs.org.tw/etext6/search-1.htm).

한국정신문화연구원, 『한국민족문화대백과사전』(성남: 한국학중앙연구원, www.aks.ac.kr)

漢典(www.Zdic.net)

찾아보기

서명

인명

용어

(나)

(다)

(라)

(마)

(바)

(사)

(아)

(자)

(하)

저자 약력

이창일(李昌壹)

한국학중앙연구원 책임연구원. 한국주역학회 부회장.

고려대학교 심리학과 졸업. 한국학중앙연구원 철학박사(「소강절의 선천역학과 상관적 사유」, 2005).

서울불교대학교 상담심리학 박사(「불교 사상과 음양오행론에 기반을 둔 성격유형론 연구」, 2013).

저역서로 『심경발휘(心經發揮)』(동과서, 2019, 번역), 『민중과 대동』(모시는사람들, 2018), 『성리학의 우주론과 인간학』(한중연, 2018), 『심리학의 도』(한중연, 2016, 번역), 『주역점괘』(연암서가, 2016), 『자연의 해석과 정신』(연암서가, 2015, 번역), 『심경철학사전』(한중연, 2014, 공저), 『주역, 인간의 법칙』(위즈덤하우스, 2011), 『정말 궁금한 예절 53가지』(위즈덤하우스, 2008), 『한 줄의 고전』(살림, 2008), 『소강절의 철학』(심산, 2007), 『새로운 유학을 꿈꾸다』(살림, 2006), 『황제내경』(책세상, 2004, 번역), 『사상의학』(책세상, 2003), 『음양과 상관적 사유』(청계, 2001, 번역), 『동무유고』(청계, 1999, 번역) 등.

동아시아의 철학과 서구의 심리학 전통을 해석하여 새로운 심리치료 체계를 수립하는 일에 전념하고 있다.

까르마에토스 성격유형학

초판 인쇄일 • 2019년 6월 17일
초판 발행일 • 2019년 6월 27일

지은이 • 이 창 일
펴낸이 • 소 정 영
펴낸곳 • 하나醫學社

주　　소 • 서울시 서대문구 거북골로 7-7 하나빌딩 1층
등록번호 • 제 25100-2013-000061호(1988.4.1)
전　　화 • (02)730-2555, 2556
팩　　스 • (02)730-2557
E-mail • hanampc1@naver.com
홈페이지 • www.hanampc.co.kr

정가 25,000원

ISBN 979-11-85696-72-0 93510